해설과 판례로 본

주석
신탁법

편저 : 대한법률콘텐츠연구회

(콘텐츠 제공)

머 리 말

　신탁이란 일정한 목적에 따라 재산의 관리와 처분을 남에게 맡긴다는 뜻이다. 당연히 맡기는 게 이롭기 때문에 맡기는 것이고, 대부분의 경우 돈을 불리거나 재산을 관리하려고 전문가에게 맡기게 된다. 현재 우리 나라에서 취급되고 있는 신탁의 종류에는 금전신탁·금전채권신탁·유가증권신탁·부동산신탁·증권투자신탁·공익신탁 등이 있다.

　「신탁법」에서 말하는 신탁이란 신탁을 설정하는 자(위탁자)와 신탁을 인수하는 자(수탁자) 간의 신임관계에 기하여 위탁자가 수탁자에게 특정의 재산(영업이나 저작재산권의 일부를 포함한다)을 이전하거나 담보권의 설정 또는 그 밖의 처분을 하고 수탁자로 하여금 일정한 자(수익자)의 이익 또는 특정의 목적을 위하여 그 재산의 관리, 처분, 운용, 개발, 그 밖에 신탁 목적의 달성을 위하여 필요한 행위를 하게 하는 법률관계를 말한다.

　위탁자(고객)가 재산권을 수탁자(신탁회사)에게 이전·처분하면 수탁자는 이를 운용해 수수료를 제외한 수익을 수익자(또는 위탁자)에게 지급하는 것이 가장 대표적인 형태이다. 금융권에서는 신탁계약을 하는 재산의 성격에 따라 금전신탁, 부동산신탁, 동산신탁 등으로 구분한다.

　이러한 관계를 규율하기 위하여 1961년 12월 30일 「신탁법」이 제정되었으나, 제정 이래 내용개정이 전혀 없어 급변하는 경제 현실과 국제적 기준에 부합하지 못한다는 지적이 있었고, 아울러 변화된 경제현실을 반영하고 신탁제도를 글로벌 스탠더드에 부합하도록 개선하기 위하여 신탁법 체계를 전면적으로 수정함으로써 신탁의 활성화를 위한 법적 기반을 마련하고, 사해신탁(詐害信託) 취소소송의 요건 및 수탁자의 의무를 강화하고 수익자의 의사결정방법 및 신탁당사자 간의 법률관계를 구체화하며 신탁의 합병·분할, 수익증권, 신탁사채, 유한책임신탁 등 새로운 제도를 도입하는 등의 내용을 담아 2011년 7월 25일 전부 개정하여 글로벌 스탠더드에 부합하는 신탁법제의 현대화라는 목표를 마련하게 되었다.

이 책은 새로이 전부 개정된 법령에 따라 각 조문별로 해설과 관련판례를 종합적으로 정리하여 신탁제도를 누구나 이해하기 쉽도록 편집하여 수록하였다. 이러한 자료들은 법무부의 신탁법 해설 및 대법원의 종합법률정보에 나타난 판례들과 법제처의 국가법령종합센터의 법령자료에서 발췌하여 법체계에 맞춰 정리하였다.

이 책이 신탁제도에 관심을 갖고 계신 분들과 실무에 종사하는 모든 분들이 신탁법을 쉽게 이해하는 데 도움이 되리라 믿으며, 열악한 출판시장임에도 불구하고 흔쾌히 출간에 응해 주신 법문북스 김현호 대표에게 감사를 드린다.

편저자

‖‖‖ 목 차 ‖‖‖

신탁법의 제정이유

신탁법 해설

Ⅰ. 신탁법의 제정이유

신탁에 관한 일반적인 사법적 법률관계를 규율하려는 목적으로,

① 신탁은 위탁자와 수탁자간의 계약 또는 위탁자의 유언에 의하여 설정할 수 있도록 하였다.

② 신탁의 인수를 업으로 하는 때에는 이를 상행위로 간주하였다.

③ 신탁은 선량한 풍속 기타 사회질서에 위반하는 사실을 목적으로 하지 못하도록 하였다.

④ 법령에 의하여 일정한 재산권을 향유할 수 없는 자는 수익자로서 그 권리를 가지는 것과 동일한 이익을 향수할 수 없도록 하였다.

⑤ 미성년자·금치산자·한정치산자 및 파산자는 수탁자가 되지 못하도록 하였다.

⑥ 신탁행위에 의하여 특정자격에 기하여 수탁자가 된 자는 그 자격을 상실함으로써 그 임무는 종료하도록 하였다.

⑦ 신탁재산의 관리·처분·멸실·훼손 기타의 사유로 수탁자가 얻은 재산은 신탁재산에 속하도록 하였다.

⑧ 신탁재산에 대하여는 강제집행 또는 경매를 할 수 없도록 하되, 신탁전의 원인으로 발생한 권리 또는 신탁사무의 처리상 발생한 권리에 기한 경우에는 예외로 하였다.

⑨ 신탁재산은 수탁자의 상속재산에 속하지 아니하도록 하였다.

⑩ 수탁자는 누구의 명의로도 신탁의 이익을 향수하지 못하며 수탁자가 공동수익자의 1인인 때에는 예외로 하였다.

⑪ 수탁자가 관리를 적절히 하지 못하여 신탁재산의 멸실·감소 기타의 손해를 발생하게 한 경우 또는 신탁의 본지에 위반하여 신탁재산을 처분한 때에는 위탁자, 그 상속인, 수익자 및 다른 수탁자는 그 수탁자에 대하여 손해배상 또는 신탁재산의 회복을 청구할 수 있도록 하였다.

⑫ 수탁자가 수인이 있는 때에는 신탁재산은 그 합유로 하였다.

⑬ 신탁의 공시를 한 신탁재산을 수탁자가 신탁의 본지에 위반하여 처분한 때에는 수익자는 상대방 또는 전득자에 대하여 그 처분을 취소할 수 있도록 하였다.

⑭ 신탁행위로 정한 사유가 발생한 때 또는 신탁의 목적을 달성하였거나 달성할 수 없게 된 때에는 신탁은 종료하였다.

⑮ 신탁사무는 법원이 감독하도록 하되, 신탁의 인수를 업으로 하는 경우는 예외로 하였다.

⑯ 학술·종교·제사·자선·기예 기타 공익을 목적으로 하는 신탁은 이를 공익신탁으로 하고, 수탁자는 주무관청의 허가를 받도록 하였다.

⑰ 공익신탁은 주무관청이 감독하도록 하였다.

⑱ 조선민사령 제1조 제7호의2는 이를 폐지하였다.

Ⅱ. 신탁법 해설

제1장 총 칙

> **제1조(목적)**
> 이 법은 신탁에 관한 사법적 법률관계를 규정함을 목적으로 한다.

※ 2011. 7. 25., 전부개정으로 삭제된 제2항

② 본법에서 신탁이라 함은 신탁설정자(以下 '委託者'라 한다)와 신탁을 인수하는
자(以下 "受託者"라 한다)와 특별한 신임관계에 기하여 위탁자가 특정의 재산권
을 수탁자에게 이전하거나 기타의 처분을 하고 수탁자로 하여금 일정한 자(以下
'受益者'라 한다)의 이익을 위하여 또는 특정의 목적을 위하여 그 재산권을 관
리, 처분하게 하는 법률관계를 말한다.

■ 관련판례 1

위탁자가 금전채권을 담보하기 위하여 금전채권자를 우선수익자로, 위탁자를 수익자로 하여 위탁
자 소유의 부동산을 신탁법에 따라 수탁자에게 이전하면서 채무불이행 시에는 신탁부동산을 처분
하여 우선수익자의 채권 변제 등에 충당하고 나머지를 위탁자에게 반환하기로 하는 내용의 담보신
탁을 해 둔 경우, 특별한 사정이 없는한 우선수익권은 경제적으로 금전채권에 대한 담보로 기능할
뿐 금전채권과는 독립한 신탁계약상의 별개의 권리가 된다. 따라서 이러한 우선수익권과 별도로
금전채권이 제3자에게 양도 또는 전부되었다고 하더라도 그러한 사정만으로 우선수익권이 금전채
권에 수반하여 제3자에게 이전되는 것은 아니고, 금전채권과 우선수익권의 귀속이 달라졌다는 이
유만으로 우선수익권이 소멸하는 것도 아니다*[대법원 2017. 9. 21., 선고, 2015다52589, 판결].*

■ 관련판례 2

구 신탁법(2011. 7. 25. 법률 제10924호로 전부 개정되기 전의 것, 이하 '신탁법'이라 한다) 제
1조 제2항의 취지에 의하면 신탁법에 의한 신탁재산은 대내외적으로 소유권이 수탁자에게 완전히
귀속되고 위탁자와의 내부관계에 있어서 그 소유권이 위탁자에게 유보되어 있는 것이 아닌 점, 신
탁법 제21조 제1항은 신탁의 목적을 원활하게 달성하기 위하여 신탁재산의 독립성을 보장하는 데

그 입법 취지가 있는 점 등을 종합적으로 고려하면, 신탁법 제21조 제1항 단서에서 예외적으로 신탁재산에 대하여 강제집행 또는 경매를 할 수 있다고 규정한 '신탁사무의 처리상 발생한 권리'에는 수탁자를 채무자로 하는 것만 포함되며, 위탁자를 채무자로 하는 것은 포함되지 않는다*[대법원 2013. 1. 24., 선고, 2010두27998, 판결].*

■ 관련판례 3

신탁법상의 신탁은 신탁설정자(위탁자)와 신탁을 인수하는 자(수탁자)의 특별한 신임관계에 기하여 위탁자가 특정의 재산권을 수탁자에게 이전하거나 기타의 처분을 하고 수탁자로 하여금 일정한 자(수익자)의 이익을 위하여 또는 특정의 목적을 위하여 그 재산권을 관리, 처분하게 하는 법률관계를 말하고, 신탁계약에 의하여 재산권이 수탁자에게 이전된 경우 그 신탁재산은 수탁자에게 절대적으로 이전하므로, 이 사건 신탁계약을 체결하면서 수탁자인 원고가 위탁자 겸 수익자와의 사이에 "수탁자의 권한은 등기부상 소유권 관리 및 보전에 한정되므로 그 이외의 실질적인 관리, 보전 업무 일체는 우선수익자의 책임하에 수익자가 주관하여 관리한다"고 특약하였다고 하더라도, 원고는 우선수익자나 수익자에 대한 관계에서 위와 같은 특약에 따른 제한을 부담할 뿐이고 제3자인 피고에 대한 관계에서는 완전한 소유권을 행사할 수 있다.

같은 취지에서, 위와 같은 특약이 있었음을 들어 원고의 이 사건 철거 등의 청구에 응할 수 없다는 피고의 주장을 배척한 원심판결은 정당한 것으로 수긍되고, 거기에 판결 결과에 영향을 미친 신탁법상의 신탁행위에 관한 법리오해, 심리미진 등의 위법이 없다*[대법원 2008. 3. 13., 선고, 2007다54276, 판결].*

■ 관련판례 4

금전신탁은 신탁행위에 의하여 위탁자로부터 금전을 수탁받은 신탁회사가 이를 대출, 유가증권, 기타 유동성 자산 등에 운용한 후 신탁기간 종료시 수익자에게 금전의 형태로 교부하는 신탁의 일종으로서, 신탁된 금전은 금융기관의 고유재산이 아닌 신탁재산에 속하게 되고 신탁행위 또는 관계 법령에서 정한 바에 따라 자금운용이 이루어져야 하며, 실적배당주의가 적용되어 원칙적으로 원본과 이익이 보장되지 아니할 수 있다는 점 등에서, 예금된 금원이 금융기관의 고유재산에 속하게 되고 예금에 관한 금융기관의 자금운용 방법에 원칙적으로 제한이 없으며 원금 및 약정이율에 따른 이자의 지급이 보장되는 금전의 소비임치계약인 예금과 차이가 있다*[대법원 2007. 11. 29., 선고, 2005다64552, 판결].*

> **제2조(신탁의 정의)**
>
> 이 법에서 "신탁"이란 신탁을 설정하는 자(이하 "위탁자"라 한다)와 신탁을 인수하는 자(이하 "수탁자"라 한다) 간의 신임관계에 기하여 위탁자가 수탁자에게 특정의 재산(영업이나 저작재산권의 일부를 포함한다)을 이전하거나 담보권의 설정 또는 그 밖의 처분을 하고 수탁자로 하여금 일정한 자(이하 "수익자"라 한다)의 이익 또는 특정의 목적을 위하여 그 재산의 관리, 처분, 운용, 개발, 그 밖에 신탁 목적의 달성을 위하여 필요한 행위를 하게 하는 법률관계를 말한다.

1. 신탁재산 범위의 확대

가. 신탁재산의 지위

신탁제도는 위탁자가 수탁자에게 재산을 이전시키면서 동시에 수탁자에게 신탁 목적에 따라 신탁재산을 관리·처분하도록 구속하는 법률관계로, 신탁재산이 법률관계의 중심이 되는 점에서 대리·위임 등과 구분되는 특징을 갖고 있다.

나. 소극재산 포함

1) "특정의 재산"으로 수정

① 구 신탁법(2011. 7. 25 법률 제10924호로 개정되기 전. 이하 "구법"이라 한다) 제1조 제2항은 신탁재산이 될 수 있는 대상을 "특정의 재산권"으로 정의하고 있어 적극재산 외에 소극재산도 신탁재산이 될 수 있는지에 대해 논란이 있었다. 즉, '재산권'은 일반적으로 적극재산만을 의미할 뿐 소극재산(채무)은 포함되지 않는 것으로 해석되기 때문에 채무는 신탁할 수 없다고 해석될 여지가 있었다.

② 구법에 따르더라도 신탁설정 후에 수탁자가 위탁자의 채무를 개별적으로 인수할 수는 있으나, 신탁설정 단계에서 채무를 인수할 수 없는지, 채무도 신탁재산의 개념에 포함되는지 여부는 분명하지 아니한 것이다.

③ 적극재산과 소극재산이 결합된 영업의 신탁이나 상속재산 중 일정비율에 대한 유언신탁(가족신탁)이 활성화될 가능성이 높으므로 소극재산에 대하여도 신탁을 인정할 필요가 있다.

④ 따라서 적극재산뿐만 아니라 소극재산도 신탁이 가능하다는 취지를 명시하기 위하여 법문상의 "재산권"에서 "권"을 삭제하여 신탁재산이 될 수 있는 대상에 관한 법문을 "특정의 재산"으로 수정하였다.

2) 소극재산 신탁의 법적 성격

   ① 채무자(위탁자)와 인수자(수탁자)간의 계약 등 법률행위에 의한 채무인수이므로 민법 제454조 제1항에 따라 각 소극재산의 인수에 대하여 채권자의 개별적인 승낙이 필요하다.

   ② 소극재산에 대한 신탁이 인정되는 경우에도, 신탁의 본질상 수탁자에게 채무가 귀속하고 위탁자는 채무관계에서 이탈하는 것으로 해석하여야 하므로 그 법적 성격은 위탁자와 수탁자 간의 법률행위에 의한 면책적 채무인수로 볼 것인지, 채권자의 승낙이나 별도의 규정 없이는 일반원칙에 따라 병존적 채무인수로 볼 것인지의 문제는 여전히 남게 된다.

   ③ 또한, 수탁자가 인수한 채무에 대하여 무한책임을 지는 것인지 아니면 수탁을 받은 신탁재산의 범위에서만 책임을 지는 것인지 여부 역시도 학설상 대립이 있을 수 있다.

다. 소위 "영업신탁"의 명시적 인정

   ① 구법하에서는 소극재산이 포함된 포괄적 재산에 대한 신탁이 가능한지 여부가 불투명하여 기업 등 상인인 위탁자가 포괄적으로 사업부문 중 일부를 신탁하려는 소위 "영업신탁"이 가능한지 여부가 문제되었다.

   ② 소극재산의 신탁을 인정하는 이상 소극재산이 포함된 포괄적 재산에 대하여 신탁을 부정할 이유가 없고, 상법상 영업양도(제41조부터 제45조까지)의 '영업'이란 영업용 재산과 재산적 가치 있는 사실관계가 합하여 이루어진 유기적 일체로서 '재산'과 구분되는 개념이며, 실제 거래에서 영업 자체가 거래되고 담보의 대상이 되고 있으므로 영업의 신탁을 인정하기로 한다.

   ③ 수개의 재산으로 이루어진 '영업'의 경우에도 하나의 신탁행위로서 수탁자에게 일체화되어 이전할 수 있음을 명시하기 위하여, 정의규정에 "영업"이 일체로서 신탁재산이 될 수 있음을 명시한다.

라. 저작재산권의 일부신탁 (분리신탁) 명시

   ① 음악, 영상 등의 저작권 신탁이 활발하게 이용되고 있고, 통상 일체로서의 저작권 중 일부로 개념되는 배포권, 공연권 등이 개별적으로 양도·이전되는 거래현실에 비추어 저작재산권의 질적 일부에 대하여도 신탁을 인정할 필요가 있다.

   ② 저작권은 배포권, 2차적 저작물작성권 등 저작재산권과 공표권 등 저작인격권으로 구성된 복합적 권리로 질적 일부에 대한 신탁을 허용하더라도 우리 사법상

기본원리에 반하지 않고, 저작재산권의 개별권리(저작권의 지분권)도 환산가능성 및 처분가능성을 갖추어 신탁재산으로서의 요건을 갖추고 있으며, 저작권법 제45조도 저작재산권의 일부 양도를 인정하고 있으므로, 저작재산권 전체가 아니라 그 중 일부만을 신탁할 수 있음을 명시한다.

마. 신탁재산의 특정성 요건 명시

"재산권"을 "재산"으로 개정하는 경우 재산은 권리와 달리 재화와 자산의 총체라는 의미여서 이를 '특정'한다는 뜻이 불분명해지므로 삭제하자는 견해가 있었으나, 신탁재산은 수탁자로의 이전 및 수탁자의 관리·처분 등 집행을 위하여 반드시 특정되어야 하므로 명문에 그대로 유지한다.

2. 담보권신탁의 인정

가. 담보신탁과 담보권신탁의 구별

① '담보신탁'(담보목적 신탁)은 채무자(위탁자 겸 수익자)가 수탁자에게 자기 소유의 부동산 등을 신탁재산으로 하여 자익신탁을 설정한 후 수탁자(신탁회사)가 발급한 수익권증서를 채권자에게 담보로 제공하고, 수탁자는 신탁재산을 담보력이 유지되도록 관리하다가 채무이행 시에는 신탁재산을 채무자에게 돌려주고, 채무불이행 시에는 신탁재산을 처분하여 채권자에게 변제하여 주는 방식의 신탁이나, 채무자(위탁자)가 수탁자에게 부동산의 소유권을 이전하면서 채권자를 수익자로 정하는 타익신탁을 설정하고, 수탁자는 채무자의 채무불이행 시에 부동산을 처분하여 채무를 변제하는 유형의 신탁(판례상 인정되는 담보신탁)을 의미한다.

② 이와 달리 채무자가 수탁자에게 자기 소유 재산에 대한 담보권(예를 들어 채무자 소유의 부동산에 대해 수탁자를 권리자로 하여 저당권을 설정하는 것)을 신탁재산으로 하여 신탁을 설정하고, 채권자를 수익자로 지정하면 수탁자가 채권자에게 수익권증서를 발행해주는 형태의 신탁을 '담보권신탁'이라고 부르기로 한다.

나. 담보권신탁의 도입 여부

1) 부정설

① 수탁자는 피담보채권의 채권자가 아니면서 담보권만 보유하는 결과가 되어 저당권의 부종성(민법 제361조)에 반하고, 현재 실무와 같이 부동산관리신탁 중 소유권만 관리하는 '을종관리신탁'을 이용할 경우 수탁자가 채권자에게 수익권에 대한 질권을 설정하여 줌으로써 담보목적을 달성하고, 사용·수익은 위탁자

(채무자)가 계속할 수 있으므로 담보권신탁을 도입할 실질적 필요가 없다는 견해이다.

2) 긍정설

담보권신탁이 인정될 경우 위탁자는 소유자로서의 권한을 유지할 수 있고, 수익증권 발행과 연계될 경우 채권자는 담보권을 내용으로 하는 수익권을 용이하게 처분할 수 있어 실무상 필요성이 인정되며, 형식상으로는 담보권자(수탁자)와 채권자(수익자)가 분리되는 현상이 발생하나 수탁자는 수익자를 위하여 담보권을 보유하는 것이어서 실질적으로 이를 동일인으로 파악할 수 있으므로 민법 제361조를 잠탈하는 것은 아니라는 견해이다.

(3) 소결

① 담보권신탁을 인정할 경우 채권자는 담보권의 효력을 유지한 채 별도의 이전등기 없이도 수익권을 양도하는 방법으로 사실상 담보권을 양도할 수 있어서 법률관계가 간단해지고 자산유동화의 수단으로서 활용이 용이해지며, 수익권 양도 시 채권의 양도절차를 거쳐야 하므로 담보권자와 채권자 간의 분리현상은 발생하지 않아 저당권의 부종성에도 반하지 않는바, 이와 같은 담보권신탁을 도입하기로 한다.

② 담보권신탁의 신탁등기를 위해 별도의 등기절차가 마련될 필요가 있다.

다. 규정 형식

① 신탁재산에 '적극재산'인 담보권이 포함됨은 분명하나, 신탁재산의 "이전, 기타의 처분"에 담보권설정도 포함되는지 여부가 불분명하므로, 일본의 입법례와 같이 "담보권의 설정"을 신탁재산 설정방법에 포함하여 담보권신탁을 명문으로 인정한다.

② 담보권자와 채권자가 실질적으로 분리되지 않도록 채권자가 수익권을 양도한 경우 민법 제450조에 의하여 수탁자에게 통지하거나 수탁자의 승인을 받아야만 수탁자에게 대항할 수 있도록 제한할 필요가 있다. 수익증권발행신탁의 경우 무기명식으로 발행되면 수익증권의 교부만으로 양도가 가능하므로 담보권신탁의 설정을 제한할 필요가 있다(제78조 제3항 단서).

3. 신임관계

신탁은 위탁자와 수탁자의 신임관계를 바탕으로 이루어지는 것임이 명백하므로 정의규정에서 "특별한 신임관계에 기하여"라는 문구는 무익적 기재에 불과하여 삭제하자는 견해가 있었으나, 이는 신탁의 본질적 특성이므로 정의규정에 남겨 두기로 하되, 불필요한 표현인 "특별한"만을 삭제한다.

4. 수탁자의 신탁재산 관리 방법

가. 구법규정의 문제점

① 구법 제1조 제2항은 수탁자의 신탁재산 관리방법을 "재산권을 관리, 처분"하는 것으로 규정하고 있다.

② '처분행위'란 신탁재산에 속하는 권리의 이전, 제한물권의 설정, 권리의 소멸 등 신탁재산에 관한 권리의 변동을 직접 발생시키는 행위를 의미한다.

③ '관리행위'란 신탁재산의 임대처럼 권리의 변동, 물리적 변경에까지 이르지 아니하는 한도에서 경제적 용도로 활용하거나 가치를 증가시키는 행위(개량)를 의미한다.

④ 신탁 목적의 다양성에 비추어 실제 수탁자는 전형적인 관리행위나 처분행위 외에 신탁재산에 관한 다양한 행위를 하게 되는데, 구법에 의할 때 수탁자가 전형적인 관리·처분행위 외에 다른 행위를 할 수 있는지 여부에 논란이 있을 수 있어 이를 입법적으로 해결하고자 한다.

나. 운용행위 및 개발행위의 명시

1) 운용행위 및 개발행위의 정의

① '운용행위'란 수탁자가 금전 등 신탁재산을 대여하거나, 신탁재산을 이용하여 부동산, 유가증권 기타 유동성자산을 매입·투자하는 등의 방법으로 신탁재산을 증가시키는 일련의 행위를 총칭하는 것으로, 주로 금전신탁, 담보신탁 등에서 이용된다.

② '개발행위'란 수탁자(신탁회사)가 위탁자로부터 토지의 소유권 기타 부동산에 대한 권리를 이전받아 건물을 신축한 후 분양, 임대 등을 하여 수익자에게 그 사업수익을 신탁수익으로 교부하는 일련의 행위를 총칭하는 것으로 주로 토지신탁(특히 개발신탁)에서 이용된다.

2) 운용 및 개발행위의 법률상 근거 명시

① 대여와 같은 일부 행위는 종전의 '관리·처분'의 개념에 포섭이 가능하나 투자, 계약체결과 같은 행위는 그러하지 못하며, 건물의 신축과 같은 물리적 변경행위

역시 관리·처분행위에 해당한다고 보기 어려워 여러 종류의 법률행위와 사실행위를 포괄하는 개념으로서 '운용'과 '개발'이라는 개념을 신탁법에 도입한다.

② 신탁재산의 경제적 가치 증가를 위하여 이루어진 일련의 행위를 포괄하는 개념으로 관리·처분행위와 구별되는 개념 징표를 가지고 있으므로, 법률에 허용됨을 명시하여 법적 근거를 마련한다.

다. 포괄적 관리방법 신설

법문에 명시된 방법 이외에 수탁자는 신탁 목적 달성을 위하여 자금 차입, 권리 취득 등의 신탁재산과 관련된 행위를 할 수 있으므로 이에 대한 법적 근거를 마련하고, 새로운 유형의 신탁에서 필요한 관리방법도 모두 포함할 수 있도록 "그 밖에 신탁목적의 달성을 위해 필요한 행위"라는 포괄적인 내용을 새로이 추가한다.

5. 목적신탁의 유효성 인정

가. 의의

① '목적신탁'이란 특정의 사적 목적을 달성하기 위하여 설정되는 신탁으로, 전형적 신탁인 '수익자신탁'과 달리 수익자가 존재하지 않는 특징이 있다.

② 공적인 목적을 위한 공익신탁은 구법 제65조에 의하여 인정되나, 공익 목적이 아닌 사적인 목적신탁이 허용되는지 여부가 문제되었다.

③ 사익신탁은 주로 수익자신탁의 형태이나, 주주에 대한 배당금지급을 목적으로 하는 임시신탁, 퇴직근로자에 대한 연금지급을 목적으로 하는 퇴직연금신탁, 묘지 관리를 위한 신탁 등은 특정한 수익자가 없는 사익목적신탁이다.

나. 목적신탁의 유효성

1) 부정설

① 목적신탁은 수익자가 없기 때문에 신탁 목적을 계속 추구할 수 있는 한 신탁을 종료시키는 것이 불가능하고, 신탁재산의 처분을 특정 목적으로 제한할 경우 수탁자도 목적 이외에는 신탁재산을 처분을 할 수 없어서 결국 누구도 처분할 수 없는 재산을 만드는 것이므로 공서양속에 반하고, 사해목적으로 남용될 위험이 높으므로 무효이다.

2) 긍정설

① 구법 제1조 제2항은 "특정의 목적을 위하여" 신탁을 설정할 수 있다고 규정할 뿐 공익목적에 한정하고 있지 않고, 제64조에 따라 법원이 후견적 지위에서 종

료 기타 필요한 처분을 할 수 있으며, 실제 그 유용성이 있으므로 유효하다.

다. 목적신탁의 도입 여부

① 목적신탁은 기업연금신탁 등 신탁재산으로부터 생기는 이익을 수취하는 자가 다수인 신탁에서 수취자의 확정 및 변경이 용이하고, 수익증권의 양도가 용이해져 다수에게 신탁재산에 대한 수익증권을 발행하는 방식으로 자산유동화의 수단으로도 신탁 활용이 가능해지므로, 그 유효성을 인정하기로 한다.

② 만약 수익자신탁의 형태로 설정할 경우, 수익자의 확정과 변경에 관련된 사항은 신탁조항으로 정하도록 규정되어 있으므로, 수익자 변경 시마다 신탁조항을 수정하는 절차를 거쳐야 한다.

③ 구법이 "특정의 목적을 위하여" 신탁을 설정할 수 있다고 규정하고 있어서 목적신탁을 포괄하는 개념으로 볼 수 있으므로 문구 수정은 하지 않는다.

④ 목적신탁을 인정한 이상 추후 일본과 같이 공익신탁 규정을 정비할 필요가 있다.

■ **관련판례 1**

위탁자가 자신이 소유하는 부동산을 신탁법에 따라 수탁자에게 이전하여 건물을 신축·분양하는 사업을 시행하게 하고 대주와 시공사를 우선수익자로 정하는 관리형 토지신탁을 한 경우, 특별한 사정이 없는한 우선수익권은 원인채권과는 독립한 신탁계약상 별개의 권리가 된다. 이러한 경우 우선수익권은 원인채권과 별도로 담보로 제공될 수 있으므로 우선수익자인 시공사가 우선수익권에 질권을 설정하는 것에 대하여 수탁자가 승낙했다고 해서 그 원인채권에 대해서까지 질권설정승낙의 효력이 발생한다고 볼 수 없다 *[대법원 2022. 3. 31., 선고, 2020다245408, 판결]*.

■ **관련판례 2**

집합건물의 소유 및 관리에 관한 법률 제2조 제6호에 따르면, 대지사용권은 구분소유자가 전유부분을 소유하기 위하여 건물의 대지에 대하여 가지는 권리로서 그 성립을 위해서는 집합건물의 존재와 구분소유자가 전유부분 소유를 위하여 해당 대지를 사용할 수 있는 권리를 보유하는 것 이외에 다른 특별한 요건이 필요하지 않다. 신탁법상의 신탁은 위탁자가 수탁자에게 특정의 재산을 이전하거나 담보권의 설정 또는 그 밖의 처분을 하여 수탁자로 하여금 신탁 목적의 달성을 위하여 그 재산권을 관리·처분하게 하는 등 필요한 행위를 하게 하는 것이므로(신탁법 제2조), 부동산의 신탁에서 수탁자 앞으로 소유권이전등기를 마치게 되면 대내외적으로 소유권이 수탁자에게 완전히 이전되고, 위탁자와의 내부관계에서 소유권이 위탁자에게 유보되어 있는 것은 아니다. 따라서 부동산이 신탁된 경우 대지사용권의 성립 여부나 성립된 대지사용권의 법적 성질은, 신탁계약의 체결 경위, 신탁계약의 목적이나 내용에 비추어 신탁재산 독립의 원칙에 반하는 등 특별한 사정이 없는 한, 대내외적으로 수탁자가 신탁 부동산의 소유자임을 전제로 판단하여야 한다*[대법원 2021. 11. 11., 선고, 2020다278170, 판결].*

■ 관련판례 3

신탁법에 따른 신탁은 위탁자가 수탁자에게 특정의 재산을 이전하거나 그 밖의 처분을 하여 수탁 자로 하여금 신탁 목적을 위하여 그 재산을 관리·처분하게 하는 것이다(신탁법 제2조). 부동산의 신탁에서 수탁자 앞으로 소유권이전등기를 마치기 전에는 해당 부동산 자체가 수탁자의 신탁재산 으로 편입되지 않는다*[대법원 2019. 10. 31., 선고, 2016두50846, 판결].*

■ 관련판례 4

특정금전신탁은 위탁자가 신탁재산인 금전의 운용방법을 지정하는 금전신탁으로서 신탁회사는 위 탁자가 지정한 운용방법대로 자산을 운용하여야 한다. 그 운용과정에서 신탁회사가 신탁재산에 대 하여 선량한 관리자의 주의의무를 다하였다면 자기책임의 원칙상 신탁재산의 운용 결과에 대한 손 익은 모두 수익자에게 귀속된다. 그러나 신탁회사가 특정금전신탁의 신탁재산인 금전의 구체적인 운용방법을 미리 정하여 놓고 고객에게 계약 체결을 권유하는 등 실질적으로 투자를 권유하였다고 볼 수 있는 경우에는, 신탁회사는 신탁재산의 구체적 운용방법을 포함한 신탁계약의 특성 및 주요 내용과 그에 따르는 위험을 적절하고 합리적으로 조사하고, 그 결과를 고객이 이해할 수 있도록 명확히 설명함으로써 고객이 그 정보를 바탕으로 합리적인 투자판단을 할 수 있도록 고객을 보호 하여야 할 주의의무가 있다. 이 경우 신탁회사가 고객에게 어느 정도의 설명을 하여야 하는지는 신탁재산 운용방법의 구체적 내용 및 위험도의 수준, 고객의 투자 경험 및 능력 등을 종합적으로 고려하여 판단하여야 한다*[대법원 2018. 6. 15., 선고, 2016다212272, 판결]*

제3조(신탁의 설정)

① 신탁은 다음 각 호의 어느 하나에 해당하는 방법으로 설정할 수 있다. 다만, 수익자가 없는 특정의 목적을 위한 신탁(이하 "목적신탁"이라 한다)은 「공익신탁법」에 따른 공익신탁을 제외하고는 제3호의 방법으로 설정할 수 없다. 〈개정 2014. 3. 18.〉

  1. 위탁자와 수탁자 간의 계약

  2. 위탁자의 유언

  3. 신탁의 목적, 신탁재산, 수익자(「공익신탁법」에 따른 공익신탁의 경우에는 제67조제1항의 신탁관리인을 말한다) 등을 특정하고 자신을 수탁자로 정한 위탁자의 선언

② 제1항제3호에 따른 신탁의 설정은 「공익신탁법」에 따른 공익신탁을 제외하고는 공정증서(公正證書)를 작성하는 방법으로 하여야 하며, 신탁을 해지할 수 있는 권한을 유보(留保)할 수 없다. 〈개정 2014. 3. 18.〉

③ 위탁자가 집행의 면탈이나 그 밖의 부정한 목적으로 제1항제3호에 따라 신탁을 설정한 경우 이해관계인은 법원에 신탁의 종료를 청구할 수 있다.

④ 위탁자는 신탁행위로 수탁자나 수익자에게 신탁재산을 지정할 수 있는 권한을 부여하는 방법으로 신탁재산을 특정할 수 있다.

⑤ 수탁자는 신탁행위로 달리 정한 바가 없으면 신탁 목적의 달성을 위하여 필요한 경우에는 수익자의 동의를 받아 타인에게 신탁재산에 대하여 신탁을 설정할 수 있다.

1. 신탁계약(제1항 제1호)

가. 의의

위탁자가 생존 중에 수탁자와 신탁재산, 수익자 등 신탁에 관한 사항을 정한 계약에 의하여 설정한 신탁으로, 생전신탁(inter vivos trust)이라고도 한다.

나. 신탁계약의 방식

① 계약에 의한 신탁의 경우 특별한 방식을 규정하고 있지 않으므로 「민법」상 일반원칙이 적용된다.

② 타인 재산의 신탁

제2조는 신탁을 "위탁자가 수탁자에게 특정의 재산을 이전하거나 담보권의 설정 또는 그 밖의 처분"을 하는 것이라고 규정하고 있어서 신탁에 출연할 재산은 위탁자의 재산에 한정되는 것으로 보일 여지가 있으나, 위 규정은 신탁재산의 특정성 요건에 관한 내용이고 출연재산의 소유관계를 정한 것은 아니며, 「민법」

제569조에서 타인 권리의 매매계약을 허용하는 이상 신탁계약을 달리 취급할 필요가 없으므로 타인의 재산으로도 신탁을 설정할 수 있다.

다. 신탁계약의 해지

① 사법상 일반원칙이 적용되어 성립된 신탁계약뿐만 아니라 신탁계약의 청약에 대하여도 구속력이 인정되어 원칙적으로 철회할 수 없고(「민법」제527조), 법정 해지권뿐만 아니라 해지권 유보약정을 통한 임의해지권도 인정된다.

② 다만, 유언 대용의 생전신탁(제59조)은 유언과 동일한 기능을 갖는 것이므로 유언과 마찬가지로 위탁자의 사망 시까지는 이를 철회할 수 있다고 보아야 할 것이다.

라. 신탁계약의 성질 및 신탁의 성립시기

1) 요물계약설

위탁자와 수탁자 간의 합의 외에 재산권의 처분이 있는 때에 비로소 신탁계약이 성립된다는 견해로, ① 구법 제1조가 "재산권의 이전 기타의 처분"을 신탁의 성립 요건으로 규정하고 있는 점, ② 신탁재산의 독립성, 신탁재산에 대한 강제집행금지 등 신탁의 재산법적 효과를 인정하기 위해서는 단순한 민법상 계약관계와 달리 당사자 간에 재산의 처분이 이루어져 신탁이 실체를 갖추는 것이 필요하다는 점을 근거로 한다.

2) 낙성계약설

위탁자와 수탁자간의 합의로 신탁계약은 유효하게 성립하여 채권적 효력이 발생하고, 재산권의 이전 기타의 처분행위를 한 시점에 신탁의 효력이 발생한다고 보는 견해로, 처분행위는 신탁계약의 이행에 불과하다는 견해이다.

3) 신법의 입장

① 일본 개정 신탁법은 제4조(신탁효력의 발생)에서 신탁계약에 대하여 신탁계약 체결 시에 효력이 발생한다고 규정하였으나, 이는 신탁재산의 처분 시까지 수탁자의 기대를 보호함은 물론 수탁자에게 충실의무 등 신탁 목적에 구속되는 의무를 인정함으로써 수익자를 보호하기 위한 것으로, 신탁계약이 낙성계약임을 명시한 취지는 아니라고 해석된다.

② 신탁계약의 법적 성질에 대하여 학설대립이 계속되고 있는 점을 고려하여 일본 신탁법과 달리 신탁의 효력발생시기에 관한 규정을 따로 두지 않고, 신탁계약의 법적 성질 및 효력발생시기에 대하여는 학설·판례의 해석에 맡긴다.

2. 유언신탁(제1항 제2호)

가. 의의

① 유언은 유언자가 자기의 사망과 동시에 재산관계나 신분관계에 대하여 일정한 법률효과를 발생시킬 목적으로 일정한 방식에 따라 행하는 단독의 의사표시로, 위탁자는 유언의 방법으로도 수탁자, 신탁재산, 수익자 등을 정하여 신탁을 설정할 수 있다.

나. 유언신탁의 방식

① 유언신탁의 방법에 대하여 특별한 요건을 요구하지 않으나, 「민법」 제1060조는 "유언은 본법의 정한 방식에 의하지 아니하면 효력이 생하지 아니한다"라고 규정하여 법정방식주의를 채택하고 있으므로, 유언신탁 역시 이에 따라야 할 것이다.

② 유언의 해석에 의하여 수탁자, 신탁재산, 신탁 목적 등 중요한 신탁요소를 확정할 수 있어야 한다.

③ 유언신탁도 민법상 유증과 마찬가지로 신탁할 특정의 재산을 지정하는 형태와 신탁재산 전부 또는 그 중 일정한 비율을 정하여 신탁하는 형태 모두 가능할 것이다.

다. 유언신탁의 철회

유언은 「민법」 제1108조에 따라 유언자가 생존 중에 언제든지 자유롭게 유언의 전부 또는 일부를 철회할 수 있으므로, 유언신탁의 경우에도 위탁자가 사망할 때까지 철회 또는 변경이 가능하다.

라. 유언신탁의 효력발생시기

유언은 「민법」 제1073조 제1항에 의하여 "유언자가 사망한 때"에 효력이 발생하므로, 유언신탁도 '위탁자가 사망한 때'에 효력이 발생하고, 정지조건이 있는 경우에는 정지조건이 성취된 때 효력이 발생한다(같은 조 제2항).

3. 신탁선언 (제1항 제3호)

가. 의의

① 위탁자가 자기 또는 제3자 소유의 재산 중에서 특정한 재산을 분리하여 그 재산을 자신이 수탁자로서 보유하고 수익자를 위하여 관리·처분한다는 것을 선언함으로써 설정하는 신탁으로, '자기신탁'이라고도 한다.

나. 신탁선언의 도입 이유

① 구법의 해석으로도 신탁선언에 의한 신탁설정이 인정될 수 있다는 견해가 있었으나, 부정설이 통설적 견해이다.

② 긍정설은 구법에 신탁선언행위를 금지하는 규정이 없으므로 신탁선언이 가능하고, 구법 제1조에서 구분되어 사용되는 '위탁자'와 '수탁자'는

'위탁자 지위'와 '수탁자 지위'를 의미하는 것이지 특정인을 표시한 것은 아니므로 동일인에게 그 지위가 귀속될 수 있으며, 신탁 설정에 의한 실질적인 권리는 수익자에게 이전되는 것이므로 신탁선언에 의한 신탁이 적법하게 성립하였다면 신탁재산을 집행면탈재산이라고 볼 수 없다는 이유로 구법의 해석으로도 신탁선언에 의한 신탁은 가능하다고 주장한다.

③ 부정설은 신탁선언이 구법상 신탁의 설정 방법으로 명시되어 있지 않고, 구법 제1조와 제2조는 위탁자와 수탁자가 다른 사람임을 전제하고 있으므로 구법의 해석상 인정하기 어렵다는 점, 위탁자가 집행면탈 등을 목적으로 자기 재산을 신탁재산 정하여 채권자를 해할 위험이 있다는 점, 신탁선언의 의사표시 유무 또는 내용이 애매하여 법률관계가 불명확해진다는 점, 위탁자와 수탁자가 동일인이기 때문에 의무이행이 불완전해지기 쉽다는 점 등을 이유로 신탁선언을 인정할 수 없다고 한다.

④ 신탁선언의 도입에 대하여 집행면탈 수단으로 악용될 우려 등의 이유로 부정적인 견해가 있으나, 영미법뿐만 아니라 유럽, 일본 등 대륙법계 국가에서도 신탁선언을 인정하는 것이 세계적인 입법 추세이다.

⑤ 또한 기업, 금융뿐만 아니라 민사신탁의 영역에서도 활용도가 높고, 「자산유동화에 관한 법률」 제16조 제2항에 의하여 인정된 입법례가 있으며, 부정적인 견해에서 지적하는 집행면탈 등을 목적으로 하는 신탁선언은 목적·방법의 제한 등을 통하여 충분히 방지가 가능하므로 새로운 유형의 신탁으로 신탁선언에 의한 자기신탁을 도입한다.

다. 신탁선언의 유용성

① 신탁선언이 인정되면 특수목적회사(SPC)를 설립하거나 채권자를 변경할 필요가 없이 기업이 스스로 수탁자가 되어 보유 중인 채권 등의 자산을 신탁재산으로 삼아 이를 유동화하여 자금을 조달할 수 있어 기업의 부담이 경감되고, 수탁자에게 지급해야 하는 수수료 등 비용을 절감할 수 있으므로 자산유동화가 용이하다.

② 그리고 기업이 특정 사업을 수행함에 있어 자금조달의 방법으로 사업에 필요한 자산을 신탁재산으로 하면서 신탁선언을 이용하는 경우, 기업은 자신의 사업을 계속 진행하면서 그로부터 얻어질 수익권을 판매하여 용이하게 자금을 조달할 수 있고, 기밀의 외부유출 등을 피할 수 있다.

③ 또한 금융기관이 대출채권 등을 유동화하는 경우, 채무자에 대한 정보를 가장 많이 보유하고 있으므로 다른 금융기관을 수탁자로 지정하는 경우보다 더 적절한 신탁재산의 관리가 가능하다.

④ 한편 자녀 및 후손을 위한 가족신탁을 신탁선언에 의하여 설정하는 경우, 위탁자 스스로 수익자인 자녀 등을 위하여 가장 적합한 방법으로 재산관리를 하면서도 장래 발생할 수 있는 위탁자의 파산 등 경제적인 불확실성으로부터 수익자를 보호할 수 있다.

라. 신탁선언의 제한

1) 개관

① 위탁자가 신탁선언에 의한 신탁을 책임재산 면탈 등의 목적으로 악용하는 것을 방지하기 위하여 일정한 제한이 필요한바, 설정할 수 있는 신탁의 종류, 신탁의 목적, 신탁을 설정하는 방법, 설정 후 신탁의 철회 등에 대하여 일정한 제한을 둔다.

② 다만, 신탁선언을 할 수 있는 주체와 관련하여, 주무관청의 허가 등을 받은 신탁업자 외의 개인에 대하여는 법원의 허가 또는 승인을 받은 경우에 한하여 신탁선언을 허용하거나, 개인은 신탁선언에 의한 자기신탁을 이용할 수 없도록 하는 등의 방안을 고려하였으나, 신탁선언 도입 취지에 반하는 지나친 규제이고, 신탁선언의 부작용은 설정 방법의 제한이나 위탁자의 채권자 보호 규정으로 방지가 가능하므로 주체를 제한하지 아니한다.

③ 다른 나라와 같이 신탁선언의 경우에는 위탁자의 채권자로 하여금 신탁재산에 대해 직접 강제집행을 할 수 있도록 예외적으로 허용하는 방법을 고려하였으나, 우리 「민사집행법」같이 채무자 본인 소유의 재산 외 제3자 재산에 대한 강제집행을 인정하지 않으며, 독일과 달리 '강제집행수인의 소(책임의 소)'를 인정하는 규정이 없으므로, 다른 법률과의 충돌을 고려하여 도입하지 않는다.

2) 신탁 종류의 제한(제1항 단서)

① 공익신탁을 제외하고 수익자가 없이 특정의 목적을 위하여 설정하는 '사익목적

신탁'의 경우 신탁선언의 방법으로 설정할 수 없도록 한다.

② 자기신탁의 경우 채무자는 자신의 재산을 직접 관리하게 되고, 채무자의 신탁사무를 감독할 다른 이해관계인이 없어서 채무자가 집행면탈 등의 목적으로 악용할 가능성이 높으므로, 목적신탁은 신탁선언의 방법으로 설정할 수 없도록 한다.

3) 목적의 제한(제3항)

신탁선언에 의한 신탁에서 집행면탈 또는 탈세 등의 불법한 목적으로 신탁을 설정한 경우, 일반신탁에 비해 신탁감독의 가능성이 상대적으로 약화된 점을 고려하여 신탁재산과 관련된 이해관계인이 법원에 신탁의 종료를 신청할 수 있도록 규정한다.

4) 방법의 제한(제2항 전단)

① 신탁선언에 의하여 신탁을 설정하는 경우 반드시 「공증인법」 또는 「변호사법」에 따른 공정증서를 작성하는 방법으로 설정하여야 한다.

② 공정증서의 작성은 「공증인법」 제25조부터 제56조까지의 규정에 따른 절차 및 방법으로 하여야 하고, 신탁의 목적, 신탁재산 등 신탁에 관한 중 요한 사항을 기재하여야 한다.

③ 공정증서의 작성을 통하여 위탁자의 진정한 신탁설정의사를 확인하고, 신탁선언의 설정 사실 및 내용을 제3자가 쉽게 확인할 수 있도록 하기 위한 것이다.

5) 해지의 제한(제2항 후단)

① 신탁선언에 의한 신탁에서 해지를 자유롭게 인정하면 불법목적을 달성한 후 언제든지 위탁자 겸 수탁자가 신탁재산을 위탁자의 재산으로 되돌릴 수 있어 남용의 우려가 있고, 신탁선언은 단독행위로서 일단 효력이 발생하면 원칙적으로 해지가 불가능한 것이 원칙이므로, 신탁선언에 의한 신탁은 원칙적으로 해지할 수 없도록 하기 위해 위탁자인 수탁자가 해지권을 유보한 채 신탁선언의 방법으로 신탁을 설정할 수 없도록 한다.

② 여기서의 "해지"는 계약법에서 계속적 계약의 해소를 의미하는 '해지'와 달리 단독행위인 신탁선언을 통하여 계속 운영 중인 자기신탁을 중단하고 신탁재산을 원래 위탁자에게 복귀시키는 것을 의미한다.

6) 수익자의 제한(제36조)

위탁자가 자신을 단독 수익자로 정하는 신탁선언에 의한 신탁, 즉 위탁자=신탁자=수익자인 자기신탁은 신탁의 본질에 반함은 물론 제36조에 따라 수탁자가 단독 수익자가 될 수 없으므로 설정이 불가능하다.

마. 효력발생시기

① 일본의 개정 신탁법 제4조 제3항은 공정증서 등에 의한 경우 공정증서 등을 작성한 때에 신탁의 효력이 발생하다고 규정한다.

② 신탁선언에 의한 신탁의 효력발생시기를 공정증서를 작성한 때로 정할 경우 물권의 변동에 대하여 성립요건주의를 취하고 있는 우리 민법과 충돌하는지 여부 및 신탁행위(계약)의 효력발생시기가 언제인지 여부에 대하여 학설대립이 계속되고 있는 점, 계약이나 유언으로 설정한 신탁에 대하여도 효력발생시기에 관한 별도의 규정을 두지 않은 점을 고려하여 효력발생시기에 관한 규정을 따로 두지 않는다.

4. 신탁재산지정권을 유보한 재량신탁(제4항)

가. 신탁재산의 특정성

신탁재산은 신탁의 성립요건은 아니나 수탁자에 대한 의무를 부과하기 위한 전제가 되고, 위탁자의 채권자로부터 강제집행을 방지하기 위하여 위탁자의 고유재산과 분리·특정되어야 한다.

나. 신탁재산지정권을 유보한 재량신탁의 허용 여부

① 신탁재산의 특정은 위탁자가 신탁행위 시에 하는 것이 통례인데, 위탁자가 신탁행위 시 수탁자나 수익자로 하여금 위탁자의 재산 중 일부를 신탁재산으로 지정할 수 있는 권한(신탁재산지정권)을 부여하는 방식으로도 신탁재산의 특정이 가능한지가 문제된다.

② 신탁제도의 유연성을 고려할 때 신탁재산지정권을 부여하는 유형의 신탁도 신탁계약에 의하여 가능하고, 가족신탁 등이 활성화될 경우 전문가인 수탁자나 이득을 취할 수익자가 신탁재산을 조사·결정할 수 있는 형태의 신탁이 이용될 가능성이 높으므로, 신탁재산지정권 부여가 인정되도록 명문상 근거규정을 마련한다.

다. 수익자지정권 등을 유보한 재량신탁

같은 취지에서 위탁자가 신탁행위 시 수탁자에게 위탁자가 설정한 기준 또는 수탁자의 자유재량에 따라 수익자를 선정할 수 있도록 하는 유형의 신탁을 허용할 필요도 있는바, 수익자지정권 및 수익자변경권에 관한 규정은 규정체계상 수익자 관련 부분에 신설한다(제58조).

5. 재신탁의 허용 (제5항)

5-1. 재신탁의 의의

가. 의의

① 재신탁이란 수탁자가 인수한 신탁재산을 스스로 위탁자가 되어 다른 수탁자에게 신탁하여 새로운 신탁을 설정하는 것을 의미한다.

② 재신탁이 설정되면 원래의 수탁자는 재신탁의 수익자가 될 수도 있으나, 이는 수탁자의 이익향수금지(제36조)와 개념상 구별되는 것으로, 예를 들어 수탁자는 신탁재산인 금전의 투자위험을 줄이기 위하여 부동산에 투자하는 신탁, 주식에 투자하는 신탁, 국공채에 투자하는 신탁, 은행예금 등으로 분산투자한 후 그로부터 얻은 수익과 손실을 정산한 신탁수익을 수익자로 하여금 향수하도록 할 수 있을 것이다.

나. 유사개념과의 구별

1) 수탁자의 변경(제14조, 제16조 및 제21조)

수탁자가 위탁자 및 수익자와의 관계에서 수탁자로서의 법적지위를 그대로 유지한다는 점에서 수탁자의 변경과 구별된다.

2) 신탁사무의 위임(제42조)

재수탁자는 수탁자로부터 재산권을 이전받아 신탁사무를 처리한다는 점에서 신탁사무의 위임과 구별되는데, 예를 들어 재개발조합원들로부터 부동산을 수탁한 재개발조합이 신탁회사에 신탁부동산을 다시 개발, 처분신탁하는 경우, 재개발조합의 채권자들에 의한 강제집행 또는 파산, 재개발조합 집행부의 배임 등으로 인하여 재개발사업이 중단되는 것을 방지할 수 있다.

3) 신탁재산관리인(제17조 및 제18조)

수탁자의 신탁사무 자체가 신탁재산을 재신탁하여 그로부터 얻은 수익을 수익자에게 향유케 하는 것이라는 점에서, 수탁자가 스스로 신탁사무를 처리할 수 없을 때 새로운 수탁자가 선임될 때까지 임시적으로 사무를 처리하는 신탁재산관리인 제도와도 구별된다.

5-2. 재신탁의 허용

가. 구법상 허용되는지 여부

① 구법상 재신탁이 허용되는지 여부에 관하여, 「자산유동화에 관한 법률」 제2조 제1호 라목에서 법률로써 명시적으로 규정하고 있고, 구법 제1조 제2항의 "재산권을 관리, 처분"하는 방법에 신탁재산을 다시 신탁하는 것도 포함되므로 허용된다는 견해가 있다.

② 그러나 신탁재산의 처분은 매각 등 일반적인 처분행위를 의미하고, 위탁자가 수탁자의 전문성 등을 신뢰하여 위탁하였는데 이를 다른 수탁자에게 다시 위탁하는 것은 신임관계에 반하므로 허용될 수 없다는 견해가 있으며, 법원도 「신탁법」과 「부동산등기법」에 근거규정이 없다는 이유로 재신탁등기를 허용하지 않고 있다.

나. 현행법의 입장

① 수탁자가 신탁재산에 관한 전문가에게 신탁재산의 운용을 맡기는 것이 신탁의 목적 달성에 더 유리할 수 있고, 수탁자가 신탁재산인 금전을 운용하는 방법 중의 하나로 투자신탁의 수익권을 매입한다거나, 재개발사업 시행을 위하여 조합원들로부터 부동산을 인수한 재개발조합이 그 재개발사업의 안정적인 계속을 보장하기 위하여 신탁부동산을 다시 신탁회사에 신탁하는 것이 허용될 필요가 있는바, 명문으로 법적 근거를 마련한다.

② 다만, 재신탁이 위탁자와의 신임관계에 위반될 수 있으므로 허용요건으로 신탁 목적의 달성을 위해 필요할 것, 수익자의 동의를 받을 것을 규정한다.

③ 또한, 위탁자가 재신탁을 원하지 않는 경우 신탁행위로 이를 금지하는 내용을 정할 수 있으며, 상사신탁의 경우 감독기관이 구체적인 규제기준을 정할 필요가 있다.

■ 관련판례 1

구 증권투자신탁업법(1998. 1. 13. 법률 5505호로 개정되기 전의 것, 이하 같다)상의 증권투자신탁에 있어서 수탁회사는 위탁회사로부터 신탁재산을 구성하는 유가증권의 보관을 위탁받아 위탁회사의 명칭을 기재하는 등으로 신탁의 공시를 하여 관리하여야 하는 점(구 증권투자신탁업법 제17조 제5항, 신탁법 제3조 제2항), 위탁회사는 신탁재산인 유가증권 등에 관한 의결권 등의 모든 권리를 행사할 수 있는 권리를 갖고 있으나, 다만 그 행사를 수탁회사를 통하여 하여야 하는 것에 불과한 점(구 증권투자신탁업법 제25조), 위탁회사는 수탁회사에 대하여 유가증권 등의 취득·매각 등에 관하여 운용지시를 할 권한이 있는 반면, 수탁회사는 독자적인 운영권한 없이 원칙적으로 위탁회사의 운용지시에 따라야 하는 수동적인 지위에 있는 점(구 증권투자신탁업법 제24조, 제38조) 등 여러 규정의 취지에 비추어 볼 때, 구 증권투자신탁업법상 증권투자신탁의 위탁회사가 신탁재산을 운용하는 과정에서 신탁재산을 구성하거나 구성할 유가증권의 매매 등과는 별도로 신탁재산의 가치를 보전하거나 증대시키기 위하여 대외적으로 제3자와 사이에 채무부담을 수반하는 계약을 체결한 경우, 만일 그에 따른 채무부담의 효력이 당연히 수탁회사에게 미친다고 보게 되면, 소정의 수수료를 받고 수동적으로 위탁회사의 운용지시에 따라 업무를 영위하는 지위에 있음에 불과한 수탁회사가 제3자에 대하여 신탁재산의 한도를 넘어서서 고유재산을 가지고 채무를 이행하여야 하는 책임을 질 수 있게 되어 부당하므로, 그와 같이 채무부담을 수반하는 계약은 수탁회사로부터 대리권을 수여받았다는 등의 특별한 사정이 없는 한 그 결과가 사후에 신탁재산에 편입하는 때에 비로소 신탁재산의 손익에 반영됨에 그치고 그 계약의 효력이 바로 수탁회사에게 미친다고 할 수는 없다. 위 법리와 기록에 비추어 살펴보면, 원심이 제1심판결을 인용하여, 원고가 구하는 이 사건 환매대금은 피고 한국투자증권이 위탁회사로서 듀얼턴 4호에의 이익 귀속을 위하여 스스로 당사자가 되어 체결한 이 사건 환매계약에 기한 금원일 뿐이고 듀얼턴 4호 투자자들의 신탁재산에 관한 것은 아니라는 점, 피고 한국투자증권이 듀얼턴 4호의 위탁회사로서 투자구조 재구성을 통한 수익을 듀얼턴 4호에 귀속시키기 위한 과정에서 이 사건 환매계약상의 채무를 부담한다고 하여 그것이 반드시 듀얼턴 4호의 신탁재산에 손실을 초래한다고 할 수 없다는 점 등에 비추어 보면, 위탁회사인 피고 한국투자증권과 원고 사이에 체결된 이 사건 환매계약이 민법 제103조에 위반되어 무효라고 볼 수 없다고 판단한 것은 정당하고, 거기에 상고이유 제4점에서 주장하는 바와 같은 구 증권투자신탁업법 및 민법 제103조에 관한 법리오해, 이유모순 등의 위법이 없다[대법원 2008. 2. 28., 선고, 2005다51334, 판결].

■ 관련판례 2

신탁법 제3조 제1항의 취지는 등기 또는 등록하여야 할 재산권에 관하여 신탁재산이라는 뜻을 등기 또는 등록하지 않으면 제3자에게 신탁재산임을 주장할 수 없다는 취지에 불과한 것이고, 저작권법 제52조에 따른 저작재산권의 양도등록은 그 양도의 유효요건이 아니라 제3자에 대한 대항요건에 불과하고, 여기서 등록하지 아니하면 제3자에게 대항할 수 없다고 할 때의 '제3자'란 당해 저작재산권의 양도에 관하여 양수인의 지위와 양립할 수 없는 법률상 지위를 취득한 경우 등 저작재산권의 양도에 관한 등록의 흠결을 주장함에 정당한 이익을 가지는 제3자에 한하고, 저작재산권을 침해한 사람은 여기서 말하는 제3자에 해당하지 않는다. 따라서 음악저작물의 저작권자로부터 저작권을 신탁적으로 양도받은 사람은 신탁법 및 저작권법상의 등록을 하지 않았더라도 저작권침해자에 대하여 손해배상을 청구할 수 있다 *[대법원 2006. 7. 13., 선고, 2004다10756, 판결]*.

■ 관련판례 3

구 지방세법(2005. 1. 5. 법률 제7332호로 개정되기 전의 것)은 제182조 제1항에서 재산세 과세기준일 현재 재산세 과세대장에 재산의 소유자로 등재되어 있는 자를 재산세 납세의무자로 규정하면서, 같은 조 제5항에서 신탁법에 의하여 수탁자 명의로 등기·등록된 재산에 대하여는 위탁자를 납세의무자로 보도록 하는 규정을 두고 있는바, 이는 신탁법에 의한 신탁재산을 수탁자 명의로 등기하는 경우 취득세와 등록세는 비과세하면서 재산세 등은 등기명의자인 수탁자에게 부과하는 것이 실질과세의 원칙에 반한다는 비판을 수용하여 신탁법에 의하여 수탁자 명의로 등기된 경우에는 위탁자에게 재산세 납부의무를 부과하도록 하기 위한 규정으로서, 신탁법 제3조는 등기 또는 등록하여야 할 재산권에 관한 신탁은 그 등기 또는 등록을 함으로써 제3자에게 대항할 수 있도록 규정하고 있는 점 등과 아울러 살펴보면, 신탁법에 의한 신탁등기나 등록이 마쳐진 재산에 대하여만 적용되는 예외규정이라 보아야 하므로 신탁재산이라고 하더라도 신탁법에 의한 신탁등기나 등록이 마쳐지지 아니한 것에 대하여는 적용되지 않는다 *[대법원 2005. 7. 28., 선고, 2004두8767, 판결]*.

■ 관련판례 4

신탁법상의 신탁은 위탁자가 수탁자에게 특정의 재산권을 이전하거나 기타의 처분을 하여 수탁자로 하여금 신탁 목적을 위하여 그 재산권을 관리·처분하게 하는 것이므로(신탁법 제1조 제2항), 부동산의 신탁에 있어서 수탁자 앞으로 소유권이전등기를 마치게 되면 대내외적으로 소유권이 수탁자에게 완전히 이전되고, 위탁자와의 내부관계에 있어서 소유권이 위탁자에게 유보되어 있는 것은 아니라 할 것이며, 이와 같이 신탁의 효력으로서 신탁재산의 소유권이 수탁자에게 이전되는 결과 수탁자는 대내외적으로 신탁재산에 대한 관리권을 갖는 것이고, 다만, 수탁자는 신탁의 목적범위 내에서 신탁계약에 정하여진 바에 따라 신탁재산을 관리하여야 하는 제한을 부담함에 불과하다 *[대법원 2002. 4. 12., 선고, 2000다70460, 판결]*.

■ 관련판례 5

보증사채의 모집 또는 매출에 관한 공시제도의 취지와 사채원리금 지급대행사무를 금융기관의 업무로 하는 취지 및 사채원리금 지급대행계약의 내용 등을 종합하여 보면, 사채원리금 지급대행계약은 발행회사가 발행한 사채의 사채권자에게 그 원리금을 지급하기 위하여 발행회사가 사채원리금 지급 자금을 은행에게 인도하고 은행은 이를 인도받아 보관, 관리하면서 사채권자에게 그 사채원리금을 지급하는 것을 목적으로 하는 것으로서 신탁계약으로서의 성질을 가지고, 그렇다면 발행회사가 은행에게 인도하는 사채원리금 지급자금은 신탁재산에 해당하고 수익자인 사채권자의 이익 향수(享受)의 의사는 추정되는 것이므로, 은행은 발행회사로부터 인도받은 사채원리금 지급자금을 그 신탁의 본지에 따라 관리할 의무가 있고, 은행이 사채권자의 이익과 관계없이 발행회사의 청구만에 의하여 위 사채원리금을 반환하거나 그 지급자금의 반환채권을 수동채권으로 하여 자신의 발행회사에 대한 채권과 상계하는 것은 신탁의 법리상 허용되지 아니한다[대법원 2002. 7. 26. 선고 2000다17070 판결].

> **제4조(신탁의 공시와 대항)**
> ① 등기 또는 등록할 수 있는 재산권에 관하여는 신탁의 등기 또는 등록을 함으로써 그 재산이 신탁재산에 속한 것임을 제3자에게 대항할 수 있다.
> ② 등기 또는 등록할 수 없는 재산권에 관하여는 다른 재산과 분별하여 관리하는 등의 방법으로 신탁재산임을 표시함으로써 그 재산이 신탁재산에 속한 것임을 제3자에게 대항할 수 있다.
> ③ 제1항의 재산권에 대한 등기부 또는 등록부가 아직 없을 때에는 그 재산권은 등기 또는 등록할 수 없는 재산권으로 본다.
> ④ 제2항에 따라 신탁재산임을 표시할 때에는 대통령령으로 정하는 장부에 신탁재산임을 표시하는 방법으로도 할 수 있다.

1. 신탁공시의 필요성

① 신탁재산은 수탁자 명의의 재산이나, 수탁자의 채권자는 신탁재산에 대하여 강제집행 등을 할 수 없으며, 수탁자가 파산하는 경우 파산재단을 구성하지 않는 등 수탁자의 고유재산과 분리되어 독립적으로 존재하므로, 거래의 안전과 신탁의 남용방지를 위하여 해당재산이 신탁재산이라는 사실을 공시할 필요가 있다.

② 신탁의 성립(제3조), 신탁재산의 관리 등에 의한 새로운 신탁재산의 취득(제27조), 수익자취소권에 의한 신탁재산의 회복(제75조), 신탁의 변경(제88조), 신탁의 종료(제98조부터 제100조까지) 등 신탁재산이나 신탁의 등기사항에 변동이 있는 경우 신탁의 공시가 필요하다.

2. 신탁공시의 효력

가. 신탁의 대항요건

① 구법 제3조는 신탁재산이 각 공시방법을 갖춘 경우 "제3자에게 대항할 수 있다"고 규정하여 신탁의 공시가 효력발생요건이 아니라 대항요건임을 명시한다.

② 따라서 수탁자는 신탁의 공시 여부와 상관없이 신탁재산에 대한 완전한 권리를 행사할 수 있으나, 신탁의 존재 여부를 다투는 제3자가 있는 경우, ㉠ 공시를 갖추었을 때에는 신탁재산임을 알지 못하는 선의의 제3자에 대하여도 신탁재산임을 주장할 수 있으나, ㉡ 공시를 갖추지 못한 때에는 다른 방법으로 신탁재산임을 증명하거나 제3자가 신탁재산임을 알고 있다고 하더라도 신탁재산임을 주장할 수 없다.

나. 주장자

신탁재산의 명의인인 '수탁자'가 통상 해당 재산이 신탁재산임을 주장하겠지만, 수탁자가 경질되는 경우 '신탁재산관리인', 수탁자가 파산하는 경우 '수익자' 등도 신탁의 공시사실을 들어 신탁재산임을 주장할 것이다.

다. 제3자의 범위

이 조항의 '제3자'에는 등기·등록의 당사자를 제외한 모든 자가 포함되나, 주로 수탁자 또는 위탁자의 채권자가 문제된다.

3. 소극재산의 공시

구법상 소극재산을 등기·등록하는 제도는 없고, 소극재산을 신탁하여도 위탁자의 채권자가 승낙하지 않는 한 중첩적 채무인수에 해당하여 위탁자가 채무자로 남아 있게 되므로 신탁공시를 할 필요가 없어, 신탁공시의 대상을 적극재산에 한정하는 취지를 명백히 하기 위하여 제2조와 달리 "재산권"이라는 용어를 사용한다.

4. 등기·등록할 수 있는 재산권(제1항)

가. 등기·등록할 수 있는 재산권의 종류

① 부동산, 선박, 건설기계, 자동차 등에 대한 권리, 어업권, 광업권, 특허권, 실용신안권, 의장권, 상표권 등과 같이 등기·등록이 성립요건인 재산권뿐만 아니라, 저작권 등과 같이 등기·등록이 대항요건인 재산권도 해당한다.

② 구법의 "등기 또는 등록하여야 할 재산권" 문구를 "등기 또는 등록할 수 있는 재산권"으로 수정하여 등기·등록이 대항요건인 재산권도 포함됨을 명시한다.

나. 신탁의 등기·등록

① 신탁의 등기·등록은 권리이전의 등기·등록과 동시에 동일한 신청서에 의하여 신청하여야 하고(「부동산등기법」 제120조 제1항), 동일한 등기·등록부에 기재되지만, 개념상 별개의 등기·등록으로 취급하여야 한다.

② 부동산의 신탁등기는 「부동산등기법」 제117조부터 제129조까지의 규정과 「신탁등기사무처리에 관한 예규」에 따라 이루어지고, 위탁자, 수탁자, 수익자 및 신탁관리인의 인적 사항, 신탁의 목적, 신탁재산의 관리 방법, 신탁의 종료사유 등이 기재된 신탁원부를 포함한다(「부동산등기법」 제124조 제2항, 제123조 제1항).

5. 등기·등록할 수 없는 재산권(제2항부터 제4항까지)

가. 등기·등록할 수 없는 재산권의 종류

1) 제2항

① 등기·등록 제도가 마련되지 않은 금전 등의 동산에 대한 재산권 및 통상의 채권은 신탁재산임을 표시함으로써 제3자에게 대항할 수 있다.

② 등록할 수 있는 재산임이 분명함에도 신탁을 등록할 수 있는 제도가 갖추어지지 않은 경우(예를 들어 자동차, 항공기, 건설기계 등)에는 관련 법률의 개정을 통하여 신탁의 공시제도를 마련할 필요가 있다.

2) 제3항

① 등기·등록할 수 있는 재산권 중 해당 재산권에 대한 등기·등록부가 아직 편철되지 않은 경우(예를 들어, 완공 전 건물로서 부동산으로서 실질을 갖추고 있어 동산으로 취급되지 아니하나 등기부가 아직 편철되지 않은 상태)는 등기·등록할 수 없는 재산권과 같은 것으로 보아 분별관리 등 신탁재산의 표시만으로 제3자에게 대항할 수 있다.

나. 대항력의 인정 여부

① 구법하에서 등기·등록할 수 없는 재산권에 관하여는 신탁을 공시할 수 있는 방법이 없으므로 제3자에게 대항할 수 없다는 견해가 있으나, 공시방법이 없다는 이유로 신탁법이 인정하는 신탁재산의 독립성을 주장할 수 없다는 것은 신탁의 효력을 부정하는 부당한 결과가 되므로 신탁재산임을 표시·입증할 수 있으면 제3자에게 대항할 수 있다고 해석하는 것이 통설적 견해임이다.

② 해석으로도 인정되고 있는 것을 굳이 입법화할 필요가 없다는 반대견해도 있으나, 수익자 보호와 거래안전을 위해서는 등기·등록할 수 없는 재산권의 경우에도 대항요건을 명시할 필요가 있으므로 제2항을 개정하고, 제4항에서 대통령령으로 신탁재산의 예시적인 표시 방법을 구체적으로 정하도록 한다.

다. 신탁재산의 표시 방법

1) 개관

수탁자는 해당 물건에 대한 권리 또는 재산권이 수탁자의 고유재산과 별개인 신탁재산이라는 사실을 표시하여야 하고, 구체적인 방법과 정도는 권리와 물건의 종류에 따라 결정될 것인데 제3자의 신탁재산 인식가능성이 기준이 될 것이다.

2) 분별관리

① 수탁자가 제37조에 따라 분별관리의무를 다한 경우라면 통상 제3자는 해당 재산이 수탁자의 고유재산과 분리된 신탁재산임을 확인할 수 있으므로 신탁재산이라는 사실의 표시가 이루어졌다고 볼 것이며, 분별관리의 구체적인 방법은 신탁재산의 종류에 따라 결정될 것이다.

② 신탁재산이 동산 및 유가증권인 경우 '물리적 분별'로 충분하고, 채권인 경우 신탁재산목록 등에의 기재, 별도의 예금계좌 개설 등의 방법으로 분리하여야 하며, 금전, 액체 그 밖의 대체물인경우 '계산상 분별'을 하여야 한다(제37조 제3항).

3) 그 밖의 표시 방법

① 분별관리의 방법 외에도 제3자가 신탁재산임을 인지할 수 있는 모든 방법으로 신탁을 대항할 수 있다.

② 특히 완공 전 건물이 신탁재산인 경우 공시방법이 문제되는데, 방법에는 제한이 없으므로 관습법상 수목 등에 대하여 인정되는 명인방법으로 해당 건물에 신탁재산임을 표시하여도 신탁의 대항요건으로 인정된다.

4) 공적 장부상 기재(제4항)

① 지적정비 미완 등의 사유로 보존등기부가 편성되지 않은 토지와 건물의 경우 신탁의 등기를 할 수 없어서 제3자에게 대항할 방법이 없는바, 「신탁법 시행령」에 규정된 장부에 해당 토지와 건물이 신탁재산인 사실을 기재하면 신탁재산의 표시가 이루어졌다고 볼 수 있으므로 대항력을 인정할 수 있다.

② 위 시행령상 공적 장부에는 「도시개발법」상 환지방식의 사업시행자가 관리하는 환지대장·체비지대장, 「농어촌정비법」상 농업기반 등 정비사업의 시행자가 관리하는 환지대장·체비지대장, 「택지개발촉진법」상 사업시행자가 관리하는 매매계약관리대장 등이 포함될 것이다.

5) 제4항의 대통령령으로 정하는 장부

"대통령령으로 정하는 장부"란 다음 각 호의 장부를 말한다. 이 경우 제2호의 건축물대장과 제4호의 토지대장 및 임야대장은 「공간정보의 구축 및 관리 등에 관한 법률」 제76조의3에 따른 부동산종합공부로 대체할 수 있다.

1. 법 제79조 제1항에 따른 수익자명부

2. 「건축법」 제20조에 따른 가설건축물대장 및 같은 법 제38조에 따른 건축물대장

3. 「상법」 제352조에 따른 주주명부 및 같은 법 제352조의2에 따른 전자주주명부

4. 「공간정보의 구축 및 관리 등에 관한 법률」 제71조 제1항에 따른 토지대장 및 임야대장

5. 「도시개발법」 제2조 제1항 제2호에 따른 도시개발사업, 「농어촌정비법」 제2조 제5호, 제10호 및 제18호에 따른 농업생산기반 정비사업, 생활환경정비사업 및 한계농지등의 정비사업, 「도시 및 주거환경정비법」 제2조 제2호가목 및 나목에 따른 주거환경개선사업 및 재개발사업 등 법령에 따른 환지(換地) 방식의 사업을 할 때 환지, 체비지(替費地) 및 보류지(保留地)의 관리를 위하여 작성·관리하는 장부

라. 유가증권에 대한 신탁의 공시방법

1) 구법의 태도

① 구법 제3조 제2항은 유가증권에 대하여는 증권에의 표시, 주권과 사채권에 대하여는 증권 외에 주주명부나 사채원부에의 표시라는 특별한 공시방법을 정하고 있다.

② 이에 대하여 구법에 규정한 공시방법에 한정하는 견해와 등기·등록할 수 없는 재산권으로 보아 공시방법을 넓게 인정하자는 견해가 대립한다.

2) 구법 제3조 제2항의 공시방법에 한정하는 견해

① 유가증권에 대하여도 분별관리 등 신탁재산의 표시 방법을 갖춘 것만으로 대항력을 인정하면 수탁자가 채무 면탈의 목적으로 신탁재산의 표시를 하여 악용할 가능성이 높다는 점, 수시로 대량거래가 이루어지고 있는 예탁증권제도에서도 신탁재산임을 표시하도록 규정하고 있는 점, 일본도 개정 신탁법에서 유가증권에 대한 신탁의 공시 규정을 삭제하였으나 회사법 제154조의2와 사채, 주식 등의 대체에 관한 법률 제142조 제1항에서 주주명부나 전자등록부에 신탁재산임을 기재할 것을 대항요건으로 하고 있는 점에 비추어 수탁자의 채권자 보호 및 거래안전을 위하여 구법의 공시방법을 유지하되, 주권발행을 하지 않은 기업이 다수인 현실을 고려하여 증권에의 기재는 삭제하자는 견해이다.

3) 일반 동산의 공시방법을 인정하는 견해

① 구 「신탁업법」에 따른 금전신탁이나 「간접투자자산운용업법」에 따른 투자신탁에서 유가증권을 신탁재산으로 하는 경우, 유가증권의 대량매매가 이루어지므로 증권에 기재하거나 주주명부에 명의개서를 하는 것이 사실상 불가능하고 실

무상 생략되고 있는 점, 「상법」 제337조 제1항에 따르면 주주명부상 명의개서는 주식양도를 할 때 회사에 대한 대항요건에 불과한 것에 비추어 신탁의 공시를 반드시 주주명부로 하도록 강제하는 것은 과도한 규제라는 점, 신탁의 표시가 된 유가증권에 대해서는 거래상대방이 수탁자의 수권범위를 확인하여야 하므로 유통성이 저해된다는 점, 일본의 회사법은 우리나라와 달리 명의개서의 대항력을 제3자에 대하여도 인정하기 때문에 신탁의 기재를 할 필요가 있다는 점 등을 고려하여 동산과 같은 공시방법으로 충분하다는 견해이다.

4) 현행법의 입장

① 금전, 파생상품 등 금융 분야에서 신탁의 유연성을 활용한 대량유통 목적의 신탁을 활성화하고, 구법하에서는 민사신탁에서 비금융전문가인 수탁자가 명의개서 등을 하지 않은 경우 신탁재산임을 입증하여도 제3자에게 대항할 수 없어서 수익자가 예기치 못한 손해를 입을 수 있으며, 위탁자가 신탁행위로 구법 제3조 제2항의 공시방법을 갖추도록 요구할 수 있으므로, 일본과 같이 유가증권도 일반 동산으로 보아 구법 제3조 제2항에서 정한 공시방법 및 그 밖의 신탁재산의 표시방법으로도 대항이 가능하도록 규정한다.

② 다만, 현재 입법을 검토 중인 증권전자등록제도가 도입되는 경우 그 증권은 제1항의 등기·등록할 수 있는 재산권에 해당하는 것으로 보아야 하므로 전자등록부에 신탁의 등록이 필요할 것이다.

■ 관련판례 1

신탁법은 신탁재산의 독립성을 제3자에게도 대항할 수 있도록 신탁재산의 공시에 관한 독자적인 규정을 두고 있다. 구 신탁법(2011. 7. 25. 법률 제10924호로 전부 개정되기 전의 것) 제3조 제1항은 "등기 또는 등록하여야 할 재산권에 관하여는 신탁은 그 등기 또는 등록을 함으로써 제3자에게 대항할 수 있다."라고 정하고 있고, 구 부동산등기법(2007. 5. 17. 법률 제8435호로 개정되기 전의 것) 제123조, 제124조는 신탁의 등기를 신청하는 경우에는 ① 위탁자, 수탁자 및 수익자 등의 성명, 주소, ② 신탁의 목적, ③ 신탁재산의 관리 방법, ④ 신탁종료의 사유, ⑤ 기타 신탁의 조항을 기재한 서면을 그 신청서에 첨부하도록 하고 있고, 그 서면을 신탁원부로 보며 다시 신탁원부를 등기부의 일부로 보고 그 기재를 등기로 본다고 정하고 있다. 따라서 신탁계약의 내용이 신탁등기의 일부로 인정되는 신탁원부에 기재된 경우에는 이로써 제3자에게 대항할 수 있다[대법원 2004. 4. 16., 선고. 2002다12512 판결].

■ 관련판례 2

신탁계약에서 수탁자의 사전 승낙 아래 위탁자 명의로 신탁부동산을 임대하도록 약정하였으므로 임대차보증금 반환채무는 위탁자에게 있다고 보아야 하고, 이러한 약정이 신탁원부에 기재되었으므로 임차인에게도 대항할 수 있다. 따라서 이 사건 오피스텔에 관한 부동산담보신탁 이후에 위탁자인 케이피로부터 이를 임차한 피고는 임대인인 케이피를 상대로 임대차보증금의 반환을 구할 수 있을 뿐 수탁자인 한국토지신탁을 상대로 임대차보증금의 반환을 구할 수 없다. 나아가 한국토지신탁이 임대차보증금 반환의무를 부담하는 임대인의 지위에 있지 아니한 이상 그로부터 이 사건 오피스텔의 소유권을 취득한 원고가 주택임대차보호법 제3조 제4항에 따라 임대인의 지위를 승계하여 임대차보증금 반환의무를 부담한다고 볼 수도 없다.

원심은 이와 같은 취지에서 원고를 상대로 임대차보증금의 반환을 구하는 피고의 반소청구를 기각하였다. 이러한 원심의 판단은 앞서 본 법리에 따른 것으로서 거기에 상고이유 주장과 같이 신탁부동산에 관한 보증금반환채무의 귀속 및 주택임대차보호법상 임대인 지위 승계에 관한 법리를 오해하여 판결에 영향을 미친 잘못이 없다.

한편 피고가 상고이유에서 들고 있는 대법원 2014. 7. 24. 선고 2012다62561, 62578 판결은 수탁자의 사전 승낙을 받아 위탁자가 임대차계약을 체결하도록 정하고 있음에도 수탁자의 사전 승낙을 받지 못한 사안이고, 대법원 2019. 3. 28. 선고 2018다44879, 44886 판결은 수탁자의 동의 없이 임대차계약을 체결하였다가 수탁자로부터 소유권을 회복한 사안으로, 수탁자의 동의를 받아 위탁자가 체결한 임대차계약의 효력이 문제되는 이 사건과 사안을 달리하는 것이어서 이 사건에 원용하기 적절하지 않다[대법원 2022. 2. 17., 선고, 2019다300095, 300101, 판결].

■ 관련판례 3

신탁재산의 소유관계, 신탁재산의 독립성, 신탁등기의 대항력, 구 신탁법(2011. 7. 25. 법률 제 10924호로 전부 개정되기 전의 것, 이하 같다) 제3조 제1항, 제20조, 제24조, 제30조의 취지 등에 비추어 보면, 부동산에 대한 점유취득시효가 완성될 당시 부동산이 구 신탁법상의 신탁계약에 따라 수탁자 명의로 소유권이전등기와 신탁등기가 되어 있더라도 수탁자가 신탁재산에 대하여 대내외적인 소유권을 가지는 이상 점유자가 수탁자에 대하여 취득시효 완성을 주장하여 소유권이전등기청구권을 행사할 수 있지만, 이를 등기하지 아니하고 있는 사이에 부동산이 제3자에게 처분되어 그 명의로 소유권이전등기가 마쳐짐으로써 점유자가 제3자에 대하여 취득시효 완성을 주장할 수 없게 되었다면 제3자가 다시 별개의 신탁계약에 의하여 동일한 수탁자 명의로 소유권이전등기와 신탁등기를 마침으로써 부동산의 소유권이 취득시효 완성 당시의 소유자인 수탁자에게 회복되는 결과가 되었더라도 수탁자는 특별한 사정이 없는 한 취득시효 완성 후의 새로운 이해관계인에 해당하므로 점유자는 그에 대하여도 취득시효 완성을 주장할 수 없다. 이 경우 점유자가 수탁자의 원래 신탁재산에 속하던 부동산에 관하여 점유취득시효 완성을 원인으로 하는 소유권이전등기청구권을 가지고 있었다고 하여 수탁자가 별개의 신탁계약에 따라 수탁한 다른 신탁재산에 속하는 부동산에 대하여도 소유권이전등기청구권을 행사할 수 있다고 보는 것은 신탁재산을 수탁자의 고유재산이나 다른 신탁재산으로부터 분리하여 보호하려는 신탁재산 독립의 원칙의 취지에 반하기 때문이다[대법원 2016. 2. 18., 선고, 2014다61814, 판결].

■ 관련판례 4

구 증권투자신탁업 법상 증권투자신탁의 위탁회사가 신탁재산을 운용하는 과정에서 신탁재산을 구성하거나 구성할 유가증권의 매매 등과는 별도로 신탁재산의 가치를 보전하거나 증대시키기 위하여 대외적으로 제3자와 사이에 채무부담을 수반하는 계약을 체결한 경우, 만일 그에 따른 채무부담의 효력이 당연히 수탁회사에게 미친다고 보게 되면, 소정의 수수료를 받고 수동적으로 위탁회사의 운용지시에 따라 업무를 영위하는 지위에 있음에 불과한 수탁회사가 제3자에 대하여 신탁재산의 한도를 넘어서서 고유재산을 가지고 채무를 이행하여야 하는 책임을 질 수 있게 되어 부당하므로, 그와 같이 채무부담을 수반하는 계약은 수탁회사로부터 대리권을 수여받았다는 등의 특별한 사정이 없는한 그 결과가 사후에 신탁재산에 편입하는 때에 비로소 신탁재산의 손익에 반영됨에 그치고 그 계약의 효력이 바로 수탁회사에게 미친다고 할 수는 없다[대법원 2008. 2. 28., 선고. 2005다51334 판결].

> **제5조(목적의 제한)**
> ① 선량한 풍속이나 그 밖의 사회질서에 위반하는 사항을 목적으로 하는 신탁은 무효로 한다.
> ② 목적이 위법하거나 불능인 신탁은 무효로 한다.
> ③ 신탁 목적의 일부가 제1항 또는 제2항에 해당하는 경우 그 신탁은 제1항 또는 제2항에 해당하지 아니한 나머지 목적을 위하여 유효하게 성립한다. 다만, 제1항 또는 제2항에 해당하는 목적과 그렇지 아니한 목적을 분리하는 것이 불가능하거나 분리할 수 있더라도 제1항 또는 제2항에 해당하지 아니한 나머지 목적만을 위하여 신탁을 유지하는 것이 위탁자의 의사에 명백히 반하는 경우에는 그 전부를 무효로 한다.

1. 신탁의 목적

가. 의의

① '신탁의 목적'이란 위탁자가 신탁을 설정하여 발생시키려고 하는 효과로, 신탁은 수탁자에게 완전한 재산권을 이전하는 동시에 신탁의 목적에 의한 제한이라는 구속을 가하는 것을 본질적 특성으로 하는 제도이므로, 신탁의 목적은 해당 신탁의 근본적 성격과 구조를 결정한다.

② 신탁설정행위도 법률행위의 하나이므로, 신탁의 목적은 사법상 일반원칙에 따라 확정성, 사회적 타당성, 가능성, 적법성의 요건을 갖추어야 한다.

③ 신탁의 목적은 부동산이 신탁재산인 경우 「부동산등기법」 제123조 제1항 제2호에 의하여 신탁등기의 기재사항이고, 공시된 신탁의 목적에 위반되는 등기신청이 있는 경우 등기공무원은 해당 등기신청을 반려하여야 한다.

나. 기능

① 수탁자 권한 범위의 확정
- 수탁자의 입장에서 신탁의 목적은 수탁자의 신탁재산에 관한 관리·처분권한의 행사 범위를 설정하는 것이다.
- 신탁의 목적에 반하는 처분행위는 제75조에 따라 수익자가 취소할 수 있는 행위에 해당한다.
- 수탁자의 구체적인 권한은 신탁 목적의 한도 내에서 신탁행위에서 정한 바에 따라 구체적으로 결정된다.

② 신탁의 종료 및 변경의 기준
- 신탁은 제98조 제1호에 따라 신탁의 목적을 달성하였거나 달성이 불가능 한 때

에 종료하므로 신탁의 목적은 신탁의 종료여부를 결정하는 중요한 기준이다.

2. 신탁 목적의 확정성

① 수탁자는 신탁의 목적에 따라 신탁재산을 관리·처분하여야 하는데, 신탁의 목적이 지나치게 추상적이면 그 목적의 달성 여부를 판단하기 어려워지므로 신탁의 목적은 신탁행위에 의하여 확정되거나 확정될 수 있어야 한다.

② 해석에 의하여 신탁의 목적을 확정할 수 없는 경우에는 법률행위에 관한 사법상 일반원칙에 따라 신탁설정행위가 무효로 될 것이다.

③ 영미 신탁법도 '신탁의 확정성(certainty of purpose)'을 신탁의 요건으로 보아서, 신탁의 목적이 확정될 수 없거나 추상적인 경우에는 신탁의 성립을 부정한다.

3. 신탁 목적의 사회적 타당성(제1항)

① 신탁행위도 법률행위이므로 사법상 일반원칙에 따라 선량한 풍속이나 그 밖의 사회질서에 위반하는 사항을 목적으로 하여 설정될 수 없고, 이를 위반한 경우 법적 효과는 '무효'이다.

② 신탁행위에도 「민법」 제103조의 적용이 가능하나, 신탁이 악용되는 것을 허용하지 않겠다는 취지에서 「신탁법」에 이를 별도로 규정하여 사법상 일반원칙을 재확인한다.

② 구법은 선량한 풍속 및 사회질서에 반하는 목적을 신탁의 목적으로 할 수 없다고만 규정하여 규정형식상 선량한 풍속 등에 반하는 신탁의 효력에 대한 언급이 없다.

③ 「민법」 제103조와 마찬가지로 당연 무효로 보아야 하므로 그 취지를 명백히 하여 "무효로 한다"는 문구를 추가한다.

④ '선량한 풍속', '사회질서'의 의미 및 유형은 「민법」 제103조의 해석에 따른다.
 - 위탁자는 신탁 목적의 내용 자체가 선량한 풍속이나 그 밖의 사회질서를 위반하는 경우 원칙적으로 이를 인식할 필요는 없다.
 - 선량한 풍속이나 그 밖의 사회질서에 위반하는지 여부는 원칙적으로 신탁행위 당시를 기준으로 판단하여야 한다.

⑤ 선량한 풍속이나 그 밖의 사회질서에 반하는 목적의 신탁은 절대적 무효이기 때문에 추인에 의하여 유효로 될 수 없고, 선의의 제3자에게도 대항할 수 있다.

4. 신탁 목적의 가능성 (제2항)

① 신탁의 목적은 실현이 가능하여야 하고 목적의 실현이 불가능한 신탁은 무효이다.
② 구법 제55조와의 관계를 고려할 때 여기서의 실현가능성은 신탁행위를 할 당시에 이미 실현이 불가능한 '원시적 불능'에 한정되나, 실현이 불가능한 원인은 한정되지 않아서 물리적 원인, 법률적 원인뿐만 아니라 사회관념상의 원인에 의한 실현 불가능도 포함한다.

5. 신탁 목적의 적법성 (제2항)

① 신탁은 강행규정에 위반되는 내용을 목적으로 설정할 수 없고, 일반 법률행위와 달리 해당 강행규정이 사법상 효과가 부정되는 효력규정인지 단순한 행정상 금지법규인 단속규정인지 여부와 관계없이 무효이다.
② 강행규정은 「민법」 제105조의 반대해석상 '법령 중 선량한 풍속 기타 사회질서에 관계있는 규정'을 의미한다.
③ 강행규정을 위반한 신탁은 절대적 무효이기 때문에 추인에 의하여 유효로 될 수 없고, 선의의 제3자에게도 대항할 수 있다.

6. 목적의 일부가 무효인 신탁의 효력 (제3항)

① 신탁의 목적 중 일부가 무효인 경우, 원칙적으로 나머지 목적만으로 신탁은 유효하게 성립하나, 예외적으로 유효한 목적만으로는 신탁이 성립되지 않거나(분할가능성 요건 흠결), 유효한 목적 부분만으로 신탁성립을 인정하는 것이 위탁자의 의사에 명백하게 반하는 경우에는 무효이다.
② 법률행위의 일부가 무효인 경우의 효과에 대한 일반규정인 「민법」 제137조에 대한 특별규정이다.
③ 해당 신탁의 분할가능성은 신탁 목적의 내용 등 제반사정을 고려하여 법률행위의 해석에 의하여 인정될 것이며, 신탁 전부의 무효를 주장하는 자가 분할가능성 요건의 흠결사실 또는 위탁자의 의사에 위배된다는 사실을 입증하여야 한다.

■ 관련판례 1

구 신탁법(2011. 7. 25. 법률 제10924호로 전부 개정되기 전의 것, 이하 같다) 제5조 제2항은 '신탁은 그 목적이 위법 또는 불능한 때에는 무효'라고 규정하고 있다. 이러한 구 신탁법 제5조 제2항의 취지는 신탁법상의 신탁은 위탁자가 수탁자에게 특정의 재산권을 이전하거나 기타의 처분을 하여 수탁자로 하여금 신탁 목적을 위하여 그 재산권을 관리·처분하게 하는 것이므로(제1조 제2항), 그와 같은 신탁이 강행법규에 반하는 등 목적이 위법하거나 신탁계약 당시부터 실현이 불가능하여 원시적 불능인 급부를 목적으로 하는 것이라면 효력을 인정할 수 없다는 데에 있다. 따라서 사업주체가 수분양자에게 분양계약을 이행할 수 없는 경우 분양보증회사가 분양이행 또는 환급이행 후 신탁부동산을 처분할 목적으로 신탁계약을 체결하고 그에 따른 신탁등기를 마친 것이라면, 그와 같은 신탁 목적이 일정한 행위를 금지하는 구체적 법 규정에 반하는 것이라거나 이를 달성하는 것이 계약 당시부터 사실상 또는 법률상 불가능한 상태였다고 할 수 없는 만큼, 위 신탁계약 등이 목적이 위법하거나 불능한 때에 해당하여 무효라고 할 수 없다[대법원 2017. 6. 8., 선고, 2015두49696, 판결].

■ 관련판례 2

외국인이 토지에 대한 권리를 대통령령에 따르는 내무부장관의 허가없이 취득하기 위해서 또는 소유권자와 동일한 이익을 받기 위해서가 아니고 단순히 장차 그 요건 구비시에 취득한 것을 내용으로 한 채권관계설정행위는 외국인토지법 제5조, 제5조의 3, 제13조 또는 신탁법 제5조, 제6조의 각 취지에 어긋나는 것이라고 할 수 없고 또 위와 같은 채권설정정행위가 공서양속에 위반되는 행위가 공서양속에 위반되는 행위라고도 할 수 없으니 양조장을 공동경영하던 외국인의 의뢰를 받고 장차 외국인의 요구가 있으면 언제든지 이전등기를 이행한다는 약정으로 편의상 토지일부를 임의 매각하여 외국인에게 손해를 입힌 경우에는 배임죄가 성립한다[대법원 1975. 12. 23., 선고, 73도3012, 판결].

> **제6조(소송을 목적으로 하는 신탁의 금지)**
> 수탁자로 하여금 소송행위를 하게 하는 것을 주된 목적으로 하는 신탁은 무효로 한다.

① 수탁자에게 소송행위를 시키는 것을 주된 목적으로 하여 설정된 소위 '소송신탁'을 금지하는 것이다.

② 소송신탁은 남소의 우려가 있다는 점, 비변호사가 법률사무를 취급하는것을 금지하고 있는 「변호사법」 제109조 및 제110조에 위반되는 점, 비변호사가 소송대리인이 되는 것을 원칙적으로 금지하고 있는 「민사소송법」 제87조를 탈법적으로 회피하는 결과가 된다는 점, 제3자가 타인간의 법적분쟁에 개입하여 부당한 이익을 추구하는 것을 용인할 수 없다는 점 등을 고려하여 금지된다.

③ 소송행위를 주된 목적으로 설정된 신탁인지 여부는 신탁계약이 체결된경위 등 제반사정을 고려하여 판단할 문제이고, 사실상 소송신탁에 해당한다고 하더라도 정당한 이유가 있는 때에는 금지할 필요가 없으므로 '주된 목적'의 해석, 탈법행위에 해당하는지 여부, 반사회질서의 행위인지 여부 등을 고려하여 적용 여부를 개별적으로 결정하여야 한다.

④ 이 조항의 '소송행위'는 민사소송법상 소송행위에만 한정되지 않고 널리사법작용을 통하여 권리를 실현하는 행위를 의미하므로, 파산신청, 강제집행의 신청, 「비송사건절차법」상의 신청 등도 포함한다.

■ **관련판례 1**

집합건물의 관리업무를 담당할 권한과 의무는 관리단과 관리인에게 있고(집합건물의 소유 및 관리에 관한 법률 제23조의2, 제25조), 관리단이나 관리인은 집합건물을 공평하고 효율적으로 관리하기 위하여 전문적인 위탁관리업자와 관리위탁계약을 체결하고 건물 관리업무를 수행하게 할 수 있다. 이 경우 위탁관리업자의 관리업무의 권한과 범위는 관리위탁계약에서 정한 바에 따라 관리비의 부과·징수를 포함한 포괄적인 관리업무를 위탁관리업자에게 위탁하는 것이 통상적이므로, 여기에는 관리비에 관한 재판상 청구 권한을 수여하는 것도 포함되었다고 봄이 타당하다. 이러한 관리업무를 위탁받은 위탁관리업자가 관리업무를 수행하면서 구분소유자 등의 체납 관리비를 추심하기 위하여 직접 자기 이름으로 관리비에 관한 재판상 청구를 하는 것은 임의적 소송신탁에 해당하지만, 집합건물 관리업무의 성격과 거래현실 등을 고려하면 이는 특별한 사정이 없는 한 허용되어야 하고, 이때 위탁관리업자는 관리비를 청구할 당사자적격이 있다고 보아야 한다 [대법원 2022. 5. 13., 선고, 2019다229516, 판결].

■ 관련판례 2

원심판결 이유 및 기록에 의하면, ① 소외 1이 피고 1 및 소외 2로부터 각 대여금 채권을 양수할 무렵에는 이미 다산축산에 대한 다른 채권자들이 이 사건 부동산을 대상으로 가압류, 가처분 등의 보전절차에 착수한 상태였던 사실, ② 다산축산에 대한 피고 1의 대여금 채권은 18억 원, 소외 2의 대여금 채권은 5억 원에 이르렀는데 소외 1은 위 각 대여금 채권을 양수하면서 피고 1 및 소외 2에게 별다른 대가를 지급하지 않았던 사실, ③ 이 사건 근저당권 설정일은 2013. 9. 4.이고, 위 각 대여금 채권의 양수일은 2013. 11. 11. 및 2013. 11. 20.이며, 이 사건 근저당권에 기한 임의경매 신청일은 2013. 12. 23.로서, 위 각 대여금 채권에 대한 양도계약이 이루어진 때부터 임의경매 신청에 이르기까지 시간적 간격이 40일 안팎에 불과한 사실, ④ 소외 1은 피고 1 및 소외 2와 오래전부터 알고 지내면서 금전 거래를 해온 사이이고 피고 1과는 삼촌관계에 있는 사실, ⑤ 소외 1은 피고 1 및 소외 2로부터 양수한 각 대여금 채권을 이 사건 근저당권의 피담보채권에 포함시켜 이 사건 부동산에 대한 임의경매를 신청한 후 위 경매절차 진행 중 피고 1에게 위 근저당권을 전부 이전하였고, 피고 1은 그중 일부를 다시 피고 주식회사 보성녹돈엘피씨에 이전하였던 사실, ⑥ 피고 1은 위 18억 원의 대여금 채권을 소외 1에게 양도하였다고 하면서도 그 이후인 2013. 12. 6. 위 대여금 채권에 대한 담보조로 이 사건 부동산에 관하여 매매예약을 원인으로 한 소유권이전청구권 가등기를 마친 사실 등을 알 수 있다.

이러한 사실관계를 앞서 본 법리에 비추어 살펴보면, 피고 1 및 소외 2와 소외 1 사이에 이루어진 위 각 대여금 채권의 양도는, 다산축산에 대한 일반채권자의 지위에 있던 피고 1 및 소외 2가 실질적인 권리의 이전 없이 오로지 자신들의 채권을 이 사건 근저당권의 피담보채권에 편입되게 함으로써 다른 일반채권자들보다 우선하여 변제받기 위한 목적에서 형식적으로만 이루어진 것으로서, 근저당권자인 소외 1로 하여금 강제집행의 신청이라는 소송행위를 하게 하는 것을 주된 목적으로 이루어진 소송신탁에 해당한다고 보아야 할 것이다 [대법원 2022. 1. 14., 선고, 2017다257098, 판결].

■ 관련판례 3

소송행위를 하게 하는 것을 주된 목적으로 채권양도가 이루어진 경우 그 채권양도가 신탁법상의 신탁에 해당하지 않는다고 하여도 신탁법 제6조가 유추적용되므로 이는 무효이다. 소송행위를 하게 하는 것이 주된 목적인지는 채권양도계약이 체결된 경위와 방식, 양도계약이 이루어진 후 제소에 이르기까지의 시간적 간격, 양도인과 양수인의 신분관계 등 제반 상황에 비추어 판단하여야 한다 [대법원 2018. 10. 25., 선고, 2017다272103, 판결].

■ 관련판례 4

재산권에 관한 소송에서 소송물인 권리 또는 법률관계에 관한 관리처분권을 가지는 권리주체가 관련 소송을 제3자에게 위임하여 하게 하는 것은 임의적 소송신탁에 해당하므로 원칙적으로 허용되지 않는다. 다만 민사소송법 제87조가 정한 변호사대리의 원칙이나 신탁법 제6조가 정한 소송신탁의 금지 등을 회피하기 위한 탈법적인 것이 아니고, 이를 인정할 합리적인 이유와 필요가 있는 경우에는 예외적·제한적으로 허용될 수 있다 *[대법원 2016. 12. 15., 선고, 2014다87885, 87892, 판결]*.

■ 관련판례 5

소송행위를 하게 하는 것을 주목적으로 채권양도 등이 이루어진 경우, 그 채권양도가 신탁법상의 신탁에 해당하지 않는다고 하여도 신탁법 제7조가 유추적용되므로 무효라고 할 것이고, 소송행위를 하게 하는 것이 주목적인지의 여부는 채권양도계약이 체결된 경위와 방식, 양도계약이 이루어진 후 제소에 이르기까지의 시간적 간격, 양도인과 양수인간의 신분관계 등 제반 상황에 비추어 판단하여야 할 것인바, 위와 같은 법리는 토지의 점유·사용으로 인한 부당이득반환청구의 소를 제기할 목적으로 그 토지에 관하여 소유권이전등기를 경료한 경우에도 마찬가지로 적용된다할 것이고, 소송을 주목적으로 신탁한 것인지 여부를 정함에 있어서는 수탁자가 반드시 직접 소송을 수행함을 요하지 아니하고 소송대리인에게 위임하는 경우에도 이를 인정할 수 있다 할 것이다 *[대법원 2006. 6. 27., 선고. 2006다463 판결]*.

■ 관련판례 6

소송행위를 하게 하는 것을 주목적으로 채권양도 등이 이루어진 경우 그 채권양도가 신탁법상의 신탁에 해당하지 않는다고 하여도 신탁법 제7조가 유추적용되므로 무효라고 할 것이고, 소송행위를 하게 하는 것이 주목적인지의 여부는 채권양도계약이 체결된 경위와 방식, 양도계약이 이루어진 후 제소에 이르기까지의 시간적 간격, 양도인과 양수인간의 신분관계 등 제반 상황에 비추어 판단하여야 한다 *[대법원 2007. 1. 11., 선고. 2006다34206 판결]*.

> **제7조(탈법을 목적으로 하는 신탁의 금지)**
> 법령에 따라 일정한 재산권을 향유할 수 없는 자는 수익자로서 그 권리를 가지는 것과 동일한 이익을 누릴 수 없다.

① 강행규정의 적용을 회피하는 것을 목적으로 설정된 소위 '탈법신탁'은 허용되지 않고, 신탁의 목적이 위법하거나 달성이 불가능한 때에 해당하여 무효임을 명시함과 동시에, 수익자의 적격요건을 명시한 규정이다(예를 들면, 「농지법」 제6조 등에 따른 농지 소유의 제한 등).

② 신탁은 신탁재산이 형식적으로 위탁자로부터 수탁자에게 이전되지만 경제적 이익은 실질적으로 수익자에게 이전되기 때문에, 수탁자를 매개로 하여 수익권의 형태로 탈법적으로 이익을 받는 것을 금지하는 취지이다.

③ 무효인 탈법신탁에 해당하는지 여부는 당해 강행규정의 취지, 신탁의 목적, 수익권의 내용 등을 종합적으로 고려하여 판단하여야 한다.

■ **관련판례 1**

재산권상의 청구에 관하여는 소송물인 권리 또는 법률관계에 관하여 관리처분권을 갖는 권리주체에게 당사자적격이 있음이 원칙이다. 다만 제3자라고 하더라도 법률이 정하는 바에 따라 일정한 권리나 법률관계에 관하여 당사자적격이 부여되거나 본래의 권리주체로부터 그의 의사에 따라 소송수행권을 수여받음으로써 당사자적격이 인정되는 경우가 있으나, 이러한 임의적 소송신탁은 민사소송법 제87조가 정한 변호사대리의 원칙이나 신탁법 제7조가 정한 소송신탁의 금지를 잠탈하는 등의 탈법적 방법에 의하지 않은 것으로서 이를 인정할 합리적 필요가 있다고 인정되는 경우에 한하여 제한적으로만 허용된다*[대법원 2012. 5. 10., 선고, 2010다87474, 판결].*

■ **관련판례 2**

소송행위를 하게 하는 것을 주목적으로 채권양도 등이 이루어진 경우 그 채권양도가 신탁법상의 신탁에 해당하지 않는다고 하여도 신탁법 제7조가 유추적용되므로 무효라고 할 것이고, 소송행위를 하게 하는 것이 주목적인지의 여부는 채권양도계약이 체결된 경위와 방식, 양도계약이 이루어진 후 제소에 이르기까지의 시간적 간격, 양도인과 양수인간의 신분관계 등 제반 상황에 비추어 판단하여야 할 것이다*(대법원 2002. 12. 6. 선고 2000다4210 판결 등 참조).*
원심은, 그 채용 증거를 종합하여 그 판시와 같은 사실을 인정한 후, 이 사건에 나타난 하자보수에 갈음한 손해배상채권의 양도 경위·방식·시기 및 양도인인 구분소유자들과 양수인인 원고의 관계 등 제반 사정을 종합하여 보면, 구분소유자들의 손해배상채권 양도는 소송행위를 하게 하는 것이 주목적이라고 볼 수 없다고 판단하였다.

원심판결 이유를 기록에 비추어 살펴보면, 원심의 위와 같은 사실인정과 판단은 정당한 것으로 수긍할 수 있고, 거기에 상고이유에서 주장하는 바와 같은 이유불비와 소송신탁의 법리를 오해한 위법이 있다고 할 수 없다*[대법원 2009. 5. 28., 선고, 2009다9539, 판결].*

■ **관련판례 3**

수표의 숨은 추심위임배서가 소송행위를 하게 하는 것을 그 주된 목적으로 하는 경우에는 신탁법 제7조를 위반하는 권리이전행위이므로 무효이고, 소송행위를 하게 하는 것이 주목적인지의 여부는 추심위임배서에 이르게 된 경위와 방식, 추심위임배서가 이루어진 후 제소에 이르기까지의 시간적 간격, 배서인과 피배서인 간의 신분관계 등 여러 상황에 비추어 판단하여야 한다*[대법원 2007. 12. 13., 선고, 2007다53464, 판결].*

■ **관련판례 4**

「소송행위를 하게 하는 것을 주목적으로 채권양도 등이 이루어진 경우 그 채권양도가 신탁법상의 신탁에 해당하지 않는다고 하여도 신탁법 제7조가 유추 적용되므로 무효라고 할 것이나」(대법원 2002. 12. 6. 선고 2000다4210 판결, 2004. 3. 25. 선고 2003다20909, 20916 판결 등 참조), 기록에 나타난 원심 판시 아파트 지하주차장의 하자보수에 갈음한 손해배상채권의 양도 경위, 방식, 시기, 양도인 구분소유자와 양수인 원고의 관계, 하자보수의 효율성 등 제반 사정을 종합해 보면, 구분소유자로부터 원고에게 한 손해배상채권의 양도는 소송행위를 하게 하는 것이 주목적이라고 볼 수 없다 할 것이니 같은 취지의 원심 판단은 정당하고, 거기에 소송신탁과 관련한 채증법칙 위반, 법리오해 등의 위법이 없다*[대법원 2006. 8. 24., 선고, 2004다20807, 판결].*

■ **관련판례 5**

소송행위를 하게 하는 것을 주목적으로 채권양도 등이 이루어진 경우, 그 채권양도가 신탁법상의 신탁에 해당하지 않는다고 하여도 신탁법 제7조가 유추적용되므로 무효라고 할 것이고, 소송행위를 하게 하는 것이 주목적인지의 여부는 채권양도계약이 체결된 경위와 방식, 양도계약이 이루어진 후 제소에 이르기까지의 시간적 간격, 양도인과 양수인간의 신분관계 등 제반 상황에 비추어 판단하여야 할 것인바(대법원 2004. 6. 25. 선고 2004다8371 판결 등 참조), 위와 같은 법리는 토지의 점유·사용으로 인한 부당이득반환청구의 소를 제기할 목적으로 그 토지에 관하여 소유권이전등기를 경료한 경우에도 마찬가지로 적용된다 할 것이고*(대법원 1970. 3. 31. 선고 70다55 판결 등 참조)*, 소송을 주목적으로 신탁한 것인지 여부를 정함에 있어서는 수탁자가 반드시 직접 소송을 수행함을 요하지 아니하고 소송대리인에게 위임하는 경우에도 이를 인정할 수 있다 할 것이다*(대법원 1995. 4. 7. 선고 94다55811 판결 등 참조)[대법원 2006. 6. 27., 선고, 2006다463, 판결].*

제8조(사해신탁)

① 채무자가 채권자를 해함을 알면서 신탁을 설정한 경우 채권자는 수탁자가 선의일지라도 수탁자나 수익자에게 「민법」 제406조제1항의 취소 및 원상회복을 청구할 수 있다. 다만, 수익자가 수익권을 취득할 당시 채권자를 해함을 알지 못한 경우에는 그러하지 아니하다.

② 제1항 단서의 경우에 여러 명의 수익자 중 일부가 수익권을 취득할 당시 채권자를 해함을 알지 못한 경우에는 악의의 수익자만을 상대로 제1항 본문의 취소 및 원상회복을 청구할 수 있다.

③ 제1항 본문의 경우에 채권자는 선의의 수탁자에게 현존하는 신탁재산의 범위 내에서 원상회복을 청구할 수 있다.

④ 신탁이 취소되어 신탁재산이 원상회복된 경우 위탁자는 취소된 신탁과 관련하여 그 신탁의 수탁자와 거래한 선의의 제3자에 대하여 원상회복된 신탁재산의 한도 내에서 책임을 진다.

⑤ 채권자는 악의의 수익자에게 그가 취득한 수익권을 위탁자에게 양도할 것을 청구할 수 있다. 이때 「민법」 제406조제2항을 준용한다.

⑥ 제1항의 경우 위탁자와 사해신탁(詐害信託)의 설정을 공모하거나 위탁자에게 사해신탁의 설정을 교사·방조한 수익자 또는 수탁자는 위탁자와 연대하여 이로 인하여 채권자가 받은 손해를 배상할 책임을 진다.

Ⅰ. 사해신탁의 취소 (제1항)

1. 사해신탁의 의의

① 사해신탁이란 위탁자(채무자; 이하 "위탁자"라고만 함)가 채권자를 해하기 위하여 설정한 신탁으로, 「신탁법」은 신탁에서의 '수탁자-수익자'의 지위가 「민법」상 사해행위에 의한 '수익자-전득자'의 지위와 형식적 구조상 유사한 측면이 있음을 고려하여 「민법」 제406조의 채권자취소권에 대한 특별규정을 두고 있다.

② 그러나 사해신탁취소권도 채권자취소권과 성립요건의 측면에서 차이가 있을 뿐 사해행위의 취소라는 권리의 성질은 유사하므로 '사해성'의 의미 등에 대한 「민법」상 채권자취소권의 일반 해석론은 이 규정의 해석에 대하여도 적용된다.

2. 사해신탁의 성립요건

가. 피보전채권의 발생

① 사해신탁취소권도 채권자취소권과 마찬가지로 위탁자의 사해신탁행위를 취소하여 위탁자의 재산을 원상회복시킴으로써 모든 채권자를 위하여 위탁자의 책임재산을 보전하는 권리이므로, 피보전채권은 '금전채권'이나 '종류채권'이어야 하며, 소유권이전등기청구권과 같은 특정물채권을 피보전채권으로 할 수 없다.

② 피보전권리는 원칙적으로 사해신탁행위 이전에 발생하고 있어야 하나, 채권자취소권과 같이 예외적으로 i) 사해신탁행위 당시에 이미 채권 성립의 기초가 되는 법률관계가 발생되어 있고, ii) 가까운 장래에 그 법률관계에 터잡아 채권이 성립되리라는 점에 대한 고도의 개연성이 있으며, iii) 실제로 가까운 장래에 그 개연성이 현실화되어 채권이 성립된 경우에는 그 채권도 피보전채권이 될 수 있다.

나. 사해신탁의 설정행위

1) 사해신탁의 설정행위

사해신탁취소권을 행사하기 위해서는 사해신탁이 신탁의 성립요건을 갖추어서 설정되어 있어야 하고, 성립요건을 갖추지 못하여 신탁으로 설정되지 못한 경우에는 신탁 자체가 존재하기 않게 되므로 취소의 문제가 발생하지 않는다.

2) 사해성

가) 의의

"채권자를 해한다"는 것, 즉 사해성이란, 위탁자의 신탁설정행위로 위탁자의 총재산이 감소되어 채권의 공동담보에 부족이 생기거나 이미 부족상태에 있는 공동담보가 한층 더 부족하게 됨으로써 채권자의 채권을 완전하게 만족시킬 수 없는 상태, 즉 채무자의 소극재산이 적극재산보다 많아지거나 그 정도가 심화되는 것을 의미한다.

나) 사해성의 판단

① 신탁행위에 사해성이 있는지 여부는 위탁자가 채무초과 상태에서 해당 신탁설정행위로 인하여 위탁자 명의의 책임재산 또는 공동담보가 감소되었다는 형식적인 측면만을 보아서는 아니되고, 실질적으로 책임재산이 증감되었는지, 즉 신탁이 책임재산의 감소나 공동담보의 부족을 초래하였는지 여부를 고려

하여야 한다.

② 사해성의 존재 여부는 개별 사안에 따라 판단하여야 하며, 「민법」상 채권자취소권의 '사해성'과 동일한 의미이므로 채권자취소권에 대한 논의가 적용된다. 이러한 취지에서 적정가격에 의한 재산처분의 경우 사해신탁에서 배제될 필요가 있다는 주장이 있다.

다) 자익신탁의 경우

① 자익신탁을 설정하는 경우, 당연히 담보재산이 줄어드는 것이 아니며, 특히 토지신탁의 설정도 부동산의 처분과 달리 위탁자의 재산을 현금화하는 것이 아니라는 점, 현실적으로 위탁자는 자신의 수익권을 증서로 만들어 이에 대해 질권을 설정하여 담보로 활용하고 있으며, 위탁자의 채권자들은 위 수익권에 대하여 강제집행을 하고 있다는 점 등을 들어 사해신탁이 성립될 수 없다는 견해가 있다.

② 이에 반하여 직접적 지배권인 소유권이 신탁상의 수익권으로 변경되는 점, 현재의 권리가 장래의 수익권으로 변경되어 현재 가치의 측면에서 무자력으로 해석될 여지가 있는 점 등을 고려할 때, 자익신탁의 경우 사해신탁이 전면적으로 적용될 수 없다고 해석하기는 어렵다. 다만, 자익신탁의 특성을 고려하여 위탁자가 채권자들의 피해를 줄이고 자신의 변제력을 회복하는 최선의 방법이라고 생각하여 자익신탁을 설정한 경우에는 사해신탁에 해당하지 않는 것으로 해석함이 타당하다.

3) 위탁자의 사해의사

① 위탁자는 사해신탁의 설정으로 자신의 공동담보가 한층 더 부족하게 되어 채권자의 채권을 완전하게 만족시킬 수 없게 된다는 사실을 인식하는 것을 의미한다.

② 적극적인 의사가 아니라 변제능력이 부족하게 된다는 소극적인 인식으로 충분하며, 일반채권자에 대한 관계에서 있으면 되고 특정채권자를 해한다는 인식이 있어야 하는 것은 아니다.

다. 수탁자 및 수익자의 주관적 요건 - 사해신탁취소권의 배제요건

1) 유상수탁자의 선의

가) 학설의 대립

① 구법 제8조는 수탁자가 사해신탁행위에 대하여 선의인 경우에도 신탁의 취소를 인정하고 있는데, 이에 대하여 학설상 견해의 대립이 있다.

② 수탁자는 신탁재산의 명의자·관리자에 지나지 않으므로 취소의 효과가 그에게 미치더라도 손해가 발생하지 않는 점, 실제 사건에서 수탁자가 선의인 경우에도 취소를 인정하여도 부당한 사안은 별로 없으며 사해성 요건으로 충분히 걸러지기 때문에 구법의 태도가 타당하다는 견해와,

③ 사해신탁을 근거로 한 취소소송 및 처분금지가처분으로 수탁자인 신탁회사 등이 불안정한 지위에 놓이게 되는 점, 부동산신탁의 경우 수탁자는 단순히 수탁수수료만 받고 운용하는 것이 아니라 신탁재산인 부동산에 건물을 신축하는 등 투자를 하여 그로부터 얻은 수익에서 수입을 얻고 있으므로 신탁재산으로부터 이익을 얻을 지위에 없다는 이유만으로 신탁의 취소를 허용하는 것은 부당하다는 점 등을 근거로 구법의 태도는 부당하다는 견해가 대립한다.

나) 현행법의 입장

① 수탁자가 신탁 설정에 대해 대가를 지불하거나 투자한 경우 또는 영업 목적의 수탁은행과 같이 신탁의 인수를 통해 보수를 취득하는 경우에는 이러한 신탁 설정의 취소로 인해 수탁자가 이미 받은 신탁보수와 장래에 받을 신탁보수를 상실하게 되고, 선의의 수탁자가 신탁재산 원본을 선의의 수익자에게 모두 양도하여 신탁재산을 보유하고 있지 않음에도 수탁자에 대한 취소권 행사와 원상회복청구권이 가능한 부당한 사안이 발생할 수 있으므로 수탁자가 유상으로 신탁을 인수할 때 선의인 경우에는 사해신탁의 취소를 배제한다.

② 수탁자가 복수인 경우 수탁자 중 1인이 선의여도 사해신탁취소권을 행사할 수 없으며, 무상수탁자인 경우 신탁보수를 받지 않아 보호필요성이 인정되지 않으므로 사해신탁의 취소가 가능한 것으로 규정한다.

2) 유상수익자의 선의

가) 구법에 대한 비판

① 구법은 수익자가 무상으로 수익권을 취득하는 것을 전제로 수익자의 이익이 크게 침해되지 않는다는 이유로 수익자의 악의 여부를 사해신탁취소소송의 요건으로 하지 않는다.

② 수익자를 보호할 필요성은 「민법」상 채권자취소권에서의 선의의 전득자와 다르지 않은 점, 수탁자의 선의·악의를 요건으로 하지 않는 취지가 수탁자가 신탁재산에 대하여 고유한 이익을 가지지 않기 때문이라면 신탁의 이익을 향유하는 수익자의 선의·악의를 요건으로 하여야 한다는 점 등에서 수익자의 주

관적 사정도 사해신탁취소소송의 요건으로 삼아야 한다는 견해가 있다.

나) 현행법의 입장

① 무상으로 수익권을 취득한 자의 경우 사해신탁이 취소되어도 사해신탁에 대한 기대만을 상실하는 것으로 이익의 침해가 크지 않으므로 수익자의 선의·악의 여부와 상관없이 사해신탁의 취소를 인정한다.

② 대가를 제공하고 수익권을 취득한 유상수익자 또는 유상수익권을 유상으로 전득한 수익자가 선의인 경우에 예측할 수 없는 손해를 입는 것을 방지하기 위하여 수익자가 유상수익자이고 사해신탁에 대하여 선의인 경우에는 사해신탁취소권을 인정하지 않는다.

③ 수익자가 복수인 경우에도 그 중 1인이 선의여도 사해신탁취소권을 행사할 수 없다.

다) 선의의 판단시기

선의의 판단시기에 대하여 구법은 수익권을 통하여 이익을 받은 때로 규정하고 있으나, 현행법에서는 '수익권을 취득한 때'임을 명시하여 수익자 보호를 강화한다.

3. 사해신탁의 상대방

가. 구법의 규정

① 「민법」 제406조 단서는 "그러나 그 행위로 인하여 이익을 받은자나 전득한 자가 그 행위 또는 전득당시에 채권자를 해함을 알지 못한 경우에는 그러하지 아니하다"고 규정하여 채권자취소권의 상대방은 수익자와 전득자임을 명시하고 있으나, 구법은 위 단서와 같은 규정을 두지 않고 있어서 사해신탁취소권을 누구에게 행사할 수 있는지에 대하여 견해의 대립이 있다.

나. 학설의 대립

1) 수탁자에 대한 취소권만 인정하는 견해

① 신탁의 주된 재산은 수탁자가 보유하고 수익자는 운용수익(income) 일부만을 수령하는 점, 수익자는 채권자취소권의 전득자와 달리 별개의 법률행위가 아니라 신탁행위의 효과로서 그 지위를 취득하는 등 신탁에 종속되는 점, 특정 수익자에 대한 취소는 해당 수익자의 수익만 반환시키게 되므로 수익자 사이의 형평문제를 야기할 수 있으며 소송경제적 측면에서도 바람직하지 않은 점 등을

이유로 수탁자에 대한 사해신탁취소권만을 인정한다.

② 이 견해는 수익자에 대한 권리에 대하여, 피보전채권액이 신탁의 원본보다 크고 수익자도 악의여서 수익자에게 반환청구가 허용되는 경우에는 수탁자에 대한 취소권에 기하여 수익자에 대한 반환청구가 인정된다고 해석하거나, 구법 제8조의 취지는 수탁자에 대하여 취소권의 행사와 동시에 그에 대한 취소권행사 이후에 발생하게 되는 법률관계에 관하여 규정한 것으로 보아 수익자에 대해서는 이익의 반환만이 문제된다고 해석한다.

③ 이 견해는 사해신탁취소권의 취소 대상을 사해신탁의 설정행위라고 본다.

2) 수탁자 및 수익자에 대한 취소권을 인정하는 견해

① 사해신탁취소권은 채권자취소권의 일종이고, 구법 제8조 제1항이 "「민법」 제406조 제1항의 취소 및 원상회복을 청구할 수 있다"고 하여 「민법」상 채권자취소권 규정을 유추적용하고 제8조 제2항이 수익자의 선의·무중과실을 요건으로 하여 「민법」 규정과 동일한 구조의 표현을 쓰고 있으며, 위탁자의 채권자보호가 강화되므로 채권자취소권과 같이 위탁자의 채권자는 '수탁자' 또는 '수익자' 중 자신이 선택한 자로부터 신탁재산의 원상회복을 구할 수 있다는 견해이다.

② 이 견해는 사해신탁취소권의 효력도 채권자취소권과 마찬가지로 '상대적 효력'을 갖는다고 보고, 사해신탁취소권의 대상이 신탁의 설정을 위한 재산의 처분행위라고 본다.

3) 수탁자에 대한 선행사를 강제하자는 견해

신탁재산의 대부분인 원본은 수탁자 명의로 되어 있고 수익자는 원본에서 나오는 이자만을 수익하는 지위에 있으므로 수익자에게 사해신탁취소권을 행사할 실익이 크지 않으며, 수익자 중 일부만 반환하는 경우 구상의 문제도 발생하므로, 수탁자에 대한 사해신탁취소권의 선행사를 강제하고 피보전채권액이 원본보다 큰 경우에 한하여 수익자에게 사해신탁취소권을 행사할 수 있도록 강제하자는 견해이다.

4) 수탁자와 수익자의 필요적 공동소송을 강제하자는 견해

신탁관계의 획일적 확정을 위하여 수익자에게 사해신탁취소권을 행사하는 경우에는 반드시 수탁자와 수익자를 공동피고로 하여 필요적 공동소송을 제기하도록 강제하자는 견해이다.

다. 현행법의 입장

① 신탁의 법률관계는 회사와 같은 단체관계로 획일적 확정이 필요하고, 채권자의

재판청구권을 부당하게 제한하는 것은 부당하며, 수익자가 신탁재산으로부터 수익을 받은 경우에는 이에 대한 강제집행을 인정할 필요도 있으므로 위탁자의 채권자로 하여금 수탁자와 수익자 모두를 피고로 하여 취소 및 원상회복을 구할 수 있도록 규정한다.

② 수탁자와 수익자를 공동피고로 하는 필요적 공동소송으로 강제하자는 견해가 있었으나, 이에 따르면 수익자가 다수인 경우, 특히 수익증권발행신탁의 경우에 채권자에게 과도한 부담이 될 수 있으므로 필요적 공동소송으로 규정하지 않는다.

4. 취소권의 행사

가. 행사 방법

① 「민법」 제406조 제1항을 준용하고 있으므로 위탁자의 채권자는 재판상으로만 행사할 수 있고, 자신의 이름으로 그 권리를 행사할 수 있다.

② 소의 법적 성격은 형성의 소에 해당하므로 인용된 경우 취소의 판결만 내리게 되며, 신탁재산을 반환받기 위해서는 취소청구와 동시에 또는 순차적으로 원상회복을 청구하여야 한다.

나. 행사 범위

① 「민법」상 채권자취소권과 마찬가지로 위탁자의 채권자는 원칙적으로 자신의 피보전권리의 채권액에 한정하여 사해신탁의 설정행위를 취소할 수 있다. 그러나 목적물이 불가분한 사실을 주장·입증한 경우에는 자신의 채권액을 넘어서 전체에 대하여 취소권을 행사할 수 있으며, 이 경우 목적물의 불가분성은 반드시 물리적·법률적인 것이 아니라 사회경제적 단일성과 거래의 실정을 고려하여 결정되는 것이다.

② 피보전채권액의 산정시기는 '사해신탁을 설정한 때'를 기준으로 하나, 그 이후 변론종결 시까지 발생한 이자 또는 지연손해금은 채권액에 당연히 포함된다.

다. 행사기간

제1항에 "「민법」 제406조 제1항의 취소 및 원상회복을 청구"하도록 규정하고 있으므로, 채권자취소권의 제척기간 규정이 적용된다.

라. 입증책임

① 구법에 대하여 위탁자의 채권자는 수탁자 및 수익자가 이익을 받은 사실, 수익자의 악의·중과실 사실을 입증할 책임을 부담한다고 해석하는 견해가 있다.

② 현행법은 구법과 요건을 달리하고 있으므로 학설·판례의 해석론에 따라 해결될 부분이다.

5. 원상회복의 방법

① 「민법」상 채권자취소권과 마찬가지로, 원상회복은 신탁재산 또는 그 대위물을 위탁자에게 반환하는 '원물반환'이 원칙이나, 거래관념상 원물반환이 불가능하거나 현저히 곤란한 경우에는 '가액반환'의 방법으로 하여야 한다. 특히 신탁을 설정한 이후에 수탁자의 자금투입으로 신탁재산의 가치가 증가한 경우에는 수탁자에게 신탁재산을 그대로 반환하는 것이 부당하고 원래의 가치만큼 가액배상하도록 하여야 한다는 견해와 이와 유사한 취지의 하급심 판례도 있다.

- 원물반환이 불가능하거나 현저히 곤란한 경우란 ⅰ) 목적물이 멸실되거나 금전과 같이 일반재산에 혼입되어 특정성을 상실하는 경우와 같이 사실상 불가능한 경우, ⅱ) 저당권부 부동산의 양도후 저당권의 소멸로 인하여 공평의 관념에서 원상회복이 불가능한 경우 등을 들 수 있다.

② 가액배상은 ⅰ) 채권자의 피보전채권액, ⅱ) 사해신탁의 신탁재산인 목적물의 공동담보가액, ⅲ) 수탁자·수익자가 취득한 이익 중 가장 적은 금액을 한도로 이루어지며, 위 가액은 사실심 변론종결 시를 기준으로 하여 산정된다.

Ⅱ. 선의의 신탁채권자 보호 (제2항)

① 사해신탁과 거래한 신탁채권자는 신탁재산을 책임재산으로 하는(일반적인 신탁의 경우 수탁자의 고유재산도 책임재산에 포함) 신탁채권을 가지고 있는바, 사해신탁이 취소되어 원상회복되면 예측할 수 없는 손해를 입을 수 있으므로, 선의인 신탁채권자를 보호하기 위하여 위탁자로 하여금 신탁채권에 대한 이행책임을 인정한다.

② 일부만 취소되어 반환되는 경우에도 위탁자로 하여금 신탁채무 전부에 대하여 이행책임을 인정하면 신탁채권자에게 사해신탁 취소 전보다 취소 후에 더 많은 책임재산을 인정해주는 것이 되어 부당하며, 위탁자 소유의 재산 전체가 신탁채권자를 위한 배타적인 책임재산이 되는 것이 아니므로 위탁자의 채권자와 함께

해당 재산으로부터 변제받을 수 있도록 하기 위하여 위탁자의 이행책임의 범위를 "원상회복된 신탁재산의 한도 내"로 제한한다.

③ 행사방법에 대하여 사해신탁취소권에 준하는 것으로 보아 소송으로만 청구할 수 있는 것으로 보는 견해와 소송상·소송 외의 방법으로 모두 가능하다는 견해체가 있다(제3항에 대하여도 동일함).

III. 악의의 수익자 또는 수익권의 무상취득자의 책임 (제3항)

① 수탁자가 선의 의 유상수탁자이기 때문에 사해신탁이 취소되지 않은 경우, 위탁자의 사해신탁 설정 사실을 알고 있는 수익자나 증여 등으로 수익권을 무상 취득한 수익자에 대하여도 아무런 책임을 인정하지 않으면, 위탁자가 자신의 가족, 친지 등을 이용하여 사해신탁을 유지하는 수단으로 악용할 우려가 있다.

② 따라서 악의 또는 무상의 수익자(수익자로부터 무상으로 수익권을 취득한 전득자도 포함)에게 그가 얻은 이익의 범위 내에서 위탁자에게 수익권 등을 이전할 책임을 인정한다.

③ 위탁자의 채권자는 사해신탁이 취소되지 않더라도 이 규정을 통하여 장래의 수익권을 책임재산으로 확보할 수 있으므로 실질적으로 사해신탁을 취소한 것과 같은 이익을 누릴 수 있다.

④ 미국, 일본 등과 같이 위탁자의 채권자가 악의 또는 무상의 수익자에게 직접 강제집행을 허용하자는 견해도 있었으나, '강제집행수인의 소(책임의 소)'를 인정하지 않고 있는 우리 「민사소송법」, 「민사집행법」등 관련 법률의 법리와 상충할 우려가 있으므로 강제집행을 허용하지 않는다.

Ⅳ. 악의인 수탁자의 책임 (제4항)

① 수익자가 선의의 유상수익자이기 때문에 사해신탁이 취소되지 않도록 한 것은 수익자가 예측하지 못한 손해를 입지 않도록 취소를 허용하지 않겠다는 취지로 악의의 수탁자까지 보호할 필요가 없으므로, 악의의 수탁자로 하여금 그가 받은 보수 등의 이익을 위탁자에게 이전할 책임을 부담하도록 규정한다.

② 선의인 무상수탁자의 경우 신탁으로부터 보수를 받지 않기 때문에 위탁자의 채권자는 양도청구를 할 수 없다.

Ⅴ. 사해신탁의 억제를 위한 손해배상책임 (제5항)

① 사해신탁의 설정을 억제하기 위하여, 제3항의 경우 위탁자와 사해신탁의 설정을 공모, 교사 또는 방조한 수익자, 제4항의 경우 위탁자와 사해신탁의 설정을 공모, 교사 또는 방조한 수탁자는 제3항과 제4항의 책임 외에도 위탁자의 채권자에 대하여 위탁자와 연대하여 손해를 배상할 책임을 부담한다.

② 손해배상의 책임범위는 위탁자의 채권자가 사해신탁설정으로 입은 손해중 제3항 또는 제4항에 따라 양도받은 이익을 제외한 부분으로 해석된다.

■ 관련판례 1

타인에 대하여 채무를 부담하는 사람이 자신이 소유한 재산 전부인 부동산에 관하여 제3자와 신탁계약을 체결하고 그에 따라 위 부동산을 수탁자인 제3자에게 신탁재산으로 이전하는 경우 위탁자에게는 그 채권자가 강제집행을 할 수 있는 책임재산이 더 이상 남아 있지 아니하므로 신탁법 제8조에서 정한 사해신탁에 해당할 수 있다. 그러나 자금난으로 사업을 계속 추진하기 어려운 상황에 처한 채무자가 자금을 융통하여 사업을 계속 추진하는 것이 채무변제력을 갖게 되는 최선의 방법이라고 생각하고 자금을 융통하기 위한 방편으로 신탁계약의 체결에 이르게 된 경우 이를 사해행위라고 보기 어려울 뿐만 아니라, 신탁계약상 위탁자가 스스로 수익자가 되는 이른바 자익신탁(自益信託)의 경우 신탁재산은 위탁자의 책임재산에서 제외되지만 다른 한편으로 위탁자는 신탁계약에 따른 수익권을 갖게 되어 위탁자의 채권자가 이에 대하여 강제집행을 할 수 있고, 이러한 수익권은 채무자가 유일한 재산인 부동산을 매각하여 소비하기 쉬운 금전으로 바꾸는 등의 행위와 달리 일반채권자들의 강제집행을 피해 은밀한 방법으로 처분되기 어려우며, 특히 수탁자가 「자본시장과 금융투자업에 관한 법률」에 따라 인가받아 신탁을 영업으로 하는 신탁업자인 경우 공신력 있는 신탁사무의 처리를 기대할 수 있으므로, 위탁자가 사업의 계속을 위하여 자익신탁을 설정한 것이 사해행위에 해당하는지 여부를 판단할 때는 단순히 신탁재산이 위탁자의 책임재산에서 이탈하여 외견상 무자력에 이르게 된다는 측면에만 주목할 것이 아니라, 신탁의 동기와 신탁계약의 내용, 이에 따른 위탁자의 지위, 신탁의 상대방 등을 두루 살펴 신탁의 설정으로 위탁자의 책임재산이나 변제능력에 실질적인 감소가 초래되었는지, 이에 따라 위탁자의 채무면탈이 가능해지거나 수탁자 등 제3자에게 부당한 이익이 귀속되는지, 채권자들의 실효적 강제집행이나 그밖의 채권 만족의 가능성에 새로운 장애가 생겨났는지 여부를 신중히 검토하여 판단하여야 한다[대법원 2011. 5. 23., 자, 2009마1176, 결정].

■ 관련판례 2
채권자취소권에 의하여 보호될 수 있는 채권은 원칙적으로 사해행위라고 볼 수 있는 행위가 행하여지기 전에 발생된 것임을 요하지만 그 사해행위 당시에 이미 채권 성립의 기초가 되는 법률관계가 발생되어 있고, 가까운 장래에 그 법률관계에 터잡아 채권이 성립되리라는 점에 대한 고도의 개연성이 있으며, 실제로 가까운 장래에 그 개연성이 현실화되어 채권이 성립된 경우에는 그 채권도 채권자취소권의 피보전채권이 될 수 있다[대법원 2009. 11. 12., 선고. 2009다53437 판결].

■ 관련판례 3
신탁법 제8조가 규정하고 있는 사해신탁의 취소도 민법상의 채권자취소권과 마찬가지로 책임재산의 보전을 위한 것이므로 피보전채권은 금전채권이어야 하고, 특정물에 대한 소유권이전등기청구권을 보전하기 위하여 행사하는 것은 허용되지 않는 점, 위 신탁법 규정에서도 '민법 제406조 제1항의 취소 및 원상회복 청구'라고 명시하고 있는 점 등에 비추어 보면, 신탁법에 규정된 사해신탁도 민법상의 사해행위와 그 본질적인 성격을 같이 한다 할 것이고, 또한 신탁법 제8조는 민법 제406조 제1항에 대한 특칙의 형태로 규정되어 있는바, 제척기간에 대하여 이러한 특칙의 규정이 없는 이상 오히려 민법의 제척기간에 관한 규정이 당연히 적용된다고 해석함이 상당하다[인천지법 2004. 11. 17., 선고, 2003가합13044, 판결: 항소].

■ 관련판례 4
신탁법 제8조 소정의 사해신탁의 취소는 민법상의 채권자취소권과 마찬가지로 책임재산의 보전을 위한 것이므로 피보전채권은 금전채권이어야 하고, 특정물에 대한 소유권이전등기청구권을 보전하기 위하여 행사하는 것은 허용되지 않는다[대법원 2001. 12. 27., 선고, 2001다32236, 판결].

제2장 신탁관계인

> **제9조(위탁자의 권리)**
> ① 신탁행위로 위탁자의 전부 또는 일부가 이 법에 따른 위탁자의 권리의 전부 또는 일부를 갖지 아니한다는 뜻을 정할 수 있다.
> ② 제1항에도 불구하고 목적신탁의 경우에는 신탁행위로 이 법에 따른 위탁자의 권리를 제한할 수 없다.

1. 위탁자의 권리

가. 권리의 내용

① 위탁자는 신탁에 대한 감독권자의 지위에서 수탁자 사임에 대한 동의권(제14조 제1항), 수탁자의 해임에 대한 동의권 및 해임청구권(제16조 제1항 및 제3항), 신수탁자의 선임에 대한 동의권 및 선임청구권(제21조 제1항부터 제3항까지), 신탁재산의 강제집행 등에 대한 이의권(제22조 제2항 및 제3항), 서류의 열람·복사권 및 신탁사무의 처리 및 계산에 관한 설명요구권(제40조 제1항), 수탁자의 신탁위반행위에 대한 책임추급권(제43조), 수탁자의 보수변경청구권(제47조 제3항), 신탁의 변경에 대한 동의권 및 변경청구권(제88조 제1항 및 제3항), 신탁의 합병 및 분할에 대한 승인권(제91조 제2항 및 제95조 제2항), 신탁의 종료에 대한 동의권 및 종료명령청구권(제99조 제1항, 제2항 및 제100조) 등의 권리를 갖고 있다.

② 공익권적인 권리 외에 신탁이 종료한 경우 잔여재산의 귀속권(제101조 제2항 및 제3항)도 갖고 있다.

나. 권리의 성질

1) 대위행사

① 위탁자의 권리는 수탁자의 신탁사무에 대한 감독권한이 중심이 되고, 위탁자 자신은 그 권리의 행사로 경제적 이익을 받는 지위에 있는 자가 아니므로, 위탁자의 채권자는 위탁자의 권리를 대위행사할 수 없다.

② 다만, 위탁자가 신탁의 이익을 전부 누리는 경우의 신탁종료권(제99조 제2항)은 잔여재산에 대하여 위탁자에게도 귀속권(제101조 제2항)이 인정되어서 경제적

이익이 있다고 볼 수 있으므로 대위행사가 가능하다.

2) 위탁자 권리의 이전성

제10조에서 규정(해당 부분 설명 참조)

2. 위탁자의 의무

위탁자는 추가적 출연의무 등 신탁행위의 내용에 따라 법률행위(계약)상의 의무를 부담한다.

3. 위탁자 권리의 제한 (제9조)

① 위탁자의 권리에 대한 규정은 원칙적으로 임의규정에 해당하므로 신탁의 본질에 반하지 않는 한 신탁행위로 위탁자의 권리를 제한할 수 있다(제 1항).

② 다만, 목적신탁의 경우 위탁자는 수탁자의 감독자로서 중요한 지위에 있기 때문에 위탁자의 권리를 제한하는 것은 타당하지 않은바, 강행규정으로서 위탁자의 권리를 제한할 수 없도록 규정한다(제2항).

■ 관련판례

주택건설촉진법시행령(1994. 7. 30. 대통령령 제14349호로 개정되기 전의 것) 제34조의2 제2호는 재건축조합이 주택건설사업등록업자와 공동으로 주택을 건설하고자 하는 경우에 주택용 대지의 소유권을 확보할 것을 사업계획승인신청의 요건으로 규정하고 있고, 한편 이 사건에서 용산구청장의 원고 조합에 대한 주택건설사업계획승인서(갑 제7호증)의 사업승인조건 중 주택과 소관 부분 제1항에 의하면, 원고 조합은 착공 전까지 재건축할 건물의 대지 소유권을 취득할 것을 조건으로 사업계획승인을 받은 것으로 보이는바, 위 시행령 및 사업승인조건의 내용에 비추어 보면, 원고 조합 정관 제5조에 정해진 조합원이 소유한 사업시행지구 내의 토지지분 등을 조합에 제공할 의무는 조합의 재건축사업의 원활한 수행을 위하여 신탁 목적으로 조합원 소유의 토지를 조합에 이전할 의무를 포함하고 있는 것이라고 할 것이므로, 조합원인 피고들은 원고 조합에게 각 소유 대지 지분에 관하여 신탁을 원인으로 한 소유권이전등기절차를 이행할 의무가 있다 할 것이다. 원심이 원고 조합의 정관 규정 내용만을 근거로 바로 피고들에게 신탁등기의무가 있다고 인정한 것은 미흡한 점은 있으나 결론에 있어서는 정당하다고 할 것이다. 한편 신탁법 제55조에 의하면, 신탁행위로 정한 종료사유가 발생한 때 또는 신탁의 목적을 달성하였거나 달성할 수 없게 된 때에는 신탁은 종료하는바, 재건축을 위하여 대지를 신탁하는 경우에는 재건축사업이 종료되는 것이 그 목적달성이라고 할 것이고, 또한 신탁행위에 의하여 재건축이 종료될 때까지 조합 앞으로 신탁해 놓기로 하는 특별한 합의가 있다고 볼 수 있으므로, 위탁자인 조합원은 재건축이 종료될 때까지 대지에 관한 신탁의 종료를 주장할 수 없다고 할 것인데, 재건축에서는 각 조합원에게 분양된 건물 및 대지지분이 확정되고 조합원들이 부담하여야 할 건축비용을 납입하거나 또는 청산금을 지급받으며 조합원 앞으로 소유권보존등기 또는 소유권이전등기가 경료됨으로써 재건축이 종료된다고 볼 수 있고 이 때에 비로소 대지에 대하여 신탁관계가 종료되는 것으로 보아야 할 것이다. 따라서 재건축한 아파트에 대하여 임시사용승인을 받았다거나 90% 이상의 조합원이 입주를 마쳤다는 사정만으로 재건축이 종료되었다고 볼 수 없으므로 피고들의 신탁등기의무가 소멸되었다고 할 수 없다[대법원 1998. 4. 24., 선고. 97다58644 판결].

제10조(위탁자 지위의 이전)

① 위탁자의 지위는 신탁행위로 정한 방법에 따라 제3자에게 이전할 수 있다.

② 제1항에 따른 이전 방법이 정하여지지 아니한 경우 위탁자의 지위는 수탁자와 수익자의 동의를 받아 제3자에게 이전할 수 있다. 이 경우 위탁자가 여럿일 때에는 다른 위탁자의 동의도 받아야 한다.

③ 제3조제1항제2호에 따라 신탁이 설정된 경우 위탁자의 상속인은 위탁자의 지위를 승계하지 아니한다. 다만, 신탁행위로 달리 정한 경우에는 그에 따른다.

Ⅰ. 위탁자 지위의 이전(제1항, 제2항)

1. 위탁자 지위의 양도 허용

가. 학설

1) 부정설

위탁자의 권리는 재산권적 성격도 갖고 있으나 일신전속적 권리의 성격이 강하고, 타익신탁의 경우 위탁자의 지위에는 경제적 가치가 없다는 이유로 위탁자 지위의 양도를 인정하지 않는 견해이다.

2) 긍정설

위탁자는 사정에 따라 수탁자 및 수익자와의 합의를 통하여 신탁계약을 변경하거나 보충할 수 있는 지위에 있으므로, 다른 이해관계인의 동의가 있는 경우 위탁자 지위 이전을 부정할 필요가 없는 점, 위탁자는 신탁 종료 시의 법정귀속권리자이며, 타익신탁에 있어서도 위탁자는 수익자와 제3자를 위한 계약관계에서 인정되는 대가관계를 가지는 등 경제적 이해관계가 있는 점 등을 이유로 위탁자 지위의 양도를 인정하는 견해이다.

나. 현행법의 입장

실무상 위탁자 지위의 양도가 허용되면, 담보신탁에서 위탁자가 변제자력 부족으로 지급불능 상태인 경우 새로운 위탁자로부터 채권만족을 얻을 수 있어서 채권자 보호가 용이하고, 「자본시장과 금융투자업에 관한 법률」상 부동산펀드 등 투자신탁에서 위탁자인 회사를 변경할 실무상 필요가 있으며, 자산유동화 목적으로 설정된 자익신탁 형태의 투자신탁에서 수익증권을 유통할 때 위탁자 겸 수익자의 지위를 동시에 이전하지 못하여 위탁자와 수익자가 분리되는 문제점을 해결할 수 있는 등 부동산신탁 및 금융신탁에서 활용될 가능성이 높으므로 이를 허용한다.

2. 허용 요건

가. 신탁행위(제1항)

위탁자 지위의 이전이 허용되는 이상 위탁자가 신탁행위로 자신의 지위를 이전하는 것은 당연히 허용된다.

나. 수탁자 및 수익자의 동의 (제2항 전단)

신탁행위에 위탁자 지위 이전에 대하여 정하지 않은 경우에는 신탁의 내부인인 수탁자와 수익자의 동의가 있는 때에 한하여 위탁자 지위의 이전을 인정한다.

다. 복수의 위탁자에 의한 신탁의 경우 (제2항 후단)

① 위탁자가 2인 이상인 경우 다른 위탁자가 예견할 수 없었던 손해를 입는 것을 방지하고 신탁에 의한 법률관계의 획일적 처리를 도모하기 위하여 다른 위탁자의 동의도 위탁자 지위 이전의 요건으로 한다.

② 예를 들어, 개발예정토지의 지분을 공유하고 있는 수인이 함께 토지 전체를 신탁하고 스스로 사업시행자가 되어 개발사업을 시행하는 경우, 위탁자 중 1인의 지위 이전은 다른 위탁자의 이해관계에 직접적인 영향을 미치게 되므로 다른 위탁자의 이익을 보호하기 위해 위탁자 지위이전에 대한 동의권을 유보할 필요가 있다.

3. 위탁자 지위 양도의 등기

① 「신탁등기사무처리에 관한 예규」는 "위탁자 자체를 변경하는 등기는 이를 신청할 수 없다"고 규정하고 있고, 대법원도 등기선례에 관한 질의회답에서 위탁자 변경등기가 허용되지 않는다는 취지를 명시하여 위탁자 변경등기는 현재 허용되지 않는다.

② 실무상 부동산펀드 신탁에서 신탁재산은 자산운용회사의 지시에 의해서만 처분이 가능하므로 신탁의 중요한 내용(신탁의 본지)에 해당하고, 신탁재산을 매수하는 자로서는 제75조에 따른 수익자취소권의 대상이 될 위험을 부담하여야 하므로, 위탁자 지위의 이전을 허용하는 이상 '위탁자변경등기'를 허용할 필요가 있다.

Ⅱ. 위탁자 지위의 상속 (제3항)

① 위탁자의 권리는 귀속상의 일신전속적 권리에 해당하고, 위탁자의 상속인은 신

탁재산의 실질적 소유자인 수익자와 이해관계가 상반되는 자이므로, 유언신탁의 경우 위탁자의 상속인은 원칙적으로 위탁자의 권리를 승계받을 수 없다.

② 다만, 이 규정은 임의규정이므로 위탁자가 신탁행위로 위탁자 권리의 상속에 대하여 특별한 정함이 있는 경우에는 그 상속인에게 상속된다.

■ 관련판례

甲 등을 비롯한 공동사업자들이 부동산을 취득하여 공유지분에 따른 소유권이전등기를 마친 후 乙은행과 부동산 담보신탁계약을 체결하고 乙 은행에 신탁을 원인으로 한 등기를 마쳐 주었는데, 그 후 甲 등이 乙 은행에 대한 차용금채무를 丙 주식회사가 인수하는 조건으로 위 부동산 중 자신들이 보유하고 있는 지분 등을 丙 회사에 양도하기로 하는 계약을 丙 회사와 체결하면서, 같은 날 甲 등이 나머지 공동사업자들인 丁 등 및 丙 회사와 甲 등의 위 부동산 지분을 모두 포기하고 이를 위 담보신탁계약 해지 후 丙 회사에 이전하기로 하는 내용의 지분양도 관련 기본계약을 체결하였고, 이에 따라 丁 등 및 丙 회사가 乙 은행과 여신거래약정을 새로 체결함으로써 甲 등을 위 채무로부터 면책시키자, 과세관청이 丙 회사가 양도계약 및 기본계약 체결일에 위 부동산 지분을 사실상 취득한 것으로 보고 丙 회사에 취득세 등을 부과하는 처분을 한 사안에서, 丙 회사가 양도계약 및 기본계약 체결일에 위 부동산 지분을 사실상 취득한 취득세 등 납세의무자라고 할 수 없다는 이유로 위 처분은 위법하다고 본 원심판단이 정당하다고 한 사례[대법원 2018. 2. 8., 선고, 2017두 67810, 판결].

> **제11조(수탁능력)**
>
> 미성년자, 금치산자, 한정치산자 및 파산선고를 받은 자는 수탁자가 될 수 없다.

1. 행위무능력자

① 수탁자는 신탁을 대표하여 수익자를 위하여 신탁재산을 관리하는 자이고 신탁사무에서 법률행위가 중요한 부분을 차지하므로, 수탁자에게는 신탁재산을 이전받을 수 있는 권리능력뿐만 아니라 행위능력도 요구되기 때문에 「민법」상 행위무능력자는 수탁자가 될 수 없도록 규정한다.

② 행위무능력자는 법정대리인의 동의가 있어도 수탁자가 될 수 없으며, 「민법」상 추인이나 최고의 규정도 적용되지 않는다.

2. 파산자

① 파산자는 파산재단에 속하지 않는 재산의 관리처분권까지 상실하는 것은 아니고, 수탁자 및 위탁자는 파산자인 수탁자를 해임하거나 법원에 해임을 청구할 권한이 있으므로 파산자를 수탁자로 정한 신탁행위를 절대적 무효로 볼 필요는 없다는 견해가 있다.

② 그러나 수탁자는 신탁채권에 대해 고유재산으로 무한책임을 진다고 해석되고, 수탁자의 의무위반행위로 인한 수익자의 손해를 전보할 경제적 능력이 있어야 하며, 경제적 능력이 부족하여 파산선고를 받은 자에게 신탁재산 관리 및 수익자의 수익권 보장을 기대하기 어렵고, 일본과 달리 우리나라의 통설은 파산자는 주식회사의 이사가 될 수 없다고 해석하고 있으므로 파산자를 수탁무능력자로 규정한다.

3. 회생절차 및 개인회생절차 진행 중인 자

① 「채무자회생 및 파산에 관한 법률」상 회생절차 및 개인회생절차를 진행 중인 자는 파산자와 달리 일정한 범위 내에서 관리처분권을 갖고 있고, 경제능력을 회복하기 위한 법적 보호를 받고 있으며, 이들을 수탁자로 선임하고자 하는 당사자의 의사를 존중해야 한다는 점에서 이들에 대해서까지 파산자와 같이 수탁능

력을 부정하는 것이 부당하다는 견해도 있으나, 신임관계에 기반한 신탁의 본질을 고려하고 수익자를 충분히 보호하기 위하여 회생절차 및 개인회생절차가 진행 중인 자는 수탁자가 되기에 충분한 기본적인 경제적 능력이 부족한 것으로 보아 수탁무능력자로 규정한다.

② 「기업구조조정 촉진법」에 따른 부실징후기업의 관리(소위 '워크아웃')는 채권자들이 회생절차 외에도 채무조정 등을 통하여 기업의 자구노력에 의한 구조조정을 용이하게 하는 제도로 회생절차와 성질이 다르므로 수탁무능력자에 포함시키지 아니한다.

■ 관련판례 1

원심은, 이 사건 소송은 파산재단에 속하는 재산에 관한 소송으로 파산관재인이 수계할 수 있다는 소송수계신청인의 주장에 대하여, 파산자 주식회사 코레트신탁(이하 '파산자'라고 한다)은 신탁재산 소유자 내지 관리자로서의 지위와 고유재산 소유자로서의 지위를 겸하고 있고, 동양종합금융증권 주식회사(이하 '동양증권'이라고 한다) 앞으로 설정된 근질권의 목적물이 된 비용상환청구권은 고유재산 소유자로서의 파산자가 신탁재산의 소유자 내지 관리자로서의 파산자에 대하여 갖는 청구권인데 근질권자인 동양증권으로서는 고유재산 소유자로서의 파산자에게 귀속되어 있는 이 사건 비용상환청구권에 대한 질권의 행사로서 신탁재산 소유자 내지 관리자로서의 파산자를 상대로 하여 자신의 채권액 한도에서 직접 비용의 상환을 구하고 있을 뿐이므로 이 사건 소송을 파산재단에 속하는 재산의 귀속을 다투는 소송이라거나 소송수계신청인의 승소에 의해 비로소 비용상환청구권이 파산재단의 재산에 속하게 되는 소송이라고 볼 수 없으므로 파산관재인에게 수계적격이 없다는 이유로 소송수계신청인의 주장을 배척하였는바, 기록에 비추어 살펴보면 원심의 그와 같은 판단은 정당하고, 거기에 구 파산법(2005. 3. 31. 법률 제7428호로 폐지) 제60조에 대한 법리나 파산관재인의 소송수계에 대한 법리 오해 등의 위법이 없다.

또한 원심은, 수탁자가 파산선고를 받아 임무가 종료되고 새로운 수탁자가 선임되지 아니한 경우 신탁법 제11조에 따라 파산관재인이 그 업무의 일환으로 법원의 감독하에 신탁재산 정리업무를 처리하고 있으므로 수계적격이 있다는 소송수계신청인의 주장에 대하여, 신탁법 제11조 제2항, 제1항에 수탁자가 파산선고를 받아 임무가 종료된 경우 새로운 수탁자가 신탁사무를 처리할 수 있게 될 때까지 파산관재인이 신탁재산을 보관하고 신탁사무인계에 필요한 행위를 하여야 한다고 규정되어 있기는 하나, 민사소송법 제236조에 수탁자의 임무가 종료된 경우 계속중인 소송이 중단되고 새로운 수탁자가 소송절차를 수계하여야 한다고 명시되어 있는 점에 비추어 보면, 위 신탁법

제11조의 규정은 파산관재인에게 신탁재산에 대한 임시적인 관리의무만을 부담시킨 것일 뿐 그로써 신탁재산에 대한 소송수행권을 포함한 관리처분권을 부여한 것으로는 볼 수 없으므로 위 규정만으로 소송수계신청인에게 수계적격이 있다고 볼 수 없고, 새로운 수탁자가 선임되지 아니한 상태에서 소송수계신청인이 파산관재업무의 일환으로 법원의 감독하에 신탁재산 정리업무를 처리하고 있다는 사정만으로도 역시 소송수계신청인에게 수계적격을 인정할 수 없다 는 이유로 이를 배척하였는바, 기록에 비추어 살펴보면 원심의 판단은 정당하고, 거기에 신탁법 제11조에 대한 법리오해 등의 위법이 없다[대법원 2008. 9. 11., 자, 2006마272, 결정].

■ **관련판례 2**

원심판결 이유와 기록에 의하면, 원고(동양현대종합금융 주식회사가 소를 제기하였으나 2001. 12. 1. 원고에 흡수합병되어 원고가 소송을 수계하였다)가 피고를 상대로 고유재산 소유자로서의 피고가 신탁재산 소유자 내지 관리자로서의 피고에 대하여 보유하고 있는 원심판결 별지 목록 제11, 21, 22, 24항 기재 각 신탁사업의 비용상환청구권에 대한 근질권자로서 신탁재산 소유자 내지 관리자 지위의 피고에게 직접 위 비용상환청구권의 이행을 구하는 이 사건 소를 제기하여 2002. 10. 1. 제1심에서 원고 승소판결이 선고되고, 피고가 항소를 제기하여 소송대리인을 선임하여 항소심(이 사건 원심) 소송을 수행케 하던 중, 피고가 2002. 12. 30. 10:00 서울중앙지방법원으로부터 파산선고를 받아 성기창이 그 파산관재인으로 선임된 사실, 파산자 피고의 파산관재인(이하 '피고의 파산관재인'이라고 한다)은 2003. 1. 23. 원심에 피고에 대한 소송수계신청을 하였으나 2006. 2. 9. 원심으로부터 그 신청을 기각한다는 결정을 받았고, 피고 역시 같은 날 원심으로부터 사실상 항소를 기각하는 내용의 판결을 선고받았으며 그 원심판결이 같은 달 22일 피고의 소송대리인에게 송달된 사실, 파산자 피고의 파산관재인은 2006. 2. 27. 소송수계신청을 기각한 결정에 관하여 불복한다는 취지의 재항고장을 제출하였고 피고 및 피고의 파산관재인은 상고기간 내인 같은 해 3. 7. 원심판결 중 피고 패소 부분 전부에 관하여 불복한다는 취지의 상고장을 제출한 사실을 알 수 있다.

이에 의하면, 원고와 피고 사이의 이 사건 소송절차는 원심판결 정본이 피고의 소송대리인에게 송달된 2006. 2. 22. 중단되었는데(민사소송법 제236조, 제238조), 수탁자의 자격으로 이 사건 소송의 당사자가 되어 있는 피고는 신탁법 제11조 제1항에 따라 파산으로 인하여 수탁자로서의 임무가 종료되어 소송절차까지 중단된 이상 상고를 제기할 권한이 없다. 또한, 민사소송법 제236조에 따르면 수탁자가 그 자격으로 당사자가 되어 있는 소송이 계속되던 도중에 수탁자의 임무가 종료되는 경우 소송절차는 새로운 수탁자가 수계하도록 되어 있으므로 피고의 파산관재인은 이 사건 소송을 수계할 적격이 없다고 할 것이어서(신탁법 제11조 제2항, 제1항에 의하면 수탁자가 파산선고를 받아 임무가 종료된 경우 새로운 수탁자가 신탁사무를 처리할 수 있게 될 때까지 파산관재인이 신탁재산을 보관하고 신탁사무인계에 필요한 행위를 하여야 한다고 규정되어 있기는 하나, 이로써 파산관재인에게 신탁재산에 대한 소송수행권을 포함한 관리처분권을 부여한 것으로는 볼 수 없다) 피고의 파산관재인의 상고 역시 아무런 효력이 없다고 할 것이다[대법원 2008. 9. 11., 선고, 2006다19788, 판결]

제12조(수탁자의 임무 종료)

① 다음 각 호의 어느 하나에 해당하는 경우 수탁자의 임무는 종료된다.

  1. 수탁자가 사망한 경우

  2. 수탁자가 금치산선고 또는 한정치산선고를 받은 경우

  3. 수탁자가 파산선고를 받은 경우

  4. 법인인 수탁자가 합병 외의 사유로 해산한 경우

② 제1항제1호, 제2호 또는 제4호에 따라 수탁자의 임무가 종료된 경우 수탁자의 상속인, 법정대리인 또는 청산인은 즉시 수익자에게 그 사실을 통지하여야 한다.

③ 제1항제3호에 따라 수탁자의 임무가 종료된 경우 수탁자는 다음 각 호의 구분에 따라 해당 사실을 통지하여야 한다.

  1. 수익자에게 수탁자의 임무가 종료된 사실

  2. 파산관재인에게 신탁재산에 관한 사항

④ 제1항제1호, 제2호 또는 제4호에 따라 수탁자의 임무가 종료된 경우 수탁자의 상속인, 법정대리인 또는 청산인은 신수탁자(新受託者)나 신탁재산관리인이 신탁사무를 처리할 수 있을 때까지 신탁재산을 보관하고 신탁사무 인계에 필요한 행위를 하여야 하며, 즉시 수익자에게 그 사실을 통지하여야 한다.

⑤ 수탁자인 법인이 합병하는 경우 합병으로 설립된 법인이나 합병 후 존속하는 법인은 계속 수탁자로서의 권리·의무를 가진다. 수탁자인 법인이 분할하는 경우 분할에 의하여 수탁자로 정하여진 법인도 또한 같다.

Ⅰ. 수탁자 임무의 당연종료사유 (제1항)

1. 수탁자의 변경 (경질)

① 신탁은 수탁자에 대한 '신임관계'를 기초로 수탁자에게 신탁재산의 명의와 관리·처분 등을 맡기는 법률관계이므로 위임과 같이 수탁자 개인에 관한 사정변경은 수탁자의 임무 종료사유가 된다.

② 그러나 신탁은 위임과 달리 신탁재산을 중심으로 형성된 법률관계이고, 신탁재산은 수탁자와 독립되어 별개로 존재하며, 수탁자는 신탁재산을 관리하는 주체에 불과하므로, 수탁자의 임무가 종료하는 경우에도 신탁은 계속 존속된다.

③ 신탁이 계속 유지되는 상태에서 수탁자의 임무가 종료하는 것을 '수탁자의 변경' 또는 '수탁자의 경질'이라 하며, 수탁자가 수탁능력을 상실한 경우(제12조), 수

탁자가 자격을 상실한 경우(제13조), 수탁자가 사임한 경우(제14조) 및 수탁자가 해임된 경우(제16조)가 이에 해당한다.

2. 수탁자의 수탁능력 상실로 인한 임무 종료 (제1항)

가. 수탁자의 사망 (제1호)

① 수탁자가 사망한 경우 신탁의 기초인 신임관계가 소멸하고, 이러한 신임관계에 기한 수탁자의 지위는 일신전속적인 성격을 갖고 있으므로 수탁자의 상속인에게 수탁자의 지위가 승계되지 않고 수탁자의 임무는 종료된다.

② 신탁재산은 수탁자의 상속인에게 명의는 상속되지만, 상속재산으로부터 독립적으로 존재하며(제23조), 수탁자의 상속인은 제3항 제1문에 따라 신탁재산을 보관하다가 신수탁자가 선임되면 신수탁자에게 신탁사무의 인계와 동시에 신탁재산을 양도하여야 한다.

③ 여럿의 수탁자 중 1인이 사망한 경우에는 신탁은 종료하지 않고, 신탁재산은 다른 수탁자에게 귀속되며 잔존수탁자가 신탁사무를 계속하게 된다(제50조 제2항).

나. 수탁자의 금치산 또는 한정치산선고 (제2호)

① 신탁재산의 관리·처분을 위해서는 법률행위를 하여야 하므로 수탁자는 행위능력을 갖출 것이 요구되는바, 수탁자가 금치산자나 한정치산자가 되는 경우 재산관리능력을 상실하여 그 임무는 종료된다.

② 수탁자가 금치산 또는 한정치산 상태에 있는 것만으로 부족하고, 가정법원의 금치산선고 또는 한정치산선고를 받아야 한다.

다. 수탁자의 파산선고 (제3호)

① 수탁자가 파산선고를 받는 경우에 신탁재산의 관리를 계속 맡길 것인지 여부는 위탁자 개인이 결정할 문제로 국가가 관여할 필요가 없고, 파산선고를 받은 수탁자가 자연인이면 행위능력이 일부 제한될 뿐이고 법인이면 청산법인으로 존속하기 때문에 신탁재산의 관리사무가 전혀 불가능한 것은 아니므로 임무 종료 사유에서 제외하자는 견해가 있다.

② 그러나 자기 소유 재산에 관한 관리처분권을 상실한 수탁자가 신탁을 위하여 적극적인 대외적 거래행위를 하기 어렵고, 타인의 재산을 관리할 적격성이 부정된다고 보아야 하며, 이와 같이 규정하는 것이 민사신탁에서 수익자 보호를 위해 적절하다.

③ 법원이 파산선고 결정을 하여 파산의 효력이 발생한 때부터(「채무자 회생 및 파산에 관한 법률」 제311조) 임무 종료의 효과가 발생한다.

라. 수탁자의 회생절차개시결정 및 개인회생절차개시결정(제4호)

① 구법에는 회생절차개시결정이나 개인회생절차개시결정이 있는 경우에 대한 규정이 없었기 때문에 구법 제22조를 유추적용하여 신탁재산은 회생절차가 개시된 수탁자의 고유재산은 구성하지 않으나, 수탁자의 임무가 당연히 종료되는 것은 아니라고 해석하였다.

② 회생절차나 개인회생절차 중에 있는 수탁자에게 신탁재산의 관리를 계속 맡길 것인지 여부는 위탁자 개인이 결정할 문제이고, 회생절차는 법률관계를 조정하여 채무자의 효율적인 회생을 꾀하는 제도로서 파산과 달리 경제활동의 계속을 전제하고 있으며, 유상수탁자의 경우 수탁자로서 임무까지 종료시키면 재정상태가 악화되어 도산할 우려도 있으므로 임무 종료사유에서 제외하자는 견해가 있다.

③ 그러나 회생절차나 개인회생절차가 개시되었다는 것은 수탁자로서 선관주의의무를 다할 수 있는지에 대해 의문이 발생하였음을 의미하며, 회생절차에 있는 자로서 회생채권자의 이해관계를 증진시켜야 하는 지위와 수탁자로서 수익자 등 신탁의 이해관계인을 위해 행동해야 하는 지위 간에 이해가 충돌하게 될 우려가 있으므로 파산과 마찬가지로 임무 종료사유로 규정한다.

④ 법원이 회생절차개시결정이나 개인회생절차개시결정을 한 때 그 임무는 종료된다(「채무자 회생 및 파산에 관한 법률」 제49조 제3항, 제596조 제5항).

마. 수탁자 법인의 해산 (제5호)

① 법인은 해산에 의하여 법인격 자체가 바로 소멸하는 것은 아니나, 청산절차에 들어가 청산의 목적범위 내에서만 권리능력이 인정되고(「상법」 제245조), 청산절차가 종료한 때 법인격도 소멸되는데, 신탁재산의 관리는 청산의 목적범위에 속한다고 보기 어려우므로 수탁자의 임무 종료사유로 규정한다.

② 다만 수탁자 법인이 합병하는 경우 수탁자 법인은 해산하게 되나, 합병의 경우 소멸회사의 권리의무는 원칙적으로 존속회사 혹은 합병 후 설립회사에 포괄승계되므로 수탁자 법인이 합병한 경우에도 존속 혹은 신설회사에 수탁자의 지위도 승계되어 임무 종료사유로 볼 수 없다. 「자본시장과 금융투자업에 관한 법률」도 합병시 권리·의무의 승계를 명시한다. 이 규정은 임의규정이므로 위탁자 등 신탁행위의 당사자가 특약으로 합병을 수탁자의 임무 종료사유로 정하는 것은 가능하다.

II. 수탁자의 상속인 등의 통지의무 (제2항)

① 수탁자가 사망한 경우에는 수탁자의 상속인이(제1항 제1호), 수탁자가 금치산선고 또는 한정치산선고를 받은 경우에는 수탁자의 법정대리인이(제1항 제2호), 법인인 수탁자가 해산한 경우에는 수탁자의 청산인이(제1항 제5호) 신탁의 종료 사실을 수익자에게 통지할 의무를 부담한다.

② 구법하에서는 수탁자의 상속인 등에게 제11조 제2항에 따라 임시적 관리자의 지위를 인정하여 그 지위에서 발생하는 의무를 근거로 하여 해석상 인정되었으나, 수익자가 수탁자 임무의 당연종료를 알지 못하여 손해를 입지 않도록 이를 명시적으로 규정한다.

III. 전 (前) 수탁자의 통지의무 (제3항)

1. 수익자에 대한 통지의무 (제3항 제1호)

① 수탁자가 파산선고, 회생절차개시 결정 또는 개인회생절차개시 결정을 받아 임무가 종료한 경우, 수익자가 임무 종료 사실을 알지 못하여 손해를 입지 않도록 전수탁자는 수익자에게 임무 종료 사실을 통지할 의무를 부담한다.

② 구법하에서는 전수탁자의 선량한 관리자의 주의의무를 근거로 인정된다고 해석하였으나, 수익자 보호를 강화하기 위하여 이를 명시적으로 규정한다.

2. 파산관재인 등에 대한 통지의무 (제3항 제2호)

① 수탁자가 파산선고나 회생절차개시결정을 받아 임무가 종료한 경우, 수탁자는 파산관재인이나 회생절차의 관리인에게 신탁재산에 관한 사항을 통지하여 파산관재인과 회생절차의 관리인이 필요한 조치를 취할 수 있도록 하여야 한다.

② 수탁자가 개인회생절차개시결정을 받는 경우에는 회생절차의 관리인이 그 절차를 진행하는 것이 아니므로 통지의무를 인정할 필요가 없다(제3항 단서).

③ "신탁재산에 관한 사항"이란 신탁이 설정된 재산의 내용, 고유재산과의 구별 등을 의미하는 것으로, 파산관재인 등이 신탁재산과 수탁자의 고유재산이 분별되고 있음을 확인하고 신탁재산을 고유재산에 산입하지 않도록 조치할 수 있어야 한다.

IV. 수탁자의 상속인 등의 임시적 신탁재산관리 (제4항)

1. 임시적 신탁재산관리자

① 전수탁자의 임무가 종료된 경우 신수탁자나 신탁재산관리인이 선임될 때까지 신탁재산을 보호할 필요가 있으므로, 수탁자가 사망한 경우에는 상속인이, 수탁자가 한정치산선고나 금치산선고를 받은 경우에는 법정대리인이, 법인인 수탁자가 해산한 경우에는 청산인이 임시적 신탁재산관리를 담당한다.

② 수탁자가 파산하거나 회생절차 또는 개인회생절차가 개시되어 임무가 종료된 경우, 파산관재인이나 회생관리인은 파산이나 회생채권자를 위해 권한행사를 하여야 하는 자로서 수탁자로서의 지위와 이해가 충돌하여 수탁자의 충실의무를 다할 것으로 기대하기 어려우므로 임시적 신탁재산관리자로 보지 않고, 대신 그와 같은 신탁재산의 관리를 위해 제18조 제1항에서 신탁재산관리인을 선임하도록 강제한다.

2. 신탁재산 관리 업무의 내용

① 수탁자의 상속인 등은 신탁재산 보존을 위해 필요한 범위 내에서만 관리권한을 가지므로 처분·운용 등 적극적 재산관리는 할 수 없고 신탁재산의 현상유지를 위한 소극적 관리만 할 수 있다.

② 임시적 신탁재산관리자는 신수탁자나 신탁재산관리인이 수탁자로서 신탁재산을 관리할 수 있도록 등기·등록할 수 있는 재산권에 대해서는 등기명의를 이전하는 등 신탁사무 인계에 필요한 행위를 하여야 한다.

③ 또한 수익자 보호를 위하여 신탁재산 관리 업무의 수행사실을 수익자에게 통지하여야 한다.

V. 수탁자 법인의 합병·분할 시 수탁자 지위의 승계 (제5항)

① 수탁자 법인이 합병하는 경우, 합병으로 인하여 설립된 신설법인 또는 존속법인은 기존 법인의 권리·의무를 포괄적으로 승계하므로 당연히 수탁자의 지위도 승계하는바, 구법에서 해석상 인정되던 내용을 명시적으로 규정한다(전단).

② 수탁자 법인이 분할하는 경우, 분할계획서 또는 분할합병계획서에 따라수탁자의

지위를 승계받기로 정한 법인이 그 권리·의무를 승계함을 명시적으로 규정한다 (후단). 다만, 분할 전 신탁과 관련하여 발생한 채무는 「상법」제530조의9 제1항에 따라 분할된 법인들이 연대하여 채무를 부담한다.

■ 관련판례 1

수탁자가 파산선고를 받아 구 신탁법 제11조, 제17조에 따라 수탁자의 임무가 종료하고 신수탁자가 선임되어 수탁자가 경질되는 경우, 신탁사무의 처리상 발생한 채권을 가진 제3자는 수탁자의 경질 이전에 이미 발생한 위 채권의 파산선고 당시의 채권 전액에 관하여 전수탁자의 파산재단에 대하여 파산채권자로서 권리를 행사할 수 있다. 또한 그 제3자는 구 신탁법 제48조 제3항에 의하여 신탁재산의 범위 내에서 전수탁자의 지위를 포괄적으로 승계하는 신수탁자에 대하여도 권리를 행사할 수 있다(대법원 2014. 12. 24. 선고 2012다74304 판결 등 참조).

이때 제3자에 대하여 전수탁자와 신수탁자가 중첩적으로 부담하는 채무는 동일한 경제적 목적을 가진 것으로서, 어느 일방의 채무가 변제 등으로 소멸하면 타방의 채무도 소멸하게 되지만, 그 채무의 부담에 관하여 전수탁자와 신수탁자 사이에 주관적 공동관계가 있다고 보기는 어려우므로, 이른바 부진정연대채무의 관계에 있다. 그런데 부진정연대채무에서 채무자 1인에 대한 소멸시효의 중단사유는 다른 채무자에게 효력을 미치지 않는다(대법원 2011. 4. 14. 선고 2010다91886 판결 등 참조). 따라서 제3자가 전수탁자에 대한 파산절차에 참가하더라도 그에 따른 시효중단의 효력은 신수탁자에게 미치지 않는다.

이러한 법리는 신수탁자가 선임되기 전에 제3자가 전수탁자에 대한 파산절차에 참가하여 소멸시효의 중단사유가 생긴 경우에도 마찬가지로 적용된다고 봄이 타당한데, 그 이유는 다음과 같다. 구 신탁법 제11조 제1항은 수탁자가 파산선고를 받은 경우에 그 임무가 종료한다고 규정하고 있고, 민사소송법 제236조는 수탁자의 임무가 종료한 때에 소송절차가 중단되도록 하면서 이를 신수탁자가 수계하도록 규정하고 있으며, 구 신탁법 제22조는 신탁재산은 수탁자의 파산재단을 구성하지 아니한다고 규정하고 있다. 이 규정들의 취지에 비추어 보면, 수탁자가 파산선고를 받은 경우 신탁사무의 처리상 이미 발생한 채권에 관한 법률관계는 그 파산선고로 곧바로 신탁재산에 관한 것과 신탁재산이 아닌 재산에 관한 것으로 변경되고, 이와 같이 변경된 법률관계가 그 후 선임된 신수탁자에게 승계된다고 보아야 한다. 따라서 제3자가 파산절차에 참가함으로써 소멸시효의 중단사유가 생긴 경우에도 이는 그 이후 선임된 신수탁자에 대하여 효력을 미치지 않는다[대법원 2018. 2. 28., 선고, 2013다63950, 판결].

■ 관련판례 2

신탁으로 말미암은 수탁자의 위탁임무가 끝난 때에 소송절차는 중단되고, 이 경우 새로운 수탁자가 소송절차를 수계하여야 하지만(민사소송법 제236조), 소송대리인이 있는 경우에는 소송절차가 중단되지 아니하고(민사소송법 제238조), 소송대리권도 소멸하지 아니한다(민사소송법 제95조 제3호). 따라서 전수탁자가 파산의 선고를 받아 임무가 종료되었으나 소송대리인이 있어서 소송절차가 중단되지 아니하는 경우에는 원칙적으로 소송수계의 문제가 발생하지 아니하고, 소송대리인은 당사자 지위를 당연승계하는 신수탁자를 위하여 소송을 수행하게 되는 것이며, 그 사건의 판결은 신수탁자에 대하여 효력이 있다. 이때 신수탁자로 당사자의 표시를 정정하지 아니한 채 전수탁자를 그대로 당사자로 표시하여도 무방하며, 신탁재산에 대한 관리처분권이 없는 자를 신당사자로 잘못 표시하였다고 하더라도 그 표시가 전수탁자의 소송수계인 등 신탁재산에 대한 관리처분권을 승계한 자임을 나타내는 문구로 되어 있으면 잘못 표시된 당사자에 대하여는 판결의 효력이 미치지 아니하고 여전히 정당한 관리처분권을 가진 신수탁자에 대하여 판결의 효력이 미친다*[대법원 2014. 12. 24., 선고, 2012다74304, 판결]*.

■ 관련판례 3

수탁자의 자격으로 이 사건 소송의 당사자가 되어 있는 피고는 신탁법 제11조 제1항에 따라 파산으로 인하여 수탁자로서의 임무가 종료되어 소송절차까지 중단된 이상 상고를 제기할 권한이 없다. 또한, 민사소송법 제236조에 따르면 수탁자가 그 자격으로 당사자가 되어 있는 소송이 계속되던 도중에 수탁자의 임무가 종료되는 경우 소송절차는 새로운 수탁자가 수계하도록 되어 있으므로 피고의 파산관재인은 이 사건 소송을 수계할 적격이 없다고 할 것이어서(신탁법 제11조 제2항, 제1항에 의하면 수탁자가 파산선고를 받아 임무가 종료된 경우 새로운 수탁자가 신탁사무를 처리할 수 있게 될 때까지 파산관재인이 신탁재산을 보관하고 신탁사무인계에 필요한 행위를 하여야 한다고 규정되어 있기는 하나, 이로써 파산관재인에게 신탁재산에 대한 소송수행권을 포함한 관리처분권을 부여한 것으로는 볼 수 없다) 피고의 파산관재인의 상고 역시 아무런 효력이 없다고 할 것이다*[대법원 2008. 9. 11., 선고. 2006다19788 판결]*.

> **제13조(신탁행위로 정한 수탁자의 임무 종료)**
>
> ① 신탁행위로 정한 수탁자의 임무 종료 사유가 발생하거나 수탁자가 신탁행위로 정한 특정한 자격을 상실한 경우 수탁자의 임무는 종료된다.
>
> ② 제1항에 따라 임무가 종료된 수탁자는 즉시 수익자에게 그 사실을 통지하여야 한다.

1. 수탁자의 임무종료사유 (제1항)

① 신탁행위(신탁계약, 유언, 신탁선언)에 의하여 수탁자의 임무종료사유를정할 수 있는지에 관하여, 신탁의 특성상 인정된다는 종래의 해석론을 명시적으로 규정한다.

② 위탁자가 신탁행위로 수탁자에게 변호사 자격 등 특정한 자격요건을 요구하는 경우, 수탁자가 그 자격요건을 상실하면 수탁자로서의 임무는 종료한다.

2. 전수탁자의 통지의무 (제2항)

전수탁자의 선량한 관리자의 주의의무 또는 구법 제11조 제2항의 임시적 관리자의 지위에서 발생하는 의무와의 형평성에 비추어 해석상 인정되던 것이나, 수익자 등의 보호를 위하여 명시적으로 규정한다.

■ 관련판례

신탁법 제11조 내지 제13조, 제15조 및 제17조에 의하여 수탁자가 경질되는 경우뿐만 아니라 신탁행위의 정함에 따라 전수탁자가 임무를 종료하고 신수탁자가 선임됨으로써 수탁자가 변경된 경우에도 신수탁자는 신탁법 제26조, 제48조 등이 정하는 수탁자 경질의 법리에 따라 수탁자의 지위를 포괄적으로 승계하게 되는 것이고, 이 때 제3자는 수탁자의 경질 이전에 이미 발생한 채권에 관하여 계약의 당사자인 전수탁자에게 이를 행사할 수 있음은 물론, 신탁법 제48조 제3항에 의하여 신탁재산의 범위 내에서 신수탁자에 대하여도 행사할 수 있다(*대법원 2007. 6. 1., 선고. 2005다 5812, 5829, 5836 판결 참조*).

이 사건에 관하여 살피건대, 파산 전 회사가 이 사건 토지신탁계약의 수탁자로서 1998. 10. 20. 효림기업과 사이에 이 사건 분양대행계약을 체결하였으나, 2000. 8. 11. 효림기업에게 이 사건 분양대행계약의 계약기간 도과 등을 이유로 이 사건 분양대행계약의 해지를 통보한 후 2002. 7. 12. 피고와 사이에 이 사건 공원묘원 사업을 포함하여 파산 전 회사가 시행 중이던 토지신탁사업들을 양수한다는 내용의 토지신탁사업에 관한 양수도계약을 체결한 사실, 파산 전 회사가 2002. 7. 23. 피고, 위탁자 소외 1(대법원 판결의 소외인) 및 수익자 가칭 재단법인 양평공원과 사이에 이 사건 토지신탁계약서 제27조를 전수탁자가 위탁자와 수익자의 동의를 얻어 수탁자를 변경할 수 있도록 변경함과 동시에 이 사건 토지신탁계약에 따른 파산 전 회사의 수탁자 지위를 피고가 포괄적으로 승계하기로 합의하였고, 위탁자와 수익자가 이에 동의하기로 약정한 사실, 이에 따라 같은 날 파산 전 회사가 위탁자 및 수익자의 동의를 얻어 이 사건 토지신탁계약의 수탁자로서의 임무를 사임하면서 피고가 이 사건 토지신탁계약의 새로운 수탁자로 선임되었고, 피고가 이 사건 토지신탁계약의 신탁재산인 이 사건 토지에 관하여 피고를 수탁자로 하여 수탁자 경질을 원인으로 한 소유권이전등기를 마친 사실은 앞서 인정한 바와 같은바, 위 인정사실에 의하면, 피고와 파산 전 회사 등 사이의 위 2002. 7. 23.자 토지신탁계약 변경 및 승계약정은 신탁법에 따른 수탁자의 경질에 관한 합의라고 봄이 상당하고, 따라서 신수탁자인 피고는 신탁법 제48조 제3항에 따라 이 사건 토지신탁계약의 신탁재산의 범위 내에서 위와 같은 수탁자의 경질 이전에 발생한 전수탁자인 파산 전 회사의 효림기업에 대한 손해배상채무 등을 이행할 책임이 있다.

이에 대하여 피고는, 이 사건 토지신탁계약의 전수탁자인 파산 전 회사가 임무를 종료할 당시, 즉 위 2002. 7. 23.자 토지신탁계약 변경 및 승계약정 당시 이 사건 분양대행계약은 이미 종료된 상태여서 전수탁자인 파산 전 회사의 이 사건 분양대행계약에 따른 계약자로서의 지위가 신수탁자인 피고에게 승계될 수 없고, 이 사건 분양대행계약 또는 그 종료에 따른 손해배상채무 등도 피고에게 승계되지 않았다고 주장하므로 살피건대, 위 2002. 7. 23.자 토지신탁계약 변경 및 승계약정 당시 이 사건 분양대행계약이 유효하게 존속하지 않고 있었다면 이 사건 분양대행계약에 따른 계약자로서의 지위가 피고에게 포괄적으로 승계되지 않음은 피고의 주장과 같으나, 신탁사무의 처리에 관하여 생긴 채권은 신탁재산의 한도 내에서 신수탁자에 대하여도 행사할 수 있도록 규정한 신탁법 제48조 제3항의 규정 및 앞서 살핀 수탁자 경질에 관한 법리에 비추어 보면, 이 사건 분양대행계약의 계약자로서의 지위가 신수탁자인 피고에게 승계되었는지 여부와는 무관하게 피고에게로의 수탁자 경질이 이루어지기 이전에 효림기업이 전수탁자인 파산 전 회사에 대하여 이 사건 토지신탁계약에 따른 신탁사무의 처리에 관한 채권을 보유하게 되었다면 이를 신수탁자인 피고에 대해서도 행사할 수 있다고 할 것이므로, 이와 다른 전제에 선 피고의 위 주장은 받아들일 수 없다 [서울중앙지방법원 2009. 10. 8., 선고, 2009나3370, 판결].

> **제14조(수탁자의 사임에 의한 임무 종료)**
> ① 수탁자는 신탁행위로 달리 정한 바가 없으면 수익자와 위탁자의 승낙 없이 사임할 수 없다.
> ② 제1항에도 불구하고 수탁자는 정당한 이유가 있는 경우 법원의 허가를 받아 사임할 수 있다.
> ③ 사임한 수탁자는 즉시 수익자에게 그 사실을 통지하여야 한다.

1. 사임제한의 원칙

① 신탁은 수익자가 스스로 재산관리를 할 능력, 지식 및 경험이 충분하지 않은 사정 등으로 재산관리능력을 가진 수탁자에게 재산을 신탁함으로써 수익자를 보호하는 제도이기 때문에, 위임과 달리 원칙적으로 수탁자가 자유롭게 사임할 수 없다.

② 다만, ⅰ) 신탁행위로 사임에 관하여 정한 경우, ⅱ) 수익자와 위탁자가 승낙한 경우, ⅲ) 법원의 허가를 받은 경우에는 예외적으로 사임이 가능하다.

2. 신탁행위로 사임에 관하여 정한 경우(제1항)

① 위탁자와 수탁자가 신탁행위로써 사임의 방법, 절차 등을 규정하면, 수탁자는 법원의 허가를 받을 필요 없이 해당 절차에 따라 자유롭게 사임할 수 있다. 이는 특히 상사신탁과 같이 대등한 당사자 사이에서 설정된 신탁에서 유용하다.

② 수탁자는 계속적 채권관계이므로 계속적 계약의 해소에 관한 일반원칙이 적용되어 상당한 이유가 없음에도 일방적으로 사임하는 것은 허용되기 어렵다.

3. 위탁자와 수익자가 승낙한 경우(제1항)

① 수탁자를 선임한 위탁자와 신탁재산의 실질적 소유자인 수익자가 수탁자의 사임에 동의하는 때에는 이를 부정할 이유가 없으므로, 수탁자는 위탁자 및 수익자 전원의 승낙을 얻으면 법원의 허가없이도 사임할 수 있다.

② 유언신탁 등에서 위탁자가 사망한 경우, 위탁자의 사임동의권은 일신전속적 권리여서 위탁자의 상속인에게 상속되지 아니하므로 수익자의 승낙만으로 사임할 수 있다.

4. 법원의 허가를 받은 경우(제2항)

① 수탁자는 '정당한 이유'가 있는 경우 법원에 사임허가신청을 하여 허가결정을 받으면 사임할 수 있다.

② '정당한 이유'란 수탁자가 건강 악화 , 이민 또는 수익자와의 마찰 등 더 이상 신탁재산의 관리사무를 할 수 없는 사유를 의미하며, 그 존재 여부는 법원이 수탁자의 이익뿐만 아니라 수익자의 이익도 비교형량하여 결정할 재량사항이다.

③ 수탁자는 법원이 사임에 대하여 허가 여부를 결정하기 전까지 사임의사를 철회할 수 있다.

5. 사임 수탁자의 통지의무(제3항)

① 전수탁자의 선량한 관리자의 주의의무 또는 구법 제14조의 임시적 관리자 지위에서 발생하는 의무와의 형평성에 비추어 해석상 인정되나, 수익자 등의 보호를 위하여 명시적으로 규정하다.

② 수익자와 위탁자의 승낙을 얻어 사임하는 경우 이미 수익자는 수탁자의 사임 사실을 알고 있을 것이므로 통지의무 이행으로 승낙요청에 갈음한 것으로 볼 수 있다.

> **제15조(임무가 종료된 수탁자의 지위)**
>
> 제13조제1항 또는 제14조제1항에 따라 임무가 종료된 수탁자는 신수탁자나 신탁재산관리인이 신탁사무를 처리할 수 있을 때까지 수탁자의 권리·의무를 가진다.

① 신탁행위로 정한 임무종료사유가 발생하거나, 수탁자가 신탁행위로 정한 자격을 상실하거나(제13조 제1항), 수탁자의 사임에 대하여 신탁행위에 정해져 있거나 위탁자 등의 승낙을 받아 사임하여(제14조 제1항) 수탁자의 임무가 종료된 경우 신수탁자 등이 선임될 때까지의 공백기간 동안 신탁재산을 관리할 사람이 필요하다.

② 제12조와 달리 위의 사유로 임무가 종료된 경우, 전수탁자가 신탁재산을 관리할 수 없는 상태에 있는 것도 아니고 신탁재산에 대하여 가장 잘 알고 있어서 임시적으로 신탁사무를 수행하기에 가장 적합한 자이므로, 별도로 임시적 사무처리자를 선임할 필요 없이 전수탁자가 신수탁자나 신탁재산관리인이 선임될 때까지 수탁자의 지위를 유지하도록 한다.

③ 수탁자가 법원의 허가를 받아 사임하는 경우(제14조 제2항) 법원은 사임허가결정과 동시에 신탁재산관리인 선임결정을 직권으로 할 것이므로(제18조 제1항), 해당 경우를 제외한다.

④ 제17조 제1항에 따라 선임된 신탁재산관리인은 수탁자와 동일한 권리·의무가 인정되기 때문에 전수탁자가 수탁자의 지위에서 신탁사무를 관리할 필요는 없으므로 신탁재산관리인이 선임된 때에도 전수탁자의 임무는 종료한다.

⑤ 제12조 제4항의 임시적 재산관리자와 달리 전수탁자는 여전히 수탁자의 지위를 유지하므로 신탁사무는 소극적인 보관에 한정되지 않는다.

■ 관련판례

신탁법 제15조, 제55조의 규정을 종합하여 보면, 신탁의 목적을 달성할 수 없을 때에는 신탁이 절대적으로 종료하나, 그 목적의 달성이 가능하지만 단지 수탁자의 배임행위 등으로 인하여 신뢰관계가 무너진 경우에는, 위탁자 등의 청구에 따라 법원이 수탁자를 해임하거나 또는 위탁자가 수탁자에 대하여 손해배상 등을 청구할 수 있을 뿐, 이행불능을 원인으로 하여 신탁계약을 해지할 수는 없다*[대법원 2002. 3. 26., 선고, 2000다25989, 판결].*

제16조(수탁자의 해임에 의한 임무 종료)

① 위탁자와 수익자는 합의하여 또는 위탁자가 없으면 수익자 단독으로 언제든지 수탁자를 해임할 수 있다. 다만, 신탁행위로 달리 정한 경우에는 그에 따른다.

② 정당한 이유 없이 수탁자에게 불리한 시기에 제1항에 따라 수탁자를 해임한 자는 그 손해를 배상하여야 한다.

③ 수탁자가 그 임무에 위반된 행위를 하거나 그 밖에 중요한 사유가 있는 경우 위탁자나 수익자는 법원에 수탁자의 해임을 청구할 수 있다.

④ 제3항의 청구에 의하여 해임된 수탁자는 즉시 수익자에게 그 사실을 통지하여야 한다.

⑤ 해임된 수탁자는 신수탁자나 신탁재산관리인이 신탁사무를 처리할 수 있을 때까지 신탁재산을 보관하고 신탁사무 인계에 필요한 행위를 하여야 한다. 다만, 임무 위반으로 해임된 수탁자는 그러하지 아니하다.

I. 위탁자와 수익자의 합의에 의한 해임 (제1항 및 제2항)

1. 해임의 자유 인정 (제1항 본문)

① 수탁자를 통하여 신탁 목적을 달성하려는 위탁자와 신탁재산의 실질적 소유자인 수익자가 보다 나은 수탁자를 선임하고 싶은 경우, 합의에 의한 수탁자 해임을 인정하면 신탁계약을 해제하고 새로이 신탁계약을 체결하는 방법으로 수탁자를 변경하는 대신에 이미 형성된 신탁의 법률관계는 유지한 상태에서 수탁자를 변경할 수 있고, 법원의 신탁에 대한 후견적 지위를 축소하여 신탁의 유연성을 유지할 수 있다.

② 위임계약 상호해지의 자유(「민법」 제689조) 및 이사 해임의 자유(「상법」제385조 제1항 본문) 등을 참고하여 위탁자 및 수익자 간의 합의에 의한 수탁자의 해임을 허용한다.

③ 수탁자를 해임하는데 고용계약과 달리 특별한 해임사유는 필요하지 않고, 도급계약과 달리 손해배상을 조건으로 하지도 않으며, 해임의 시기에 대하여 "언제든지"로 규정하여 기간의 제한이 없음을 명시한다.

2. 해임제한의 특약 (제1항 단서)

① 신탁행위에 해임제한의 특약을 인정할 경우 수탁자가 약관 등으로 해임제한약정을 강제할 수 있어 수탁자 해임의 자유를 인정한 이 조항의 취지가 몰각될 우려가 있고, 신탁재산의 진정한 소유자인 수익자가 신탁재산의 관리수단에 불과한 수탁자를 해임할 수 있도록 하는 것이 신탁제도의 취지에 부합하며, 상사신탁의 경우 특별법인 「자본시장과 금융투자업에 관한 법률」에 근거조항을 신설할 수 있으므로 해임제한약정의 근거조항은 필요 없다는 견해가 있다.

② 그러나 위탁자는 수탁자를 선택할 수 있는 지위에 있는 점, 수탁자가 신탁재산에 대하여 적극적 처분·투자행위를 하여 신탁재산이 변형되어 있는 경우 정산이 어렵다는 점, 수탁자의 해임보다 더 중대한 신탁의 종료 합의에 대하여도 신탁행위로 제한할 수 있는 점, 「신탁법」에 근거규정이 없으면 강행규정으로 해석될 여지가 있어서 「자본시장과 금융투자업에 관한 법률」에 근거조항을 도입하는 것이 어려운 점 등을 고려하여, 일본의 개정 신탁법과 같이 신탁행위로 합의해임을 제한하는 특약이 가능하도록 근거조항을신설한다.

3. 수탁자에게 불리한 해임으로 인한 손해배상책임 (제2항)

가. 도입취지

① 위탁자와 수익자의 합의에 의한 수탁자 해임을 자유롭게 인정할 경우 신탁재산에 대한 명의인인 수탁자가 불측의 손해를 입을 우려가 있으므로, 수탁자 해임의 자유에 대한 제한으로 위임계약 때와 같이 수탁자에게 불리한 시기에 해임한 경우에는 위탁자와 수익자에게 손해배상책임을 인정한다(연대책임).

나. "수탁자에게 불리한 시기"의 의미

'신탁재산의 사무처리 자체와 관련하여' 수탁자에게 경제적·실질적으로 불리한 시기를 의미한다.

다. 고의·과실의 불요

이 규정의 손해배상책임은 채무불이행을 원인으로 하는 것이 아니므로, 수탁자에게 불리하다는 사실에 대하여 위탁자와 수익자의 고의·과실의 유무를 불문하고 인정된다.

라. "정당한 이유"가 있는 경우

위탁자와 수익자에게 정당한 이유가 있는 때에는 손해배상책임이 발생하지 않는데,

"정당한 이유"가 있는 경우란 수탁자의 병환, 부도덕한 행위 등이 있거나 신탁재산에 손해를 입을 우려가 있어 긴급하게 수탁자를 해임하여야 할 필요성이 있는 경우 등을 의미하는 것으로, 사안에 따라 개별적으로 판단하여야 한다.

II. 법원의 수탁자 해임결정 (제3항)

1. 해임신청권자

① '수익자'는 신탁재산의 실질적 소유자로서 수탁자의 임무위반 등 해임사유가 발생한 경우 수탁자의 해임을 신청할 수 있다.

② '위탁자'는 신탁이 설정된 후에는 수탁자의 해임신청에 대하여 직접적인 이익은 없다고 보아야 하지만, 수탁자를 선임한 자로서 수탁자와 사이에 신임관계가 존재하므로 신임관계를 해치는 해임사유가 발생한 경우 수탁자의 해임을 신청할 수 있다.

③ 구법은 '위탁자의 상속인'에 대하여도 수탁자의 해임신청권을 인정하나, 위탁자의 상속인은 신탁재산에 대해 수익자와 이해관계가 충돌하는 지위에 있는 자로서 부당하게 수탁자의 해임을 신청하여 수익자의 이익을 해할 가능성이 있으므로, 위탁자의 상속인을 해임신청권자에서 제외한다.

2. 해임사유

가. 임무 위반

① 수탁자가 부여된 임무를 위반한 것만으로 바로 해임사유가 되는 것은 아니고, 그 자가 수탁자로서 신탁재산을 관리하는 것이 수익자의 이익에 중대한 위협이 되어 부적당하다고 판단되는 경우에 해임사유로 인정된다.

② 미국의 Restatement (Third) of Trust도 '중대한 신탁 위반'을 해임사유로 정하고 있는데) 수탁자가 신탁재산의 집행에 관하여 수익자에게 보고할 의무를 중대하게 위반하거나, 정보개시 요구에 응하지 않을 경우에는 수익자가 자신의 이익을 지킬 수 없으며, 수탁자가 보다 중대한 의무 위반을 은폐할 가능성이 있으므로 해임사유에 해당한다.

나. 그 밖의 중요한 사유

① 수탁자에 대한 유죄판결의 확정, 수탁자의 자격상실, 이민, 공동수탁자 간의 협조 불능, 수탁자와 수익자 간의 심각한 불화 등은 해임사유로 인정될 수 있다.

② 신탁재산과 고유재산의 혼화, 수익자의 이익과 상충되는 이익의 취득, 신탁재산의 손실 발생 등 손해배상으로 해결이 가능한 경우라면 해임사유로 삼기에 부족하고, 단순한 판단의 실수, 선의의 신탁 위반도 해임사유로 인정되지 않는다.

3. 해임절차

① 위탁자 또는 수익자가 수탁자 주소지의 지방법원에 수탁자의 해임을 신청하면 법원은 해임을 명할 수 있음. 수탁자가 수인인 경우 그 중 1인의 주소지 지방법원에 해임신청을 하면 된다(「비송사건절차법」 제39조 제1항).

② 법원의 해임권한은 신탁을 감독하고 수익자를 보호할 법원의 고유한 감독권한 (제105조)에 근거한다.

III. 전수탁자의 통지의무 및 임시적 사무처리 (제4항 및 제5항)

1. 전수탁자의 통지의무 (제4항)

구법에서는 전수탁자의 선량한 관리자의 주의의무 또는 임시적 관리자 지위에서 발생하는 의무를 근거로 해석상 인정되던 것이나, 수익자 보호를 위하여 통지의무를 명시적으로 규정한다.

2. 전수탁자의 임시적 신탁재산 관리 (제5항)

① 신탁재산의 '보관'만을 할 수 있으므로, 처분·운용 등 적극적 재산관리는 할 수 없고 신탁재산의 현상유지를 위한 소극적 관리만 할 수 있다.

② 신수탁자나 신탁재산관리인이 수탁자로서 신탁사무를 할 수 있도록 등기·등록할 수 있는 재산권의 명의 이전 등 신탁사무 인계에 필요한 행위를 하여야 한다.

③ 또한 수익자 보호를 위하여 신탁재산에 관한 사무의 수행사실을 통지하여야 한다.

3. 예외-임무 위반으로 해임된 전수탁자 (제5항 단서)

임무 위반으로 해임된 경우에는 법원이 필수적으로 신탁재산관리인을 선임하여야 하므로(제18조 제1항 제3호), 신탁재산을 보관할 임시적 수탁자의 지위를 인정할 필요가 없어서 그 적용을 배제한다.

> **제17조(신탁재산관리인 선임 등의 처분)**
>
> ① 수탁자의 임무가 종료되거나 수탁자와 수익자 간의 이해가 상반되어 수탁자가 신탁사무를 수행하는 것이 적절하지 아니한 경우 법원은 이해관계인의 청구에 의하여 신탁재산관리인의 선임이나 그 밖의 필요한 처분을 명할 수 있다. 다른 수탁자가 있는 경우에도 또한 같다.
>
> ② 제1항에 따라 신탁재산관리인을 선임하는 경우 법원은 신탁재산관리인이 법원의 허가를 받아야 하는 사항을 정할 수 있다.
>
> ③ 제1항에 따라 선임된 신탁재산관리인은 즉시 수익자에게 그 사실을 통지하여야 한다.
>
> ④ 신탁재산관리인은 선임된 목적범위 내에서 수탁자와 동일한 권리·의무가 있다. 다만, 제2항에 따라 법원의 허가를 받아야 하는 사항에 대하여는 그러하지 아니하다.
>
> ⑤ 제1항에 따라 신탁재산관리인이 선임된 경우 신탁재산에 관한 소송에서는 신탁재산관리인이 당사자가 된다.
>
> ⑥ 법원은 제1항에 따라 선임한 신탁재산관리인에게 필요한 경우 신탁재산에서 적당한 보수를 줄 수 있다.

Ⅰ. 신탁재산관리인의 선임 (제1항 및 제2항)

1. 신탁재산관리인의 선임사유

가. 수탁자의 임무 종료

① 수탁자가 사임하거나 해임되어 임무가 종료한 경우뿐만 아니라, 수탁자의 수탁능력 상실, 자격상실 또는 신탁행위에서 정한 사유의 발생으로 수탁자의 임무가 종료한 모든 경우에도 신탁재산을 보호할 관리주체가 필요하며, 수탁자의 상속인 및 파산관재인 등은 수익자 등 이해관계인과 이해관계가 충돌하는 지위에 있으므로, 전수탁자를 대신하여 신탁재산을 관리할 '신탁재산관리인'을 선임할 수 있도록 규정한다.

② 다만, 제18조 제1항에서 신탁재산관리인을 필수적으로 선임하여야 하는 경우는 이 규정의 선임사유에서 제외되어야 할 것이다.

나. 수탁자의 이익 충돌

① 수탁자와 수익자나 그 밖의 이해관계인의 이익(이해관계)이 충돌하는 경우 수탁자가 충실의무를 다하여 신탁재산을 관리할 것을 기대하기 어려우므로 수탁자 대신에 신탁사무를 수행할 신탁재산관리인의 선임사유로 정한다.

② 이익이 충돌하는 수탁자는 충돌하는 범위 내에서만 수탁자로서 권한행사가 제한될 뿐 해임되지 않는 한 임무가 종료되는 것은 아니며, 이익의 충돌이 해소

되어 신탁재산관리인의 임무가 종료되면 수탁자로서의 권한을 회복한다.

다. 수탁자가 복수인 경우 (제1항 후단)

수탁자가 2인 이상인 경우, 그 중 1인의 임무가 종료하여도 신탁재산 관리에 공백이 발생하는 것이 아니므로 신탁재산관리인을 선임할 필요가 없다는 견해도 있으나, 수인의 수탁자가 각각 다른 종류의 신탁재산을 운용하는 등 업무분장이 정해져 있는 경우에는 임무가 종료된 수탁자 이외의 다른 수탁자가 해당 수탁자의 신탁사무를 대신하여 처리할 수 없는 상황도 발생할 수 있으므로 신탁재산관리인의 선임 사유에서 배제하지 않는다.

2. 선임방법

① 구법은 법원이 '직권으로' 선임하도록 규정하고 있으나, 신탁재산관리인이 필요한 상황인지 여부는 수익자 등 이해관계인이 가장 잘 알 수 있으므로 이해관계인에게 법원에 대한 선임신청권을 인정한다.

② 법원은 신탁재산관리인의 권한을 제한할 필요가 있는 경우 해당 행위 시 법원의 허가를 받도록 정할 수 있다(제2항).

③ 선임신청절차는 「비송사건절차법」에 의하여 비송사건으로 처리될 것이며, 위 신청절차를 반영하여 관련 규정의 필요하다.

II. 선임의 통지 (제3항)

수익자 보호를 위하여, 저11항에 따라 선임된 신탁재산관리인에게 수익자에 대한 선임 사실의 통지의무를 부여한다.

III. 신탁재산관리인의 권한 (제4항)

1. 수탁자와 동일한 권리·의무 (제4항 전단)

① 신탁재산관리인은 수익자 등과 이익이 충돌하여 선임된 경우 등 선임사유에 따라 신탁재산에 대한 보존행위 등 소극적 행위뿐만 아니라 처분 등 적극적 행위를 할 필요성도 있으므로, 원칙적으로 신탁재산관리인에게는 수탁자와 동일한 지위를 인정한다.

② 다만, 신탁재산관리인은 수탁자가 선임되거나 이익의 충돌 상황 종료 등 선임사유가 종료될 때까지 임시적으로 선임되는 자로서 선임목적에 구속되어야 하므로, 권한범위는 선임의 목적범위 내로 한정된다. 따라서 이익이 충돌하여 선임된 신탁재산관리인은 해당 수탁자의 권한 또는 해당 신탁사무의 수행에 대해서만 권한을 갖게 된다.

2. 예외 - 법원의 허가사항 (제4항 후단)

① 법원은 신탁재산관리인을 선임할 때 그 권한을 소극적 관리행위 등에 한정하는 것이 신탁 목적이나 선임 목적에 부합한다고 판단하는 경우 등 개별 사정에 따라 법원의 허가가 필요한 사항을 미리 정할 수 있다.

② 법원이 허가사항으로 규정한 신탁사무에 대하여 신탁재산관리인이 허가를 받지 않고 수행한 경우 신탁사무로 한 해당 행위의 법률효과는 학설·판례의 해석론에 따라 정해질 것이다.

IV. 신탁재산관리인의 당사자적격 (제5항)

① 「민사소송법」 제236조는 수탁자의 임무가 종료한 때 소송절차는 중단되고 신수탁자에게 소송절차가 승계되는 것으로 규정하고 있는바, 신탁재산관리인이 선임되는 경우 신탁재산에 관한 소송에서 신탁재산관리인이 전수탁자가 당사자였던 소송을 승계할 법적 근거가 없어서 신수탁자의 선임 시까지 소송은 방치된다.

② 따라서 신탁재산에 관한 소송에 대하여 신탁재산관리인에게 당사자적격을 인정하는 명문규정을 둔다.

V. 신탁재산관리인의 보수 (제6항)

① 신탁재산관리인은 수탁자를 대신하여 임시적으로 신탁사무를 처리하는 자로서 무보수 원칙이 적용되는 것으로 해석되나, 보수가 없을 경우 선임이 어려울 수 있으므로, 법원은 신탁재산관리인에게 신탁재산에서 적당한 보수를 지급하는 결정을 할 수 있다.

② 법원의 보수결정에 대하여는 신수탁자의 보수(제21조 제4항)에 관한 해석이 그대로 적용될 것이다.

■ 관련판례 1

수탁자와 수익자 간의 이해가 상반되어 수탁자가 신탁사무를 수행하는 것이 적절하지 아니한 경우 법원은 이해관계인의 청구에 의해 신탁재산관리인을 선임할 수 있다(신탁법 제17조 제1항). 수탁자와 수익자 간의 이해가 상반되어 수탁자가 신탁사무를 수행하는 것이 적절하지 아니한 경우란, 행위의 객관적 성질상 수탁자와 수익자 사이에 이해의 대립이 생길 우려가 있어 수탁자가 신탁사무를 수행하는 것이 적절하지 아니한 경우를 의미하고, 수탁자의 의도나 그 행위의 결과 실제로 이해의 대립이 생겼는지 여부는 묻지 아니한다. 수탁자는 수익자의 이익을 위하여 신탁사무를 처리해야 하는 충실의무를 부담할 뿐이므로(신탁법 제33조), 수익자 아닌 이해관계인, 예를 들어 신탁채권자나 위탁자 등과의 관계에서 이해의 대립이 생길 우려가 있는지는 신탁법 제17조 제1항의 이해상반을 판단할 때에 고려할 사항이 아니다.

한편 이와 같이 선임된 신탁재산관리인은 선임된 목적 범위 내인 '수탁자와 수익자 간의 이해가 상반되어 수탁자가 신탁사무를 수행하는 것이 적절하지 아니한 경우'에 한하여 수탁자와 동일한 권리·의무가 있고, 그 외의 사항에 관하여는 수탁자가 여전히 신탁재산에 대한 권리와 의무의 귀속주체로서 신탁법 제31조에 따른 권한을 가진다 [대법원 2018. 9. 28., 선고, 2014다79303, 판결].

■ 관련판례 2

수탁자와 수익자 간의 이해가 상반되어 수탁자가 신탁사무를 수행하는 것이 적절하지 아니한 경우 법원은 이해관계인의 청구에 의해 신탁재산관리인을 선임할 수 있다(신탁법 제17조 제1항). 수탁자와 수익자 간의 이해가 상반되어 수탁자가 신탁사무를 수행하는 것이 적절하지 아니한 경우라 함은, 행위의 객관적 성질상 수탁자와 수익자 사이에 이해의 대립이 생길 우려가 있어 수탁자가 신탁사무를 수행하는 것이 적절하지 아니한 경우를 의미하고, 수탁자의 의도나 그 행위의 결과 실제로 이해의 대립이 생겼는지 여부는 묻지 아니한다. 수탁자는 수익자의 이익을 위하여 신탁사무를 처리해야 하는 충실의무를 부담할 뿐이므로(신탁법 제33조), 수익자 아닌 이해관계인, 예를 들어 신탁채권자나 위탁자 등과의 관계에서 이해의 대립이 생길 우려가 있는지 여부는 신탁법 제17조 제1항의 이해상반을 판단할 때에 고려할 사항이 아니다.

한편 이와 같이 선임된 신탁재산관리인은 선임된 목적 범위 내인 '수탁자와 수익자 간의 이해가 상반되어 수탁자가 신탁사무를 수행하는 것이 적절하지 아니한 경우'에 한하여 수탁자와 동일한 권리·의무가 있고, 그 외의 사항에 관하여는 수탁자가 여전히 신탁재산에 대한 권리와 의무의 귀속주체로서 신탁법 제31조에 따른 권한을 가진다.

원심은 그 판시와 같은 이유로, 이 사건 강제집행이 신탁법 제17조 제1항의 수탁자와 수익자 간의 이해가 상반되는 행위라고 볼 수 없으므로, 수탁자를 채무자 겸 소유자로 하여 개시된 이 사건 강제집행은 유효하다고 보아 원고의 청구를 기각하였다.

원심판결 이유를 앞서 본 법리와 기록에 비추어 살펴보면, 원심의 판단에 상고이유 주장과 같은 신탁재산관리인이 선임된 경우 신탁재산관리인과 수탁자의 권한에 관한 신탁법 제17조의 법리를 오해한 위법이 없다*[대법원 2018. 9. 28., 선고, 2017다244931, 판결]*.

> **제18조(필수적 신탁재산관리인의 선임)**
>
> ① 법원은 다음 각 호의 어느 하나에 해당하는 경우로서 신수탁자가 선임되지 아니하거나 다른 수탁자가 존재하지 아니할 때에는 신탁재산을 보관하고 신탁사무 인계에 필요한 행위를 하여야 할 신탁재산관리인을 선임한다.
>
> 　1. 수탁자가 사망하여 「민법」 제1053조제1항에 따라 상속재산관리인이 선임되는 경우
>
> 　2. 수탁자가 파산선고를 받은 경우
>
> 　3. 수탁자가 법원의 허가를 받아 사임하거나 임무 위반으로 법원에 의하여 해임된 경우
>
> ② 법원은 제1항 각 호의 어느 하나에 해당하여 수탁자에 대하여 상속재산관리인의 선임결정, 파산선고, 수탁자의 사임허가결정 또는 해임결정을 하는 경우 그 결정과 동시에 신탁재산관리인을 선임하여야 한다.
>
> ③ 선임된 신탁재산관리인의 통지의무, 당사자 적격 및 보수에 관하여는 제17조제3항, 제5항 및 제6항을 준용한다.

1. 선임사유

가. 수탁자가 사망한 때 상속인이 없는 경우 (제1항 제1호)

　① 수탁자가 상속인 없이 사망한 경우 법원은 이해관계인 등의 청구가 있으면 수탁자의 고유재산(상속재산)에 대하여 상속재산관리인을 선임하여야 하는데(「민법」 제1053조), 상속재산관리인은 수탁자의 상속인을 위하여 활동하는 자로서 수익자와 이해가 충돌하는 지위에 있으므로 충실의무에 따라 신탁재산을 관리할 것을 기대하기 어렵다.

　② 따라서, 법원이 상속재산관리인을 선임할 때 신탁재산을 관리할 신탁재산관리인을 선임하도록 강제한다.

　③ "상속인이 없는 경우"에는 상속인이 불분명한 경우도 포함된다.

나. 수탁자의 파산이나 회생절차 (제1항 제2호)

　① 수탁자가 파산선고를 받은 경우의 파산관재인, 회생절차개시결정을 받은 경우의 관리인 또는 개인회생절차개시결정을 받은 경우의 회생위원들은 파산채권자나 회생채권자의 이익을 위하여 활동하는 자로서 수탁자를 위하여 신탁재산을 관리할 것을 기대하기 어렵다.

　② 따라서 법원이 수탁자에 대하여 파산선고, 회생절차개시결정이나 개인회 생절차개시결정을 한 때에는 동시에 신탁재산관리인을 선임하도록 강제한다.

다. 수탁자의 사임허가결정 또는 해임결정 (제1항 제3호)

① 수탁자가 위탁자와 수탁자의 승낙을 얻어 사임한 경우에는 신수탁자가 선임될 때까지 전수탁자가 신탁재산을 계속 관리하는 것이 바람직하나, 수탁자가 건강의 악화 등 정당한 사유가 있어서 법원의 숭인을 얻어 사임하거나 임무위반으로 해임된 경우에는 전수탁자가 신탁재산을 계속 관리하는 것이 상당하지 않는다.

② 따라서 신탁재산의 관리 공백을 방지하기 위하여 법원이 사임허가결정 또는 해임결정을 할 때 동시에 신탁재산관리인을 선임하도록 강제한다.

2. 선임방법

① 제17조의 신탁재산관리인과 달리 법원은 제1항 각 호의 선고 또는 결정을 하면서 신탁재산의 관리에 공백이 발생할 사실을 알 수 있으므로 이해관계인의 선임신청권을 따로 인정할 필요가 없고, 신탁재산 관리의 공백을 막기 위해서는 상속재산관리인 등의 선임과 동시에 신탁재산관리인을 선임할 필요가 있으므로, 상속재산관리인 등을 선임하는 법원으로 하여금 직권으로 신탁재산관리인을 선임하도록 한다.

② 법원은 상속재산관리인의 선임결정 등을 함과 동시에 신탁재산관리인을 선임하여야 한다(제2항).

3. 필수적 신탁재산관리인의 권한

① 이 규정에 따른 신탁재산관리인의 경우 제17조 제1항과 달리 신수탁자가 선임될 때까지의 임시적 보관자의 성격이 강하므로 소극적 관리권한만 인정된다.

② 따라서 신탁재산의 '보관'만을 할 수 있으므로, 처분·운용 등 적극적 재산관리는 할 수 없고 신탁재산의 현상유지를 위한 소극적 관리만 할 수 있다.

③ 신수탁자나 새로운 신탁재산관리인이 수탁자로서 신탁사무를 할 수 있도록 등기·등록할 수 있는 재산권의 명의 이전 등 신탁사무 인계에 필요한 행위를 하여야 한다.

4. 선임의 통지의무, 당사자적격 또는 보수 (제3항)

필수적 신탁재산관리인도 신탁재산관리인의 일종으로서 선임의 통지의무를 부담하고, 신탁재산에 관한 소송에서 당사자적격을 갖고 있으며, 법원의 결정에 따라 보수를 지급받는다(제17조제3항, 제5항 및 제6항을 준용).

> **제19조(신탁재산관리인의 임무 종료)**
> ① 신수탁자가 선임되거나 더 이상 수탁자와 수익자 간의 이해가 상반되지 아니하는 경우 신탁재산관리인의 임무는 종료된다.
> ② 신탁재산관리인은 법원의 허가를 받아 사임할 수 있다.
> ③ 법원은 이해관계인의 청구에 의하여 신탁재산관리인을 해임할 수 있다.
> ④ 법원은 제2항 또는 제3항의 결정을 함과 동시에 새로운 신탁재산관리인을 선임하여야 한다.

I. 신탁재산관리인 임무의 당연 종료 (제1항)

1. 신수탁자의 선임

① 제21조에 따라 신수탁자가 선임되어 신탁재산을 이전받은 경우 신탁재산관리인과 신수탁자의 권한에 대하여,
- 신수탁자가 실제 신탁사무를 개시할 때까지는 신탁재산관리인의 권한도 공존하되 신수탁자의 권한이 우선하는 것으로 규정하자는 견해,
- 신수탁자와 신탁재산관리인의 관계를 일종의 대리관계로 보자는 견해도 있으나,
- 신수탁자와 신탁재산관리인의 병존을 인정하는 것은 신탁재산의 보존을 위해 임시적으로 선임된 신탁재산관리인의 본질에 반하는 것이므로 신탁 재산관리인의 임무가 당연 종료하는 것으로 규정한다.

② 신수탁자가 신탁재산 관리사무의 실제 업무를 개시할 때까지 신탁재산관리인이 한 관리사무의 법적 효과는 표현대리의 유추적용 등 해석·판례에 의하여 정하여질 것이다.

2. 이익 충돌의 해소

수탁자와 수익자 등 간의 이익 충돌 상황이 해소되면 더 이상 수탁자의 권한을 제한할 필요가 없으므로, 신탁재산관리인의 임무는 당연 종료되고, 종전의 수탁자는 지위를 회복하여 신탁사무를 계속한다.

II. 신탁재산관리인의 변경 (제2항부터 제4항까지)

1. 신탁재산관리인의 사임 (제2항)

수익자 보호를 위하여 원칙적으로 수탁자의 사임이 제한되는 것과 마찬가지로 신탁재산과 수익자 보호를 위하여 신탁재산관리인은 법원의 허가를 얻은 경우에만 사임할 수 있다.

2. 신탁재산관리인의 해임 (제3항)

신탁재산관리인은 법원의 결정에 의하여 선임된 자이므로, 임무 위반 등 해임할 사유가 있으면 법원은 직권 또는 수익자 등 이해관계인의 청구에 의하여 해임결정을 할 수 있다.

3. 새로운 신탁재산관리인의 선임 (제4항)

신탁재산관리인은 신탁재산 관리상태의 공백을 막기 위하여 선임된 자이므로, 법원은 사임허가결정을 하거나 해임결정을 할 때 반드시 새로운 신탁재산관리인을 선임하여야 한다.

■ 관련판례 1

토지의 경우, 구 지방세법(2005. 12. 31. 법률 제7843호로 개정되기 전의 것, 이하 '법'이라 한다) 제105조 제1항, 제2항, 제5항에 의하여 취득세 과세대상이 되는 것은 토지의 소유권을 취득하거나 '소유하고 있는' 토지의 지목이 사실상 변경되어 가액이 증가한 경우인데, 신탁법상 신탁은 위탁자가 수탁자에게 특정의 재산권을 이전하거나 기타의 처분을 하여 수탁자로 하여금 신탁 목적을 위해 재산권을 관리·처분하게 하는 것이므로, 부동산 신탁에 있어 수탁자 앞으로 소유권이전등기를 마치게 되면 소유권이 수탁자에게 이전되는 것이지 위탁자와의 내부관계에 있어 소유권이 위탁자에게 유보되는 것은 아닌 점, 신탁법 제19조는 "신탁재산의 관리·처분·멸실·훼손 기타의 사유로 수탁자가 얻은 재산은 신탁재산에 속한다."고 규정하고 있는데, 위 규정에 의하여 신탁재산에 속하게 되는 부동산 등 취득에 대한 취득세 납세의무자도 원칙적으로 수탁자인 점 등에 비추어 보면, 신탁법에 의한 신탁으로 수탁자에게 소유권이 이전된 토지에 대하여 법 제105조 제5항이 규정한 지목의 변경으로 인한 취득세 납세의무자는 수탁자로 봄이 타당하고, 위탁자가 토지의 지목을 사실상 변경하였다고 하여 달리 볼 것은 아니다 *[대법원 2012. 6. 14., 선고, 2010두2395, 판결]*.

■ 관련판례 2

구 지방세법(2005. 1. 5. 법률 제7332호로 개정되기 전의 것) 제182조 제5항, 제234조의9 제2항 제5호, 제235조의2, 제260조의2, 구 지방세법(2010. 3. 31. 법률 제10221호로 전부 개정되기 전의 것) 제183조 제2항 제5호, 신탁법 제19조 등을 종합하면, 위탁자가 신탁한 금전으로 매수하여 수탁자 명의로 등기를 마친 토지는 신탁법에 의한 신탁재산에 속하므로 그에 대한 재산세, 종합토지세, 도시계획세, 지방교육세(이하 '재산세 등'이라 한다)의 납세의무자는 위탁자라고 할 것인바, 이와 같이 신탁법에 의하여 수탁자 명의로 등기된 신탁재산임이 그 토지의 등기부상에 명백히 나타나 있다면 그 납세의무자가 아닌 수탁자에 대하여 한 재산세 등 부과처분은 그 하자가 중대하고도 명백하여 당연무효라고 할 것이다[대법원 2007. 3. 15., 선고, 2006두14582 판결].

■ 관련판례 3

신탁법 제19조는 "신탁재산의 관리·처분·멸실·훼손 기타의 사유로 수탁자가 얻은 재산은 신탁재산에 속한다"고 규정하고 있는바, 이는 신탁재산의 형태가 변하더라도 당초 신탁재산에 속하는 것은 물론 수탁자가 신탁재산의 권리주체라는 지위에서 얻게 되는 모든 재산도 신탁재산이 된다는 것을 밝힌 것이고, 이 규정에 따라 수탁자가 신탁재산의 관리를 적절히 하지 못하여 신탁재산이 멸실·훼손되는 등의 손해가 발생한 때에 수탁자가 부담하는 손해배상금이 직접 신탁재산에 귀속된다고 하더라도, 그 멸실·훼손된 재산이 물상대위에 의하여 수탁자에게 귀속되는 것이라고는 할 수 없다[대법원 2007. 10. 12., 선고, 2006다42566, 판결].

■ 관련판례 4

토지 소유자가 부동산신탁회사에게 토지를 신탁하고 부동산신탁회사가 그 토지 상에 건물을 신축하여 이를 분양한 후 그 수입으로 투입비용을 회수하고 수익자에게 수익을 교부하는 내용의 분양형 토지신탁계약에서, 토지와 신축 건물을 신탁재산으로 정하여 분양하되 건물 신축을 위한 차용금채무도 신탁재산에 포함시키기로 약정하였으나 건물을 신축하는 도중에 신탁계약이 해지된 경우, 완공 전 건물의 소유권 귀속에 관하여 특별한 정함이 없는 한 신축중인 건물도 신탁재산에 포함되는 것으로 보아야 할 것이고, 따라서 신탁이 종료하면 수탁자는 신탁법 제59조 또는 제60조에 의하여 신축중인 건물에 관한 권리를 수익자 또는 위탁자나 그 상속인에게 귀속시켜야 한다[대법원 2007. 9. 7., 선고, 2005다9685, 판결].

■ 관련판례 5

신탁법 제19조는 "신탁재산의 관리·처분·멸실·훼손 기타의 사유로 수탁자가 얻은 재산은 신탁재산에 속한다."고 규정하고 있는바, 부가가치세 환급청구권은 일정한 과세기간 동안에 매입세액이 매출세액을 초과하는 경우 사업자에게 그 차액에 상당하는 세액의 환급청구가 인정되는 권리로서, 신탁법상의 신탁에 있어서 신탁재산의 개발·관리·처분 등의 거래에 대한 부가가치세 납부의무자 및 환급청구권의 귀속권자는 사업자인 위탁자이고, 비록 공급하는 자에게 지급한 매입세액 상당액을 수탁자가 신탁재산에 속한 자금으로 지급하였다고 하더라도 그와 같은 이유만으로 부가가치세 환급청구권이 바로 신탁재산의 개발·관리·처분 등으로 수탁자가 얻은 재산이라고 할 수는 없으므로, 이와 같은 경우에 국가에 대하여 가지는 부가가치세 환급청구권은 위 법조 소정의 신탁재산에 속한다고 할 수 없다[대법원 2003. 4. 25., 선고, 2000다33034, 판결].

> **제20조(신탁재산관리인의 공고, 등기 또는 등록)**
>
> ① 법원은 다음 각 호의 어느 하나에 해당하는 경우 그 취지를 공고하고, 등기 또는 등록된 신탁재산에 대하여 직권으로 지체 없이 그 취지의 등기 또는 등록을 촉탁하여야 한다.
>   1. 제17조제1항에 따라 신탁재산관리인을 선임하거나 그 밖의 필요한 처분을 명한 경우
>   2. 제18조제1항에 따라 신탁재산관리인을 선임한 경우
>   3. 제19조제2항에 따라 신탁재산관리인의 사임결정을 한 경우
>   4. 제19조제3항에 따라 신탁재산관리인의 해임결정을 한 경우
> ② 제19조제1항에 따라 신탁재산관리인의 임무가 종료된 경우 법원은 신수탁자 또는 이해가 상반되지 아니하게 된 수탁자의 신청에 의하여 제1항에 따른 등기 또는 등록의 말소를 촉탁하여야 한다.
> ③ 신탁재산관리인이나 수탁자는 고의나 과실로 제1항 또는 제2항에 따른 등기 또는 등록이 사실과 다르게 된 경우 그 등기 또는 등록과 다른 사실로써 선의의 제3자에게 대항하지 못한다.

I. 신탁재산관리인 선임 등의 공고 및 등기·등록 (제1항)

1. 규정의 취지

신탁재산관리인은 신탁재산의 명의인은 아니지만 신탁을 대표하여 신탁재산에 관한 대외적 행위를 할 권한을 부여받게 되므로 그와 거래하는 상대방을 보호할 필요가 있어 공고 및 공시 제도를 갖추어야 한다.

2. 선임 등의 공고 (제1항 전단)

법원은 신탁재산관리인의 변동이 발생하는 경우, 즉 신탁재산관리인을 선임하는 경우(제17조 제1항, 제18조 제1항), 신탁재산관리인의 사임허가결정(제19조 제2항) 또는 해임결정(제19조 제3항)을 할 경우 및 필요한 처분을 취한 경우(제17조 제1항)에는 그 사실을 공고하여야 한다.

3. 선임 등의 등기 (제1항 후단)

① 신탁재산 중 등기·등록하여야 하는 재산의 경우, 법원은 신탁재산관리인의 변경에 대한 등기·등록의 촉탁신청을 하여야 한다.

② 「부동산등기법」, 「특허등록령」 등 관련 법령에 신탁재산관리인 선임 등의 등기·등록에 대한 근거규정을 정비할 필요가 있다.

Ⅱ. 신탁재산관리인 선임등기·등록의 말소 (제2항)

① 신탁재산관리인의 임무가 종료된 경우에도 신탁재산의 거래상대방을 보호할 필요는 동일하다.

② 신탁재산관리인의 임무가 종료된 경우, 선임된 신수탁자나 지위를 회복한 수탁자는 신탁재산관리인 선임등기·등록의 말소청구를 하여야 하고, 법원은 말소의 등기·등록을 촉탁하여야 한다.

Ⅲ. 부실등기·등록에 대한 표현책임 (제3항)

① 신탁재산관리인이 변경된 때 새로운 신탁재산관리인의 선임등기·등록을 하지 않은 경우 또는 신수탁자나 지위를 회복한 수탁자가 신탁재산관리인 선임등기의 말소청구를 하지 않은 경우 등에는 임무가 종료된 신탁재산관리인과 거래한 상대방을 보호할 필요가 인정된다.

② 따라서 새로운 신탁재산관리인, 신수탁자 또는 지위를 회복한 수탁자에게 신탁재산관리인에 대하여 사실과 다른 등기·등록을 한 것에 대한 귀책사유가 있는 경우, 그 사실을 모르는 선의의 제3자에 대하여 대항할 수 없도록 하여, 임무가 종료된 신탁재산관리인의 신탁사무행위는 신탁재산과의 관계에서 법률효과가 인정된다.

■ 관련판례 1

[1] 신탁법 제20조가 "신탁재산에 속하는 채권과 신탁재산에 속하지 아니하는 채무와는 상계하지 못한다"고 규정한 취지는 수탁자가 신탁의 수탁자로서 상대방에 대하여 갖고 있는 채권은 상대방이 수탁자 개인에 대하여 갖고 있는 반대채권과 법형식상으로는 상계 가능한 대립관계에 있는 것처럼 보이지만, 이 경우 수탁자에 의한 상계를 허용하게 되면 수탁자 고유의 채무를 신탁재산으로 소멸시켜 수탁자가 신탁재산으로부터 이익을 향수하는 결과를 초래하므로, 이를 금지함으로써 신탁재산의 감소를 방지하고 수익자를 보호하기 위함이다.

[2] 수탁자 개인이 수익자에 대하여 갖는 고유의 채권을 자동채권으로 하여 수익자가 신탁종료시 수탁자에 대하여 갖는 원본반환채권 내지 수익채권 등과 상계하는 것은, 우선 신탁법 제20조가 금지하는 상계의 유형에 해당하지 아니할 뿐만 아니라 위와 같은 상계로 인하여 신탁재산의 감소가 초래되거나 초래될 위험이 전혀 없는 점, 수익자는 상계로 소멸하는 원본반환채권 등과 대등액의 범위 내에서 자신의 채무를 면하는 경제적 이익을 향수하게 되는 점, 신탁법 제42조 자체가 수탁자에게 자기의 고유재산으로 일단 신탁재산에 속하는 채무를 변제한 다음 그 비용을 신탁의 이익이 귀속하는 신탁재산 또는 수익자로부터 보상받을 수 있는 권리를 인정하고 있는 점, 수탁자가 수익자와의 거래로 생긴 채권 등을 자동채권으로 하여 수익자의 수탁자에 대한 원본반환채권 등과 상계할 것을 기대하는 것이 거래통념상 법적으로 보호받을 가치가 없는 비합리적인 기대라고 볼 수 없는 점 등에 비추어 볼 때, 수탁자의 위와 같은 상계는 수익자의 반대채권과의 상계를 통한 채권회수를 둘러싸고 신탁재산에 속하는 채권과 수탁자 고유의 채권이 경합하는 관계에 있어 이익상반행위에 해당한다거나 일반 민법상의 권리남용에 해당한다는 등의 특별한 사정이 없는 한 적법·유효한 것으로서 허용된다 *[대법원 2007. 9. 20., 선고, 2005다48956, 판결]*.

■ 관련판례 2

증권투자신탁업법상의 투자신탁의 경우, 수탁회사의 주된 의무는 신탁재산의 보관·관리·계산에 한정되는 것이어서, 위탁회사와 수탁회사 사이의 신탁관계는 신탁재산의 '보관·관리'를 주된 목적으로 하는 수동적인 신탁(passive trust, 消極信託)에 해당한다 할 것이므로, 수탁자가 신탁재산에 대한 '처분권'까지를 갖는 신탁법에 있어서의 신탁관계(능동적인 신탁, 積極信託)와는 그 성질을 달리하며, 위탁회사가 투자신탁재산운용의 일환으로 수탁회사로 하여금 인수하게 하여 수탁회사를 통하여 보관하고 있는 회사채에 대한 '처분권'은 위탁회사에게 귀속되므로, 비록 수탁회사가 각 회사채의 명의상 채권자로 되어 있다 할지라도 수탁회사는 각 회사채에 대한 위탁회사의 운용(처분)지시를 따라야 할 의무를 부담한다 *[서울지법 2001. 2. 8., 선고, 99가합61465, 판결 : 항소]*.

> 제21조(신수탁자의 선임)
> ① 수탁자의 임무가 종료된 경우 위탁자와 수익자는 합의하여 또는 위탁자가 없으면 수익자 단독으로 신수탁자를 선임할 수 있다. 다만, 신탁행위로 달리 정한 경우에는 그에 따른다.
> ② 위탁자와 수익자 간에 신수탁자 선임에 대한 합의가 이루어지지 아니한 경우 이해관계인은 법원에 신수탁자의 선임을 청구할 수 있다.
> ③ 유언에 의하여 수탁자로 지정된 자가 신탁을 인수하지 아니하거나 인수할 수 없는 경우에는 제1항 및 제2항을 준용한다.
> ④ 법원은 제2항(제3항에 따라 준용되는 경우를 포함한다)에 따라 선임한 수탁자에게 필요한 경우 신탁재산에서 적당한 보수를 줄 수 있다.

I. 신수탁자의 선임 (제1항 및 제2항〉

1. 위탁자 및 수익자의 합의에 의한 선임 (제1항 본문)

가. 합의에 의한 선임

① 신탁을 설정한 위탁자와 신탁재산의 실질적 소유자인 수익자는 신탁의 핵심적 이해관계인이므로 위탁자·수익자의 의사를 존중하여야 하고, 법원의 후견적 지위를 축소하여 신탁의 유연성을 유지할 필요가 있으므로, 위탁자 및 수익자는 합의에 의하여 신수탁자를 선임할 수 있도록 한다.

② 위탁자가 사망 등으로 인하여 존재하지 않는 경우, 수익자는 신탁재산의 실질적 소유자로서 신탁재산에 관한 결정권을 갖고 있으므로, 수익자 간의 합의에 의해서만 신수탁자를 선임할 수 있도록 한다.

나. 예외 - 신탁행위 (제1항 단서)

위탁자는 수탁자가 존재하지 않게 되는 경우 위탁자 또는 수익자에게 신수탁자의 선임권을 부여하는 등 신탁행위로써 자유롭게 신수탁자의 선임방법을 정할 수 있다.

2. 법원에 의한 선임 (제2항)

가. 선임청구권자

신탁사무를 담당할 신수탁자를 조기에 선임하는 것은 신탁에 이익이 되고, 법원이 선임결정 과정에서 남용을 방지할 수 있으므로 선임청구권자를 좁게 인정할 필요가 없기 때문에 구법과 같이 선임청구권자를 "이해관계인"으로 규정하여 신탁에 이익을 갖는 모든 자가 선임청구를 할 수 있도록 한다.

나. 법원의 선임결정

① 「비송사건절차법」 제39조에 따라 전수탁자의 주소지 관할법원등이 선임결정을 하여야 하며, 이해관계자의 의견을 듣고 신탁사무를 공정하고 효율적으로 관리할 수탁자를 선임하여야 하나 법률상 의무는 아니다.

② 법원은 이해관계인의 청구가 없다고 하더라도 법원의 고유한 감독권한에 따라 직권으로 신수탁자를 선임할 수 있다.

다. 신수탁자의 승낙

① 신수탁자로 선임된 자에게 신탁재산을 귀속시켜서 신탁상 의무를 부과하여야 하므로 신수탁자의 승낙은 필수적이나 승낙의무가 있는 것은 아니므로, 선임 승낙 여부에 대한 자유가 인정된다.

② 승낙 또는 거부의 의사표시는 명시적·묵시적으로 모두 가능하며, 일단 승낙하면 제14조의 사임의 요건을 갖추지 않는 한 신탁의 인수를 거절할 수 없다.

II. 유언신탁에서의 신수탁자 선임(제3항)

① 유언신탁에서 수탁자로 지정된 자가 선임 승낙을 거절하거나 사망 등의 이유로 신탁사무를 수행할 수 없는 경우, 수익자 등 이해관계인은 법원에 신수탁자 선임청구를 할 수 있다.

② 법원은 이해관계인의 선임청구가 없더라도 감독권에 기하여 직권으로 신수탁자를 선임할 수 있다.

III. 신수탁자의 보수(제4항)

① 전통적인 수탁자는 신임관계에 기해 신탁사무를 인수하는 것이므로 무보수 원칙이 적용되나, 수탁자에 대한 보수가 없을 경우 신수탁자 선임이 어려울 수 있으므로 법원은 신수탁자를 선임할 때 신탁재산에서 적당한 보수를 지급하는 결정을 할 수 있다.

② 법원의 보수결정에 대하여 불복을 허용할 것인지 여부에 대해 보수결정에까지 불복을 인정하면 법원에 지나친 부담이 되고, 신수탁자 선임이 지연될 것이라는

의견이 있었으나, 신수탁자 선임결정 자체에 대한 불복을 허용하는 마당에 굳이 보수결정에 대해 불복을 불허할 이유가 없고, 수탁자의 보수는 신탁재산에서 지출되는 것이어서 신탁재산에 직접 영향을 미치므로 보수 결정에 대한 불복을 금지하지 아니한다.

③ 불복을 허용하는 경우, 신수탁자의 조기 선임을 위해 즉시항고로만 불복하도록 하되 집행정지효를 인정하지 않는 방안을 고려하였으나, 통상항고의 방법으로 불복하도록 허용하여도 특히 실무상 문제점이 발생하지 않을 것으로 보아 별도의 규정을 두지 아니한다.

■ 관련판례 1

1) 수탁자가 파산선고를 받아 구 신탁법 제11조, 제17조에 따라 수탁자의 임무가 종료하고 신수탁자가 선임되어 수탁자가 경질되는 경우, 신탁사무의 처리상 발생한 채권을 가진 제3자는 수탁자의 경질 이전에 이미 발생한 위 채권의 파산선고 당시의 채권 전액에 관하여 전수탁자의 파산재단에 대하여 파산채권자로서 권리를 행사할 수 있다. 또한 그 제3자는 구 신탁법 제48조 제3항에 의하여 신탁재산의 범위 내에서 전수탁자의 지위를 포괄적으로 승계하는 신수탁자에 대하여도 권리를 행사할 수 있다*(대법원 2014. 12. 24. 선고 2012다74304 판결 등 참조)*.

이때 제3자에 대하여 전수탁자와 신수탁자가 중첩적으로 부담하는 채무는 동일한 경제적 목적을 가진 것으로서, 어느 일방의 채무가 변제 등으로 소멸하면 타방의 채무도 소멸하게 되지만, 그 채무의 부담에 관하여 전수탁자와 신수탁자 사이에 주관적 공동관계가 있다고 보기는 어려우므로, 이른바 부진정연대채무의 관계에 있다. 그런데 부진정연대채무에서 채무자 1인에 대한 소멸시효의 중단사유는 다른 채무자에게 효력을 미치지 않는다*(대법원 2011. 4. 14. 선고 2010다91886 판결 등 참조)*. 따라서 제3자가 전수탁자에 대한 파산절차에 참가하더라도 그에 따른 시효중단의 효력은 신수탁자에게 미치지 않는다.

이러한 법리는 신수탁자가 선임되기 전에 제3자가 전수탁자에 대한 파산절차에 참가하여 소멸시효의 중단사유가 생긴 경우에도 마찬가지로 적용된다고 봄이 타당한데, 그 이유는 다음과 같다. 구 신탁법 제11조 제1항은 수탁자가 파산선고를 받은 경우에 그 임무가 종료한다고 규정하고 있고, 민사소송법 제236조는 수탁자의 임무가 종료한 때에 소송절차가 중단되도록 하면서 이를 신수탁자가 수계하도록 규정하고 있으며, 구 신탁법 제22조는 신탁재산은 수탁자의 파산재단을 구성하지 아니한다고 규정하고 있다. 이 규정들의 취지에 비추어 보면, 수탁자가 파산선고를 받은 경우 신탁사무의 처리상 이미 발생한 채권에 관한 법률관계는 그 파산선고로 곧바로 신탁재산에 관한 것과 신탁재산이 아닌 재산에 관한 것으로 변경되고, 이와 같이 변경된 법률관계가 그 후 선임된 신수탁자에게 승계된다고 보아야 한다. 따라서 제3자가 파산절차에 참가함으로써 소멸시효의 중단사유가 생긴 경우에도 이는 그 이후 선임된 신수탁자에 대하여 효력을 미치지 않는다.

2) 원심은, 피고가 코레트신탁에 대한 파산절차에 참가하였다는 이유만으로 피고의 원고에 대한 이 사건 구상금채권의 소멸시효가 중단되었다고 할 수 없다고 판단하였다. 원심판결 이유를 위에서 본 법리에 비추어 보면, 원심의 이유 설시에 다소 적절하지 않은 부분이 있으나 원심의 이러한 판단에 상고이유 주장과 같이 파산절차참가에 따른 소멸시효의 중단에 관한 법리를 오해하는 등의 잘못이 없다*[대법원 2018. 2. 28., 선고, 2013다63950, 판결]*.

■ 관련판례 2

구 신탁법(2011. 7. 25. 법률 제10924호로 전부 개정되기 전의 것, 이하 '신탁법'이라 한다) 제1조 제2항의 취지에 의하면 신탁법에 의한 신탁재산은 대내외적으로 소유권이 수탁자에게 완전히 귀속되고 위탁자와의 내부관계에 있어서 그 소유권이 위탁자에게 유보되어 있는 것이 아닌 점, 신탁법 제21조 제1항은 신탁의 목적을 원활하게 달성하기 위하여 신탁재산의 독립성을 보장하는 데 그 입법 취지가 있는 점 등을 종합적으로 고려하면, 신탁법 제21조 제1항 단서에서 예외적으로 신탁재산에 대하여 강제집행 또는 경매를 할 수 있다고 규정한 '신탁사무의 처리상 발생한 권리'에는 수탁자를 채무자로 하는 것만 포함되며, 위탁자를 채무자로 하는 것은 포함되지 않는다*[대법원 2013. 1. 24., 선고, 2010두27998, 판결]*.

■ 관련판례 3

신탁법상의 신탁은 위탁자가 수탁자에게 특정의 재산권을 이전하거나 기타의 처분을 하여 수탁자로 하여금 신탁 목적을 위하여 그 재산권을 관리·처분하게 하는 것이므로(신탁법 제1조 제2항), 부동산의 신탁에서 수탁자 앞으로 소유권이전등기를 마치게 되면 대내외적으로 소유권이 수탁자에게 완전히 이전되고, 위탁자와의 내부관계에서 소유권이 위탁자에게 유보되는 것이 아닌 점, 신탁법 제21조 제1항의 '신탁재산에 대하여는 강제집행 또는 경매를 할 수 없다. 단 신탁 전의 원인으로 발생한 권리 또는 신탁사무의 처리상 발생한 권리에 기한 경우에는 예외로 한다'는 규정은 신탁의 목적을 원활하게 달성하기 위하여 신탁재산의 독립성을 보장하는 데 그 입법 취지가 있는 점 등을 종합하면, 신탁법 제21조 제1항 단서에서 예외적으로 신탁재산에 대하여 강제집행 또는 경매할 수 있다고 규정한 '신탁사무의 처리상 발생한 권리'에는 수탁자를 채무자로 하는 것만이 포함되며, 위탁자를 채무자로 하는 것은 여기에 포함되지 않는다*[대법원 2012. 4. 12., 선고. 2011두8734 판결]*.

■ 관련판례 4

신탁법상의 신탁재산은 수탁자의 고유재산으로부터 구별되어 관리될 뿐만 아니라 위탁자의 재산권으로부터도 분리되어 독립성을 갖게 되는 것이고, 위 신탁재산은 신탁법 제21조 제1항 본문의 규정에 따라 원칙적으로 강제집행이나 경매가 금지되어 있으며 다만 그 단서의 규정에 따라 신탁 전의 원인으로 발생한 권리 또는 신탁사무처리상 발생한 권리에 기한 경우에만 예외적으로 강제집행이 허용되는데, 여기에서 위 신탁 전의 원인으로 발생한 권리라 함은 신탁 전에 이미 신탁부동산에 저당권이 설정된 경우 등 신탁재산 그 자체를 목적으로 하는 채권이 발생되었을 때를 의미하는 것이고 신탁 전에 위탁자에 관하여 생긴 모든 채권이 이에 포함된다고 할 수 없다[수원지법 2009. 12. 15., 선고, 2009나7479, 판결 : 상고].

■ 관련판례 5

수탁자가 신탁사무를 처리하는 과정에서 수익자 외의 제3자에게 채무를 부담하는 경우 그 이행책임은 신탁재산의 한도 내로 제한되는 것이 아니라 수탁자의 고유재산에 대하여도 미친다.

신탁법 제21조는 수탁자의 일반채권자에 대하여 신탁재산에 대한 강제집행을 금지하는 한편, 신탁사무의 처리상 발생한 채권을 가지고 있는 채권자는 수탁자의 고유재산뿐 아니라 신탁재산에 대하여도 강제집행을 할 수 있다는 취지이므로, 수탁자에 대하여 신탁사무의 처리상 발생한 채권을 가진 채권자는 수탁자가 파산할 경우 파산선고 당시의 채권 전액에 관하여 파산재단에 대하여 파산채권자로서 권리를 행사할 수 있다[대법원 2006. 11. 23., 선고, 2004다3925, 판결].

제3장 신탁재산

제22조(강제집행 등의 금지)

① 신탁재산에 대하여는 강제집행, 담보권 실행 등을 위한 경매, 보전처분(이하 "강제집행등"
이라 한다) 또는 국세 등 체납처분을 할 수 없다. 다만, 신탁 전의 원인으로 발생한 권리
또는 신탁사무의 처리상 발생한 권리에 기한 경우에는 그러하지 아니하다.

② 위탁자, 수익자나 수탁자는 제1항을 위반한 강제집행등에 대하여 이의를 제기할 수 있다.
이 경우 「민사집행법」 제48조를 준용한다.

③ 위탁자, 수익자나 수탁자는 제1항을 위반한 국세 등 체납처분에 대하여 이의를 제기할 수
있다. 이 경우 국세 등 체납처분에 대한 불복절차를 준용한다.

I. 신탁재산의 독립성

1. 의의

① 신탁재산은 수탁자의 인격을 차용한 목적재산으로서 위탁자로부터 독립되어 있
고, 수탁자 명의로 되어 있으나 독자적인 신탁 목적의 달성을 위한 관리제도라
는 신탁의 본질상 실체적 법률관계에서 수탁자의 고유재산과 분별되어 별개의
것으로 취급되어야 한다.

② 신탁은 신탁재산을 위탁자의 강제집행위험 또는 도산위험으로부터 격리할 수 있
다는 장점 때문에 영미법계 국가에서 널리 활용되고 있는데, 투자신탁에서 운용
사의 도산위험, 부동산신탁에서 토지출연자의 도산위험, 퇴직연금에서 사용자
의 도산위험, 자산유동화신탁에서 자산보유자의 도산위험 등으로부터 신탁재산
을 보호하는데 유용하다.

③ 신탁은 수탁자의 운용능력을 이용하면서 수탁자의 강제집행위험 또는 도산위험
으로부터 재산을 보호할 수 있어 회사와 유사하지만 회사에 비하여 유연성이
높다는 점에 큰 장점이 있다.

2. 체계

신탁재산의 독립성을 제도적으로 보장하기 위하여 구법상 산재되어 있는 독립성 관련

규정을 제22조 이하에 규정하여 체계를 정비하였고, 이와 별도로 신탁재산의 독립성을 제3자에게도 대항할 수 있도록 구법의 공시제도를 보완하여 규정하고 있다(제4조).

Ⅱ. 제1항 - 신탁재산에 대한 강제집행 등의 금지

1. 원칙 - 신탁재산에 대한 강제집행 등의 금지 (제1항 본문)

가. 수탁자에 대한 강제집행 등으로부터의 배제

신탁재산의 독립성에 의하여 수탁자의 채권자는 신탁재산을 수탁자의 책임재산으로 취급하여 강제집행 등을 할 수 없다.

나. 위탁자에 대한 강제집행 등으로부터의 배제

① 제22조 제1항(구법 제21조 제1항)은 강제집행 등을 할 수 없는 주체를 명시하지 않았기 때문에 '위탁자의 채권자'도 신탁재산에 대하여 강제집행 등을 할 수 없는지에 대한 견해대립이 있다.

② 수탁자는 신탁재산이 위탁자의 재산임을 전제로 수익자를 위하여 일정한 목적에 구속되는 제한을 받는 재산을 이전받는다고 보는 견해의 경우, 신탁제도가 집행면탈의 수단으로서 악용되는 것을 방지할 필요가 있고, 위탁자와 수익자가 동일한 자익신탁은 신탁재산이 위탁자에게 귀속되므로 강제집행을 인정하여도 논리적 모순이 없다는 이유로 위탁자의 채권자는 신탁재산에 대하여 강제집행 등을 할 수 있다고 주장한다.

③ 그러나 신탁재산의 대내·외적 소유권은 완전하게 수탁자에게 이전하는 점, 자익신탁에서 위탁자와 수익자의 지위는 별개이고 실제에서 신탁등기가 되어 있는 부동산에 대하여 자익신탁이라는 사정만으로 강제집행하는 것은 불가능한 점 등을 고려할 때, 통설·판례에 따라 '위탁자의 채권자'도 제22조 제1항에 따라 신탁재산에 대하여 당연히 강제집행 등을 할 수 없다고 보아야 한다.

다. 금지대상행위

① 구법은 "강제집행 또는 경매"라고 규정하고 있어서 신탁재산에 대하여 가압류·가처분 등의 보전처분이 금지되는지는 해석상으로 인정되었으나 보전처분이 포함됨을 명시한다.

② 집행권원이 필요한 "강제집행"뿐만 아니라 "담보권 실행 등을 위한 경매(임의경매)"도 할 수 없는데, 이에는 저당권, 질권, 전세권 등 담보물권의 실행을 위한

실질적 경매와 「민법」, 「상법」이나 그 밖의 법률에 따른 현금화를 위한 형식적 경매가 포함된다.

2. 예외 (제1항 단서)

가. 신탁 전의 원인으로 발생한 권리

　1) 의의

　　① 위탁자가 신탁제도를 집행면탈의 목적으로 악용하는 것을 방지하기 위하여, 위탁자의 채권자가 신탁관계가 성립되기 전에 신탁재산에 대하여 취득한 권리에 기하여는 강제집행 등을 할 수 있다.

　　② 신탁재산인 부동산에 대하여 신탁설정 전에 저당권이 설정되거나 대항력 있는 임차권이 설정되는 경우 등이 대표적인 예이다.

　2) "신탁 전"의 의미

　　"신탁 전"의 의미에 대하여 '신탁행위 전'으로 한정할 것이 아니라, '개별적인 신탁재산에 관하여 신탁의 법률관계가 성립하기 전'으로 넓게 해석하여야 한다고 보아, 수탁자가 신탁재산을 관리하던 중 저당권이 설정된 부동산을 신탁재산으로 취득한 경우에도 저당권의 실행을 인정하여야 한다고 해석한다.

　3) 권리의 범위

　　① 적용대상이 되는 권리는 '신탁재산 그 자체를 목적으로 하여 발생한 채권'을 의미하는 것으로 신탁 전에 위탁자에 관하여 생긴 모든 채권이 포함되는 것은 아니므로, 위탁자의 채권자가 일반채권을 갖고 있는 경우에는 해당하지 않는다.

　　② 다만 일반채권자가 신탁 전에 신탁재산에 대하여 압류·가압류를 한 경우에는 처분금지효에 의하여 압류·가압류의 범위 내에서는 신탁에 의한 권리이전을 대항할 수 없으므로, 해당 채권이 신탁재산 자체를 목적으로 하는 채권이 아니더라도 본압류로의 이행 또는 강제집행이 가능하다고 보아야 한다.

　　③ 영업의 신탁과 같이 신탁을 설정할 때 소극재산도 함께 신탁재산으로 인수한 경우 위탁자의 채권자는 그 채무에 대한 권리에 기하여 강제집행 등을 할 수 있다.

나. 신탁사무처리상 발생한 권리(신탁채권)

　1) 의의

　　수탁자가 신탁사무를 처리하는 과정에서 제3자가 취득한 신탁채권은 신탁재산에 대한 채권이므로 강제집행 등을 막는 것은 부당하므로 당연히 신탁재산에 대하여 강제집행 등의 행사가 가능하다.

2) 권리의 범위

① 수익자의 급부청구권을 비롯하여 신탁재산 수리에 사용된 보존비용에 기한 채권, 신탁재산에 관한 조세·공과금채권, 신탁목적의 수행을 위하여 적법하게 차용한 경우 상대방의 채권, 신탁재산을 관리 또는 처분하는 과정에서 발생한 부당이득반환채권, 신탁재산에 속하는 토지공작물의 하자 등으로부터 발생한 피해자의 손해배상청구권, 신탁재산과 타인 재산의 첨부에 의하여 생긴 물건이 수탁자에게 귀속하는 경우 구상권 등이 포함된다.

② 수탁자가 신탁재산의 관리사무 중 불법행위를 하여 발생한 피해자의 손해배상청구권이 '신탁사무의 처리상 발생한 권리'에 해당하여 신탁재산에 대하여도 강제집행을 할 수 있는지에 대하여 견해 대립이 존재한다.

- 부정설은 위탁자와 수탁자 사이의 신뢰를 고려할 때 신탁재산에 대하여 강제집행할 수 있는 권리는 신탁사무의 적법한 처리과정에서 발생한 채무에 한하고, 위탁자가 신탁계약을 하면서 불법행위를 요구한 것은 아니며, 수탁자 지위의 독립성을 고려할 때 수탁자의 불법행위는 그 자체로 권한 밖의 행위이므로, 수탁자의 불법행위에 대하여 신탁재산으로 책임을 부담하는 것은 부당하다고 주장한다.

- 긍정설은 법인도 대표자의 불법행위에 대하여 책임을 부담하는 점을 고려할 때 신탁사무와 관련된 불법행위에 대해서는 수탁자도 책임이 있는 것으로 보아야 하고, 위험부담의 관점에서도 수탁자의 신탁재산 관리사무와 관련하여 발생한 위험은 관리사무로 이익을 얻는 신탁재산이 부담하는 것이 타당하므로 피해자는 신탁재산에 대하여 강제집행할 수 있다고 주장하며, 미국 표준신탁법전과 일본 신탁법도 긍정설의 입장이다.

- 판례도 분양형 토지신탁계약에서 수탁자가 허위·과장 분양광고를 하여 수분양자인 채권자가 정신적 손해를 입었다며 위자료를 청구한 사안에서, 수탁자의 통상적인 사업과 정상의 행위로 인하여 수분양자인 신청인들에게 손해가 발생한 경우로서 그것이 비록 위자료청구권이라 할지라도 「신탁법」 제21조 제1항 단서 소정의 '신탁사무의 처리상 발생한 채권'으로 보아야 한다고 판시하여 긍정설의 입장이다.

Ⅲ. 제2항 - 제1항을 위반한 강제집행 등에 대한 이의

1. 구제방법 - 제3자이의의 소

제1항을 위반하여 위탁자나 수탁자의 채권자가 신탁재산에 대하여 강제집행을 한 때에는 「민사집행법」 제48조를 준용하여 제3자이의의 소를 제기할 수 있다.

2. 이의신청권자

① 위탁자, 수익자 및 수탁자만이 제3자이의의 소를 제기할 수 있다.

② 구법은 '위탁자의 상속인'도 이의신청권자로 규정하고 있지만, 신탁에 있어서는 수탁자와 수익자의 관계가 중심이 되고, 신탁재산을 상속받을 수 없는 위탁자의 상속인에게 이의신청을 기대하기 어려우므로 관련 당사자의 지위를 합리적으로 조정하기 위하여 위탁자의 상속인을 신청권자에서 제 외한다.

3. 이의의 요건

제4조의 신탁의 공시제도는 제3자에 대한 대항요건이기 때문에 신탁의 공시를 갖추지 않은 경우에까지 신탁을 보호할 필요가 없으므로, 수익자 등은 강제집행 등이 이루어진 신탁재산에 대하여 제4조의 신탁의 공시방법을 갖춘 경우에만 제3자이의의 소를 제기할 수 있고, 공시를 갖추기 전에 이루어진 강제집행 등은 적법하다.

Ⅳ. 제3항 - 제1항을 위반한 국세 등 체납처분에 대한 불복절차

1. 국세 등 체납처분에 대한 불복절차

「국세징수법」에 따른 국세 등 체납처분이 잘못된 경우, 그로 인하여 권리 또는 이익의 침해를 당한 자는 「국세기본법」 제7장 제1절~제3절(제55조-제80조), 「지방세법」 제72조~제80조, 「감사원법」 제43조~제48조, 「관세법」 제119조~제132조, 「행정소송법」에 따른 이의신청, 심사청구, 행정소송 등의 구제수단이 있다.

2. 이의신청권자 및 이의요건

Ⅲ. 제2항의 설명 참조.

■ 관련판례 1

공무원범죄에 관한 몰수 특례법(이하 '공무원범죄몰수법'이라 한다) 제9조의2에서 추징은 범인 외의 자가 그 정황을 알면서 취득한 불법재산 및 그로부터 유래한 재산에 대하여 그 범인 외의 자를 상대로 집행할 수 있다고 규정하고 있다. 한편 신탁법 제22조 제1항 본문은 "신탁재산에 대하여는 강제집행, 담보권 실행 등을 위한 경매, 보전처분 또는 국세 등 체납처분을 할 수 없다."라고 규정하고 있다. 신탁법 제22조 제1항은 신탁의 목적을 원활하게 달성하기 위하여 신탁재산의 독립성을 보장하는 데 입법 취지가 있다. 한편 공무원범죄몰수법 제9조의2는 제3자가 정황을 알면서 불법재산 등을 취득한 사실이 확인된 때에는 제3자에게 귀속된 불법재산 등을 대상으로 범인에 대한 추징판결을 집행할 수 있도록 함으로써 국가형벌권의 실현을 보장하여 형사사법의 정의를 구현함과 동시에 불법재산을 철저하게 추적·환수하여 공무원범죄몰수법의 입법 목적을 달성하기 위하여 2013. 7. 12. 공무원범죄몰수법 개정 당시 신설되었다.

특정공무원범죄를 범한 범인이 위 범죄를 통하여 취득한 불법재산 등을 정황을 아는 수탁자에게 신탁계약을 통하여 이전하였는데도 신탁재산에 대하여는 강제집행이 금지된다는 이유로 이 사건 조항을 적용하여 추징의 집행을 하는 것을 허용하지 않게 되면, 공무원범죄몰수법의 입법 목적이나 이 사건 조항의 신설 취지를 몰각시키게 되고 특정공무원범죄를 범한 범인이 신탁의 방법으로 공무원범죄몰수법 제9조의2에 의한 추징의 집행을 면탈하려는 강력한 동기를 갖게 되며, 이러한 방식으로 신탁제도가 남용될 경우 신탁제도에 대한 신뢰를 떨어트려 궁극적으로 신탁제도의 발전을 저해하게 된다. 따라서 특정공무원범죄를 범한 범인이 그 정황을 아는 수탁자와 신탁계약을 체결하여 불법재산 등의 소유권을 신탁하였다면 이는 신탁제도를 남용한 경우에 해당하여 신탁재산의 독립성을 보호할 필요가 없으므로 신탁법 제22조 제1항 본문의 적용이 배제된다[대법원 2022. 7. 28., 선고, 2019두63447, 판결].

■ 관련판례 2

신탁회사인 甲 주식회사가 乙 주식회사와 담보신탁용 부동산관리처분신탁계약을 체결한 후 신탁계약에 근거하여 신탁부동산을 처분하였는데, 신탁계약에서 '처분대금 수납 시까지 고지된 당해세'를 우선수익자 등에 우선하여 정산하도록 정하였음을 근거로 乙 회사에 대한 조세채권자인 국가가 甲 회사를 상대로 乙 회사를 대위하여 정산금채권의 지급을 구한 사안에서, 신탁계약의 목적, 규정 내용, 신탁 이후에 신탁재산에 대하여 위탁자를 납세의무자로 하여 부과된 재산세는 신탁법 제22조 제1항에서 정한 '신탁 전의 원인으로 발생한 권리'에 해당되지 아니하고, 이러한 재산세는 같은 항이 규정한 '신탁사무의 처리상 발생한 권리'에도 포함되지 않는 점을 고려하면, 신탁계약에서 정한 '처분대금 수납 시까지 고지된 재산세 등 당해세'는 신탁재산과 관련하여 수탁자인 甲 회사에 부과된 당해세만을 의미하고 신탁자인 乙 회사에 부과된 당해세를 포함한다고 볼 수 없으므로, 乙 회사는 甲 회사에 대한 당해세 상당의 정산금채권을 가지지 못하고 따라서 국가가 乙 회사를 대위하여 정산금채권의 지급을 구할 수 없다고 한 사례[대법원 2019. 4. 11., 선고, 2017다269862, 판결].

■ 관련판례 3

구 지방세법(2014. 1. 1. 법률 제12153호로 개정되기 전의 것) 제107조 제2항 제5호는 신탁법에 따라 수탁자 명의로 등기·등록된 신탁재산에 대하여는 수탁자가 아닌 위탁자를 재산세의 납세의무자로 규정하고 있고, 신탁법 제22조 제1항은 신탁재산에 대하여 신탁 전의 원인으로 발생한 권리 또는 신탁사무의 처리상 발생한 권리에 기한 경우에만 강제집행, 담보권 실행 등을 위한 경매, 보전처분 또는 국세 등 체납처분을 허용하고 있다. 그런데 위탁자가 수탁자에게 부동산의 소유권을 이전함으로써 당사자 사이에 신탁법에 의한 신탁관계가 설정되는 경우 신탁재산은 대내외적으로 소유권이 수탁자에게 완전히 이전되어 신탁 후에는 더 이상 위탁자의 재산으로 볼 수 없을 뿐 아니라, 신탁 이후에 신탁재산에 대하여 위탁자를 납세의무자로 하여 부과된 재산세는 신탁법 제22조 제1항에서 정한 '신탁 전의 원인으로 발생한 권리'에 해당된다고 볼 수 없고, 이러한 재산세는 같은 항이 규정한 '신탁사무의 처리상 발생한 권리'에도 포함되지 않으므로, 그 조세채권에 기하여는 수탁자 명의의 신탁재산에 대하여 압류하거나 그 신탁재산에 대한 집행법원의 경매절차에서 배당을 받을 수 없다[대법원 2017. 8. 29., 선고, 2016다224961, 판결].

■ 관련판례 4

위탁자별로 구분된 신탁법상 신탁재산인 토지나 주택의 종합부동산세 과세표준은 수탁자가 보유한 모든 토지나 주택의 재산세 과세표준을 합산할 것이 아니라, 위탁자별로 구분하여 그 신탁재산의 재산세 과세표준을 합산한 금액에서 각각 일정한 과세기준금액을 공제하는 방법으로 산정하여야 한다고 봄이 타당하므로, 종합부동산세의 납세의무자인 수탁자는 위탁자별로 산정한 각각의 종합부동산세액과 자신의 고유재산에 관하여 산정한 종합부동산세액을 합산한 금액을 납부할 의무가 있다고 보아야 한다[대법원 2014. 11. 27., 선고, 2012두26852, 판결].

■ 관련판례 5

수탁자가 신탁사무를 처리하는 과정에서 수익자 외의 제3자에게 채무를 부담하는 경우 그 이행책임은 신탁재산의 한도 내로 제한되는 것이 아니라 수탁자의 고유재산에 대하여도 미친다.
신탁법 제21조는 수탁자의 일반채권자에 대하여 신탁재산에 대한 강제집행을 금지하는 한편, 신탁사무의 처리상 발생한 채권을 가지고 있는 채권자는 수탁자의 고유재산뿐 아니라 신탁재산에 대하여도 강제집행을 할 수 있다는 취지이므로, 수탁자에 대하여 신탁사무의 처리상 발생한 채권을 가진 채권자는 수탁자가 파산할 경우 파산선고 당시의 채권 전액에 관하여 파산재단에 대하여 파산채권자로서 권리를 행사할 수 있다*[대법원 2006. 11. 23., 선고, 2004다3925, 판결]*.

> **제23조(수탁자의 사망 등과 신탁재산)**
>
> 신탁재산은 수탁자의 상속재산에 속하지 아니하며, 수탁자의 이혼에 따른 재산분할의 대상이
> 되지 아니한다.

1. 신탁재산의 비상속성 (전단)

① 신탁재산은 비록 수탁자의 명의로 되어 있지만 수탁자의 고유재산과 구별되는
별개의 재산이고, 신탁은 수탁자에 대한 개인적인 신뢰를 바탕으로 하는 법률관
계이며, 수탁자의 지위는 그 임무의 종료 사유가 되고 그 상속인에게 승계되지
않으므로, 수탁자의 상속재산에 포함되지 않고, 상속채권자의 추급으로부터 보
호된다.

② 수익자 등은 상속채권자 등 제3자에게 신탁재산이 상속재산에 속하지 않는다는
것을 주장하기 위해서는 당연히 제4조의 공시방법을 갖추어야 하지만, '수탁자
의 상속인'은 제3자의 범위에 속하지 않으므로 신탁의 공시방법을 갖추지 아니
하여도 수탁자의 상속인에게 대항할 수 있다.

2. 신탁재산의 재산분할 대상에서의 배제 (후단)

신탁재산은 수탁자의 고유재산과 개별적으로 존재하는 것으로 수탁자가 이혼을
하면서 그 배우자로부터 재산분할청구(「민법」 제839조의2)를 받더라도 신탁재산
은 분할대상에 포함되지 않는다.

■ 관련판례 1

구 상속세법(1981.12.31 법률 제3474호로 개정되기 전의 것) 제32조의2 소정의 신탁재산이란
신탁법 제1조 제2항에 의하여 신탁이 설정된 재산을 말하고 명의신탁의 경우에는 해당하지 않는
다[대법원 1986. 1. 21., 선고. 85누780 판결].

■ 관련판례 2

부동산을 종중에서 명의신탁한 재산은 신탁법 제25조에서 말하는 신탁재산이 아니다. 따라서 그
명의수탁자의 상속인이 상속으로 인한 이전등기를 경료한 행위를 공정증서원본부실기재죄로 문책
할 수는 없다[대법원 1971. 1. 29., 선고. 70도2716 판결].

> **제24조(수탁자의 파산 등과 신탁재산)**
>
> 신탁재산은 수탁자의 파산재단, 회생절차의 관리인이 관리 및 처분 권한을 갖고 있는 채무자의 재산이나 개인회생재단을 구성하지 아니한다.

■ 수탁자의 도산위험으로부터 격리

① 신탁재산은 수탁자의 고유재산과 분리되어 독립하여 존재하는 것으로, 수탁자가 파산하거나 회생절차를 진행하는 경우에도 수탁자의 파산재단 등에 속하지 않는데, 이는 도산격리(frisolvency Protection)라는 신탁의 본질적 특성이다.

② 구법은 파산의 경우만 규정하고 있어서 회생절차의 경우에는 구법 제22조를 유추적용하여 수탁자의 고유재산에 포함되지 않는 것으로 해석하였으나, 「채무자 회생 및 파산에 관한 법률」의 개정에 맞추어 회생절차 및 개인회생절차의 경우도 명시적으로 규정한다.

③ 구법의 문구 중 "수탁자의 고유재산이 된 것을 제외하고는"은 불필요한 표현이므로 삭제한다.

■ 관련판례 1

1) 수탁자가 파산선고를 받아 구 신탁법 제11조, 제17조에 따라 수탁자의 임무가 종료하고 신수탁자가 선임되어 수탁자가 경질되는 경우, 신탁사무의 처리상 발생한 채권을 가진 제3자는 수탁자의 경질 이전에 이미 발생한 위 채권의 파산선고 당시의 채권 전액에 관하여 전수탁자의 파산재단에 대하여 파산채권자로서 권리를 행사할 수 있다. 또한 그 제3자는 구 신탁법 제48조 제3항에 의하여 신탁재산의 범위 내에서 전수탁자의 지위를 포괄적으로 승계하는 신수탁자에 대하여도 권리를 행사할 수 있다 *(대법원 2014. 12. 24. 선고 2012다74304 판결 등 참조).*

이때 제3자에 대하여 전수탁자와 신수탁자가 중첩적으로 부담하는 채무는 동일한 경제적 목적을 가진 것으로서, 어느 일방의 채무가 변제 등으로 소멸하면 타방의 채무도 소멸하게 되지만, 그 채무의 부담에 관하여 전수탁자와 신수탁자 사이에 주관적 공동관계가 있다고 보기는 어려우므로, 이른바 부진정연대채무의 관계에 있다. 그런데 부진정연대채무에서 채무자 1인에 대한 소멸시효의 중단사유는 다른 채무자에게 효력을 미치지 않는다 *(대법원 2011. 4. 14. 선고 2010다91886 판결 등 참조).* 따라서 제3자가 전수탁자에 대한 파산절차에 참가하더라도 그에 따른 시효중단의 효력은 신수탁자에게 미치지 않는다.

이러한 법리는 신수탁자가 선임되기 전에 제3자가 전수탁자에 대한 파산절차에 참가하여 소멸시효의 중단사유가 생긴 경우에도 마찬가지로 적용된다고 봄이 타당한데, 그 이유는 다음과 같다. 구 신탁법 제11조 제1항은 수탁자가 파산선고를 받은 경우에 그 임무가 종료한다고 규정하고 있고, 민사소송법 제236조는 수탁자의 임무가 종료한 때에 소송절차가 중단되도록 하면서 이를 신수탁자가 수계하도록 규정하고 있으며, 구 신탁법 제22조는 신탁재산은 수탁자의 파산재단을 구성하지 아니한다고 규정하고 있다. 이 규정들의 취지에 비추어 보면, 수탁자가 파산선고를 받은 경우 신탁사무의 처리상 이미 발생한 채권에 관한 법률관계는 그 파산선고로 곧바로 신탁재산에 관한 것과 신탁재산이 아닌 재산에 관한 것으로 변경되고, 이와 같이 변경된 법률관계가 그 후 선임된 신수탁자에게 승계된다고 보아야 한다. 따라서 제3자가 파산절차에 참가함으로써 소멸시효의 중단사유가 생긴 경우에도 이는 그 이후 선임된 신수탁자에 대하여 효력을 미치지 않는다.

2) 원심은, 피고가 코레트신탁에 대한 파산절차에 참가하였다는 이유만으로 피고의 원고에 대한 이 사건 구상금채권의 소멸시효가 중단되었다고 할 수 없다고 판단하였다. 원심판결 이유를 위에서 본 법리에 비추어 보면, 원심의 이유 설시에 다소 적절하지 않은 부분이 있으나 원심의 이러한 판단에 상고이유 주장과 같이 파산절차참가에 따른 소멸시효의 중단에 관한 법리를 오해하는 등의 잘못이 없다[대법원 2018. 2. 28., 선고, 2013다63950, 판결].

■ **관련판례 2**

위탁자별로 구분된 신탁법상 신탁재산인 토지나 주택의 종합부동산세 과세표준은 수탁자가 보유한 모든 토지나 주택의 재산세 과세표준을 합산할 것이 아니라, 위탁자별로 구분하여 그 신탁재산의 재산세 과세표준을 합산한 금액에서 각각 일정한 과세기준금액을 공제하는 방법으로 산정하여야 한다고 봄이 타당하므로, 종합부동산세의 납세의무자인 수탁자는 위탁자별로 산정한 각각의 종합부동산세액과 자신의 고유재산에 관하여 산정한 종합부동산세액을 합산한 금액을 납부할 의무가 있다고 보아야 한다[대법원 2014. 11. 27., 선고, 2012두26852, 판결].

■ **관련판례 3**

수탁자가 파산한 경우에 신탁재산은 수탁자의 고유재산이 된 것을 제외하고는 파산재단을 구성하지 아니하므로[구 신탁법(2011. 7. 25. 법률 제10924호로 전부 개정되기 전의 것) 제22조], 신탁사무의 처리상 발생한 채권을 가지고 있는 채권자는 수탁자가 그 후 파산하였다 하더라도 신탁재산에 대하여는 강제집행을 할 수 있다[대법원 2014. 10. 21., 자, 2014마1238, 결정].

■ 관련판례 4

위탁자인 甲 등과 수탁자인 파산 전 乙 주식회사가 신탁계약을 체결하면서 '신탁재산에 속하는 금
전으로 차입금 및 이자의 상환, 신탁사무 처리상 수탁자의 과실 없이 받은 손해, 기타 신탁사무
처리를 위한 제비용 및 수탁자의 대지급금을 충당하기에 부족한 경우에는 수익자에게 청구하고,
그래도 부족한 경우에는 수탁자가 상당하다고 인정하는 방법 및 가액으로서 신탁재산의 일부 또는
전부를 매각하여 그 지급에 충당할 수 있다'는 내용의 조항을 둔 사안에서, 위 조항은 신탁이 존
속하는 동안이나 종료된 후에 신탁재산에 관한 비용 등을 수익자인 甲 등에 청구하였음에도 지급
받지 못한 경우 신탁재산을 처분하여 그 비용 등의 변제에 충당할 수 있도록 자조매각권을 乙 회
사에 부여하는 특약이고, 비록 신탁재산은 파산재단에 속하지 않지만 신탁재산에 관한 약정 자조
매각권과 비용상환청구권은 파산재단에 속하므로, 파산관재인은 신탁재산인 토지에 관하여 관리처
분권이 있는지와 관계없이 파산선고 당시 수탁자인 乙 회사가 가지고 있던 약정 자조매각권을 행
사하여 신탁재산인 토지를 매각하고 대금으로 비용상환청구권의 변제에 충당할 수 있다고 한 사례
[대법원 2013. 10. 31., 선고, 2012다110859, 판결].

■ 관련판례 5

신탁사무의 처리상 발생한 채권을 가지고 있는 채권자는 수탁자의 일반채권자와 달리 신탁재산에
대하여도 강제집행을 할 수 있는데(신탁법 제21조 제1항), 수탁자의 이행책임이 신탁재산의 한도
내로 제한되는 것은 신탁행위로 인하여 수익자에 대하여 부담하는 채무에 한정되는 것이므로(신탁
법 제32조), 수탁자가 수익자 이외의 제3자 중 신탁재산에 대하여 강제집행을 할 수 있는 채권자
에 대하여 부담하는 채무에 관한 이행책임은 신탁재산의 한도 내로 제한되는 것이 아니라 수탁자
의 고유재산에 대하여도 미치는 것으로 보아야 하고, 또한 수탁자가 파산한 경우 신탁재산은 수탁
자의 고유재산이 된 것을 제외하고는 파산재단을 구성하지 않는 것이지만(신탁법 제22조), 신탁사
무의 처리상 발생한 채권을 가진 채권자는 파산선고 당시의 채권 전액에 관하여 파산재단에 대하
여 파산채권자로서 권리를 행사할 수 있는 것이다[대법원 2005. 5. 27., 선고. 2005다5454 판결].

> **제25조(상계 금지)**
> ① 신탁재산에 속하는 채권과 신탁재산에 속하지 아니하는 채무는 상계(相計)하지 못한다. 다만, 양 채권·채무가 동일한 재산에 속하지 아니함에 대하여 제3자가 선의이며 과실이 없을 때에는 그러하지 아니하다.
> ② 신탁재산에 속하는 채무에 대한 책임이 신탁재산만으로 한정되는 경우에는 신탁재산에 속하지 아니하는 채권과 신탁재산에 속하는 채무는 상계하지 못한다. 다만, 양 채권·채무가 동일한 재산에 속하지 아니함에 대하여 제3자가 선의이며 과실이 없을 때에는 그러하지 아니하다.

1. 규정의 취지 - 상계금지의 원칙

① 「신탁법」은 「민법」상 상계규정에 대한 특별규정을 두고 있다.

- 신탁재산은 수탁자의 고유재산 또는 수탁자가 관리하는 다른 신탁의 신탁재산과 독립된 것이어서 대립되는 채권·채무라 할 수 없어서 상계적상을 갖추었다고 할 수 없고(실질적 법주체설), 수탁자 등의 충실의무(제33조)를 위반하는 것이므로(채권설), 신탁재산을 대상으로 한 상계는 원칙적으로 금지된다.
- 그러나 수탁자의 상계가 수익자에게 이익이 되는 것이 명백한 경우 등 정당한 이유가 있는 경우에까지 금지할 필요는 없으므로, 구법과 같이 금지되는 상계를 명문으로 명시한다.

② 일본의 개정 신탁법과 같이 금지되는 상계의 유형을 명문화하는 입법방식도 고려하였으나, 모든 상계유형을 조문화하는 것이 어렵고 허용 여부에 대한 견해가 대립하는 유형도 있으므로, 구법에 준하여 규정하고 세부적인 내용은 학설·판례의 해석론에 따르기로 한다.

2. 신탁관계에서의 상계

신탁이 설정된 후 신탁재산의 형식적 소유자인 '수탁자', 신탁재산의 실질적 소유자인 '수익자' 및 신탁재산과 거래를 한 '제3자' 간의 상계가 문제될 수 있으며, 동일한 수탁자가 관리하는 신탁재산 간의 상계도 생각할 수 있다.

3. 신탁재산에 속하는 채권과 신탁재산에 속하지 않는 채무 (제1항)

가. 원칙

① 신탁재산에 속하는 채권과 신탁재산에 속하지 않는 채무 간의 상계는 충실의무를 위반하는 것이고, 이를 허용하면 수탁자는 수탁자의 지위에서 자신의 고유재산에 대하여 구상권을 행사하여야 하는데, 이는 이익상반행위의 한 유형이어서 원칙적으로 금지된다.

② 이 유형의 경우 수탁자에 의한 상계뿐만 아니라 제3자에 의한 상계도 금지된다.

- 신탁재산에 속하는 채권에는 신탁재산의 관리, 처분으로부터 발생한 채권, 신탁재산의 멸실·훼손에 의해 발생한 채권, 신탁재산인 부동산이 수용되었을 경우 보상청구권 등이 있다.

- 신탁재산에 속하지 않는 채무에는 수탁자 개인의 고유한 채무와 수탁자가 관리하는 자신 명의의 다른 신탁의 신탁재산에 속하는 채무가 포함된다.

- 이러한 상계가 허용되지 않는 이유는 신탁재산의 독립성과 더불어 전자의 경우 수탁자의 이익향수금지 원칙(제36조)에 반하고, 후자의 경우 공평의무(제35조)에 반하기 때문이다.

나. 예외적 허용

1) 제3자의 선의·무과실(제1항 단서)

① 신탁재산도 수탁자 명의의 재산이므로 제3자가 수탁자와의 거래에서 발생한 채권의 귀속상태를 오인하고 상계한 경우, 학설은 제3자가 수탁자와의 관계에서 발생한 채권·채무가 신탁재산에 속하는 것인지 아니면 수탁자 개인에게 속하는 것인지 알기 어렵고, 수탁자가 거래 시에 일일이 신탁재산 여부를 명시하지 않으며 이를 강제하기도 어려우므로, 표현법리를 유추적용하여 제3자의 상계에 대한 기대를 보호하여야 한다고 해석하였다.

② 미국 및 일본의 입법례를 참고하여 제3자의 신뢰를 보호하기 위하여 신탁재산인지 여부에 대하여 선의·무과실인 경우에 한하여 예외적으로 상계를 허용한다.

2) 상계계약

① 상계금지에 관한 구법 제20조의 법적 성격에 대하여 ⅰ) 강행규정이므로 이에 반하는 상계는 무효라는 견해와 ⅱ) 이익상반행위의 금지규정(구법 제31조)도 예외를 인정하고 있고, 신탁재산의 독립성은 신탁재산을 보호하여 위탁자의 의사에 상응하여 수익자의 이익을 도모하는 것이 목적이므로 신탁행위로 허용하거

나 수익자가 승인한 경우에는 예외를 인정할 필요가 있다는 점에서 임의규정으로 보는 견해가 대립한다.

② 후자의 견해에 따라 임의규정으로 보는 경우 위탁자가 신탁행위로 미리 허용한 경우, 수탁자·수익자 간의 상계계약으로 허용한 경우 또는 수익자가 상계행위에 대해서 허용한 경우에는 상계가 가능할 것이다.

4. 신탁재산에 속하지 않는 채권과 신탁재산에 속하는 채무

가. 일반 신탁의 경우 (제2항 반대해석)

① 수탁자의 이행청구에 대하여 제3자가 신탁채권을 자동채권으로 상계하는 경우, 형식적으로 신탁재산의 독립성에 반하여 상계를 허용하면 안 될 것으로 보이나, 종전의 학설에 따르면, 수탁자는 고유재산으로 신탁채권에 대한 채무(신탁채무)를 변제할 책임을 부담하고 원상회복의무 등(제43조)을 이행한 이후에나 비용상환청구권(제46조)을 행사할 수 있으므로(제49조) 수익자나 신탁재산에게도 불리한 결과가 아니며, 제3자로서는 신탁채권에 대하여 신탁재산이나 고유재산 중 어느 것으로 변제를 받아도 동일한 것이어서 예외적으로 상계가 허용되는 것으로 해석되었다.

② 이 유형의 상계에 대하여 적용범위를 "신탁재산에 속하는 채무에 대한 책임이 신탁재산만으로 한정되는 경우"로 한정하고 있는바, 반대해석상 일반신탁에서는 상계가 허용된다.

나. 유한책임신탁이나 책임한정특약을 한 신탁의 경우 (제2항)

1) 제3자에 의한 상계

가) 원칙적 금지(제2항 본문)

유한책임신탁(제11장) 또는 수탁자가 신탁채무에 대하여 자신의 고유재산으로 이행할 책임을 부담하지 않는 특약(책임한정특약)을 한 신탁의 경우, 상계를 인정하게 되면 수탁자의 고유재산에 대한 집행을 제한하는 취지가 무색해지므로 상계가 허용되지 않는다.

나) 예외적 허용

제1항과 마찬가지로 제3자가 채권·채무의 귀속에 대하여 선의·무과실로 오인하여 상계한 경우에는 예외적으로 허용되며(제2항 단서), 이 규정을 임의규정으로 보면 상계계약이나 신탁행위상 특약으로 상계를 허용한 경우에도 상계

는 허용된다.

2) 수탁자에 의한 상계

수탁자가 유한책임을 부담함에도 불구하고 자신의 제3자에 대한 채권을 자동채권으로 하여 신탁채무에 대하여 상계한 경우, 신탁재산이나 수익자는 상계로 소멸하는 채권과 대등액의 범위에서 채무를 면하게 되어 불리하지 않고, 수탁자 자신이 사실상 유한책임을 포기하는 불이익을 인정하겠다는 의사이므로, 이 유형의 상계는 허용된다.

5. 수익자와 수탁자 간의 상계

가. 검토대상

① 수익자가 수익채권을 자동채권으로 하여 수탁자의 수익자에 대한 채권과 상계하는 경우 또는 반대의 경우가 모두 문제된다.

② 예를 들면 수탁자인 신탁은행이 수익자에게 대출금채권을 갖고 있는 경우 그 대출금채권을 수익자의 수익채권과 상계하려는 경우를 생각할 수 있다.

나. 종전의 학설

1) 부정설

수익자의 수익채권과 수탁자의 수익자에 대한 개인 채권 간의 상계는 신탁재산 독립의 원칙에 따라 불가능하다고 주장한다.

2) 긍정설

구법 제21조가 금지하는 유형의 상계가 아니고, 신탁재산에 손해를 입힐 우려가 없으므로 허용된다는 견해로, 수탁자에 의한 상계에 대해서만 허용하는 견해와 수탁자 또는 수익자에 의한 상계가 모두 허용된다는 견해로 나누어진다.

다. 판례

판례도 증권투자신탁의 투자신탁운용사가 수익자에 대한 사채권을 수익증권의 환매대금채권(수익채권)과 상계한 사안에서 이러한 상계의 허용이 이익상반행위 또는 「민법」상 권리남용에 해당하지 않는 다고 보아 허용한다.

라. 현행법의 입장

① 수탁자는 제38조에 따라 수익권에 대하여 유한책임을 부담한다는 점에서 유한책임신탁 등과 동일한 구조이므로 제2항의 적용대상에 포함된다.

② 따라서 수탁자의 상계는 신탁재산이나 수익자에게 불이익이 없으므로 허용되나, 수익자의 상계를 허용하는 것은 위 유한책임 규정의 취지를 몰각시키는 것이므로 허용되지 않는다.

■ 관련판례 1

신탁재산의 소유관계, 신탁재산의 독립성, 신탁등기의 대항력, 구 신탁법(2011. 7. 25. 법률 제10924호로 전부 개정되기 전의 것, 이하 같다) 제3조 제1항, 제20조, 제24조, 제30조의 취지 등에 비추어 보면, 부동산에 대한 점유취득시효가 완성될 당시 부동산이 구 신탁법상의 신탁계약에 따라 수탁자 명의로 소유권이전등기와 신탁등기가 되어 있더라도 수탁자가 신탁재산에 대하여 대내외적인 소유권을 가지는 이상 점유자가 수탁자에 대하여 취득시효 완성을 주장하여 소유권이전등기청구권을 행사할 수 있지만, 이를 등기하지 아니하고 있는 사이에 부동산이 제3자에게 처분되어 그 명의로 소유권이전등기가 마쳐짐으로써 점유자가 제3자에 대하여 취득시효 완성을 주장할 수 없게 되었다면 제3자가 다시 별개의 신탁계약에 의하여 동일한 수탁자 명의로 소유권이전등기와 신탁등기를 마침으로써 부동산의 소유권이 취득시효 완성 당시의 소유자인 수탁자에게 회복되는 결과가 되었더라도 수탁자는 특별한 사정이 없는 한 취득시효 완성 후의 새로운 이해관계인에 해당하므로 점유자는 그에 대하여도 취득시효 완성을 주장할 수 없다. 이 경우 점유자가 수탁자의 원래 신탁재산에 속하던 부동산에 관하여 점유취득시효 완성을 원인으로 하는 소유권이전등기청구권을 가지고 있었다고 하여 수탁자가 별개의 신탁계약에 따라 수탁한 다른 신탁재산에 속하는 부동산에 대하여도 소유권이전등기청구권을 행사할 수 있다고 보는 것은 신탁재산을 수탁자의 고유재산이나 다른 신탁재산으로부터 분리하여 보호하려는 신탁재산 독립의 원칙의 취지에 반하기 때문이다[대법원 2016. 2. 18., 선고, 2014다61814, 판결].

■ 관련판례 2

증권투자신탁업법에 따른 투자신탁에 의하여 위탁회사가 투자자(수익자)들로부터 모은 자금 등을 신탁하여 수탁회사가 보관하고 있는 신탁재산은 신탁법 및 증권투자신탁업법의 법리에 의하여 대외적으로 수탁회사가 그 소유자가 되며, 따라서 신탁재산에 속한 채권을 자동채권으로 하는 상계권 역시 수탁회사가 행사하여야 하는 것이고, 이 경우 수동채권은 수탁회사가 부담하는 채무이어야 하되, 이와 같은 상계는 신탁법 및 증권투자신탁업법의 관계 규정에 의한 제한을 받는다고 할 것이다.

증권투자신탁업법의 관계 규정에 따라 위탁회사는 선량한 관리자로서 신탁재산을 관리, 운용할 책임이 있으나, 같은 법 제25조 제1항 단서에 의하여 의결권 외의 권리는 수탁회사를 통하여 이를 행사하도록 되어 있으므로, 상계권에 관해서도 위탁회사가 수탁회사에게 지시하여 수탁회사로 하여금 일정한 내용으로 상계권을 행사하게 할 수는 있을 것이나, 스스로 신탁재산에 속한 채권에 관하여 상계권을 행사할 수는 없다*[대법원 2002. 11. 22., 선고. 2001다49241 판결]*.

■ 관련판례 3

증권투자신탁업법에 따른 증권투자신탁에 의하여 위탁회사가 투자자(수익자)들로부터 모은 자금 등을 신탁하여 수탁회사가 보관하고 있는 신탁재산은 신탁법 및 증권투자신탁업법의 법리에 의하여 수탁회사가 그 대외적인 소유자가 되며, 따라서 그 재산에 의한 상계권 역시 수탁회사에 속하고, 증권투자신탁업법의 각 규정에 따라 위탁회사는 신탁재산을 관리, 운용할 책임이 있으나, 같은 법 제25조 제1항 단서에 의하여 의결권 외의 권리는 수탁회사를 통하여 이를 행사하도록 되어 있으므로, 위탁회사는 상계권에 관해서도 역시 수탁회사에게 지시하고 수탁회사가 그 지시에 따라 상대방에게 행사하여야 하는 것이다. 그럼에도 원심이 위탁회사도 상계권을 행사할 수 있다고 판단하였음에는 위와 같은 법리를 오해한 잘못이 있다고 할 것이지만, 나아가 신탁재산독립의 원칙 및 신탁법 제20조 및 증권투자신탁업법 제17조 제4항의 규정취지 등에 비추어 수익자가 가입한 신탁재산에 대한 수익증권환매청구권 등과 이와 다른 신탁재산의 그 수익자에 대한 채권은 서로 상계할 수 없다는 취지에서 피고의 상계주장을 배척한 결론에 있어서는 정당하여 위와 같은 잘못은 판결결과에 영향을 미치지 아니하였으므로 피고의 상고이유 주장은 받아들이지 아니한다*[대법원 2003. 1. 10., 선고. 2002다12741 판결]*.

■ 관련판례 4

[1] 신탁법 제20조가 "신탁재산에 속하는 채권과 신탁재산에 속하지 아니하는 채무와는 상계하지 못한다"고 규정한 취지는 수탁자가 신탁의 수탁자로서 상대방에 대하여 갖고 있는 채권은 상대방이 수탁자 개인에 대하여 갖고 있는 반대채권과 법형식상으로는 상계 가능한 대립관계에 있는 것처럼 보이지만, 이 경우 수탁자에 의한 상계를 허용하게 되면 수탁자 고유의 채무를 신탁재산으로 소멸시켜 수탁자가 신탁재산으로부터 이익을 향수하는 결과를 초래하므로, 이를 금지함으로써 신탁재산의 감소를 방지하고 수익자를 보호하기 위함이다.

[2] 수탁자 개인이 수익자에 대하여 갖는 고유의 채권을 자동채권으로 하여 수익자가 신탁종료시 수탁자에 대하여 갖는 원본반환채권 내지 수익채권 등과 상계하는 것은, 우선 신탁법 제20조가 금지하는 상계의 유형에 해당하지 아니할 뿐만 아니라 위와 같은 상계로 인하여 신탁재산의 감소가 초래되거나 초래될 위험이 전혀 없는 점, 수익자는 상계로 소멸하는 원본반환채권 등과 대등액의 범위 내에서 자신의 채무를 면하는 경제적 이익을 향수하게 되는 점, 신탁법

제42조 자체가 수탁자에게 자기의 고유재산으로 일단 신탁재산에 속하는 채무를 변제한 다음 그 비용을 신탁의 이익이 귀속하는 신탁재산 또는 수익자로부터 보상받을 수 있는 권리를 인정하고 있는 점, 수탁자가 수익자와의 거래로 생긴 채권 등을 자동채권으로 하여 수익자의 수탁자에 대한 원본반환채권 등과 상계할 것을 기대하는 것이 거래통념상 법적으로 보호받을 가치가 없는 비합리적인 기대라고 볼 수 없는 점 등에 비추어 볼 때, 수탁자의 위와 같은 상계는 수익자의 반대채권과의 상계를 통한 채권회수를 둘러싸고 신탁재산에 속하는 채권과 수탁자 고유의 채권이 경합하는 관계에 있어 이익상반행위에 해당한다거나 일반 민법상의 권리남용에 해당한다는 등의 특별한 사정이 없는 한 적법·유효한 것으로서 허용된다.

[3] 신탁재산 독립의 원칙은 신탁재산의 감소 방지와 수익자의 보호 등을 위하여 수탁자의 고유재산과 신탁재산은 분별하여 관리하여야 하고 양자는 별개 독립의 것으로 취급하여야 한다는 것을 의미함에 그칠 뿐, 신탁재산 자체가 그 소유자 내지 명의자인 수탁자와 구별되는 별개의 법인격을 가진다는 것까지 의미하는 것은 아니므로, 수탁자가 수익자에 대하여 갖는 고유의 채권을 자동채권으로 하여 수익자가 신탁종료시 수탁자에 대하여 갖는 원본반환채권 등과 상계하는 것이 신탁관계에 신탁재산 독립의 원칙이 적용된다는 이유만으로 신탁법상 금지된 것이라고 할 수는 없다[대법원 2007. 9. 20., 선고. 2005다48956 판결].

■ 관련판례 5

부동산을 종중에서 명의신탁한 재산은 신탁법 제25조에서 말하는 신탁재산이 아니다. 따라서 그 명의수탁자의 상속인이 상속으로 인한 이전등기를 경료한 행위를 공정증서원본부실기재죄로 문책할 수는 없다[대법원 1971. 1. 29., 선고, 70도2716, 판결].

> **제26조(신탁재산에 대한 혼동의 특칙)**
>
> 다음 각 호의 경우 혼동(混同)으로 인하여 권리가 소멸하지 아니한다.
>
> 1. 동일한 물건에 대한 소유권과 그 밖의 물권이 각각 신탁재산과 고유재산 또는 서로 다른 신탁재산에 귀속하는 경우
> 2. 소유권 외의 물권과 이를 목적으로 하는 권리가 각각 신탁재산과 고유재산 또는 서로 다른 신탁재산에 귀속하는 경우
> 3. 신탁재산에 대한 채무가 수탁자에게 귀속하거나 수탁자에 대한 채권이 신탁재산에 귀속하는 경우

1. 혼동의 의의

① 혼동이란 서로 대립하는 두 개의 법률상의 지위 또는 자격이 동일인에게 귀속하는 것으로, 양 지위를 모두 존속시키는 것은 무의미하므로, 어느 한 지위를 다른 지위에 흡수시켜 소멸하는 것이 원칙이다(「민법」 제191조).

② 채권의 경우 채권과 채무가 동일한 주체에 귀속한 때에는 채권과 채무의 존속을 인정하는 것이 통상 경제적으로 의미가 없으므로 권리의무관계를 간소화하기 위하여 채권은 소멸하는 것으로 본다(「민법」 제507조).

2. 신탁재산의 불혼동

가. 의의

① 신탁재산은 수탁자 명의로 된 재산이나, 수탁자의 고유재산과 독립하여 존재하고 그 경제적 이익은 실질적으로 수익자에게 귀속되는 것이므로, 외관상 두 개의 권리가 수탁자에게 귀속되어 혼동이 발생하더라도 일부가 신탁재산에 포함된 경우에는 실제로 동일인에게 귀속되는 것이 아니어서 해당 권리는 소멸되지 않는다.

② 구법 제23조는 수탁자가 신탁재산인 소유권 이외의 권리의 목적물을 취득한 경우만을 규정하고 있지만, 권리의 혼동이 발생하는 경우는 이에 한정되지 않으므로 혼동이 발생하는 모든 유형을 고려하여 법률에 명시한다.

나. 유형

1) 소유권과 제한물권의 혼동(제1호)

① 동일한 물건에 대하여 소유권은 신탁재산에 해당하고 저당권 등 제한물권은 고

유재산에 해당하거나 그 반대의 경우에는 「민법」 제191조 제1항 본문에도 불구하고 해당 제한물권은 소멸하지 않는다.

- 특정 대지에 대한 소유권이 신탁재산이고 수탁자가 그 위에 개인적으로 지상권을 설정하려고 하는 경우 등과 같이 고유재산 취득이 신탁재산의 형성 이후에 이루어진 때에는, 수탁자가 제34조에 따라 해당 권리를 취득 할 수 없으므로 혼동의 문제가 발생하지 않으며, 예외적으로 상속 등을 이유로 권리를 취득한 경우 제34조 제3항에 따라 이 규정의 법리가 준용된다.

② 수탁자가 복수의 신탁을 관리하고 있는 경우 동일한 물건에 대한 소유권과 제한물권이 다른 종류의 신탁재산에 포함된 때에도 제한물권은 소멸하지 않는다.

2) 제한물권과 그 제한물권을 목적으로 하는 다른 권리의 혼동(제2호)

① 저당권과 그 저당권을 목적으로 하는 질권, 지상권과 그 지상권을 목적으로 하는 저당권 등과 같이 제한물권과 그 제한물권을 목적으로 하는 다른 권리(역시 제한물권에 해당함)가 하나는 고유재산에, 다른 하나는 신탁재산에 속하거나 그 반대의 경우에는 제한물권을 목적으로 하는 다른 권리도 소멸하지 않는다.

② 수탁자가 복수의 신탁을 관리하고 있는 경우 제한물권과 그 제한물권을 목적으로 하는 다른 권리가 다른 종류의 신탁재산에 포함된 때에도 제한물권을 목적으로 하는 다른 권리는 소멸하지 않는다.

3) 채권과 채무의 혼동(제3호)

① 수탁자가 신탁재산에 대하여 채무를 부담하거나 채권을 취득한 경우, 채권과 채무가 신탁의 법리상 실질적으로 모두 수탁자에게 귀속되는 것은 아니고, 그 경제적 이익이 수익자 및 신탁재산에 여전히 존속하므로, 신탁재산상 수탁자에 대한 채권 또는 수탁자의 채권은 소멸하지 않는다.

② 종래 해석상 인정되었으나, 적용의 용이함을 위하여 명시적으로 규정한다.

③ 수탁자가 신탁재산에 대한 채권을 취득하거나 수탁자에 대한 채무가 신탁재산에 속하게 되는 것은 제34조에 따라 수탁자의 이익상반행위 금지의무에 반하여 금지되나, 예외적으로 허용되는 경우 제26조 제3호 또는 제34조 제3항에 따라 혼동으로 소멸되지 않을 것이다.

다. 대항요건

수익자, 수탁자 등은 신탁재산에 대하여 제4조에 따른 공시방법을 갖추어야 제3자에게 신탁재산의 불혼동을 대항할 수 있다.

■ 관련판례 1

신탁행위의 정함에 따라 전수탁자가 임무를 종료하고 신수탁자가 선임됨으로써 수탁자가 변경된 경우에도 신수탁자는 신탁법 제26조, 제48조 등이 정하는 수탁자 경질의 법리에 따라 수탁자의 지위를 포괄적으로 승계하게 되고, 이 때 제3자는 수탁자의 경질 이전에 이미 발생한 채권에 관하여 계약의 당사자인 전수탁자에게 이를 행사할 수 있음은 물론, 신탁법 제48조 제3항에 의하여 신탁재산의 한도 내에서 신수탁자에 대하여도 행사할 수 있다[대법원 2010. 2. 25., 선고, 2009다83797, 판결].

■ 관련판례 2

신탁행위의 정함에 따라 전수탁자가 임무를 종료하고 신수탁자가 선임됨으로써 수탁자가 변경된 경우에도 신수탁자는 신탁법 제26조, 제48조 등이 정하는 수탁자 경질의 법리에 따라 수탁자의 지위를 포괄적으로 승계하게 되고, 이 때 제3자는 수탁자의 경질 이전에 이미 발생한 채권에 관하여 계약의 당사자인 전수탁자에게 이를 행사할 수 있음은 물론, 신탁법 제48조 제3항에 의하여 신탁재산의 범위 내에서 신수탁자에 대하여도 행사할 수 있다[대법원 2007. 6. 1., 선고, 2005다5812,5829,5836, 판결].

> ## 제27조(신탁재산의 범위)
> 신탁재산의 관리, 처분, 운용, 개발, 멸실, 훼손, 그 밖의 사유로 수탁자가 얻은 재산은 신탁재산에 속한다.

1. 의의

① 수탁자의 관리·처분·개발 및 운용 등의 관리사무에 의하여 신탁재산에 양적·질적 변화가 발생하거나 수탁자 또는 제3자의 불법행위에 의하여 신탁재산이 멸실·훼손되어 손해배상청구권이 발생하는 등 수탁자가 신탁재산과 관련하여 새로운 재산을 취득한 경우, 그 신탁재산에 갈음한 재산은 신탁재산으로서의 동질성을 상실하지 않고 신탁재산에 포함된다.

② 신탁재산은 신탁 목적에 의하여 내부적으로 결합된 통일성과 개별 재산의 변동에 의해서도 변하지 않는 자기동일성을 갖고 있고, 수탁자의 고유재산으로부터 독립성을 갖고 있으며, 신탁재산을 당초의 신탁원본에 한정한다면 수탁자는 부당한 이익을 얻고 수익자는 손해를 입게 될 것이므로 물상대위와 같은 법리가 인정된다.

2. 적용범위

① 「민법」상 물상대위(제342조, 제355조, 제370조)에 의한 대위물의 범위는 대상재산의 변형물에 한정되나, 신탁의 경우 '대위물'뿐만 아니라 신탁의 관리·처분 등으로 얻은 재산(적극재산·소극재산인지 여부는 불문)이 적용대상으로 신탁재산으로부터 발생한 천연과실·법정과실도 모두 포함된다.

② 예를 들면, 수탁자가 신탁재산의 처분에 의하여 얻은 대가, 수탁자가 신탁재산의 관리사무를 적절히 하지 못하여 신탁재산에 손해가 발생하거나 수탁자의 의무에 반하여 신탁재산을 처분한 경우의 수탁자에 대한 원상회복청구권 또는 손해배상청구권(제43조), 신탁재산의 운용에 의하여 취득한 유가증권, 담보권 등의 재산, 신탁재산의 멸실·훼손으로 인한 손해배상채권·보험금청구권, 신탁재산의 개발을 위하여 차용한 금전채무 등을 생각할 수 있다.

3. 대항요건으로서 공시의 필요성

수탁자와 수익자 사이에서 새로 얻은 재산을 신탁재산으로 주장할 때에는 제4조의 신탁의 공시방법을 갖출 필요가 없으나, 제3자에 대하여 신탁재산임을 주장하기 위해서는 반드시 공시방법을 갖추어야 한다.

4. 효과

수탁자가 신탁의 목적을 위반하여 신탁재산을 제3자에게 처분한 경우 수익자는 수탁자의 행위를 취소하고 신탁재산을 제3자로부터 반환받을 수 있지만(제75조), 수익자는 수탁자의 처분행위를 추인하고 이 규정에 의하여 처분 결과 얻은 재산이 신탁재산에 포함된다고 주장할 수 있다(선택적 권리).

■ 관련판례 1

신탁법에 의한 신탁으로 수탁자에게 소유권이 이전된 토지의 지목이 사실상 변경됨으로써 가액이 증가한 경우, 위탁자가 그 토지의 지목을 사실상 변경하였다고 하더라도 간주취득세의 납세의무자는 위탁자가 아니라 수탁자이다(대법원 2012. 6. 14. 선고 2010두2395 판결 참조). 따라서 간주취득세의 납세의무자인 수탁자가 관광단지개발 사업시행자로서 관광단지개발 사업을 시행하기 위하여 해당 토지의 지목이 사실상 변경됨으로써 가액이 증가한 것으로 볼 수 있어야 이 사건 특례규정을 적용할 수 있다*[대법원 2019. 10. 31., 선고, 2016두42487, 판결].*

■ 관련판례 2

부동산 신탁에서 수탁자 앞으로 소유권이전등기를 마치게 되면 대내외적으로 소유권이 수탁자에게 완전히 이전되고, 위탁자의 내부관계에서 소유권이 위탁자에게 유보되지 않으며, 신탁재산의 관리, 처분, 운용, 개발, 멸실, 훼손, 그 밖의 사유로 수탁자가 얻은 재산은 신탁재산에 속하게 되므로(신탁법 제27조), 토지 소유자인 사업시행자가 부동산신탁회사에 토지를 신탁하고 부동산신탁회사가 수탁자로서 사업시행자의 지위를 승계하여 신탁된 토지에서 개발사업을 시행한 경우에 토지가액의 증가로 나타나는 개발이익은 해당 개발토지의 소유자이자 사업시행자인 수탁자에게 실질적으로 귀속된다고 보아야 하고, 수탁자를 개발부담금의 납부의무자로 보아야 한다*[대법원 2014. 8. 28., 선고, 2013두14696, 판결].*

■ 관련판례 3

토지소유자가 부동산신탁회사에게 토지를 신탁하고 부동산신탁회사가 그 토지상에 건물을 신축하여 이를 분양한 후 그 수입으로 투입비용을 회수하고 수익자에게 수익을 교부하는 내용의 분양형 토지신탁계약에서, 토지와 신축건물을 신탁재산으로 정하여 분양하되 건물 신축을 위한 차용금채무도 신탁재산에 포함시키기로 약정하였으나 건물을 신축하는 도중에 신탁계약이 해지된 경우, 완공 전 건물의 소유권 귀속에 관하여 특별한 정함이 없는 한 신축중인 건물도 신탁재산에 포함되는 것으로 보아야 할 것이고, 따라서 신탁이 종료하면 수탁자는 신탁법 제59조 또는 제60조에 의하여 신축중인 건물에 관한 권리를 수익자 또는 위탁자나 그 상속인에게 귀속시켜야 한다*[대법원 2007. 9. 7., 선고. 2005다9685 판결].*

■ 관련판례 4

신탁법 제19조는 "신탁재산의 관리·처분·멸실·훼손 기타의 사유로 수탁자가 얻은 재산은 신탁재산에 속한다"고 규정하고 있는바, 이는 신탁재산의 형태가 변하더라도 당초 신탁재산에 속하는 것은 물론 수탁자가 신탁재산의 권리주체라는 지위에서 얻게 되는 모든 재산도 신탁재산이 된다는 것을 밝힌 것이고, 이 규정에 따라 수탁자가 신탁재산의 관리를 적절히 하지 못하여 신탁재산이 멸실·훼손되는 등의 손해가 발생한 때에 수탁자가 부담하는 손해배상금이 직접 신탁재산에 귀속된다고 하더라도, 그 멸실·훼손된 재산이 물상대위에 의하여 수탁자에게 귀속되는 것이라고는 할 수 없다*[대법원 2007. 10. 12., 선고. 2006다42566 판결].*

> **제28조(신탁재산의 첨부)**
>
> 신탁재산과 고유재산 또는 서로 다른 신탁재산에 속한 물건 간의 부합(附合), 혼화(混和) 또는 가공(加工)에 관하여는 각각 다른 소유자에게 속하는 것으로 보아 「민법」 제256조부터 제261조까지의 규정을 준용한다. 다만, 가공자가 악의인 경우에는 가공으로 인한 가액의 증가가 원재료의 가액보다 많을 때에도 법원은 가공으로 인하여 생긴 물건을 원재료 소유자에게 귀속시킬 수 있다.

1. 신탁재산의 첨부

① '첨부'란 소유자가 다른 2개 이상의 물건이 결합하여 사회관념상 분리하는 것이 불가능하게 되거나(부합, 혼화), 가공에 의하여 물건과 이에 가하여진 노력이 결합하여 사회관념상 분리하는 것이 불가능하게 된 때(가공)에는 이를 원상으로 회복하는 것이 물리적으로 가능하여도 사회경제상 대단히 불리하므로 복구를 허용하지 않고 하나의 물건으로서 어느 누구의 소유에 귀속시키려는 제도이다.

② 신탁재산과 고유재산은 모두 수탁자의 명의로 되어 있으나 신탁재산은 수탁자로부터 독립되어 존재하는 별개의 재산이므로 사실상 다른 소유자에게 속하는 것과 동일하므로, 서로 다른 소유자에게 속하는 재산으로 간주하여 「민법」상 첨부 규정을 준용한다.

③ 구법은 신탁재산과 고유재산에 각각 속한 물건 간에 발생한 첨부에 대하여만 규정하고 있어서 첨부가 발생한 물건들이 다른 신탁재산에 각각 속한 경우에는 유추적용으로 해석상 인정하였으나, 이를 명시적으로 규정하고, 조문의 제목도 부합·혼화 및 가공을 포함하는 '첨부'로 변경한다.

2. 신탁재산의 부합

가. 의의

신탁재산에 속하는 물건과 고유재산에 속하는 물건 또는 동일한 수탁자가 관리하는 여러 개의 신탁재산에 각각 속하는 물건이 결합하여 사회관념상 한 개의 물건(단일물, 합성물)으로 보이고, 그 분리가 사회관념상 불가능하거나 극히 곤란하게 된 경우, 이를 분리하지 않고 특정인의 소유에 귀속시키는 제도이다.

나. 부동산에의 부합(「민법」 제256조)

1) 의의

부동산에 동산이 부합한 경우 부동산의 소유자가 부합한 동산의 소유권을 취득하므로, 신탁재산이 부동산인 경우 부합한 동산은 신탁재산에 포함되며, 신탁재산 사이에 발생한 경우 부동산이 속한 신탁의 신탁재산에 귀속된다.

2) 요건

가) 부합되는 물건이 부동산이어야 하며, 부합하는 물건은 동산뿐만 아니라 부동산인 경우에도 가능하다.

나) 부합으로 인정되기 위한 부착·결합의 정도는 동산의 부합과 마찬가지로 사회경제상 부동산 그 자체로 보이게 되는 정도, 즉 부합한 물건을 훼손하거나 과도한 비용을 지출하지 않고서는 분리할 수 없을 정도로 부착·합체되었을 것을 필요로 하며, 부합의 원인은 인위적이든 자연적이든 불문한다.

3) 예외(「민법」 제256조 단서)

① "타인의 권원에 의하여 부속된" 물건에 대하여는 권원을 갖고 있는 타인이 계속 소유권을 보유하는바, 신탁재산에도 동일한 예외가 적용된다.

② 권원이란 지상권, 전세권, 임차권처럼 타인의 부동산에 지상물을 정착시킬 권능을 내용으로 하는 부동산이용권을 의미한다.

다. 동산 간의 부합(r민법J 제257조)

① 신탁재산과 고유재산 또는 서로 다른 신탁재산에 속한 여러 개의 동산이 부합으로 인하여 "훼손하지 아니하면 분리할 수 없거나 또는 분리에 과다한 비용을 요할 경우", 주종의 구별이 가능하면 주된 동산이 속한 재산에 귀속되고, 주종의 구별이 불가능하면 부합 당시의 가액 비율로 신탁재산과 고유재산 또는 서로 다른 신탁재산 간의 공유로 본다.

② 주종의 구별은 사회관념에 따라 결정되는 것으로 물건의 성질 및 가격이 일응의 기준이 될 것이다.

3. 신탁재산의 혼화 (「민법」 제258조)

① '혼화'란 물건이 동종의 다른 물건과 섞여서 원래의 물건을 식별할 수 없게 되는 것으로, 혼화의 객체에는 곡물, 금전과 같은 고형물과 술, 기름 등과 같은

유동물이 있다.

② 동산의 부합이 식별할 수 없는 경우를 준용하여 혼화 당시의 가액 비율로 신탁 재산과 고유재산 또는 서로 다른 신탁재산 간의 공유물로 본다.

4. 신탁재산의 가공 (「민법」 제259조)

가. 원칙 - 「민법」 제259조 제1항 본문

① '가공'이란 타인의 재료를 사용하거나 타인의 물건에 변경을 가하여 새로운 물 건을 만드는 것으로, 수선의 경우 새로운 물건이 만들어지는 것이 아니므로 가 공에 해당하지 않는다.

② '재료주의' 입법례에 따라 가공이 일어난 경우 원재료가 속한 고유재산 또는 신 탁재산에 귀속되는 것으로 본다.

나. 예외

① 가공으로 인한 가액의 증가가 원재료의 가액보다 현저하게 많은 경우 가공자인 수탁자 또는 제3자의 소유이다(「민법」 제259조 제1항 단서).

② 그러나 가공자인 수탁자나 제3자가 악의인 경우, 즉 해당 원재료가 신탁재산에 속하는 사실을 안 경우에는 법원의 결정으로 새로운 물건을 원재료가 속한 신 탁재산에 귀속시킬 수 있다(제28조 단서). 수탁자는 분별관리의무(제37조)를 부 담하므로 신탁재산을 가공하는 경우 악의의 가공으로 추정된다.

5. 첨부 시 제3자의 권리(「민법」 제260조, 제261조)

① 첨부로 인하여 소유권이 소멸한 물건 위에 존재하던 권리는 소멸하므로 (「민법」 제260조 제1항), 부합 등이 되는 물건 위에 설정된 제3자의 저당권 등 은 소멸하며, 대상 물건이 신탁재산인 경우 수익자의 수익권은 부당이득반환청 구권에 존속한다(제27조, 제28조, 「민법」 제261조).

② 구 물건의 소유자가 신 물건의 단독소유권을 취득하는 경우 제3자의 권리는 신 물건 위에 존속하므로(「민법」 제260조 제2항), 단독소유권이 신탁재산에 귀속되 는 경우 수익자의 수익권은 신 물건에 대하여도 효력을 갖게 된다.

③ 구 물건의 소유자가 신 물건의 공유자로 되는 경우 제3자의 권리는 그 지분 위 에 존속하므로(「민법」 제260조 제2항), 신탁재산과 귀속재산 간, 신탁재산 간의

공유가 되면 수익자의 수익권도 그 공유지분에 대하여 효력을 갖게 된다.

■ 관련판례 1

신탁재산의 소유관계, 신탁재산의 독립성, 신탁등기의 대항력, 구 신탁법(2011. 7. 25. 법률 제 10924호로 전부 개정되기 전의 것, 이하 같다) 제3조 제1항, 제20조, 제24조, 제30조의 취지 등에 비추어 보면, 부동산에 대한 점유취득시효가 완성될 당시 부동산이 구 신탁법상의 신탁계약에 따라 수탁자 명의로 소유권이전등기와 신탁등기가 되어 있더라도 수탁자가 신탁재산에 대하여 대내외적인 소유권을 가지는 이상 점유자가 수탁자에 대하여 취득시효 완성을 주장하여 소유권이 전등기청구권을 행사할 수 있지만, 이를 등기하지 아니하고 있는 사이에 부동산이 제3자에게 처분 되어 그 명의로 소유권이전등기가 마쳐짐으로써 점유자가 제3자에 대하여 취득시효 완성을 주장할 수 없게 되었다면 제3자가 다시 별개의 신탁계약에 의하여 동일한 수탁자 명의로 소유권이전등기 와 신탁등기를 마침으로써 부동산의 소유권이 취득시효 완성 당시의 소유자인 수탁자에게 회복되 는 결과가 되었더라도 수탁자는 특별한 사정이 없는 한 취득시효 완성 후의 새로운 이해관계인에 해당하므로 점유자는 그에 대하여도 취득시효 완성을 주장할 수 없다. 이 경우 점유자가 수탁자의 원래 신탁재산에 속하던 부동산에 관하여 점유취득시효 완성을 원인으로 하는 소유권이전등기청구 권을 가지고 있었다고 하여 수탁자가 별개의 신탁계약에 따라 수탁한 다른 신탁재산에 속하는 부 동산에 대하여도 소유권이전등기청구권을 행사할 수 있다고 보는 것은 신탁재산을 수탁자의 고유 재산이나 다른 신탁재산으로부터 분리하여 보호하려는 신탁재산 독립의 원칙의 취지에 반하기 때 문이다[대법원 2016. 2. 18., 선고, 2014다61814, 판결].

■ 관련판례 2

대지사용권은 구분소유자가 전유부분을 소유하기 위하여 건물의 대지에 대하여 갖는 권리로서 반 드시 대지에 대한 소유권과 같은 물권에 한정되는 것은 아니고 등기가 되지 않는 채권적 토지사용 권도 대지사용권이 될 수 있으며, 신탁계약의 내용이 신탁등기의 일부로 인정되는 신탁원부에 기 재된 경우 이를 제3자에게 대항할 수 있으나, 대지사용권은 권리로서 유효하게 존속하고 있어야 하므로 사후에 효력을 상실하여 소멸한 토지사용권은 더 이상 전유부분을 위한 대지사용권이 될 수 없다[대법원 2011. 9. 8., 선고, 2010다15158, 판결].

■ 관련판례 3

상가건물을 신축분양하는 사업의 시행사가 구 건축물의 분양에 관한 법률(2007. 8. 3. 법률 제 8635호로 개정되기 전의 것)에 따라 신탁회사와 체결한 신탁계약에서 "위탁자가 피분양자에게 소유권을 이전하기 위하여 신탁해지를 요청하는 경우 수탁자는 신탁해지와 동시에 피분양자에게 소유권이전등기가 경료되도록 하거나 피분양자에게 직접 소유권이전등기를 할 수 있다."라고 정한 사안에서, 위 조항은 신탁계약으로 인하여 분양목적물인 신탁부동산의 소유명의가 분양자가 아닌 수탁자에게 귀속하게 되므로, 위탁자와 수탁자 사이에서 정한 절차와 내용에 따른 정상적인 분양계약이 이루어진 경우 소유명의자인 수탁자로부터 궁극적으로 피분양자에게 분양된 목적물의 소유권이전등기가 용이하게 경료될 수 있도록 하기 위하여 위탁자는 분양된 목적물에 관하여 신탁을 해지할 수 있는 권리를 가지고, 다만 그와 같이 신탁이 해지된 경우 수탁자로 하여금 분양목적물에 관한 소유권이전등기를 위탁자에게 경료하는 대신 피분양자에게 직접 경료하게 하는 것도 허용하는 취지를 규정하고 있다고 해석하여야 하나, 위 분양사업의 예상매출액과 예상비용을 세부 항목별로 구체적으로 기재한 사업성 분석표에 기재된 분양가격의 4분의 1에도 미치지 아니하는 정도의 현저한 저가에 분양이 이루어진 경우까지 피분양자 앞으로 신탁해지에 기한 소유권이전등기가 허용된다면 수익자의 이익을 심각하게 해치게 될 것임이 명백하여 신탁계약의 본지에 반하게 되므로, 이러한 경우에도 위탁자에게 위 조항에 따른 신탁해지권이 부여된다고 해석할 수는 없다고 한 사례[대법원 2011. 3. 10., 선고, 2009다50353, 판결].

■ 관련판례 4

민법 제197조 제1항에 의하면 물건의 점유자는 소유의 의사로 점유한 것으로 추정되므로 점유자가 취득시효를 주장하는 경우에 있어서 스스로 소유의 의사를 입증할 책임은 없고, 오히려 그 점유자의 점유가 소유의 의사가 없는 점유임을 주장하여 점유자의 취득시효의 성립을 부정하는 자에게 그 입증책임이 있다(대법원 1997. 8. 21. 선고 95다28625 전원합의체 판결, 대법원 2007. 12. 27. 선고 2007다42112 판결 참조). 그리고 신탁법상의 신탁은 위탁자가 수탁자에게 특정의 재산권을 이전하거나 기타의 처분을 하여 수탁자로 하여금 신탁 목적을 위하여 그 재산권을 관리·처분하게 하는 것이므로(신탁법 제1조 제2항), 부동산의 신탁에 있어서 수탁자 앞으로 소유권이전등기를 마치게 되면 대내외적으로 소유권이 수탁자에게 완전히 이전되고, 위탁자와의 내부관계에 있어서 소유권이 위탁자에게 유보되어 있는 것은 아니라 할 것이며, 이와 같이 신탁의 효력으로서 신탁재산의 소유권이 수탁자에게 이전되는 결과 수탁자는 대내외적으로 신탁재산에 대한 관리권을 갖는 것이다 (대법원 2002. 4. 12. 선고 2000다70460 판결 참조).

■ 관련판례 5

신탁법 제1조 및 제28조에 의하면, 신탁이란 수탁자가 수익자의 이익을 위하여 또는 특정의 목적을 위하여 위탁자로부터 이전받은 재산권을 관리, 처분하는 법률관계로서 수탁자는 신탁의 본지에 따라 선량한 관리자의 주의로써 신탁재산을 관리 또는 처분하여야 하고, 신탁법 제42조에 의하면, 수탁자가 신탁사무의 처리에 있어서 부담하게 되는 비용 또는 과실 없이 입게 된 손해에 관하여 신탁재산 또는 수익자에 대하여 보상을 청구할 수 있는 한편, 신탁법 제44조, 제38조에 의하면, 수탁자가 신탁재산의 관리를 적절히 하지 못하여 신탁재산의 멸실, 감소 기타의 손해를 발생하게 한 경우에는 수탁자는 위탁자 등에게 그 손해를 배상할 의무가 있고 이러한 손실보상의무를 이행한 후에만 위탁자 등에 대한 비용상환청구권을 행사할 수 있도록 규정하고 있는바, 위 규정의 취지에 의하면, 수탁자가 신탁의 본지에 따라 신탁사업을 수행하면서 정당하게 지출하거나 부담한 신탁비용 등에 관하여는 신탁자에게 보상을 청구할 수 있지만, 수탁자가 선량한 관리자의 주의를 위반하여 신탁비용을 지출한 경우에는 그 과실로 인하여 확대된 비용은 신탁비용의 지출 또는 부담에 정당한 사유가 없는 경우에 해당하여 수탁자는 비용상환청구를 할 수 없다고 봄이 상당하다. 그런데 토지개발신탁에 있어서는 장기간에 걸쳐 사업이 진행되고 부동산 경기를 예측한다는 것이 쉽지 않은 일이어서 경우에 따라 대규모의 손실이 발생할 수 있는 것인데, 수탁자가 부동산신탁을 업으로 하는 전문가로서 보수를 지급받기로 한 후 전문지식에 기초한 재량을 갖고 신탁사업을 수행하다가 당사자들이 예측하지 못한 경제상황의 변화로 신탁사업의 목적을 달성하지 못한 채 신탁계약이 중도에 종료되고, 이로 인하여 위탁자는 막대한 신탁비용채무를 부담하는 손실을 입게 된 사정이 인정된다면, 신탁비용의 지출 또는 부담에서의 수탁자의 과실과 함께 이러한 사정까지도 고려하여 신의칙과 손해의 분담이라는 관점에서 상당하다고 인정되는 한도로 수탁자의 비용상환청구권의 행사를 제한할 수 있다고 할 것이다 [대법원 2006. 6. 9. 선고 2004다24557 판결 참조].

■ 관련판례 6
특정금전신탁에 있어서 신탁회사의 선관주의의무 위반 등으로 인한 손해배상청구권의 묵시적 포기를 인정하기 위해서는 단순히 위탁자 또는 수익자(이하 '수익자 등'이라고 한다)가 거래 내용과 손실 발생 여부를 알고서도 신탁회사에게 아무런 이의를 제기하지 않았다거나 선관주의의무 등을 위반하여 취득한 신탁자산의 운용수익을 일부 지급받았다는 사정만으로는 부족하고, 수익자 등이 이의를 제기하지 않거나 운용수익을 일부 지급받은 동기나 경위 등 그러한 행위를 하게 된 전후 사정뿐 아니라, 그와 같은 행위를 함에 있어서 수익자 등이 신탁회사에 대하여 손해배상청구권을 행사할 수 있음에도 불구하고 이를 포기한다는 점을 충분히 인식할 수 있는 상황에 있었는지, 수익자 등이 손해배상청구권을 포기할 만한 동기나 이유가 있었는지 여부 등 여러 사정을 종합적으로 검토하여 신중하게 판단하여야 한다 [대법원 2007. 11. 29., 선고, 2005다64552, 판결].

신탁계약상 수익자는 신탁이익을 향수할 권리를 포함하여 신탁법상의 여러 가지 권리, 의무를 갖게 되므로, 이러한 지위에 있게 되는 수익자를 정하는 것은 위탁자와 수탁자 간의 신탁계약 내용의 중요한 요소에 해당하는 것이어서, 수익자의 변경에는 계약 당사자인 위탁자와 수탁자의 합의가 있어야 하고, 미리 신탁계약에서 위탁자에게 일방적인 변경권을 부여하는 취지의 특약을 하지 않은 한 수탁자의 동의 없이 위탁자가 일방적으로 수익자를 변경할 수는 없다[대법원 2007. 5. 31., 선고, 2007다13312, 판결].

> **제29조(신탁재산의 귀속 추정)**
> ① 신탁재산과 고유재산 간에 귀속관계를 구분할 수 없는 경우 그 재산은 신탁재산에 속한 것으로 추정한다.
> ② 서로 다른 신탁재산 간에 귀속관계를 구분할 수 없는 경우 그 재산은 각 신탁재산 간에 균등하게 귀속된 것으로 추정한다.

1. 신탁재산과 고유재산에 속한 재산 (제1항)

가. 의의

    ① 신탁재산에 속하는 재산과 고유재산에 속하는 재산 사이에 권리의 귀속관계를 구분할 수 없는 경우에는 그 재산 전체에 대하여 일응 신탁재산에 귀속되는 것으로 추정한다.

    ② 위 추정은 '법률상의 추정'이므로 사실상 입증책임이 전환되어 수익자 등은 재산 중 일부가 신탁재산이라는 사실을 증명하면 되고, 수탁자는 섞여진 재산 중 자신의 고유재산을 구분하여 존재한다는 사실을 적극적으로 증명해야 한다(본증).

나. 추정 근거

    ① 신탁재산의 추정규정은 수탁자가 재산을 혼합하여 잠재적 이익을 실현하기 위한 시도를 사전에 방지하고, 재산의 관리능력이 인정되어 선임된 수탁자가 신탁재산을 신탁을 위해 관리하였다면 수탁자가 얻는 이익은 당연히 신탁의 이익이 되었을 것이므로 수탁자가 의무위반으로 신탁재산을 사용해 취득한 이익은 당연히 신탁재산에 귀속되어야 한다는 점을 근거로 한다.

    ② 일본의 개정 신탁법과 같이 「민법」상 부합의 원리에 따라 물리적으로 분별이 가능한 경우에는 공유재산으로 추정하여 구별할 수 없게 된 때의 가액비율에 따른 공유지분이 각 재산에 귀속되는 것으로 하자는 견해가 있으나, 분별관리의무의 위반 등 수탁자의 귀책사유가 있는 경우에도 공유가 인정되어 결국 수탁자에게는 손실이 없다는 점, 수익자 등 수탁자 이외의 사람은 신탁재산의 이익을 입증하기 어렵다는 점, 수탁자는 신탁재산을 이용하여 이득을 공유하는 결과 신탁이익의 향수금지원칙(제36조)에 위배된다는 점 등을 고려하여 전체재산의 신탁재산 귀속을 추정하도록 규정한다.

2. 신탁재산 간에 속한 재산 (제2항)

① 동일한 수탁자가 관리하는 서로 다른 신탁의 신탁재산들이 섞여서 권리귀속관계를 알 수 없는 경우, 신탁 간에는 동일한 법적 지위가 인정되므로, 주종에 상관없이 그 재산들이 각 신탁재산에 공동으로 귀속되는 것으로 추정한다.

② 귀속비율은 원칙적으로 균등한 것으로 추정되며, 각 신탁재산의 혼합시 가액비율 등에 따라 지분이 균등하지 않은 경우에는 주장하는 자가 적극적으로 입증하여야 한다.

■ 관련판례

주택재건축조합의 일반분양분 토지에 대한 취득은 주택재건축조합이 사업시행자가 되어 주택사업을 진행한 후 사업비 충당 등을 위하여 비조합원에게 이를 분양하는 수익사업에 해당하므로 이를 위한 일반분양분 토지의 취득에 과세하는 것이 실질과세의 원칙에 위반한다고 볼 수 없고, 주택재건축사업 중 일반분양분과 관련한 사업은 주택재건축조합 자신의 사업으로서 그에 의하여 발생하는 이익이 일단 주택재건축조합에 귀속되는 것이므로 법률적으로나 경제적 실질에 있어서나 오로지 타인의 사무를 처리하는 통상적인 신탁과는 다른 점이 존재하므로 법적 특수성을 가지는 주택재건축조합 등과 조합원 간의 신탁재산 취득을 통상적인 신탁법상 신탁에서와는 달리 비과세의 대상에서 제외하고 있다고 하여 평등의 원칙에 위반한다고 볼 수 없다고 한 사례[서울행법 2005. 12. 29., 선고, 2004구합33275, 판결 : 항소].

> **제30조(점유하자의 승계)**
> 수탁자는 신탁재산의 점유에 관하여 위탁자의 점유의 하자를 승계한다.

1. 의의

① 신탁재산이 위탁자로부터 독립하여 존재하는 것이므로 위탁자에 관하여 신탁재산에 존재하는 목적물의 점유·권리의 하자, 신탁행위의 하자 등은 차단되어야 할 것이나, 하자 있는 물건을 점유하는 위탁자가 신탁재산을 선의의 수탁자에게 이전하여 선의점유의 보호를 받으려는 등 점유의 하자를 부당하게 소멸시키고 양수인의 취득을 방해하는 신탁제도의 남용을 방지하는 것이다.

② 신탁이 설정되어 신탁재산이 위탁자로부터 수탁자에게 이전될 때 수탁자에게는 「민법」제199조에 따른 점유승계의 선택권이 인정되지 않고, 위탁자의 점유의 하자가 그대로 수탁자에게 승계된다.

2. 적용 범위

가. 승계되는 하자

① '점유의 하자'란 선의·무과실·평온·공연·계속점유 중 어느 하나의 요건이 흠결되는 것을 의미란다.

② 신탁의 성질상 수탁자에게 '소유의 의사'가 인정되기 어려우므로 수탁자의 점유는 '타주점유'에 해당한다.

③ 현행법은 구법과 마찬가지로 '점유의 하자'만을 규정하고 있으나, 신탁행위 당시에 신탁재산에 관하여 존재하는 위탁자의 무권리, 항변권 및 취소권의 부착, 변제에 의한 소멸 등의 권리의 하자도 승계되는 것으로 해석되어 항변이 절단되지 않는다.

나. 인정되는 신탁의 유형

① 이 조항은 하자 있는 물건의 점유자인 위탁자가 신탁제도를 남용하는 것을 저지하기 위한 규정이므로 자익신탁의 유형에 한정되고, 타익신탁의 경우 수익자의 보호를 위하여 위탁자로부터의 독립성이 인정되어야 하므로 위탁자가 수익자와 통모하거나 실질적으로 자익신탁과 동일시할 수 있는 경우에 한정된다는 견해와 자익신탁과 타익신탁을 구별할 필요가 없다는 견해가 대립한다.

② 적용범위에 대하여 일본의 개정 신탁법과 동일한 입장으로, 별도의 규정을 명시하지 않고 학설·판례의 해석론에 맡긴다.

3. 하자승계의 효과

① 위탁자의 점유가 악의·과실·강폭(强暴)·은비(隱秘)·불계속 점유 중 어느 하나에 해당하는 경우 수탁자의 점유에도 동일한 하자가 인정되므로, 수탁자는 위탁자가 악의인 경우「민법」제101조 제1항에 따라 과실취득권을 취득할 수 없고, 제249조에 따라 선의취득도 할 수 없다.

② 무기명 또는 지시식의 유가증권인 경우 점유를 상실한 자는 취득자의 악의 또는 중과실을 증명하지 못하는 경우 도품이나 유실품이라도 반환을 청구할 수 없으나(「어음법」제16조 제2항),「수표법」제21조), 그 유가증권이 신탁재산인 경우에는 수탁자가 선의 또는 단순한 과실로 인수하였어도 점유를 상실한 자로부터 반환을 청구받게 된다.

③ 권리의 하자도 승계되는 것으로 해석되므로 거래의 안전을 보호하기 위하여 법률이 특별하게 인정한 표현법리, 공신의 원칙, 유가증권에서의 항변절단 등도 인정되지 않는다.

■ **관련판례**

피고가 제기하였다가 패소한 위 소송이 ○○신탁이 파산선고를 받은 후에 제기되었을 뿐만 아니라 원고와의 신탁계약도 종료된 후임은 앞서 본 바이나, 한편, 신탁재산은 수탁자의 고유재산이 된 것을 제외하고는 수탁자의 파산재단을 구성하지 아니한다고 규정한 신탁법 제22조 등(제30조 내지 제32조 참조) 신탁재산과 고유재산은 원칙적으로 엄격하게 분리되어 관리되어야 한다고 규정하고 있는 점, 신탁법 제11조에서 파산선고를 받은 수탁자의 파산관재인은 신수탁자가 신탁사무를 처리할 수 있게 될 때까지 신탁재산을 보관하고 신탁사무인계에 필요한 행위를 할 수 있다고 규정하고 있는바, 피고가 원고에 대하여 제기한 위 소송이 고유재산으로 구성된 파산재단의 관리자의 지위가 아닌 위 법조에 근거한 신탁재산의 관리자의 지위에서 제기한 것으로 볼 수 있는 점, 여기에 파산법에서 정한 재단채권이라 함은 원칙적으로 파산채권자의 공동의 이익을 위하여 지출된 비용에 대한 청구권 또는 파산채권자의 공동의 이익을 위하여 파산관재인이 새로운 법률행위를 행한 결과 발생한 청구권 등으로서 파산절차의 원활한 수행을 위한 비용청구권을 예정하고 있는 것으로 해석되는 점 등을 종합해보면, 비록 이 사건 소송비용상환청구권이 파산선고 후에 발생하였다고 하더라도 파산법 제38조(특히 제4호)에서 정하는 재단채권으로 볼 수 없다.

따라서 원고의 청구는 이유 없다*[서울중앙지방법원 2009. 5. 19., 선고, 2009나2728, 판결].*

제4장 수탁자의 권리 · 의무

> **제31조(수탁자의 권한)**
> 수탁자는 신탁재산에 대한 권리와 의무의 귀속주체로서 신탁재산의 관리, 처분 등을 하고 신탁 목적의 달성을 위하여 필요한 모든 행위를 할 권한이 있다. 다만, 신탁행위로 이를 제한할 수 있다.

1. 수탁자의 권한

가. 규정의 취지

① 수탁자는 신탁재산의 명의자로서 신탁재산에 대한 권리·의무의 귀속주체가 되고, 신탁 목적의 달성을 위하여 신탁재산을 자신의 소유물과 같이 처분, 관리 등을 할 수 있는 권한을 갖고 있다.

② 수탁자의 권한은 특정된 신탁재산에 대한 물적 관리권(수탁자 행위의 효과는 신탁재산에 귀속되고 직접 수익자에게 미치는 것은 아님)이자 배타적 관리권의 성질을 갖게 된다.

나. 규정 방법

신탁은 신탁의 목적, 신탁재산의 종류, 수탁자의 전문성 등에 따라 다양한 형태로 설계가 가능하므로 수탁자의 권한도 각 신탁에 따라 다양하고, 수탁자의 권한에 대한 구체적 규정을 두는 경우 새로운 유형의 신탁에서 수탁자의 권한 행사가 적법한 것인지 여부에 대한 법적 분쟁을 야기할 가능성이 높다.

2. 권한의 범위

가. 원칙 (본문)

① 수탁자는 신탁재산의 소유자로서 관리행위, 처분행위, 운용행위, 개발행위 및 그 밖에 신탁의 목적을 달성하기 위하여 필요한 모든 행위를 할 수 있는 권한이 있다.

② "모든 행위"에는 법률행위뿐만 아니라, 소송행위, 사실행위 등도 포함되고, 신탁행위나 법령에 따라 수탁자의 권한으로 명시된 행위뿐만 아니라 해석상 인정되는 묵시적 권한에 따른 행위도 포함된다.

나. 제한 (단서)

① 수탁자의 권한은 원칙적으로 신탁행위에 의하여 부여되는 것이므로 신탁행위로 권한을 제한할 수 있다.

② 다만, 수탁자의 권한을 지나치게 제한하여 신탁으로 볼 수 없을 정도에 이르면 신탁으로서의 효력이 부정될 수 있다.

3. 권한을 초과한 행위의 효과

수탁자가 권한을 초과하여 신탁사무를 수행한 경우의 효력은 학설·판례의 해석론에 따라 결정될 문제이다.

■ 관련판례 1

현행 저작권법의 저작권위탁관리제도는 저작권신탁관리업과 저작권대리중개업으로 구분되는데, 저작권신탁관리업은 문화체육관광부장관의 허가사항, 저작권대리중개업은 신고사항이고(저작권법 제105조 제1항), 허가를 받지 아니하고 저작권신탁관리업을 한 자는 1년 이하의 징역 또는 1천만원 이하의 벌금에 처하도록 규정하고 있다(저작권법 제137조 제1항 제4호). 한편 저작권법 제2조 제26호는, '저작권신탁관리업'은 저작재산권자, 배타적발행권자, 출판권자, 저작인접권자 또는 데이터베이스제작자의 권리를 가진 자를 위하여 그 권리를 신탁받아 이를 지속적으로 관리하는 업을 말하며 저작물 등의 이용과 관련하여 포괄적으로 대리하는 경우를 포함한다고 규정하고 있다. 구 저작권법(2006. 12. 28. 법률 제8101호로 전부 개정되기 전의 것)은 제2조 제19호에서 저작권대리중개업을 정의하며 '그 이용에 관한 포괄적 대리를 제외한다'고 소극적으로 규정하고 있었는데, 2006. 12. 28.자로 개정된 저작권법은 저작권신탁관리업에 포괄적 대리가 포함됨을 명확히 하였고, 이는 저작권대리중개업자가 신고만으로 신탁관리업자의 허가요건을 회피하여 실질적으로 신탁관리업자와 같은 행위로 운영하는 것을 규제하기 위한 것이다.

한편 저작권신탁관리의 법적 성질은 신탁법상 신탁에 해당하고, 신탁은 권리의 종국적인 이전을 수반하여 신탁행위 등으로 달리 정함이 없는 한(신탁법 제31조) 신탁자가 수탁자의 행위에 원칙적으로 관여할 수 없는 것이 대리와 구분되는 가장 큰 차이이다. 그에 따라 신탁관리업자는 신탁의 본지에 반하지 않는 범위에서 스스로 신탁받은 저작재산권 등을 지속적으로 관리하며 저작재산권 등이 침해된 경우 권리자로서 스스로 민·형사상 조치 등을 할 수 있다. 따라서 저작권대리중개업자가 저작재산권 등을 신탁받지 않았음에도 사실상 신탁관리업자와 같은 행위로 운영함으로써 저작물 등의 이용에 관하여 포괄적 대리를 하였는지를 판단함에 있어서는, 저작권대리중개업자의 저작물 등의 이용에 관한 행위 가운데 위와 같은 저작권신탁관리의 실질이 있는지를 참작하여야 한다[대법원 2019. 7. 24., 선고, 2015도1885, 판결].

■ 관련판례 2

수탁자와 수익자 간의 이해가 상반되어 수탁자가 신탁사무를 수행하는 것이 적절하지 아니한 경우 법원은 이해관계인의 청구에 의해 신탁재산관리인을 선임할 수 있다(신탁법 제17조 제1항). 수탁 자와 수익자 간의 이해가 상반되어 수탁자가 신탁사무를 수행하는 것이 적절하지 아니한 경우란, 행위의 객관적 성질상 수탁자와 수익자 사이에 이해의 대립이 생길 우려가 있어 수탁자가 신탁사 무를 수행하는 것이 적절하지 아니한 경우를 의미하고, 수탁자의 의도나 그 행위의 결과 실제로 이해의 대립이 생겼는지 여부는 묻지 아니한다. 수탁자는 수익자의 이익을 위하여 신탁사무를 처 리해야 하는 충실의무를 부담할 뿐이므로(신탁법 제33조), 수익자 아닌 이해관계인, 예를 들어 신 탁채권자나 위탁자 등과의 관계에서 이해의 대립이 생길 우려가 있는지는 신탁법 제17조 제1항의 이해상반을 판단할 때에 고려할 사항이 아니다.

한편 이와 같이 선임된 신탁재산관리인은 선임된 목적 범위 내인 '수탁자와 수익자 간의 이해가 상반되어 수탁자가 신탁사무를 수행하는 것이 적절하지 아니한 경우'에 한하여 수탁자와 동일한 권리·의무가 있고, 그 외의 사항에 관하여는 수탁자가 여전히 신탁재산에 대한 권리와 의무의 귀 속주체로서 신탁법 제31조에 따른 권한을 가진다[대법원 2018. 9. 28., 선고, 2014다79303, 판결].

■ 관련판례 3

수탁자와 수익자 간의 이해가 상반되어 수탁자가 신탁사무를 수행하는 것이 적절하지 아니한 경우 법원은 이해관계인의 청구에 의해 신탁재산관리인을 선임할 수 있다(신탁법 제17조 제1항). 수탁 자와 수익자 간의 이해가 상반되어 수탁자가 신탁사무를 수행하는 것이 적절하지 아니한 경우라 함은, 행위의 객관적 성질상 수탁자와 수익자 사이에 이해의 대립이 생길 우려가 있어 수탁자가 신탁사무를 수행하는 것이 적절하지 아니한 경우를 의미하고, 수탁자의 의도나 그 행위의 결과 실 제로 이해의 대립이 생겼는지 여부는 묻지 아니한다. 수탁자는 수익자의 이익을 위하여 신탁사무 를 처리해야 하는 충실의무를 부담할 뿐이므로(신탁법 제33조), 수익자 아닌 이해관계인, 예를 들 어 신탁채권자나 위탁자 등과의 관계에서 이해의 대립이 생길 우려가 있는지 여부는 신탁법 제17 조 제1항의 이해상반을 판단할 때에 고려할 사항이 아니다.

한편 이와 같이 선임된 신탁재산관리인은 선임된 목적 범위 내인 '수탁자와 수익자 간의 이해가 상반되어 수탁자가 신탁사무를 수행하는 것이 적절하지 아니한 경우'에 한하여 수탁자와 동일한 권리·의무가 있고, 그 외의 사항에 관하여는 수탁자가 여전히 신탁재산에 대한 권리와 의무의 귀속주체로서 신탁법 제31조에 따른 권한을 가진다.

원심은 그 판시와 같은 이유로, 이 사건 강제집행이 신탁법 제17조 제1항의 수탁자와 수익자 간의 이해가 상반되는 행위라고 볼 수 없으므로, 수탁자를 채무자 겸 소유자로 하여 개시된 이 사건 강제집행은 유효하다고 보아 원고의 청구를 기각하였다.

원심판결 이유를 앞서 본 법리와 기록에 비추어 살펴보면, 원심의 판단에 상고이유 주장과 같은 신탁재산관리인이 선임된 경우 신탁재산관리인과 수탁자의 권한에 관한 신탁법 제17조의 법리를 오해한 위법이 없다[대법원 2018. 9. 28., 선고, 2017다244931, 판결].

■ **관련판례 4**

채무자 甲 주식회사와 채무자가 아닌 乙 등이 甲 회사의 丙 은행에 대한 대출금 채무를 담보하기 위하여 자신들이 소유한 부동산들을 신탁하였는데, 그 후 우선수익자인 丙 은행의 청구로 신탁부동산들이 처분되어 처분대금에서 丙 은행에 배분할 수익금을 공제하여 지급하는 방식으로 대출금 채무를 상환하게 된 사안에서, 자신의 채무를 담보하기 위하여 부동산을 신탁하는 위탁자는 신탁부동산의 처분대금이 채무의 변제에 충당된다는 것을 당연한 전제로 하는 반면, 다른 사람의 채무를 담보하기 위하여 부동산을 신탁하는 위탁자는 채무자가 신탁한 부동산의 처분대금으로 채무가 전부 변제된다면 자신이 신탁한 부동산이나 그에 갈음하는 물건은 그대로 반환된다는 것을 전제로 하여 신탁계약을 체결하였다고 봄이 당사자의 의사에 부합하는 점 등에 비추어 우선 甲 회사가 신탁한 부동산 부분의 처분대금에서 丙 은행에 대한 수익금을 공제하는 방식으로 대출금을 상환하여야 한다고 본 원심판단을 정당하다고 한 사례[대법원 2014. 2. 27., 선고, 2011다59797,59803, 판결].

■ **관련판례 5**

신탁회사가 신탁법 제31조 제1항을 위반하여 행한 신탁재산과 고유재산 간의 거래는 무효라고 할 것이고, 그 거래가 수익자에게 이익이 된다는 사정만으로는 그와 같은 거래를 유효하다고 볼 수 없다(대법원 2009. 1. 30. 선고 2006다62461 판결 참조).

원심판결 이유에 의하면, 원심은, 신탁회사인 피고가 자기자금과 외부차입금을 고유계정에 혼입하여 보관 중 자기자금으로 이 사건 신탁계정에 대여하는 경우 피고는 그 대여금 상당을 다른 신탁사무 처리에 투입하거나 피고의 자체 사무 처리에 이용하지 못하게 됨에 따라 결국 외부로부터 자금을 차입하여야 한다는 이유로 피고가 고유계정에서 신탁계정에 대여한 돈이 자기자금인 경우에도 외부차입금과 같은 차입비용을 신탁재산에 관한 비용으로 보아야 한다고 판단하였다.

그러나 앞에서 본 법리에 비추어 살펴보면, 피고가 자기자금으로 이 사건 신탁계정에 대여한 거래는 신탁법 제31조 제1항을 위반한 거래로서 무효라고 할 것이므로, 피고가 자기자금을 위 신탁계정에 대여한 것으로 인하여 이 사건 신탁사무 처리를 위하여 어떤 비용을 실제로 정당하게 지급하거나 부담하게 되었는지를 주장·입증하여 비용보상을 청구할 수 있음은 별론으로 하더라도 무효인 대여금채권을 근거로 외부 차입 시 발생하는 이자 상당의 차입비용이 발생하였다고 보기 어렵다.

그럼에도 원심이, 피고가 자기자금으로 이 사건 신탁계정에 대여한 경우에도 외부차입금과 같은 차입비용이 발생한다고 판단한 데에는 신탁법 제31조 제1항의 해석·적용에 관한 법리를 오해하여 판결에 영향을 미친 위법이 있다. 이 점을 지적하는 원고의 상고이유 주장은 이유 있다[대법원 2011. 6. 10., 선고, 2011다18482, 판결].

> **제32조(수탁자의 선관의무)**
> 수탁자는 선량한 관리자의 주의(注意)로 신탁사무를 처리하여야 한다. 다만, 신탁행위로 달리 정한 경우에는 그에 따른다.

1. 수탁자의 주의의무의 정도

① 「신탁법」상 수탁자는 보수를 받지 않는 것이 원칙이고(제47조 제1항), 일회적 사무를 전제로 하는 위임과 달리 신탁은 장기간 존속하는 관계이며, 가족신탁과 같은 민사신탁의 경우 비전문가가 수탁자로 선임될 수 있다는 점에서 수탁자의 주의는 자기재산과 동일한 주의로 충분하다는 견해가 있다.

② 그러나 수탁자는 신탁재산의 명의인으로서 완전한 지배권을 갖지만 신임관계를 기초로 위탁자가 설정한 신탁 목적의 구속을 받아야 하므로 타인의 재산관리자와 동일한 지위에 있다고 할 수 있어 수탁자에게 원칙적으로 선량한 관리자의 주의의무를 인정한다.

2. 선량한 관리자의 주의의무의 의의

① 선량한 관리자의 주의(이하 '선관주의'라고 함)란 거래상 일반적으로 평균인에게 요구되는 정도의 주의로, 그 자가 종사하는 직업, 그가 속한 사회적 지위 등에 따라서 보통 일반적으로 요구되는 주의를 의미한다(객관적 주의의무).

② 선관주의의무 위반이 되는지 여부는 구체적 상황에서 수탁자의 해당 신탁사무가 타인의 재산을 관리하는 자의 행동으로서 합리적인지 여부를 기준으로 결정된다.

③ 사법상 원칙적인 주의의무로 과실(추상적 과실)의 판단기준이 된다.

3. 적용 범위

① 수탁자가 신탁사무로 하는 행위, 즉 신탁재산의 관리행위, 처분행위, 운용행위, 개발행위 및 그 밖의 신탁 목적의 달성을 위하여 필요한 행위뿐만 아니라, 수익자의 서류열람청구 또는 설명요구에 대한 행위 등 신탁재산의 처분 등과 관련되지 않은 신탁사무를 수행할 때에도 선관주의로 하여야 한다.

② 신탁재산에서 보수를 받는 유상수탁자뿐만 아니라 보수를 받지 않는 무상수탁자

의 경우에도 원칙적으로 선관주의의무를 부담한다.

4. 선관주의의무의 경감

① 사적자치의 원칙에 따라 수탁자의 의무와 책임을 설정하는 것은 위탁자의 권한이고, 가족신탁 등 일반 민사신탁의 경우 수탁자에게 신탁회사와 동일한 주의의무를 기대하기 어려우므로, 제32조 단서는 신탁행위로 수탁자의 주의의무를 경감할 수 있도록 규정한다.

② 주의의무의 경감 정도는 자기재산 관리에 준하는 주의 정도로도 경감이 가능하고, 개별 사무별로 주의의무의 정도가 다르게 적용되도록 할 수도 있다.

③ 수탁자가 고의 또는 중과실로 선관주의의무를 위반한 경우에도 책임을 부담하지 않는 면책특약이 가능한지에 대하여 공서양속이나 신의칙에 위반되므로 전부 또는 일부무효가 될 것이라는 견해가 있으며, 미국의 표준신탁법전도 이러한 면책 합의는 허용하지 않는다.

5. 선관주의의무 위반의 효과

수탁자가 선관주의의무를 위반하여 신탁사무를 수행한 결과 신탁재산에 손해가 발생하거나 신탁재산이 변경된 경우에는, 수익자 등은 제43조 제1항 및 제2항에 따라 원상회복청구나 손해배상청구를 할 수 있다.

■ 관련판례 1

신탁법 제43조 제1항은 "수탁자가 그 의무를 위반하여 신탁재산에 손해가 생긴 경우 위탁자, 수익자 또는 수탁자가 여럿인 경우의 다른 수탁자는 그 수탁자에게 신탁재산의 원상회복을 청구할 수 있다."라고 정하고 있다. 수탁자가 신탁법 제32조에 따른 선관의무를 위반하여 신탁재산에 손해가 생겼다면, 위탁자, 수익자, 또는 수탁자가 복수인 경우에는 의무를 위반한 수탁자가 아닌 다른 수탁자 중 누구라도, 의무를 위반한 수탁자를 상대로 신탁재산의 원상회복을 청구할 수 있다. 이때 '신탁재산의 원상회복'이란 신탁재산의 원상회복을 청구하는 청구권자에게 신탁재산을 원상으로 회복한다는 뜻이 아니라, 신탁재산이었던 원물을 다시 취득하여 신탁재산에 편입시킴으로써 신탁재산을 원상으로 회복하는 것을 뜻한다. 따라서 의무를 위반한 수탁자가 부담하는 신탁재산의 원상회복 의무는 그 편입 대상인 원물이 금전인 경우라도 단순히 금전의 급부를 목적으로 하는 금전채무와는 구별된다. 그러므로 신탁법 제43조 제1항에 따른 신탁재산의 원상회복을 원인으로 금전채무의 전부 또는 일부의 이행을 명하는 판결을 선고할 경우에는 달리 특별한 약정이 없는 한 민법과 그 특별규정인 소송촉진 등에 관한 특례법 제3조 제1항에 정한 이율에 따른 지연손해금의 지급을 명할 수 없다[대법원 2020. 9. 3., 선고, 2017다269442, 판결].

■ 관련판례 2

특정금전신탁은 위탁자가 신탁재산인 금전의 운용방법을 지정하는 금전신탁으로서 신탁회사는 위탁자가 지정한 운용방법대로 자산을 운용하여야 한다. 그 운용과정에서 신탁회사가 신탁재산에 대하여 선량한 관리자의 주의의무를 다하였다면 자기책임의 원칙상 신탁재산의 운용 결과에 대한 손익은 모두 수익자에게 귀속된다. 그러나 신탁회사가 특정금전신탁의 신탁재산인 금전의 구체적인 운용방법을 미리 정하여 놓고 고객에게 계약 체결을 권유하는 등 실질적으로 투자를 권유하였다고 볼 수 있는 경우에는, 신탁회사는 신탁재산의 구체적 운용방법을 포함한 신탁계약의 특성 및 주요 내용과 그에 따르는 위험을 적절하고 합리적으로 조사하고, 그 결과를 고객이 이해할 수 있도록 명확히 설명함으로써 고객이 그 정보를 바탕으로 합리적인 투자판단을 할 수 있도록 고객을 보호하여야 할 주의의무가 있다. 이 경우 신탁회사가 고객에게 어느 정도의 설명을 하여야 하는지는 신탁재산 운용방법의 구체적 내용 및 위험도의 수준, 고객의 투자 경험 및 능력 등을 종합적으로 고려하여 판단하여야 한다[대법원 2018. 6. 15., 선고, 2016다212272, 판결].

■ 관련판례 3

특정금전신탁은 위탁자가 신탁재산인 금전의 운용방법을 지정하는 금전신탁으로서 신탁회사는 위탁자가 지정한 운용방법대로 자산을 운용하여야 한다. 그 운용과정에서 신탁회사가 신탁재산에 대하여 선량한 관리자의 주의의무를 다하였다면 자기책임의 원칙상 신탁재산의 운용 결과에 대한 손익은 모두 수익자에게 귀속된다. 그러나 신탁회사가 특정금전신탁의 신탁재산인 금전의 구체적인 운용방법을 미리 정하여 놓고 고객에게 계약 체결을 권유하는 등 실질적으로 투자를 권유하였다고 볼 수 있는 경우에는, 신탁회사는 신탁재산의 구체적 운용방법을 포함한 신탁계약의 특성 및 주요 내용과 그에 따르는 위험을 적절하고 합리적으로 조사하고, 그 결과를 신탁계약의 고객이 이해할 수 있도록 명확히 설명함으로써 고객이 그 정보를 바탕으로 합리적인 투자판단을 할 수 있도록 고객을 보호하여야 할 주의의무가 있다. 이 경우 신탁회사가 고객에게 어느 정도의 설명을 하여야 하는지는 신탁재산 운용방법의 구체적 내용 및 위험도의 수준, 고객의 투자 경험 및 능력 등을 종합적으로 고려하여 판단하여야 한다[대법원 2018. 2. 28., 선고, 2013다26425, 판결].

■ 관련판례 4

특정금전신탁은 위탁자로부터 금전을 수탁하여 위탁자가 지정한 운용방법에 따라 수탁자가 금전을 대출·유가증권·기타 유동성 자산 등에 운용한 다음 신탁종료 시 수익자에게 금전의 형태로 잔여재산을 교부하는 신탁으로, 수탁한 금전을 대출의 방법으로 운용한 특정금전신탁이 해지 등에 의하여 종료된 경우 수탁자는 차주로부터 대출금을 상환받는 등의 방법으로 신탁재산을 환가하여 환가한 금전에서 보수 등을 공제한 금액을 잔여재산으로 귀속권리자에게 이전할 의무를 부담하고, 신탁의 잔여재산이 귀속권리자에게 이전될 때까지는 위와 같은 사무를 처리하는 범위 내에서 귀속권리자를 수익자로 하는 신탁이 존속하게 된다. 따라서 신탁종료 후 잔여재산의 이전이 지연되었다는 사정만으로 수탁자에게 지체에 대한 책임이 있다고 할 수 없고, 수탁자가 위와 같은 사무를 처리하면서 선량한 관리자의 주의를 다하지 아니한 경우에 그로 인한 손해를 배상할 책임이 있을 뿐이다*[대법원 2014. 11. 13., 선고, 2012다43508, 판결]*.

■ 관련판례 5

채무자 甲 주식회사와 채무자가 아닌 乙 등이 甲 회사의 丙 은행에 대한 대출금 채무를 담보하기 위하여 자신들이 소유한 부동산들을 신탁하였는데, 그 후 우선수익자인 丙 은행의 청구로 신탁부동산들이 처분되어 처분대금에서 丙 은행에 배분할 수익금을 공제하여 지급하는 방식으로 대출금 채무를 상환하게 된 사안에서, 자신의 채무를 담보하기 위하여 부동산을 신탁하는 위탁자는 신탁부동산의 처분대금이 채무의 변제에 충당된다는 것을 당연한 전제로 하는 반면, 다른 사람의 채무를 담보하기 위하여 부동산을 신탁하는 위탁자는 채무자가 신탁한 부동산의 처분대금으로 채무가 전부 변제된다면 자신이 신탁한 부동산이나 그에 갈음하는 물건은 그대로 반환된다는 것을 전제로 하여 신탁계약을 체결하였다고 봄이 당사자의 의사에 부합하는 점 등에 비추어 우선 甲 회사가 신탁한 부동산 부분의 처분대금에서 丙 은행에 대한 수익금을 공제하는 방식으로 대출금을 상환하여야 한다고 본 원심판단을 정당하다고 한 사례*[대법원 2014. 2. 27., 선고, 2011다59797,59803, 판결]*.

> **제33조(충실의무)**
> 수탁자는 수익자의 이익을 위하여 신탁사무를 처리하여야 한다.

1. 충실의무의 의의

① 충실의무란 수탁자는 수익자의 이익을 위하여 행동하여야 한다는 의무로, 영미 신탁법에서는 fiduciary duties 또는 duty of loyalty 등으로 부른다.

② 구법에는 충실의무에 관한 일반규정은 없고 신탁재산과의 거래금지(제31조), 신탁재산으로부터의 이익향유금지(제29조)만을 두고 있으나, 학설과 판례는 구법 제29조와 제31조가 충실의무를 전제로 한 규정이고, 위탁자는 수탁자를 선임할 때에 전적으로 수익자의 이익을 우선하여 행위할 것을 기대하며, 타인의 신뢰에 기초하여 신탁재산을 인수한 수탁자는 그 기대를 감수해야 한다고 보아 수탁자에게 일반적인 충실의무를 인정하고 있다.

③ 「신탁법」이 명문으로 규정한 행위 외의 충실의무 위반이 문제가 될 수 있는 행위에 대하여도 수탁자에게 일반적인 충실의무를 인정할 수 있도록 국내의 통설·판례와 외국의 입법례를 참고하여 충실의무의 일반규정을 도입하였다.

2. 충실의무와 선관의무의 관계

가. 학설의 대립

① 충실의무과 선관의무 간의 관계에 대하여는 다음과 같은 학설의 대립이 있다.
  - 「상법」상 다수설과 같이 선관의무가 충실의무보다 넓은 개념으로서 충실의무는 이익상반행위 또는 신탁재산에 대한 이익취득금지와 같이 선관주의의무의 특화된 형태라는 견해
  - 충실의무는 특정수탁자가 이해충돌상황에 있는지 여부에 따라 상대적으로 인정되는 개별적인 의무인데 반하여, 선관의무는 수탁자라는 지위에서 객관적으로 요구되는 일반적인 의무라고 보아 별개의 것으로 보는 견해

② 현행법은 「자본시장과 금융투자업에 관한 법률」 제102조와 같이 선관의무 규정 외에 수탁자의 일반적인 충실의무를 규정하였는바, 선관의무와 충실의무의 관계에 관한 규정은 아니다.

③ 선관의무와 충실의무의 관계는 향후 학설과 판례의 해석론으로 해결될 문제이

나, 선관의무는 수탁자가 구체적인 행위를 함에 있어서 필요한 주의의무의 정도에 관한 것이고, 충실의무는 수탁자가 수익자를 위해 행위하여야 한다는 것(바꾸어 말하면 수탁자 또는 제3자의 이익을 위하여 행위하는 것은 안된다는 의미로, 행위가 금지되는 상황을 한정하는 것)으로 측면을 달리하는 의무로 이해하여야 한다.

3. 충실의무의 성질

가. 효력규정

이 규정은 충실의무를 추상적으로 선언하는 규정이나, 단순한 훈시규정은 아니고, 개별적인 상황에서 수탁자가 충실의무를 위반하는 경우 이 규정이 적용되어 수탁자는 제43조에 따른 책임을 부담하게 된다.

나. 임의규정

① 위탁자가 신탁행위로 수탁자의 충실의무를 경감하도록 정하거나 수익자들로부터 해당 행위에 대하여 개별적인 승인을 받은 경우에는 충실의무 위반행위도 허용된다.

② 다만, 개별적인 승인을 받을 경우 수탁자는 해당 행위에 대한 모든 중요한 정보를 수익자에게 알린 경우에만 승인의 유효성이 인정된다.

4. 충실의무의 내용

① 이 규정은 추상적인 충실의무를 선언하는 규정으로, 수탁자가 신탁재산과 고유재산 또는 서로 다른 신탁재산 간에 권리를 설정하는 등의 이익상반행위 금지의무(제34조), 수탁자가 관리하는 신탁 간의 공평의무(제35조), 수탁자가 신탁재산에서 이익을 취득하는 행위의 금지의무(제36조) 외에도 신탁정보의 비밀유지의무, 수탁자의 자기정보 사용의무 등을 구체적 내용으로 하며, 학설과 판례의 해석론에 따라 구체화될 것이다.

② 수탁자가 충실의무를 부담하는 대상에 대하여 위탁자에 대한 의무라는 견해와 신탁재산에 대한 의무라는 견해의 대립이 있으나, 신탁재산 자체에 대하여 권리능력을 인정할 수 없고, 위탁자는 신탁이 설정된 후에는 신탁의 당사자라고 보기 어려우므로, 수익자에 대하여 부담하는 의무라고 보아야 한다.

5. 충실의무의 위반

① 충실의무를 위반할 경우 종전에는 ⅰ) 해당 행위는 무효이므로 제75조의 취소권을 행사할 필요가 없이 수탁자에게 신탁재산의 회복을 청구할 수 있으며, 손해가 발생한 경우에는 수탁자에게 제43조의 손실의 보충 또는 신탁재산의 회복책임이 인정된다는 견해와 ⅱ) 충실의무 위반행위는 무효이며, 해당행위가 구법 제38조와 제52조의 요건을 충족한 경우에는 수익자 등은 해당 권리도 행사할 수 있다는 견해가 있었다.

② 현행법은 충실의무를 위반한 행위의 효력이 무효인지 취소인지에 대하여는 규정하지 않고 학설과 판례의 해석론에 맡겨두었으며, 다만, 수탁자가 충실의무를 위반한 경우 수탁자의 신탁재산에 대한 반환책임만 규정한다.

③ 수익자는 신탁재산에 손해가 발생하거나 신탁재산의 변경이 발생한 경우에는 수탁자에게 원상회복청구 또는 손해배상청구(제43조 제1항 및 제2항)를, 손해가 발생하지 않은 경우에는 이득반환청구(같은 조 제3항)를 할 수 있도록 규정한다.

④ 수익자가 신탁사무로서 한 법률행위가 충실의무를 중대하게 위반하여 신탁 목적을 위반하였다고 판단되는 경우에는 수익자는 제3자나 그 전득자가 수탁자의 위반사실을 알거나 중대한 과실로 알지 못한 때에 해당 법률행위를 취소할 수 있다(제75조 제1항).

■ 관련판례 1

수탁자와 수익자 간의 이해가 상반되어 수탁자가 신탁사무를 수행하는 것이 적절하지 아니한 경우 법원은 이해관계인의 청구에 의해 신탁재산관리인을 선임할 수 있다(신탁법 제17조 제1항). 수탁자와 수익자 간의 이해가 상반되어 수탁자가 신탁사무를 수행하는 것이 적절하지 아니한 경우란, 행위의 객관적 성질상 수탁자와 수익자 사이에 이해의 대립이 생길 우려가 있어 수탁자가 신탁사무를 수행하는 것이 적절하지 아니한 경우를 의미하고, 수탁자의 의도나 그 행위의 결과 실제로 이해의 대립이 생겼는지 여부는 묻지 아니한다. 수탁자는 수익자의 이익을 위하여 신탁사무를 처리해야 하는 충실의무를 부담할 뿐이므로(신탁법 제33조), 수익자 아닌 이해관계인, 예를 들어 신탁채권자나 위탁자 등과의 관계에서 이해의 대립이 생길 우려가 있는지는 신탁법 제17조 제1항의 이해상반을 판단할 때에 고려할 사항이 아니다.

한편 이와 같이 선임된 신탁재산관리인은 선임된 목적 범위 내인 '수탁자와 수익자 간의 이해가 상반되어 수탁자가 신탁사무를 수행하는 것이 적절하지 아니한 경우'에 한하여 수탁자와 동일한 권리·의무가 있고, 그 외의 사항에 관하여는 수탁자가 여전히 신탁재산에 대한 권리와 의무의 귀속주체로서 신탁법 제31조에 따른 권한을 가진다[대법원 2018. 9. 28., 선고, 2014다79303, 판결].

■ 관련판례 2

채무자 甲 주식회사와 채무자가 아닌 乙 등이 甲 회사의 丙 은행에 대한 대출금 채무를 담보하기 위하여 자신들이 소유한 부동산들을 신탁하였는데, 그 후 우선수익자인 丙 은행의 청구로 신탁부동산들이 처분되어 처분대금에서 丙 은행에 배분할 수익금을 공제하여 지급하는 방식으로 대출금 채무를 상환하게 된 사안에서, 자신의 채무를 담보하기 위하여 부동산을 신탁하는 위탁자는 신탁부동산의 처분대금이 채무의 변제에 충당된다는 것을 당연한 전제로 하는 반면, 다른 사람의 채무를 담보하기 위하여 부동산을 신탁하는 위탁자는 채무자가 신탁한 부동산의 처분대금으로 채무가 전부 변제된다면 자신이 신탁한 부동산이나 그에 갈음하는 물건은 그대로 반환된다는 것을 전제로 하여 신탁계약을 체결하였다고 봄이 당사자의 의사에 부합하는 점 등에 비추어 우선 甲 회사가 신탁한 부동산 부분의 처분대금에서 丙 은행에 대한 수익금을 공제하는 방식으로 대출금을 상환하여야 한다고 본 원심판단을 정당하다고 한 사례[대법원 2014. 2. 27., 선고, 2011다59797,59803, 판결].

제34조(이익에 반하는 행위의 금지)

① 수탁자는 누구의 명의(名義)로도 다음 각 호의 행위를 하지 못한다.

  1. 신탁재산을 고유재산으로 하거나 신탁재산에 관한 권리를 고유재산에 귀속시키는 행위

  2. 고유재산을 신탁재산으로 하거나 고유재산에 관한 권리를 신탁재산에 귀속시키는 행위

  3. 여러 개의 신탁을 인수한 경우 하나의 신탁재산 또는 그에 관한 권리를 다른 신탁의 신탁재산에 귀속시키는 행위

  4. 제3자의 신탁재산에 대한 행위에서 제3자를 대리하는 행위

  5. 그 밖에 수익자의 이익에 반하는 행위

② 제1항에도 불구하고 수탁자는 다음 각 호의 어느 하나에 해당하는 경우 제1항 각 호의 행위를 할 수 있다. 다만, 제3호의 경우 수탁자는 법원에 허가를 신청함과 동시에 수익자에게 그 사실을 통지하여야 한다.

  1. 신탁행위로 허용한 경우

  2. 수익자에게 그 행위에 관련된 사실을 고지하고 수익자의 승인을 받은 경우

  3. 법원의 허가를 받은 경우

③ 제1항에도 불구하고 수탁자는 상속 등 수탁자의 의사에 기하지 아니한 경우에는 신탁재산에 관한 권리를 포괄적으로 승계할 수 있다. 이 경우 해당 재산의 혼동에 관하여는 제26조를 준용한다.

1. 규정의 취지

① 신탁에서 위탁자와 수익자는 수탁자에 대한 신뢰에 기하여 신탁재산을 위탁하므로 수탁자와 수익자 간에 적용되는 의무기준은 통상의 민사관계보다 높은 기준이 적용되어야 하는바, 수탁자 또는 제3자의 이익과 수익자의 이익이 충돌하는 이익상반행위는 수탁자의 의도 및 귀책사유나 신탁재산에 실제 손해가 발생하였는지의 유무와 상관없이 원칙적으로 금지된다.

② 영미의 신탁법상 충실의무의 주된 내용인 no conflict rule(이익충돌회피의무)을 규정한 것이다.

2. 이익상반행위의 원칙적 금지 (제1항)

가. 이익상반행위의 요건

    이익상반행위를 금지하는 1차적 목적은 모든 이익충돌상황을 사전적·절대적으로 금

지하는 것이므로, 이익상반행위가 객관적으로 존재하면 수탁자의 의도 또는 귀책사유의 유무나 수익자에게 이익이 되었는지 여부와 상관없이 수탁자는 이 조항을 위반한 책임을 부담한다.

나. 이익상반행위의 유형

1) 수익자와 수탁자 간의 이익이 충돌하는 경우

가) 신탁재산의 고유재산화 또는 신탁재산에 대한 권리취득(제1호)

① 수탁자가 신탁재산을 자신에게 임의매각하거나, 경매절차에서 매각허가결정을 받아 취득하는 등 신탁재산을 고유재산에 귀속시키거나 또는 신탁재산에 대하여 저당권을 비롯한 담보물권, 임차권 등의 권리를 취득하는 것은 수탁자와 수익자의 이익이 충돌하므로 금지된다.

② 수탁자가 신탁재산에 대한 거래의 상대방이 되는 직접적 자기거래만이 이에 해당된다.

나) 고유재산의 신탁재산화 또는 고유재산에 대한 신탁의 권리취득(제2호)

① 수탁자가 자기의 고유재산을 신탁재산에 귀속시키거나 고유재산에 대한 담보물권, 임차권 등의 권리를 신탁재산에 귀속시키는 경우, 수탁자가 신탁재산의 반대당사자로서 부당하게 높은 가격으로 처분하는 등 신탁재산에 손해를 입힐 우려가 높다는 점에서 이익이 충돌할 수 있으므로 해당 행위는 금지된다.

② 이 경우에도 수탁자가 신탁재산에 대한 거래의 상대방이 되는 직접적 자기거래만이 해당된다.

③ 구법에서는 이에 대하여 직접 규정하고 있지 않아서 학설은 금지되어야 하는 자기거래라는 점에서 제1호의 행위와 구별할 이유가 없으므로 구법 제31조를 유추적용하여 한다고 보고 있어, 이와 같은 일치된 해석론을 명문화한다.

2) 신탁 간의 이익이 충돌하는 경우(제3호)

① 수탁자가 복수의 신탁을 인수하여 신탁사무를 수행하는 경우 하나의 신탁에 속하는 신탁재산 자체 또는 그에 대한 권리를 다른 신탁의 신탁재산으로 귀속시키는 것은 신탁 간의 이익이 충돌하는 이익상반행위로서 금지한다.

② 구법은 이에 대하여 규정하고 있지 않아서 신탁 간의 이익이 충돌하는 경우 수탁자가 충실의무나 공평의무를 위반한 것으로 해석하였으나, 신탁이 활성화됨에 따라 복수의 신탁을 인수한 수탁자가 증가할 것이고, 「민법」 제124조 쌍방대리와 유사한 형태로 일방 신탁의 이익을 우선하면 타방 수익자에 대한

관계에서는 충실의무를 위반하게 되는 것이므로, 금지되는 이익상반행위임을 명시한다.

3) 제3자와 신탁재산 간 거래에서 해당 제3자의 대리행위(제4호)

① 수탁자가 신탁재산의 거래에서 상대방 당사자를 대리하는 것은 「민법」제124조의 쌍방대리와 유사한 형태이고, 신탁재산에 대한 정보를 갖고 있는 수탁자가 충실의무를 위배하여 신탁에게 불리한 거래를 할 가능성도 있으므로, 금지되는 이익상반행위임을 명시한다.

4) 그 밖에 수익자의 이익에 반하는 경우(제5호)

가) 도입취지

① 수익자와 수탁자 간의 이익, 신탁 간의 이익 또는 수익자와 제3자의 이익이 충돌하는 이익상반행위는 유형이 다양하여 이를 모두 법률에 구체적으로 규정하는 것이 어려우므로, 명문으로 규정된 행위 외의 이익상반행위도 원칙적으로 금지됨을 명시하기 위하여 포괄적 규정인 제5호를 규정한다.

나) 수익자와 수탁자 간의 이익이 충돌하는 경우

① 제1호와 제2호의 행위 외의 직접적 자기거래 : 수탁자가 자신에게 신탁사무를 위탁하거나 자신을 고용하는 행위 등

② 간접적 자기거래 : 수탁자 개인의 채무에 대하여 신탁재산을 담보로 제공하는 행위, 수탁자의 가족, 지배관계가 있는 회사 등 경제적 이익을 같이 하는 자 또는 공모한자를 이용한 거래행위 등

- 다만, 시장을 통해 매각한 신탁의 주식 등을 수탁자가 시장에서 우연히 취득한 경우 등은 금지되는 자기거래에 해당하지 않는다.

③ 경업행위 및 유용행위 : 사업신탁의 내용과 동일한 업종의 사업을 하는 행위, 사업신탁의 대상인 사업에 유리한 기회를 이용하여 고유재산으로 이익을 취득하는 행위, 신탁재산을 수탁자 개인의 이익을 위하여 이용하는 행위, 신탁사무처리 중 얻은 정보를 수탁자 개인을 위하여 유용하는 행위, 신탁사무처리와 관련하여 커미션 등의 보상을 받는 행위 등

다) 수익자와 제3자의 이익이 충돌하는 경우

① 수탁자는 신탁 및 수익자를 위하여 신탁사무를 수행할 의무가 있으므로, 수익자와 제3자의 이익이 충돌하는 경우에 수탁자가 제3자의 이익을 위하여 한 행위는 이익상반행위에 해당하여 금지된다.

- 제3자의 채무를 담보하기 위하여 신탁재산을 담보로 제공하는 행위, 신탁재산에 관한 정보를 제3자에게 제공하는 행위 등

3. 이익상반행위의 예외적 허용 (제2항)

가. 임의규정화

구법 제31조는 법원의 허가를 받은 경우에만 예외적으로 이익상반행위가 가능하도록 규정하고 있어서 강행규정으로 해석되었는데, 수탁자인 은행이 신탁재산을 자신에게 예치하여 은행계정으로 하는 자기예치(자행예금)의 유효성이 문제되었고, 이익상반행위를 모두 불허하면 수익자에게 이익이 되는 행위도 원천적으로 금지가 되어 오히려 수익자에게 불리하다는 실무상·이론상 비판이 제기되었는바, 위탁자가 신탁행위로 허용행위를 정하거나 수익자의 개별적인 승인이 있는 경우에는 이익상반행위가 허용됨을 규정한다.

나. 신탁행위로 정한 경우 (제1호)

신탁행위에는 사적자치의 원칙이 적용되고, 신탁 목적과 수익자의 이익을 침해할 가능성이 적으므로, 위탁자는 신탁행위로 허용되는 이익상반행위를 정할 수 있다.

다. 수익자의 승인을 얻은 경우 (제2호)

① 수익자는 신탁의 실질적인 이익주체이므로 수익자의 개별적인 동의가 있으면 해당 이익상반행위가 허용된다.

② 이 경우 수익자가 충분한 정보를 바탕으로 자신의 이익을 합리적으로 판단할 수 있도록 하기 위하여, 수탁자는 각 수익자에게 해당 이익상반행위를 허용할 것인지 여부를 결정할 때 필요한 중요내용을 통지하여야 한다.

라. 법원의 허가를 받은 경우 (제3호)

① 구법 제31조 단서는 신탁재산의 고유재산화에 대해서만 법원의 허가를 얻은 경우 예외적으로 허용되는 것으로 규정하여 신탁재산에 대한 권리취득행위는 어떤 경우에도 허용되지 않는 것으로 해석될 여지가 있는데, 오히려 이해상반성이 강한 신탁재산의 고유재산화에 대해서만 예외를 허용한 것은 문제가 있다는 학설의 비판이 있었는바, 모든 이해상반행위에 대하여 동일한 예외기준을 적용한다.

② 현행법은 구법 제31조 단서와 달리 허용요건인 "수익자에게 이익이 되는 것이 명백하거나 기타 정당한 이유가 있는 경우"를 삭제하였는데, 이는 위 허용요건이 불필요하다는 취지는 아니며, 법원이 허가결정을 할 때 당연히 고려하여야

할 내용으로 명문의 규정을 둘 경우 이해상반행위의 허용 범위를 너무 좁게 해석할 여지가 있으므로 삭제한다.

■ 관련판례 1

구 신탁법(2011. 7. 25. 법률 제10924호로 전부 개정되기 전의 것, 이하 같다) 제31조 제1항 본문에 의하면 수탁자는 누구의 명의로 하든지 신탁재산을 고유재산으로 하거나 이에 관하여 권리를 취득하지 못할 뿐 아니라, 고유재산을 신탁재산이 취득하도록 하는 것도 허용되지 아니하고 위 규정을 위반하여 이루어진 거래는 무효라고 보아야 한다(대법원 2009. 1. 30. 선고 2006다62461 판결 참조). 그런데 2007. 8. 3. 법률 제8365호로 제정되어 2009. 2. 4. 시행된 자본시장과 금융투자업에 관한 법률(이하 '자본시장법'이라고 한다) 제105조 제2항, 제103조 제1항 제5호에 의하여 신탁업자가 부동산만을 신탁받는 경우에는 신탁의 계산으로 신탁업자의 고유재산으로부터 금전을 차입하는 것이 허용되었다고 하더라도(이 경우에도 신탁업자가 충실의무에 따른 제한을 받는 것은 물론이다), 자본시장법이 시행되기 전에 체결된 신탁계약과 그에 부수한 사업약정에서 차입의 규모와 이율 등의 조건을 정하여 두고 그에 따라 필요한 때 자금을 신탁회사의 고유계정에서 신탁계정으로 이체한 경우에는, 신탁계약과 사업약정에 의하여 금전소비대차계약이 체결되고 그 이행으로 자금이 이전된 것으로 봄이 상당하므로, 새로 신탁계약을 체결하는 등의 특별한 사정이 없는 한 위 법률의 시행 전에 체결된 금전소비대차가 유효하게 된다고 볼 수 없다[대법원 2017. 6. 8. 선고 2016다230317, 230324 판결 등 참조].

■ 관련판례 2

도시환경정비사업 시행을 위하여 또는 사업 시행과 관련하여 부동산에 관하여 담보신탁 또는 처분신탁 등이 이루어진 경우에, 구 도시 및 주거환경정비법(2010. 4. 15. 법률 제10268호로 개정되기 전의 것) 제28조 제7항에서 정한 사업시행자로서 사업시행인가를 신청하는 토지 등 소유자 및 신청에 필요한 동의를 얻어야 하는 토지 등 소유자는 모두 수탁자가 아니라 도시환경정비사업에 따른 이익과 비용이 최종적으로 귀속되는 위탁자로 해석하는 것이 타당하며, 토지 등 소유자의 자격 및 동의자 수를 산정할 때에는 위탁자를 기준으로 하여야 한다[대법원 2015. 6. 11., 선고, 2013두15262, 판결].

■ 관련판례 3

'신탁법' 제34조에서 정하고 있는 신탁사무에 관한 서류의 열람청구권 등은 신탁계약상 각종 권리의무의 귀속주체 혹은 이해관계인에게 신탁사무의 처리에 관한 감독권을 보장해 주어 정당한 권리의 확보 및 의무부담의 적정을 도모하기 위한 것으로, 특히 수익자의 이러한 감독권의 행사는 신탁계약의 목적인 수익권의 본질에 속하는 것이어서 합리적 이유 없이 이를 제한할 수 없다. 반면 '신탁업법'은 신탁을 업으로 영위하는 신탁회사의 건전한 경영과 수익자의 보호를 목적으로 그 인가와 업무·회계·감독 등을 규율하는 법률로서, 신탁업법 제17조의10에서 신탁재산에 관한 장부·서류의 열람 또는 등·초본의 교부청구권을 위 법률에 정한 일정한 방법으로 수익자에게 보장하는 한편, 신탁업법 제43조 제1항에서 이를 어기는 신탁회사에 대해 과태료를 부과하도록 규정하고 있는데, 이는 특히 신탁회사에 대하여 신탁재산에 관한 특정 장부·서류의 열람 등에 관한 규율준수의 실효성을 확보하여 신탁업법의 입법 목적을 달성하기 위한 것이다. 그렇다면 이와 같이 그 입법의 취지와 목적을 달리하는 '신탁업법'의 단속적·규제적 규정을 들어 '신탁법'이 규율하는 사법적인 신탁관계의 본질에서 비롯되는 수익자 등의 신탁사무에 관한 감독권을 제한하는 근거로 삼을 수는 없다*[대법원 2008. 9. 25., 자, 2006마459, 결정].*

■ 관련판례 4

신탁법 제31조 제1항 본문에 의하면, 특별한 사정이 없는한 누구의 명의로 하든지 신탁재산을 고유재산으로 하거나 이에 관하여 권리를 취득하지 못할 뿐만아니라 고유재산을 신탁재산이 취득하도록 하는 것도 허용되지 아니하고, 위 규정을 위반하여 이루어진 거래는 무효이다. 한편, 금전신탁 이외의 신탁에 있어서 수탁자가 신탁회사인 경우에는, 신탁업법 제12조 제1항이, "단, 수익자에게 이익이 되는 것이 명백하거나 기타 정당한 이유가 있는 경우에는 법원의 허가를 얻어 신탁재산을 고유재산으로 할 수 있다"고 규정하고 있는 신탁법 제31조 제1항 단서마저 그 적용을 배제하여 매우 엄격한 규제가 이루어지고 있음에 비추어 볼 때, 신탁회사가 행한 신탁재산과 고유재산 간의 거래가 수익자에게 이익이 된다는 사정만으로는 그와 같은 거래를 유효하다고 볼 수는 없다 *[대법원 2009. 1.30., 선고. 2006다62461 판결].*

■ 관련판례 5

수탁자의 충실의무는 수탁자가 신탁 목적에 따라 신탁재산을 관리하여야 하고 신탁재산의 이익을 최대한 도모하여야 할 의무로서, 일반적으로 수탁자의 신탁재산에 관한 권리취득을 제한하고 있는 신탁법 제31조를 근거로 인정되고 있다*[대법원 2005. 12. 22., 선고. 2003다55059 판결].*

> **제35조(공평의무)**
> 수익자가 여럿인 경우 수탁자는 각 수익자를 위하여 공평하게 신탁사무를 처리하여야 한다. 다만, 신탁행위로 달리 정한 경우에는 그에 따른다.

1. 공평의무의 의의

① 하나의 신탁에 복수의 수익자가 있는 경우 수탁자는 수익자들을 공평하게 대우해야 한다는 의무로, 동종의 수익자가 있는 신탁뿐만 아니라 수익수익자와 원본수익자와 같은 이종의 수익자가 있는 신탁에서도 요구된다.

② 동일한 수탁자가 하나 이상의 신탁을 인수한 경우에도 특정 신탁에 유리하고 다른 신탁에 불리하지 않도록 신탁사무를 처리할 의무가 인정된다.

2. 공평의무의 근거

공평의무의 근거에 대하여 '수익자 간의 이익충돌'이나 '신탁 간의 이익충돌'을 해결하기 위하여 추정되는 충실의무의 한 유형이라고 보는 견해와 구법하에서는 충실의무를 명문으로 인정하고 있지 않는 이상 선관주의의무를 근거로 보아야 한다는 견해가 있다.

3. 공평의무의 명문화

공평의무는 충실의무의 한 형태이므로 제31조에 추상적 충실의무의 선언규정을 둔 이상 별도로 규정할 필요가 없다는 견해가 있었으나, 제34조, 제36조도 충실의무를 구체화한 규정이므로 공평의무에 대하여도 명문규정을 신설한다.

4. 공평의무의 변경 (제35조 단서)

① 공평의무는 수익자의 이익을 보호하기 위한 것이지만 수익권은 위탁자가 설정한 내용에 따라 인정되는 것이므로, 위탁자가 신탁행위로 특정 수익자를 우선하도록 설정한 경우, 수탁자에게 수익권의 내용에 대하여 재량권을 부여한 경우 또는 특정신탁을 우선하도록 설정한 경우에는 수탁자의 신탁사무가 여럿의 수익자에게 공평하지 않다고 하더라도 공평의무 위반이 되지 않는다.

② 다만, 신탁행위의 내용을 고려하더라도 수탁자의 신탁사무가 현저하게 공평하지 않거나 재량권 남용에 해당한다고 판단되는 경우에는 공평의무의 위반이 될 수 있다.

5. 공평의무의 내용

가. 수익자 간의 공평

위탁자가 신탁행위로 달리 정한 바가 없으면 수탁자는 수익권의 내용을 공평하게 정하여야 하고(수익권 내용의 공평), 신탁사무를 수행하면서 어느 수익자에게만 유리하지 않도록 신탁재산을 관리·처분·운용·개발하는 등의 행위를 하여야 한다(신탁재산 운용상의 공평).

나. 신탁 간의 공평

① 위탁자가 신탁을 설정할 때 신탁 간의 우선순위를 정하거나 합동운용 시 신탁 간의 수익비율 등을 정하지 않으면, 수탁자는 합동운용으로 제3자와 거래를 할 때 거래의 효과가 신탁 간에 공평하게 분배되도록 하여야 한다.

② 신탁 간에 거래를 하는 경우 수탁자는 공평한 거래조건으로 그 거래를 하여야 한다는 공평의무도 부담하나, 제34조 제1항 제3호에서 이를 금지되는 이익상반행위로 규정하고 있으므로 수탁자가 특정신탁에게 유리한 거래를 하는 경우에는 제34조를 위반한 책임을 부담한다.

6. 공평의무 위반의 효과

가. 수탁자에 대한 효과

① 불이익을 받은 수익자는 신탁재산에 손해나 변경이 발생한 경우에는 원상회복청구 또는 손해배상청구를 할 수 있고(제43조 제1항 및 제2항), 손해가 발생하지 않았더라도 수탁자에게 이득반환청구를 할 수 있다(제43조 제3항).

② 수익자가 신탁사무로서 한 법률행위가 공평의무를 중대하게 위반하여 신탁 목적을 위반한다고 판단되는 경우에는 수익자는 타방 수익자가 수탁자의 규정 위반사실을 알거나 중대한 과실로 알지 못한 때에 해당 법률행위를 취소할 수 있다(제75조 제1항).

나. 이익을 받은 수익자에 대한 효과

① 불이익을 받은 수익자는 이익을 받은 수익자에게 수령한 이익을 자신에게 이전

할 것을 청구할 수 있다는 것에는 학설이 일치하며, 다만 이익을 받은 수익자가 선의·무중과실인 경우에는 청구할 수 없다고 주장하는 견해가 있다.

② 불이익을 받은 수익자의 반환청구권의 성질에 대하여는 수익권은 물권적인 이익이므로 물권적 반환청구권으로 보아야 한다는 견해와 수탁자의 행위는 무효이므로 「민법」상 부당이득반환청구권으로 보아야 한다는 견해가 있다.

■ 관련판례

채무자 甲 주식회사와 채무자가 아닌 乙 등이 甲 회사의 丙 은행에 대한 대출금 채무를 담보하기 위하여 자신들이 소유한 부동산들을 신탁하였는데, 그 후 우선수익자인 丙 은행의 청구로 신탁부동산들이 처분되어 처분대금에서 丙 은행에 배분할 수익금을 공제하여 지급하는 방식으로 대출금 채무를 상환하게 된 사안에서, 자신의 채무를 담보하기 위하여 부동산을 신탁하는 위탁자는 신탁부동산의 처분대금이 채무의 변제에 충당된다는 것을 당연한 전제로 하는 반면, 다른 사람의 채무를 담보하기 위하여 부동산을 신탁하는 위탁자는 채무자가 신탁한 부동산의 처분대금으로 채무가 전부 변제된다면 자신이 신탁한 부동산이나 그에 갈음하는 물건은 그대로 반환된다는 것을 전제로 하여 신탁계약을 체결하였다고 봄이 당사자의 의사에 부합하는 점 등에 비추어 우선 甲 회사가 신탁한 부동산 부분의 처분대금에서 丙 은행에 대한 수익금을 공제하는 방식으로 대출금을 상환하여야 한다고 본 원심판단을 정당하다고 한 사례[대법원 2014. 2. 27., 선고, 2011다59797,59803, 판결].

> **제36조(수탁자의 이익향수금지)**
> 수탁자는 누구의 명의로도 신탁의 이익을 누리지 못한다. 다만, 수탁자가 공동수익자의 1인인 경우에는 그러하지 아니하다.

1. 규정의 취지

① 구법 제29조는 ⅰ) 충실의무의 구체적인 내용인 수탁자의 이익취득금지원칙과 ⅱ) 수탁자가 단독수익자인 신탁의 설정금지를 규정한 것으로 이해되고 있다.

② 현행규정을 그대로 유지하되 알기 쉬운 법령 개정만 한다.

③ 다만, 일본의 개정 신탁법 제8조는 "수탁자는 수익자로서 신탁의 이익을 향수하는 경우를 제외하고는 누구의 명의로도 신탁의 이익을 향수할 수 없다"고 규정하고, 제163조 제1항 제2호에서 "수탁자가 수익권 전부를 고유재산으로 가지는 상태가 1년간 계속된 때"를 신탁의 종료사유로 삼고 있어서 위 규정이 수탁자가 수익자의 지위를 겸할 수 있는지에 관한 규정으로 이해되고 있으나, 충실의무의 한 유형인 이익취득금지를 선언한 규정이며, 단서 규정에 의해 수탁자가 단독수익자가 되는 것이 사실상 금지되는 효과를 갖게 되는 것으로 이해한다.

2. 수탁자의 이익향수금지원칙

가. 의의

① 수탁자는 수익자를 위하여 신탁사무를 처리하여야 하므로 신탁재산으로부터 정당한 보수 이외에는 어떠한 신탁의 이익도 취득할 수 없다는 원칙으로, 영미의 신탁법상 no profit rule(이익향수금지원칙)에 해당한다.

② 제34조(이익상반행위의 금지)와 더불어 수탁자의 충실의무를 구성하는 주된 내용으로, 제34조와 마찬가지로 이익향유의 상황을 사전적·절대적으로 금지하여 수탁자의 충실의무를 강화하고 신탁의 위반행위를 억제한다.

나. '이익'의 의미

① 수탁자의 취득이 금지되는 이익은 신탁의 주된 급부인 수익권뿐만 아니라 부수적인 이익도 포함되고, 적극적 재산의 증가뿐만 아니라 책임의 면제와 같은 재산의 감소를 면한 경우도 해당하며, 법률행위에 한정되는 것이 아니라 고객의 증가 등과 같은 사실관계에 의한 이익도 포함된다.

② 수탁자의 이익반환책임의 근거에 대한 이익억지설에 따르면 수익자 등이 이익의 양도청구 혹은 개입권의 행사 등의 방법으로 반환받을 수 있는 모든 형태의 이익 중 금전으로 환산할 수 없는 이익, 수탁자에게 전속적인 이익, 사실관계 등 회복시킬 수 있는 방법이 없는 이익을 제외한 것을 의미한다고 주장하며, 신탁재산회복설에 따르면 반환 가능한 이익뿐만 아니라 그 이익이 물상대위로 다른 재산으로 바뀐 경우에 그 대위물도 포함된다.

다. '향수'의 의미

① "누구의 명의로도" 이익을 누리는 것을 금지하기 때문에 수탁자가 자신의 명의로 이익을 향수하는 행위뿐만 아니라 제3자로 하여금 신탁에서 이익을 향수하게 하는 행위도 금지된다.

② 수탁자가 이익을 향수하는 원인이 무엇인지와 상관없이 이익의 취득이 금지되며, 수탁자에게 귀책사유도 필요하지 않는다.

③ 다만 제3자가 이익을 향수하는 경우 그 이익의 반환을 청구하기 위해서는 제3자의 귀책사유가 필요하다는 견해가 있다.

라. 이익향수의 형태

1) 신탁재산에서 이익을 취득하는 행위

수탁자나 제3자가 신탁재산에서 이익을 취득하거나 신탁사무와 관련해 취득한 정보를 이용하여 이익을 취득하는 행위가 포함된다.

2) 신탁사무의 처리에 따라 부수적 이익을 간접적으로 취득하는 행위

수탁자가 신탁사무의 처리과정에서 전문적 활동에 대한 대가로서의 성격을 가지는 수수료, 뇌물, 사례 등을 제3자로부터 얻는 행위로, 그 대가는 수탁자의 고유재산에 귀속시켜야 하지만 신탁재산에 미치는 영향에 대하여 일정한 감독이 필요하기 때문에 금지대상으로 정한다.

3) 수익자로부터 이익을 취득하는 행위

수탁자는 수익자에 대한 정보를 갖고 있고 수익자는 수탁자를 신뢰하는 관계이므로 수탁자가 수익자와 거래할 때 부당한 이익을 취득하기 용이하며, 수탁자는 신탁재산의 가치와 장래의 성장가능성을 가장 잘 알기 때문에 수익자로부터 수익권의 취득을 시도하면 수탁자와 수익자 간의 이익이 충돌할 가능성이 있으므로 이를 사전적으로 금지한다.

3. 신탁선언으로 단독수익자인 자익신탁의 설정금지

① 위탁자가 자신을 단독수익자 겸 단독수탁자로 정하는 형태의 자기신탁을 허용할 것인지와 관련하여 단서를 삭제할 것인지가 문제된다.

② 금융회사인 신탁회사가 비용절감 등의 목적으로 신탁회사 내부에 합동운용을 위한 신탁펀드를 만드는 경우 신탁재산에 대하여 신탁선언으로 재신탁을 설정할 필요가 있는 점, 일본도 현행법 제29조와 유사한 구 신탁법 제9조에서는 수탁자가 수익자를 겸할 수 없다는 원칙을 선언하였지만 신탁법에서는 제8조 단서를 삭제하여 수탁자가 단독수익자인 자기신탁을 원칙적으로 허용하고 있는 점 등을 이유로 허용하자는 견해가 있었다.

③ 그러나 영미의 전통적 신탁법 이론에 따르면 신탁재산에 대하여 보통법상 소유자인 수탁자의 지위와 형평법상 소유자인 수익자의 지위를 겸임하면 보통법상 권리와 형평법상 권리의 혼동이 발생하여 신탁이 종료하는 것으로 해석되고 있는 점, 민사신탁에서 이를 허용할 경우 집행면탈 등의 목적으로 남용될 우려가 많은 점, 상사신탁의 경우 이를 규율하는 「자본시장과 금융투자업에 관한 법률」로 이를 허용하면 되는 점 등을 고려하여, 원칙적으로 이를 허용하지 않는다.

4. 예외 - 수탁자가 공동수익자인 경우

① 수탁자가 공동수익자 중 1인인 경우에는 신탁을 남용할 가능성이 많지 않으므로, 신탁의 이익을 누릴 수 있고, 신탁선언으로 자익신탁도 설정할 수 있다.

② 여기서 수탁자가 공동수익자 중 1인이라는 것은 같은 종류의 수익권을 가진 수익자가 더 있다는 의미뿐만 아니라 종류와 내용, 수익권취득시기 등이 다른 수익권을 가진 수익자가 더 있는 경우도 포함한다.

5. 이익향수금지원칙 위반의 효과

① 충실의무를 위반한 행위의 효력이 무효인지 취소인지에 대하여는 규정하지 않고 학설과 판례의 해석론에 맡겨두었는데, 구법하에서는 수탁자나 제3자가 이익향수금지원칙을 위반한 경우 그 행위는 유효라고 해석하였다.

② 수익자는 손해가 발생하거나 신탁재산의 변경이 발생한 경우에는 수탁자에게 원

상회복청구 또는 손해배상청구(제43조 제1항 및 제2항)를 할 수 있도록 규정한다.
③ 수익자가 신탁사무로서 한 법률행위가 충실의무를 중대하게 위반하여 신탁 목적을 위반한다고 판단되는 경우에는 수익자는 제3자나 그 전득자가 수탁자의 의무 위반 사실을 알거나 중대한 과실로 알지 못한 때에 해당 법률행위를 취소할 수 있다(제75조 제1항).

■ 관련판례

[1] 신탁법 제36조 제1항은 신탁행위 당시에 예견하지 못한 특별한 사정으로 신탁재산의 관리방법이 수익자의 이익에 적합하지 아니하게 된 때에는 위탁자, 그 상속인, 수익자 또는 수탁자는 그 변경을 법원에 청구할 수 있다고 규정하고 있는바, 이는 위와 같은 사정변경이 있는 경우에 원래의 관리방법대로의 구속력을 인정하는 것은 신의칙 및 공평의 원칙에 반하는 결과가 되기 때문에 법원의 재판에 의한 관리방법의 변경을 인정한 것으로서, 정해진 관리방법 자체가 적합하지 아니하게 된 것이 아니라 수탁자가 정해진 관리방법에 위반하여 재산을 관리한 결과 수익자의 이익이 침해되거나 침해될 우려가 생긴 것에 불과한 경우는 여기서 말하는 '예견하지 못한 특별한 사정'에 해당한다고 할 수 없다.

[2] 신탁법 제36조 제1항에 의한 관리방법의 변경을 하는 경우에도 신탁법의 취지나 신탁의 본질에 반하는 내용의 변경을 할 수는 없다고 할 것인데, 신탁법상의 신탁은 위탁자가 수탁자에게 특정의 재산권을 이전하거나 기타의 처분을 하여 수탁자로 하여금 신탁 목적을 위하여 그 재산권을 관리·처분하게 하는 것이어서(신탁법 제1조 제2항), 신탁의 효력으로서 신탁재산의 소유권이 수탁자에게 이전되는 결과 수탁자는 대내외적으로 신탁재산에 대한 관리권을 갖는 것이고, 다만 수탁자는 신탁의 목적 범위 내에서 신탁계약에 정하여진 바에 따라 신탁재산을 관리하여야 하는 제한을 부담함에 불과하므로, 신탁재산에 관하여는 수탁자만이 배타적인 처분·관리권을 갖는다고 할 것이고, 위탁자가 수탁자의 신탁재산에 대한 처분·관리권을 공동행사하거나 수탁자가 단독으로 처분·관리를 할 수 없도록 실질적인 제한을 가하는 것은 신탁법의 취지나 신탁의 본질에 반하는 것이므로 법원은 이러한 내용의 관리방법 변경을 할 수는 없다*[대법원 2003. 1. 27., 자, 2000마2997, 결정].*

제37조(수탁자의 분별관리의무)

① 수탁자는 신탁재산을 수탁자의 고유재산과 분별하여 관리하고 신탁재산임을 표시하여야 한다.

② 여러 개의 신탁을 인수한 수탁자는 각 신탁재산을 분별하여 관리하고 서로 다른 신탁재산임을 표시하여야 한다.

③ 제1항 및 제2항의 신탁재산이 금전이나 그 밖의 대체물인 경우에는 그 계산을 명확히 하는 방법으로 분별하여 관리할 수 있다.

1. 분별관리의무의 의의

가. 의의

수탁자는 신탁재산을 그의 고유재산이나 그가 관리하는 다른 신탁재산과 분별하여 관리하여야 하고 이들 재산을 혼합하지 않을 의무이다.

나. 기능

1) 특정성 확보 기능

수탁자가 파산하는 경우나 수탁자의 채권자가 강제집행을 하는 경우에 신탁재산의 독립성을 주장하기 위해서는 신탁재산임을 입증하여야 하는데, 신탁재산이 분별관리되면 특정이 용이하므로 수익권의 실효성 있는 보호를 위하여 수탁자에게 분별관리라는 절차적 의무를 부여한다.

2) 선의취득 저지 기능

신탁재산인 동산의 분별관리가 이루어지면, 수탁자가 그 재산을 신탁 목적에 반하여 제3자에게 양도하여도 신탁재산인 취지가 표시되어 제3자에게 과실이 인정될 가능성이 높아지므로 제3자의 선의취득이 어려워진다.

3) 의무 위반 방지 기능

신탁재산이 분별관리되면 수탁자가 신탁재산으로부터 이익을 얻거나 그 지위를 이용하여 충실의무에 위반하는 행위를 하는 것이 어려워지므로, 결과적으로 수탁자의 충실의무 위반행위를 방지하는 작용을 한다.

2. 분별관리의 방법

가. 규정형식

일본의 개정 신탁법과 같이 신탁재산의 종류별로 분별관리방법을 개별적으로 규정하는 형식도 검토하였으나, 다양한 신탁재산의 형태에 비추어 그에 따른 분별관리방법을 모두 개별적으로 규정하는 것이 어려운 점, 일본도 대표적인 재산의 형태를 규정하였을 뿐 결국 하위 법령에 위임을 하고 있는 점을 고려하여, 구법과 같은 규정형식을 취하였고, 구체적인 분별관리방법은 학설·판례의 해석론에 따라 결정될 것으로 기대한다.

나. 원칙 - 물리적 분리 (제1항 및 제2항)

1) 의의

① 제1항 및 제2항에 따라 수탁자는 신탁재산을 고유재산 또는 자신이 인수한 다른 신탁의 신탁재산과 분리·구별하여 관리하여야 하고, 신탁재산의 표시가 가능한 재산에 대하여는 해당 신탁의 신탁재산임을 표시하여야 하며, 해석상 신탁의 공시가 필요한 재산은 공시까지 갖출 의무도 포함된다.

② 구법하에서는 신탁재산의 표시의무가 해석상 인정되었지만, 등기·등록할 수 없는 재산권에 대하여는 '신탁재산의 표시'를 신탁공시의 방법으로 인정하고 있으므로 수탁자에게 표시의무가 있음을 명시적으로 규정한다.

2) 구체적 분별관리방법

가) 토지, 건물

신탁재산인 토지나 건물의 경우 물리적으로 분리하여 관리할 의무뿐만 아니라 신탁의 공시의무까지 인정된다.

나) 동산

① 신탁재산인 동산을 물리적으로 분리하여 관리하여야 하고, 개개의 동산에 신탁재산임을 표시하여야 한다.

② 아직 등기부·등록부가 없어서 등기·등록을 할 수 없는 재산권의 경우에도, 예를 들면 건축 중인 건물의 입구에 신탁재산의 표지판을 설치하는 것과 같은 방법으로 분별관리 및 신탁재산표시의 의무가 인정된다.

다) 유가증권

수탁자는 신탁재산인 유가증권을 물리적으로 분리하여 관리하면 되고, 구법과 달리 특별한 신탁공시의 방법이 인정되지 않으므로 신탁재산임을 표시하면 충분하다.

라) 채권

채권은 무체물이어서 물리적으로 분별관리할 수 없으므로, 신탁재산목록이나 자산에 관한 장부에 해당 채권이 신탁재산에 속함을 분명히 하고, 채무명의, 채무의 날짜 또는 종류별로 기록하여야 한다.

다. 예외 - 계산상 분별(제3항)

1) 의의

보관장소를 달리하여 물리적으로 분리할 필요가 없고 현금을 1개의 금고에 보관하여 두고 신탁재산과 고유재산에 각 속하는 금액을 장부에 기재하는 것과 같이 장부상에 계산만 명확히 하면 충분하다.

2) 금전

① 금전은 물리적 분별이 가능하고 혼화가 쉽기 때문에 오히려 물리적 분별이 더 필요하며, 영미의 신탁법도 금전에 대하여 분별관리방법을 별도로 규정하지 않으므로, 금전도 물리적 분별이 필요하다는 견해가 있다.

② 그러나 금전은 단지 가치를 표시하는 비개성적인 재화이므로 물리적 분별관리가 무의미한 점, 금전의 경우 합동운용이 많아서 물리적 분별관리를 요구할 경우 운용이 곤란해 질 수 있으며 효율적이지 않은 점, 민사신탁의 경우 금전을 현금의 형태로 보관하는 경우가 많은 점 등을 고려하여, 구법과 마찬가지로 계산상 분별을 허용한다.

③ 다만 신탁형 자산유동화의 경우 「자산유동화에 관한 법률」 제11조 제1항, 제16조 제3항에 따라 금전도 물리적 분별관리가 필요하다.

3) 그 밖의 대체물

물건 자체의 개성보다는 재산적 가치로서의 성격이 강한 대체물은 혼합되더라도 그 가치만 보존되어 있으면 족하므로, 금전 외의 대체물의 경우도 계산을 명확히 함으로써 분별관리할 수 있게 허용한다.

3. 신탁행위에 의한 분별관리의무의 변경

가. 분별관리의무 조항이 강행규정인지 여부

① 구법 제30조의 법적 성격에 대하여 분별관리의무는 공공의 이익이 아니라 수익자의 이익을 위하여 수탁자에게 부과되는 것이며, 계약법의 원칙상 면책의 특약을 허용하는 쪽으로 해석하는 것이 타당하다는 이유로 임의규정이라는 견해와 신탁행위로 예외를 정할 수 있다는 단서를 규정하지 않았고, 특약으로 분별관리의무의 면책을 허용할 경우 수탁자의 충실의무 위반이 용이해진다는 이유로 강행규정으로 보는 견해가 있다.

② 분별관리의무를 면제하는 신탁행위는 허용하지 않고, 분별관리의 방법을 변경·완화하는 내용의 신탁행위는 허용하는 취지로 예외규정을 별도로 두지 않는다.

나. 분별관리의 방법에 관한 특약

신탁재산의 분별관리의 방법에 관해서는 신탁행위로 따로 정할 수 있으므로, 신탁재산을 고유재산과 혼합 관리하거나 수탁자의 명의로(즉 신탁재산임을 표시하지 않고) 관리하도록 정할 수 있으며, 위탁자가 복수의 신탁을 설정한 경우 복수의 신탁재산을 혼합관리하도록 정할 수도 있다.

4. 분별관리의무의 위반

수익자는 손해가 발생하거나 신탁재산의 변경이 발생한 경우에는 수탁자에게 원상회복청구 또는 손해배상청구를, 손해가 발생하지 않은 경우에도 수탁자 또는 제3자가 이득을 얻은 때에는 이득반환청구를 할 수 있도록 규정한다(제43조).

■ 관련판례 1

신탁재산의 소유관계, 신탁재산의 독립성, 신탁등기의 대항력, 구 신탁법(2011. 7. 25. 법률 제10924호로 전부 개정되기 전의 것, 이하 같다) 제3조 제1항, 제20조, 제24조, 제30조의 취지 등에 비추어 보면, 부동산에 대한 점유취득시효가 완성될 당시 부동산이 구 신탁법상의 신탁계약에 따라 수탁자 명의로 소유권이전등기와 신탁등기가 되어 있더라도 수탁자가 신탁재산에 대하여 대내외적인 소유권을 가지는 이상 점유자가 수탁자에 대하여 취득시효 완성을 주장하여 소유권이전등기청구권을 행사할 수 있지만, 이를 등기하지 아니하고 있는 사이에 부동산이 제3자에게 처분되어 그 명의로 소유권이전등기가 마쳐짐으로써 점유자가 제3자에 대하여 취득시효 완성을 주장할 수 없게 되었다면 제3자가 다시 별개의 신탁계약에 의하여 동일한 수탁자 명의로 소유권이전등기와 신탁등기를 마침으로써 부동산의 소유권이 취득시효 완성 당시의 소유자인 수탁자에게 회복되는 결과가 되었더라도 수탁자는 특별한 사정이 없는 한 취득시효 완성 후의 새로운 이해관계인에 해당하므로 점유자는 그에 대하여도 취득시효 완성을 주장할 수 없다. 이 경우 점유자가 수탁자의 원래 신탁재산에 속하던 부동산에 관하여 점유취득시효 완성을 원인으로 하는 소유권이전등기청구권을 가지고 있었다고 하여 수탁자가 별개의 신탁계약에 따라 수탁한 다른 신탁재산에 속하는 부동산에 대하여도 소유권이전등기청구권을 행사할 수 있다고 보는 것은 신탁재산을 수탁자의 고유재산이나 다른 신탁재산으로부터 분리하여 보호하려는 신탁재산 독립의 원칙의 취지에 반하기 때문이다 *[대법원 2016. 2. 18., 선고, 2014다61814, 판결].*

■ 관련판례 2

도시환경정비사업 시행을 위하여 또는 사업 시행과 관련하여 부동산에 관하여 담보신탁 또는 처분신탁 등이 이루어진 경우에, 구 도시 및 주거환경정비법(2010. 4. 15. 법률 제10268호로 개정되기 전의 것) 제28조 제7항에서 정한 사업시행자로서 사업시행인가를 신청하는 토지 등 소유자 및 신청에 필요한 동의를 얻어야 하는 토지 등 소유자는 모두 수탁자가 아니라 도시환경정비사업에 따른 이익과 비용이 최종적으로 귀속되는 위탁자로 해석하는 것이 타당하며, 토지 등 소유자의 자격 및 동의자 수를 산정할 때에는 위탁자를 기준으로 하여야 한다 *[대법원 2015. 6. 11., 선고, 2013두15262, 판결].*

■ 관련판례 3

위탁자별로 구분된 신탁법상 신탁재산인 토지나 주택의 종합부동산세 과세표준은 수탁자가 보유한 모든 토지나 주택의 재산세 과세표준을 합산할 것이 아니라, 위탁자별로 구분하여 그 신탁재산의 재산세 과세표준을 합산한 금액에서 각각 일정한 과세기준금액을 공제하는 방법으로 산정하여야 한다고 봄이 타당하므로, 종합부동산세의 납세의무자인 수탁자는 위탁자별로 산정한 각각의 종합부동산세액과 자신의 고유재산에 관하여 산정한 종합부동산세액을 합산한 금액을 납부할 의무가 있다고 보아야 한다 *[대법원 2014. 11. 27., 선고, 2012두26852, 판결].*

> **제38조(유한책임)**
>
> 수탁자는 신탁행위로 인하여 수익자에게 부담하는 채무에 대하여는 신탁재산만으로 책임을 진다.

① 수탁자가 신탁재산을 관리·처분 등을 하여 그로부터 얻은 이익을 수익자에게 수익채권의 내용에 따라 급부할 의무를 부담하는데, 신탁사무를 처리할 때 부담하는 의무와 달리 급부의무는 신탁의 특성이 반영된 것이 아니라 계약상 급부의무의 성질을 갖게 된다.

② 수탁자의 급부의무는 신탁재산을 분배 또는 급부할 의무이므로 수탁자는 신탁재산의 범위 내에서만 의무를 부담하며, 수탁자의 의무를 위반한 책임이 없는 한 수탁자는 신탁재산이 감소하더라도 감소한 신탁재산의 범위 내에서만 의무를 부담한다.

■ 관련판례 1

구 신탁법(2011. 7. 25. 법률 제10924호로 개정되기 전의 것, 이하 '구 신탁법'이라 한다) 제38조는 "수탁자가 관리를 적절히 하지 못하여 신탁재산의 멸실, 감소 기타의 손해를 발생하게 한 경우 또는 신탁의 본지에 위반하여 신탁재산을 처분한 때에는 위탁자, 그 상속인, 수익자 및 다른 수탁자는 그 수탁자에 대하여 손해배상 또는 신탁재산의 회복을 청구할 수 있다."라고 규정하고 있다. 여기서 말하는 '손해배상 또는 신탁재산의 회복'이란 청구권자에 대한 손해배상 또는 신탁재산의 원상회복을 말하는 것이 아니라 금전배상액을 신탁재산에 편입하거나 또는 원물을 재취득하여 신탁재산에 편입하는 것을 말하므로, 이러한 손해배상 또는 신탁재산의 원상회복을 하여야 할 의무는 편입의 대상이 금전인 경우라도 단순히 금전의 급부를 목적으로 하는 금전채무라고 할 수 없다. 따라서 구 신탁법 제38조에 따른 손해배상 또는 신탁재산의 원상회복을 원인으로 금전채무의 전부 또는 일부의 이행을 명하는 판결을 선고할 경우에는 달리 특별한 약정이 없는 한 민법과 그 특별규정인 소송촉진 등에 관한 특례법 제3조 제1항에 정한 이율에 의한 지연손해금의 지급을 명할 수 없다[대법원 2016. 6. 28., 선고, 2012다44358, 44365, 판결].

■ 관련판례 2

부동산담보신탁의 수탁자가 분양된 신탁부동산을 매각한 후 매매대금을 정산하면서 그 매각대금채권과 분양계약 해제로 인한 분양대금반환채무를 상계하거나 공탁한 사안에서, 수분양자에 대한 분양대금반환채무는 부동산담보신탁계약에서 정한 1순위로 정산하여야 하는 채무 또는 그보다 앞선

순위로 정산하여야 할 채무이므로 위 행위가 정당하다고 한 사례[대법원 2009. 7. 9., 선고, 2008다 19034, 판결].

■ 관련판례 3

신탁법 제1조 및 제28조에 의하면, 신탁이란 수탁자가 수익자의 이익을 위하여 또는 특정의 목적을 위하여 위탁자로부터 이전받은 재산권을 관리, 처분하는 법률관계로서 수탁자는 신탁의 본지에 따라 선량한 관리자의 주의로써 신탁재산을 관리 또는 처분하여야 하고, 신탁법 제42조에 의하면, 수탁자가 신탁사무의 처리에 있어서 부담하게 되는 비용 또는 과실 없이 입게 된 손해에 관하여 신탁재산 또는 수익자에 대하여 보상을 청구할 수 있는 한편, 신탁법 제44조, 제38조에 의하면, 수탁자가 신탁재산의 관리를 적절히 하지 못하여 신탁재산의 멸실, 감소 기타의 손해를 발생하게 한 경우에는 수탁자는 위탁자 등에게 그 손해를 배상할 의무가 있고 이러한 손실보상의무를 이행한 후에만 위탁자 등에 대한 비용상환청구권을 행사할 수 있도록 규정하고 있는바, 위 규정의 취지에 의하면, 수탁자가 신탁의 본지에 따라 신탁사업을 수행하면서 정당하게 지출하거나 부담한 신탁비용 등에 관하여는 신탁자에게 보상을 청구할 수 있지만, 수탁자가 선량한 관리자의 주의를 위반하여 신탁비용을 지출한 경우에는 그 과실로 인하여 확대된 비용은 신탁비용의 지출 또는 부담에 정당한 사유가 없는 경우에 해당하여 수탁자는 비용상환청구를 할 수 없다고 봄이 상당하다. 그런데 토지개발신탁에 있어서는 장기간에 걸쳐 사업이 진행되고 부동산 경기를 예측한다는 것이 쉽지 않은 일이어서 경우에 따라 대규모의 손실이 발생할 수 있는 것인데, 수탁자가 부동산신탁을 업으로 하는 전문가로서 보수를 지급받기로 한 후 전문지식에 기초한 재량을 갖고 신탁사업을 수행하다가 당사자들이 예측하지 못한 경제상황의 변화로 신탁사업의 목적을 달성하지 못한 채 신탁계약이 중도에 종료되고, 이로 인하여 위탁자는 막대한 신탁비용채무를 부담하는 손실을 입게 된 사정이 인정된다면, 신탁비용의 지출 또는 부담에서의 수탁자의 과실과 함께 이러한 사정까지도 고려하여 신의칙과 손해의 분담이라는 관점에서 상당하다고 인정되는 한도로 수탁자의 비용상환청구권의 행사를 제한할 수 있다고 할 것이다[대법원 2006. 6. 9., 선고. 2004다24557 판결 참조].

■ 관련판례 4

특정금전신탁에 있어서 신탁회사의 선관주의의무 위반 등으로 인한 손해배상청구권의 묵시적 포기를 인정하기 위해서는 단순히 위탁자 또는 수익자(이하 '수익자 등'이라고 한다)가 거래 내용과 손실 발생 여부를 알고서도 신탁회사에게 아무런 이의를 제기하지 않았다거나 선관주의의무 등을 위반하여 취득한 신탁자산의 운용수익을 일부 지급받았다는 사정만으로는 부족하고, 수익자 등이 이의를 제기하지 않거나 운용수익을 일부 지급받은 동기나 경위 등 그러한 행위를 하게 된 전후 사정뿐 아니라, 그와 같은 행위를 함에 있어서 수익자 등이 신탁회사에 대하여 손해배상청구권을 행사할 수 있음에도 불구하고 이를 포기한다는 점을 충분히 인식할 수 있는 상황에 있었는지, 수익자 등이 손해배상청구권을 포기할 만한 동기나 이유가 있었는지 여부 등 여러 사정을 종합적으로 검토하여 신중하게 판단하여야 한다[대법원 2007. 11. 29., 선고, 2005다64552, 판결].

> **제39조(장부 등 서류의 작성·보존 및 비치 의무)**
>
> ① 수탁자는 신탁사무와 관련된 장부 및 그 밖의 서류를 갖추어 두고 각 신탁에 관하여 그 사무의 처리와 계산을 명백히 하여야 한다.
>
> ② 수탁자는 신탁을 인수한 때와 매년 1회 일정한 시기에 각 신탁의 재산목록을 작성하여야 한다. 다만, 재산목록의 작성 시기에 관하여 신탁행위로 달리 정한 경우에는 그에 따른다.
>
> ③ 수탁자는 제1항 및 제2항의 장부, 재산목록 및 그 밖의 서류를 대통령령으로 정하는 기간 동안 보존하여야 한다.
>
> ④ 제3항에 따라 장부, 재산목록 및 그 밖의 서류를 보존하는 경우 그 보존방법과 그 밖에 필요한 사항은 대통령령으로 정한다.

1. 신탁 관련 서류 및 재산목록의 작성의무 (제1항 및 제2항)

가. 의의

① 수탁자는 신탁사무의 처리와 계산을 명확히 하여 신탁사무와 관련된 장부 및 그 밖의 서류를 작성하여야 하고(제1항), 신탁장부 중 재산목록은 신탁을 인수한 때와 매년 일정한 시기에 작성하여야 한다(제2항).

② 신탁사무와 관련된 장부는 대차대조표, 손익계산서 등 신탁의 계산과 회계에 관한 장부를 의미하고, 그 밖의 관련 서류는 신탁장부와 재산목록의 작성 근거가 되는 계산서, 수입 및 지출의 내역에 관한 서류 등을 말한다.

③ 민사신탁에서 수탁자가 회계에 대하여 비전문가인 경우에도 원칙적으로 신탁사무와 관련된 장부 및 그 밖의 서류를 작성할 의무가 있으나, 반드시 대차대조표, 손익계산서 등 회계장부의 형태로 작성될 필요는 없으며 내용과 계산만 정확히 기재하면 충분하다.

④ 신탁사무와 관련된 장부 및 그 밖의 서류를 개별적으로 명시할 경우 민사신탁에도 작성의무가 인정되어 민사신탁에 지나친 부담이 될 수 있으므로, 포괄적 형식으로 규정하고 이에 해당하는 장부 및 서류는 학설·판례의 해석에 따라 구체적으로 결정되도록 한다.

⑤ 회계의 원칙에 관한 조항을 두지는 않았으나 해석상 수탁자는 신탁장부를 작성할 때에 '일반적으로 공정·타당한 회계관행'에 따라 작성하여야 하고, 신탁서류를 작성할 때에는 동종의 신탁을 인수하는 수탁자가 통상 작성하는 정도로 상세하게 장부를 작성하여야 하며, 그 기준에 미달하는 경우에는 선관의무(제32조) 위반이 문제될 수 있다.

나. 재산목록 작성시기의 변경

① 재산목록작성의무는 정보제공의무의 기초가 되는 것이므로 신탁행위로 이 의무 자체를 면제하는 것은 허용되지 않으나, 신탁행위로 작성시기를 제2항 본문과 달리 정할 수 있다(제2항 단서).

② 따라서 재산목록의 작성시기는 예를 들면 매월, 1분기에 1회, 연 1회, 2년에 1회 등으로 자유로이 정할 수 있다.

2. 신탁 관련 서류의 비치·보관의무 (제1항, 제3항 및 제4항)

① 구법 제33조는 신탁장부의 비치의무, 재산목록의 작성의무만을 규정하고 있는데, 학설은 이해관계인의 신탁장부 및 재산목록에 대한 열람청구권을 인정한 구법 제34조 제1항을 근거로 신탁장부 및 재산목록의 비치의무가 인정된다고 해석하고 있다.

② 현행법은 수익자의 정보수령에 관한 권리를 보장하고, 신탁재산에 관한 계산과 분별을 명확히 하여 관련 분쟁의 발생을 방지하기 위하여 신탁장부, 재산목록을 포함한 신탁과 관련된 서류의 보존의무를 인정한다.

③ 수탁자는 신탁이 종료한 후에는 비치의무가 아니라 보관의무를 부담할 뿐이므로 신탁 관련 서류를 영업소 내부에 열람이 가능하도록 비치할 필요는 없고, 보존방법 등에 대하여는 대통령령으로 정하도록 하여 전자보관 방식 등으로 보존할 수 있도록 한다(제4항).

④ 제4항에 따라 신탁사무와 관련된 장부, 재산목록 및 그 밖의 서류를 보존하는 경우에는 다음 각 호의 구분에 따른 방법으로 한다. 이 경우 마이크로필름의 형태로 보관하거나 전산정보처리조직에 의하여 보존할 수 있다.

1. 신탁의 재산목록과 그 부속 명세서, 재무제표와 그 부속 명세서 및 신탁재산의 운용 내역서: 수탁자의 사무소·영업소 또는 법 제114조에 따른 유한책임신탁(이하 "유한책임신탁"이라 한다)의 신탁사무를 처리하는 주된 사무소(이하 "신탁사무처리지"라 한다)에 비치·보관

2. 제1호에 규정되지 아니한 서류: 수탁자의 사무소·영업소(수탁자를 위하여 해당 서류를 보관하는 자의 사무소·영업소를 포함한다) 또는 유한책임신탁의 신탁사무처리지에 보관

⑤ 신탁과 관련된 각 서류의 보존기간을 법률로 전부 규정하는 것은 어려우므로 보존기간에 대하여는 대통령령에 위임한다(제3항).

⑥ 제3항에서 "대통령령으로 정하는 기간"이란 다음 각 호의 구분에 따른 기간을 말한다.

　1. 신탁의 재산목록과 그 부속 명세서, 재무제표와 그 부속 명세서 및 신탁재산의 운용 내역서: 해당 신탁이 종료된 때부터 10년

　2. 제1호에 규정되지 아니한 서류: 해당 신탁이 종료된 때부터 5년

3. 신탁 회계에 관한 감사

신탁 회계의 투명한 관리를 위하여 수탁자로 하여금 신탁 회계를 전문감사인에게 감사받도록 할 것인지가 문제될 수 있으나, 감사 필요성이 큰 전문 신탁회사는 특별법에 의하여 감사를 받도록 되어 있고, 민사신탁에서까지 감사 의무를 강제하면 지나친 부담이 될 수 있으므로 「신탁법」에 감사의무 관련 조항을 두지 않는다.

> **제40조(서류의 열람 등)**
>
> ① 위탁자나 수익자는 수탁자나 신탁재산관리인에게 신탁사무의 처리와 계산에 관한 장부 및 그 밖의 서류의 열람 또는 복사를 청구하거나 신탁사무의 처리와 계산에 관하여 설명을 요구할 수 있다.
>
> ② 위탁자와 수익자를 제외한 이해관계인은 수탁자나 신탁재산관리인에게 신탁의 재산목록 등 신탁사무의 계산에 관한 장부 및 그 밖의 서류의 열람 또는 복사를 청구할 수 있다.

I. 위탁자·수익자의 열람·복사청구권 및 설명요구권 (제1항)

1. 의의

제39조의 수탁자의 서류 작성·보존 및 비치의무에 대응하는 권리로, 위탁자는 신탁을 설정한 자로서 수탁자에 대한 감독권을 가지고 있고 수익자도 신탁재산의 실질적 소유자로서 공익권인 수탁자에 대한 감독권을 갖고 있으므로, 신탁에 관련된 정보를 제공받을 권리가 인정된다.

2. 열람·복사청구권 등의 주체

구법은 '위탁자의 상속인'에 대하여도 신탁서류의 열람청구권 및 설명요구권을 인정하나, 위탁자의 상속인은 신탁재산에 대한 관계에서 수익자와 이익이 충돌하는 자로서 수익자와 동등한 권리를 인정할 이유가 없으므로, 제16조에 따른 수탁자 해임신청권과 마찬가지로 위탁자의 상속인을 열람청구권 등의 주체에서 제외한다.

3. 열람·복사청구권 등의 대상

① 구법은 제1항에서 "전조의 서류"라고 규정한 것과 달리 제2항에서는 "신탁사무의 처리에 관한 서류"라고 규정하고 있어서 신탁장부, 재산목록 등 신탁의 계산과 관련된 장부가 포함되는지 해석상 대립이 있었으므로, 현행법은 "신탁사무의 처리와 계산에 관한 장부 및 그 밖의 서류"라고 명시한다.

② 신탁사무의 처리에 관한 서류에는 수탁자의 신탁사무의 처리에 관한 회의의 의사록 등도 포함된다.

4. 권리의 제한

① 위탁자와 수익자는 원칙적으로 신탁사무 및 계산과 관련된 모든 서류를 열람할 수 있고 모든 사항에 대하여 설명을 요구할 수 있으나, 해석상 영업시간 외에 열람·복사청구나 설명요구, 이미 종전의 권리행사로 목적을 달성할 수 있음에도 반복하여 하는 청구 등 권리의 취지를 넘어선 권리의 남용으로 볼 수 있는 경우에는 그 제한이 가능하다.

② 또한 합동운용의 경우처럼 다른 수익자에 대한 수탁자의 비밀유지의무와 충돌하는 경우에도 해석상 권리행사가 제한될 수 있다.

II. 이해관계인의 열람 및 복사청구권(제2항)

1. 제공청구권 등의 주체

신탁과 관련된 이해관계인으로, 신탁채권자나 다른 공동수탁자 등이 이에 해당한다.

2. 열람 등의 대상

① 이해관계인은 신탁사무의 처리에 관한 서류는 볼 수 없고, 신탁계산에 관한 서류에 대해서만 열람 등을 청구할 수 있다.

② 이해관계인은 신탁과 이익을 같이 하는 내부관계자가 아니고, 신탁사무에 관한 서류에는 신탁재산의 투자구조 등 신탁을 운영하기 위해 필요한 기밀자료도 포함되어 있으므로, 열람·복사의 대상을 한정할 필요가 있다.

③ 이해관계인이 열람 등을 청구할 수 있는 장부 또는 서류를 열거하는 방법도 검토하였으나, 그 경우 기재된 장부 또는 서류를 작성할 의무의 근거규정으로 해석될 여지가 있으므로, 신탁의 계산에 관한 서류로 한정하여 규정하고 구체적인 서류의 종류는 학설·판례의 해석론에 맡긴다.

3. 권리의 제한

이해관계인은 신탁의 외부인이므로 이해관계인의 권리는 신탁이나 수탁자 등의 이익에 반하지 않는 한도에서 인정될 것이며, 권리의 남용에 해당하는 권리행사는 해석상 제한된다.

■ 관련판례

[1] '신탁법' 제34조에서 정하고 있는 신탁사무에 관한 서류의 열람청구권 등은 신탁계약상 각종 권리의무의 귀속주체 혹은 이해관계인에게 신탁사무의 처리에 관한 감독권을 보장해 주어 정당한 권리의 확보 및 의무부담의 적정을 도모하기 위한 것으로, 특히 수익자의 이러한 감독권의 행사는 신탁계약의 목적인 수익권의 본질에 속하는 것이어서 합리적 이유 없이 이를 제한할 수 없다. 반면 '신탁업법'은 신탁을 업으로 영위하는 신탁회사의 건전한 경영과 수익자의 보호를 목적으로 그 인가와 업무·회계·감독 등을 규율하는 법률로서, 신탁업법 제17조의10에서 신탁재산에 관한 장부 • 서류의 열람 또는 등·초본의 교부청구권을 위 법률에 정한 일정한 방법으로 수익자에게 보장하는 한편, 신탁업법 제43조 제1항에서 이를 어기는 신탁회사에대해 과태료를 부과하도록 규정하고 있는데, 이는 특히 신탁회사에 대하여 신탁재산에 관한 특정 장부·서류의 열람 등에 관한 규율준수의 실효성을 확보하여 신탁업법의 입법 목적을 달성하기 위한 것이다. 그렇다면 이와 같이 그 입법의 취지와 목적을 달리하는 '신탁업법'의 단속적·규제적 규정을 들어 '신탁법'이 규율하는 사법적인 신탁관계의 본질에서 비롯되는 수익자 등의 신탁사무에 관한 감독권을 제한하는 근거로 삼을 수는 없다.

[2] 신탁법이 보장하는 신탁사무에 관한 서류 '열람'청구권에는 관련 서류의 '송부'청구권이 포함되지 않는다[대법원 2008. 9. 25.자. 2006마459 결정].

> ## 제41조(금전의 관리방법)
> 신탁재산에 속하는 금전의 관리는 신탁행위로 달리 정한 바가 없으면 다음 각 호의 방법으로 하여야 한다.
>   1. 국채, 지방채 및 특별법에 따라 설립된 법인의 사채의 응모·인수   또는 매입
>   2. 국채나 그 밖에 제1호의 유가증권을 담보로 하는 대부
>   3. 은행예금 또는 우체국예금

1. 의의

① 수탁자는 신탁재산을 운용하여 수익자에게 그 이익을 분배할 의무가 있으므로, 해석상 운용투자의무가 인정된다.

② 현행법은 구법과 마찬가지로 운용투자의무를 인정한 별도의 규정은 두지 않고 금전의 관리방법에 대한 규정만 문구를 수정하여 유지한다.

2. 신탁재산의 운용방법

가. 신탁재산이 금전인 경우

① 수탁자는 금전의 경우 신탁행위로 정한 방법이 없으면 이 규정이 정한 투자방법에 따라 운용하여야 하고, 신탁행위로 정한 경우에는 주식, 일반회사의 사채, 펀드의 수익증권 또는 파생상품 등에 대한 투자도 허용되나, 이 경우에도 선량한 관리자의 주의로서 투자·운용하여야 한다.

② 이 규정은 보수적인 투자방법을 정한 것으로, 제1호의 사채는 산업은행 등과 같이 특별법에 따라 설립된 안정성 있는 회사의 사채만을 의미한다.

나. 신탁재산이 금전 외의 재산인 경우

금전 외의 재산의 경우 수탁자는 투자방법에 대하여 재량을 갖지만 선량한 관리자의 주의로서 재량을 행사하여야 하므로, 손해가 발생한 경우 선관의무 위반 여부가 문제된다.

3. 신중한 투자자 원칙(Prudent Investor Rule)의 인정 여부

가. 의의

미국 Restatement (Third) of Trusts에서 인정된 수탁자의 투자에 관한 의무로,

전반적 투자전략을 인정하여 투자방법 및 투자대상에 대한 재량을 수탁자에게 부여하고, 손해 및 의무 위반 여부도 개별 투자방법이 아닌 신탁재산의 전체 portpolio를 기준으로 판단하는 원칙이다.

나. 도입 여부

① 구법과 같이 투자대상을 한정적으로 열거하는 것은 신탁제도의 초기단계에서 나타난 보수적인 입장으로 자산의 투자·운용에 관한 현대적인 portpolio이론에 어울리지 않고, 인플레이션에 따른 자산가치 상승을 따라갈 수 없다는 단점이 있으며, 모든 신탁이 안정적인 투자운용방법을 선택할 필요가 없으므로, 구법 제35조를 삭제하고 신중한 투자자의 원칙을 도입하자는 견해가 있었다.

② 외국의 경우에도 영국의 2000년 수탁자법은 투자대상 또는 투자범위에 대한 제한을 철폐하였고, 그에 따라 현재 영국에서는 몇 가지 예외(연금신탁 등)를 제외한 모든 신탁에서 신탁행위에 특별한 정함이 없는 한 투자대상이나 투자범위에 아무런 제한을 받지 않고 투자할 수 있도록 되어 있고, 일본의 개정 신탁법도 이러한 추세를 반영하여 구법 제35조에 해당하는 구 신탁법 제21조를 삭제하였다.

③ 그러나 신탁법은 신탁에 관한 일반법으로서 상사신탁 외에 민사신탁을 염두에 두지 않을 수 없고, 민사신탁에서 개인이 수탁자인 경우 신탁업자,금융기관과 달리 portpolio rule이나 안전장치가 없기 때문에 신탁재산 원본을 잠식할 우려가 있다는 점, 적극적인 투자·운용이 필요한 경우 신탁행위로 달리 정하면 충분하고, 신탁업자도 특별법에 따라 금전의 관리방법을 달리 정할 수 있는 점 등을 고려하여, 현행법에서는 신중한 투자자 원칙을 도입하지 않기로 정하고 종전과 같이 금전의 관리방법을 한정한다.

■ 관련판례

[1] 신탁보수약정이 있는 경우에 신탁사무를 완료한 수탁자는 위탁자에게 약정된 보수액을 전부 청구할 수 있는 것이 원칙이지만, 신탁사무가 중도에 종료된 경우에는 신탁사무처리의 내용 및 경과, 신탁기간, 중단된 신탁사무로 인하여 발생하는 위탁자의 손실, 기타 변론에 나타난 제반 사정을 고려하여 약정된 보수액이 부당하게 과다하여 신의성실의 원칙이나 형평의 원칙에 반한다고 볼 만한 특별한 사정이 있는 경우에는 예외적으로 상당하다고 인정되는 범위 내의 보수액만을 청구할 수 있다.

[2] 신탁계약에 있어서 위탁자 또는 수익자가 부담하는 신탁비용 및 신탁보수 지급의무와 신탁종
료시에 수탁자가 부담하는 신탁재산을 이전할 의무가 동시이행의 관계에 있다고 한 사례[대법
원 2006. 6. 9., 선고, 2004다24557, 판결].

> 제42조(신탁사무의 위임)
>
> ① 수탁자는 정당한 사유가 있으면 수익자의 동의를 받아 타인으로 하여금 자기를 갈음하여 신탁사무를 처리하게 할 수 있다. 다만, 신탁행위로 달리 정한 경우에는 그에 따른다.
> ② 제1항 본문의 경우 수탁자는 그 선임·감독에 관하여만 책임을 진다. 신탁행위로 타인으로 하여금 신탁사무를 처리하게 한 경우에도 또한 같다.
> ③ 수탁자를 갈음하여 신탁사무를 처리하는 자는 수탁자와 동일한 책임을 진다.

Ⅰ. 수탁자의 자기집행의무 (제1항)

1. 의의

수탁자는 위탁자와의 신임관계에 기하여 신탁재산을 인수받아 신탁사무를 수행하는 자이므로 원칙적으로 그 신임에 부응하여 스스로 신탁사무를 수행하여야 한다는 의무로, 영미신탁법상 'duty not to delegate'를 규정한 것이다.

2. 자기집행의무의 유지 여부

① 신탁사무의 내용이 고도화·복잡화·전문화되어 수탁자가 단독으로 신탁사무를 처리하는 것보다 제3자에게 위임하는 것이 적절한 경우가 많은 점, 영국과 미국뿐만 아니라 종전의 자기집행의무의 원칙을 인정한 일본도 개정 신탁법에서 원칙적으로 위임을 허용한 점등을 고려하여 신탁사무의 위임을 원칙적으로 허용하자는 견해가 있었다.

② 그러나 신탁행위나 수익자의 동의를 얻어 신탁사무의 위임이 가능하도록 규정하고 있으므로 필요한 경우 수탁자는 위임을 할 수 있는 점, 민사신탁에서 개인이 수탁자인 경우 수익자를 보호하기 위하여 수탁자의 재량범위를 제한할 필요가 있는 점, 수탁자와 같이 타인의 재산을 관리하는 「민법」상 대리인이나 수임인도 재위임을할 수 없는 것이 원칙인 점(「민법」 제120조, 제682조) 등을 고려하여, 현행법은 구법과 같이 자기집행의무를 원칙으로 유지한다.

3. 자기집행의무의 예외 - 위임의 허용

가. 수익자의 동의 (제1항 본문)

① 수탁자는 '정당한 사유'가 있는 경우 '수익자의 동의'를 얻어 신탁사무를 위임할 수 있는데, 이 경우 수익자에게 위임의 범위, 수임인에 관한 정보 등 위임과 관련된 정보를 제공한 후에 동의를 받아야 한다.

② '정당한 사유'가 있는 경우란 객관적으로 신탁 목적의 달성이나 수익자를 위하여 신탁사무의 위임이 필요하고 적절한 때를 의미하는 것으로, 신탁행위 당사자 간의 신뢰관계를 파괴하는 것은 아니라는 측면에서 허용된다.

나. 신탁행위 (제1항 단서)

① 자기집행의무는 위탁자의 신뢰에 부응하여 수익자를 보호하기 위한 것으로 임의규정에 해당하므로, 위탁자가 신탁행위로 위임을 허용한 경우에는 수탁자는 그에 따라 신탁사무를 위임할 수 있다.

② 신탁행위로 위임을 명확히 인정한 경우뿐만 아니라, 예를 들면 금융기관이 수탁자인 토지신탁에서 건축업자에게 건물을 신축하도록 하는 것처럼 신탁행위의 취지에 비추어 위임을 허용한 경우도 포함된다고 넓게 해석할 필요가 있다.

다. 전문적인 사무

신탁과 관련된 법무, 세무, 회계 업무 등 수탁자가 스스로 처리할 수 없는 전문분야의 일은 수탁자 이외의 자가 처리하는 것이 예정되어 있으므로, 신탁행위로 허용하지 않았다고 하더라도 위임이 가능하다고 보아야 한다.

라. 위임이 강제된 경우

예탁결제원으로의 예탁이 강제되는 상장증권이 신탁재산인 경우 그 보유·관리는 수탁자가 아닌 예탁결제원이 하는 것과 같이 관련법령에 따라 신탁재산의 외부위탁이 강제된 경우에는 신탁행위로 허용하지 않아도 관련규정에 기하여 위임이 허용된다.

마. 수탁자의 기관 및 직원

수탁자가 자신의 기관 및 직원을 통하여 신탁사무를 이행하는 것은 수탁자가 스스로 신탁사무를 수행하는 것이므로 사무 위임의 문제가 아니다.

바. 이행보조자의 사용

① 이행보조자란 수탁자가 신탁사무의 이행을 위하여 사용한 자로서 수탁자의 의사에 따라 수탁자를 위하여 행동하는 자를 의미한다.

② 「민법」 제391조에 따라 이행보조자의 귀책사유는 수탁자의 귀책사유로 보기 때

문에 수익자 보호에 문제가 없으므로 허용된다.

사. 신탁재산관리인의 사무 위임

신탁재산관리인은 임시로 신탁재산을 관리하는 자이므로 신탁사무를 무제한 위임할 수는 없다고 보는 것이 타당하며, 사무보조자를 두는 정도만 가능하다고 보아야 한다.

Ⅱ. 수탁자의 책임 (제2항)

1. 수익자의 동의를 얻어 위임한 경우

① 신탁사무의 수임인은 위임받은 사무에 관하여 독자적으로 행위하고 결정하는 주체이고, 수익자도 위임을 허용하였기 때문에 수탁자는 수임인의 선임·관리에 관한 책임만 부담한다.

② 수탁자는 선량한 관리자의 주의로써 수임인을 선임·관리하여야 하므로, 선임할 때에는 수임인의 능력 등에 대한 상당한 조사를 하여야 하며, 선임 후에도 적절한 지시 및 위임된 신탁사무의 이행을 감시·감독하여야 한다.

2. 신탁행위로 위임을 허용한 경우

수탁자는 이 경우에도 원칙적으로 선임·감독에 관한 책임만 부담하지만, 신탁행위로 책임의 범위를 변경시키는 것도 가능하다.

Ⅲ. 수임인의 책임(제3항)

1. 수익자에 대한 책임

① 수임인은 수탁자를 갈음하여 신탁사무를 처리하는 자이므로 수탁자와 같이 선관의무, 충실의무, 분별관리의무 등을 부담하며, 수임인이 의무 위반을 한 경우 위탁자나 수익자 등에게 직접 손해배상책임을 부담한다.

② 수익채권에 기한 청구, 서류의 제공청구권 등, 설명요구권 등과 같이 수익자의 수익권 행사에 대하여 수임인은 관련 업무를 위임받은 경우 당연히 그 청구에 응할 의무가 인정된다.

2. 제3자에 대한 책임

수임인은 신탁재산의 거래상대방에 대하여 수탁자와 같은 지위에서 신탁재산 이외에 고유재산으로도 책임을 부담한다.

3. 수탁자에 대한 책임

수임인은 수탁자와 위임계약을 체결한 것이므로 선관의무를 부담하며, 「민법」에 따른 책임을 부담한다.

4. 책임제한특약

수탁자와 수임인 간에 수임인이 위탁자나 수익자에 대한 관계에서 직접 책임을 부담하지 않는다는 특약을 하더라도 위탁자나 수익자에 대하여 대항할 수 없는 것이 원칙이나, 신탁행위로 수탁자와 수임인 간에 특약을 허용하거나 수익자가 위임을 동의할 때 특약에 대하여도 동의한 경우에는 위탁자나 수익자와의 관계에서도 특약은 유효하다.

■ 관련판례 1

위탁자인 甲 등과 수탁자인 파산 전 乙 주식회사가 신탁계약을 체결하면서 '신탁재산에 속하는 금전으로 차입금 및 이자의 상환, 신탁사무 처리상 수탁자의 과실 없이 받은 손해, 기타 신탁사무 처리를 위한 제비용 및 수탁자의 대지급금을 충당하기에 부족한 경우에는 수익자에게 청구하고, 그래도 부족한 경우에는 수탁자가 상당하다고 인정하는 방법 및 가액으로서 신탁재산의 일부 또는 전부를 매각하여 그 지급에 충당할 수 있다'는 내용의 조항을 둔 사안에서, 위 조항은 신탁이 존속하는 동안이나 종료된 후에 신탁재산에 관한 비용 등을 수익자인 甲 등에 청구하였음에도 지급받지 못한 경우 신탁재산을 처분하여 그 비용 등의 변제에 충당할 수 있도록 자조매각권을 乙 회사에 부여하는 특약이고, 비록 신탁재산은 파산재단에 속하지 않지만 신탁재산에 관한 약정 자조매각권과 비용상환청구권은 파산재단에 속하므로, 파산관재인은 신탁재산인 토지에 관하여 관리처분권이 있는지와 관계없이 파산선고 당시 수탁자인 乙 회사가 가지고 있던 약정 자조매각권을 행사하여 신탁재산인 토지를 매각하고 대금으로 비용상환청구권의 변제에 충당할 수 있다고 한 사례 *[대법원 2013. 10. 31., 선고, 2012다110859, 판결].*

■ 관련판례 2

[1] 수탁자가 신탁종료 후 비용보상 등을 받기 위하여 신탁재산에 대하여 자조매각권을 행사할 수 있다 하더라도 그와 같은 사정만으로 신탁재산의 귀속권리자로 지정된 수익자의 신탁재산에 대한 소유권이전등기청구권이 부존재하거나 소멸한다고 볼 수는 없고, 수익자는 수탁자가 신탁재산에 대한 자조매각권을 행사하여 이를 처분하기 전에 수탁자에게 비용 등을 지급하고 신탁재산에 관한 소유권이전등기절차의 이행을 구할 수 있다.

[2] 신탁계약의 해석상, 신탁종료시 신탁재산의 수익자 겸 권리귀속자가 부담하는 비용보상의무가 신탁재산에 대하여 자조매각권을 갖고 있는 수탁자의 소유권이전등기의무보다 선이행되어야 한다고 본 사례.

[3] 신탁계약서에서 '신탁재산에 속하는 금전으로 차입금 및 그 이자의 상환, 신탁사무 처리상 수탁자의 과실 없이 받은 손해, 기타 신탁사무처리를 위한 제비용 및 수탁자의 대금지급을 충당하기에 부족한 경우에는 수익자에게 청구하고, 그래도 부족한 경우에는 수탁자가 상당하다고 인정하는 방법 및 가액으로 신탁재산의 일부 또는 전부를 매각하여 그 지급에 충당할 수 있다'고 정한 경우, 이는 수탁자가 신탁이 존속하는 동안이나 신탁이 종료한 후에 신탁재산에 관한 비용 등을 수익자에게 청구하였음에도 수익자가 이를 지급하지 않을 경우에는 수탁자가 신탁재산을 처분하여 그 대금으로 신탁재산에 관한 비용 등의 변제에 충당할 수 있게 함으로써 신탁재산에 관한 비용 등의 회수에 편의를 도모하기 위함에 그 목적이 있다. 그러므로 비록 신탁법 제61조에 의하여 신탁이 종료한 후 신탁재산이 그 귀속권리자에게 이전할 때까지는 귀속권리자를 수익자로 보는 신탁이 존속하는 것으로 간주된다고 하더라도, 수탁자로서는 신탁계약서에서 정한 방법에 따라 차입금을 비롯하여 신탁사무처리를 위한 제비용을 회수할 수 있고, 위와 같은 비용이 신탁기간 중의 신탁사무 또는 신탁종료 후의 잔존 신탁사무의 처리 내지 종결을 위하여 선량한 관리자의 주의로써 정당하게 지출 내지 부담한 것이라고 인정되는 한 그것이 신탁종료 전에 발생한 것인지 혹은 신탁종료 후에 발생한 것인지 여부에 관계없이 귀속권리자로 지정된 수익자에게 그 비용의 보상을 청구할 수 있다[대법원 2009. 1. 30., 선고, 2006다62461, 판결].

> **제43조(수탁자의 원상회복의무 등)**
> ① 수탁자가 그 의무를 위반하여 신탁재산에 손해가 생긴 경우 위탁자, 수익자 또는 수탁자가 여럿인 경우의 다른 수탁자는 그 수탁자에게 신탁재산의 원상회복을 청구할 수 있다. 다만, 원상회복이 불가능하거나 현저하게 곤란한 경우, 원상회복에 과다한 비용이 드는 경우, 그 밖에 원상회복이 적절하지 아니한 특별한 사정이 있는 경우에는 손해배상을 청구할 수 있다.
> ② 수탁자가 그 의무를 위반하여 신탁재산이 변경된 경우에도 제1항과 같다.
> ③ 수탁자가 제33조부터 제37조까지의 규정에서 정한 의무를 위반한 경우에는 신탁재산에 손해가 생기지 아니하였더라도 수탁자는 그로 인하여 수탁자나 제3자가 얻은 이득 전부를 신탁재산에 반환하여야 한다.

Ⅰ. 수탁자의 원상회복의무 및 손해배상의무(제1항 및 제2항)

1. 책임의 법적 성질

① 이 규정에 따른 책임은 신탁재산의 복구를 인정하고, 고도의 신뢰관계에 근거하므로, 원상회복 책임과 손해배상책임 모두 채무불이행책임이나 불법행위책임과는 다른 「신탁법」상 특유의 책임으로 보는 견해가 있다.

② 현행법은 ⅰ) 손해배상책임의 경우, 수탁자의 의무위반행위에 고의·과실의 귀책사유가 필요한 점, 수탁자가 신탁재산에 가한 손해를 전보하는 것이 목적이라는 점에서 채무불이행책임이나 불법행위책임에 해당하고, ⅱ) 원상회복책임의 경우 신탁재산에 발생한 변경상태의 원상회복을 목적으로 하는 「신탁법」상 특수한 법정책임에 해당하는 것으로 규정한다.

2. 청구권자

가. 청구권자의 범위

1) 위탁자

위탁자는 신탁이 설정된 후에는 신탁재산에 대하여 실질적 이해관계를 갖고 있지 않기 때문에 청구권자에서 제외해야 한다는 견해도 있으나, 위탁자는 수탁자에 대한 감독권한을 갖고 있고, 신탁의 종료 시 잔여재산의 귀속권리자가 될 수 있으므로(제101조 제2항 및 제3항) 신탁의 존속 및 신탁재산과 이해관계를 갖고 있는바,

청구권자에 포함시키는 것이 타당하다.

2) 수익자

수익자는 신탁재산의 실질적 소유자로서 신탁재산의 변경·손해에 대하여 직접적인 이해관계를 갖고 있으므로 당연히 청구권자로 인정된다.

3) 다른 수탁자

수탁자는 다른 공동수탁자를 감시·감독할 의무를 부담하고 다른 공동수탁자의 의무 위반으로 인한 책임을 부담하지 않으므로, 의무위반행위를 한 수탁자를 제외한 수탁자도 청구권자에 포함된다.

4) 위탁자의 상속인

위탁자의 상속인은 수익자나 수탁자와 신임관계가 있다고 할 수 없고, 수익자와 이해관계가 상충하는 자이므로 청구권자에서 제외한다.

5) 목적신탁의 신탁관리인

목적신탁의 경우 수익자가 없으므로 수익자와 동등한 지위에 있는 제67조 제1항에 따라 선임된 신탁관리인이 청구할 수 있다.

나. 단독청구의 원칙

① 위탁자, 수익자 및 다른 수탁자는 수탁자의 의무위반행위가 있는 경우 단독으로 원상회복청구 등을 할 수 있다.

② 수익자가 수인인 경우 신탁행위로 정한 공동의 의사결정방법에 따라 수익자 권리의 행사 여부를 결정할 수 있으나, 이 규정에 따른 권리는 각 수익자가 단독으로 행사할 수 있으며(제71조 제1항 단서, 제61조 제4호), 권리의 행사를 신탁행위로도 제한할 수 없다(제61조 제4호).

③ 위탁자 또는 수탁자의 의견이 수익자와 다른 경우에 관해 현행법은 구법과 마찬가지로 명시적으로 규정하지 않았으나, 학설은 위탁자나 수탁자는 수익자의 동의를 얻어야 하고 수익자의 의사가 우선한다고 해석한다.

3. 성립요건

가. 수탁자의 의무위반행위

선관의무(제32조), 충실의무(제33조, 제34조, 제36조), 공평의무(제35조), 분별관리의무(제37조) 등 「신탁법」에 규정된 법정의무뿐만 아니라 신탁행위로 정한 의무도 손해를 야기할 수 있는 경우에 포함된다.

나. 수탁자의 고의·과실

① 위임 등 타인의 재산을 관리하는 제도를 규정한 「민법」이 채무불이행 및 불법행위로 인한 손해배상책임에 대하여 과실책임주의를 채택하고 있으므로(제390조, 제750조), 수탁자의 책임도 원칙적으로 과실책임이다.

② 이 경우 귀책사유는 '의무 위반과 관련된 고의·과실'을 의미하고 손해발생과의 관련성을 요구하지 않으며, 과실은 「민법」의 해석론과 마찬가지로 수탁자의 직업, 사회적 지위 등에 따라 일반적으로 요구되는 정도의 주의의무를 해태한 것이다.

다. 신탁재산의 손해 또는 변경의 발생

1) 손해의 발생(제1항)

① 수탁자의 의무위반행위로 신탁재산의 멸실, 훼손, 감소 등 그밖의 재산상 손해가 발생한 경우에만 수익자 등은 이 규정상 권리를 행사할 수 있다.

② '손해'란 「민법」상 해석론에 따라 가해적 사태가 없었더라면 존재하였을 가정적 재산상태와 가해행위가 행하여진 현재의 재산상태의 차이를 의미한다(차액설).

2) 신탁재산의 변경(제2항)

① 구법하에서 손해가 발생하지 않은 경우 수익자 등에게 원상회복청구권이 인정되는지 여부에 대하여, 원상회복청구권은 손해의 발생을 요구하지 않으며, 현행법 제38조는 법적 성격이 다른 두 청구권의 요건을 병렬적으로 규정한 잘못이 있다는 비판적 견해가 있었다.

② 수탁자가 적정한 가격에 신탁재산인 아파트를 처분하는 등 신탁재산에 경제적 손해가 발생하지 않은 경우에도, 위탁자가 예정한 신탁 목적의 달성이 어려워질 수 있고 신탁재산의 형태를 유지하기 원하는 수익자의 의사에 반할 수 있으므로, 현행법은 신탁재산의 변경이 발생한 때에도 수익자 등에게 원상회복청구권 등을 인정한다.

라. 의무위반행위와 손해 또는 변경 간의 인과관계

① 수탁자의 의무위반행위로 인하여 신탁재산의 손해 또는 변경이 발생하여야 원상회복청구권 등이 인정된다.

② 인과관계의 구체적 의미에 대하여는 사법상 일반론이 적용된다.

4. 효과

가. 원칙적 구제수단 - 원상회복청구권

① 원상회복이란 수탁자의 의무위반행위로 신탁재산의 손해 또는 변경이 발생하지 않았을 상태로 회복하는 것으로, 신탁재산을 원래 상태로 되돌려 신탁이 계속 운영되도록 하는 것이 모든 수익자의 권리 보호와 신탁 목적의 달성을 위한 가장 적절한 수단이기 때문에 원칙적 구제수단으로 인정한다.

② 원상회복된 신탁재산은 다시 신탁재산으로 귀속되는 것이지 수익자 등에게 귀속되는 것은 아니다.

③ 수탁자의 의무위반행위로 신탁재산에 발생한 손해 또는 변경을 회복하는 것이므로 비난가능성이 있는 수탁자가 전부 부담하여야 한다.

나. 보충적 구제수단 - 손해배상청구권

① ⅰ)신탁재산이 멸실·훼손되었으나 수선을 할 수 없어서 원상회복이 불가능하거나 현저히 곤란한 경우, ⅱ) 신탁재산의 수리비가 막대하거나 재매입 또는 동종의 대체물의 가격이 큰 폭으로 인상되어 원상회복에 과다한 비용이 드는 경우, ⅲ) 그 밖에 원상회복이 상당하지 않은 특별한 사정이 있는 경우에는 수익자 등은 원상회복 대신에 손해배상청구권을 행사할 수 있다.

② 신탁재산에 발생한 손해이기 때문에 의무위반행위를 한 수탁자는 신탁재산에 대하여 손해배상을 이행하여야 하므로 손해배상액은 신탁계정에 직접 지급되어야 한다.

③ 손해배상은 「민법」 제394조에 따라 '금전배상'이 원칙이고, 그 범위는 수탁자의 의무 위반과 상당인과관계가 인정되는 손해에 대하여 인정된다.

Ⅱ. 수탁자의 이득반환책임(제3항)

1. 도입취지

① 충실의무는 수탁자나 제3자가 수익자의 이익에 반하여 부당하게 이득을 취득하는 것을 예방하고 억지하기 위하여 인정되는 것으로, 수탁자의 충실의무 위반행위를 방지하기 위해서 수탁자나 제3자가. 취득한 이득을 반환하는 규정이 필요한다. 또한 분별관리의무는 수탁자의 선관의무와 충실의무 모두에 근거한 것이고, 악의의 제3자가 이익을 취득하는 행위 등에 대하여 반환을 인정할 필요가

있으므로 이득반환책임을 인정할 필요가 있다.

② 수탁자 또는 제3자의 이득반환책임을 규정하지 않은 구법하에서도 이득반환책임을 인정하자는 학설은 그 법리구성에 대하여 이익억지설, 신탁재산회복설), 부당이득반환설), 준사무관리설 등 다양한 견해를 제시하고 있으나, 이에 따라 수탁자 또는 제3자의 이익반환책임을 인정할 경우 반환범위, 책임의 성질 등에 대하여 기존 사법상 원리로 설명이 불가능하여 실무상 인정되는지 여부에 대하여 다툼이 있었는바, 현행법은 입법적으로 해결한다.

③ 즉 수익자 등은 신탁재산에 손해 또는 변경이 발생한 사실을 입증할 필요 없이 수탁자의 충실의무 또는 분별관리의무 위반 사실만 입증하면 수탁자로부터 이득을 반환받을 수 있다.

2. 청구권자

제3항은 이득반환청구권자에 대하여 규정하지 않았으나, 제1항 및 제2항과 동일하게 위탁자, 수익자 또는 다른 수탁자가 권리행사를 할 수 있다.

3. 반환책임자

① 수탁자의 충실의무 또는 분별관리의무의 위반행위로 수탁자가 이익을 취득한 경우 수탁자가 이득반환책임을 부담하는 것에는 이론이 없다.

② 제3자가 이익을 취득한 경우, 충실의무 위반 사실에 대하여 악의인 제3자 또는 신탁재산으로부터 직접 취득한 제3자에게는 이득반환책임을 인정하자는 견해가 있었으나, 이 조항이 수탁자의 충실의무 위반행위를 사전적으로 예방하기 위하여 그에 대한 불이익을 정한 규정인 점, 제3자가 형성된 법률관계를 기초로 새로운 법률관계가 형성된 때에는 구상관계가 복잡해질 수 있는 점, 제3자가 선의 등으로 부당하지 않게 취득한 이득을 전부 반환하도록 하는 것은 사법상 법리로 설명이 어려운 점을 고려하여 수탁자에게 제3자가 얻은 이익까지도 반환하도록 하는 이득반환책임을 인정한다.

4. 요건

가. 수탁자의 충실의무 또는 분별관리의무 위반행위

① 이득반환책임은 수탁자가 충실의무에 관한 규정인 제33조(충실의무), 제34조(이익상반행위의 금지), 제35조(공평의무), 제36조(수탁자의 이익향수금지)를 위반한 경우 또는 제37조(분별관리의무)를 위반한 경우에만 인정된다.

② 충실의무에 관한 추상적인 규정인 제33조의 위반행위도 포함되므로 신탁의 정보이용 등 해석상 인정되는 충실의무 위반행위까지 모두 포함하여 인정된다.

나. 수탁자 또는 제3자의 이익 취득

수탁자 또는 제3자가 신탁재산과 관련된 이익을 취득하는 것으로, 여기의 '이익'에는 부수적인 이익도 포함되고, 적극적 재산의 증가뿐만 아니라 책임의 면제와 같은 재산의 감소를 면한 경우도 해당하며, 사실관계도 포함된다.

다. 인과관계의 존재

수탁자의 충실의무 또는 분별관리의무 위반행위로 인하여 수탁자 또는 제3자가 이익을 취득하여야 한다.

5. 효과

① 수탁자는 귀책사유의 유무와 상관없이 수탁자나 제3자가 취득한 이득 '전부'를 반환하여야 한다.

② 수탁자가 제3자의 이득을 반환한 경우 구상권 등 수탁자와 해당 제3자 간의 법률관계에 대해서는 「민법」이 적용된다.

■ 관련판례 1

신탁법 제43조 제1항은 "수탁자가 그 의무를 위반하여 신탁재산에 손해가 생긴 경우 위탁자, 수익자 또는 수탁자가 여럿인 경우의 다른 수탁자는 그 수탁자에게 신탁재산의 원상회복을 청구할 수 있다."라고 정하고 있다. 수탁자가 신탁법 제32조에 따른 선관의무를 위반하여 신탁재산에 손해가 생겼다면, 위탁자, 수익자, 또는 수탁자가 복수인 경우에는 의무를 위반한 수탁자가 아닌 다른 수탁자 중 누구라도, 의무를 위반한 수탁자를 상대로 신탁재산의 원상회복을 청구할 수 있다. 이때 '신탁재산의 원상회복'이란 신탁재산의 원상회복을 청구하는 청구권자에게 신탁재산을 원상으로 회복한다는 뜻이 아니라, 신탁재산이었던 원물을 다시 취득하여 신탁재산에 편입시킴으로써 신탁재산을 원상으로 회복하는 것을 뜻한다. 따라서 의무를 위반한 수탁자가 부담하는 신탁재산의 원상회복 의무는 그 편입 대상인 원물이 금전인 경우라도 단순히 금전의 급부를 목적으로 하는 금전채무와는 구별된다. 그러므로 신탁법 제43조 제1항에 따른 신탁재산의 원상회복을 원인으로 금전채무의 전부 또는 일부의 이행을 명하는 판결을 선고할 경우에는 달리 특별한 약정이 없는 한 민법과 그 특별규정인 소송촉진 등에 관한 특례법 제3조 제1항에 정한 이율에 따른 지연손해금의 지급을 명할 수 없다[대법원 2020. 9. 3., 선고, 2017다269442, 판결].

■ 관련판례 2

甲 주식회사 등으로부터 아파트 건설·분양을 목적으로 토지를 신탁받은 乙 주식회사가 丙 주식회사와 공사도급계약을 체결하였고, 丙 회사가 아파트를 시공하면서 사업계획변경승인 없이 일부 공사를 변경 시공하였는데, 변경 시공된 공사 부분에 대한 하자보수금이 신탁비용에 해당하는지 문제 된 사안에서, 乙 회사가 구 집합건물의 소유 및 관리에 관한 법률 제9조 제1항 등에 따라 부담하는 하자담보책임의 이행을 위하여 지출한 비용은 신탁계약상 수익자인 甲 회사 등이 부담할 비용이고, 변경 시공이 乙 회사의 신탁계약상 선량한 관리자의 주의의무를 위반한 과실로 인한 것이 아니므로, 변경 시공된 공사 부분에 대한 하자보수금은 신탁비용으로서 신탁재산에서 지출하는 것이 정당하다고 한 사례[대법원 2016. 1. 14., 선고, 2013다47651, 판결].

■ 관련판례 3

[1] 신탁종료에 의한 계산에 관한 규정인 신탁법 제63조는 신탁이 종료하면 수탁자는 신탁사무를 최종적으로 계산하여야 할 당연한 의무가 있다는 것과 그 계산을 수익자가 승인한 때에는 수탁자의 수익자에 대한 책임이 면제되어 수익자가 수탁자에 대하여 최종 계산의 내용과 다른 내용을 주장하여 최종 계산에 따른 것 이외의 권리의 이전이나 금전의 지급, 그 밖의 재산상의 책임을 물을 수 없다는 법리를 선언하고 있는 것뿐이고, 이를 신탁이 종료한 경우에 수탁자가 비용 또는 보수를 청구하기 위한 요건을 규정하고 있는 것으로 볼 수는 없다.

[2] 신탁이 종료한 경우에는 위탁자 또는 수익자의 수탁자에 대한 보수 또는 비용 상환의무와 수탁자의 수익자에 대한 신탁재산의 이전의무가 동시이행의 관계에 있게 되는 점 등을 고려할 때, 신탁법 제44조의 규정은 신탁계약이 목적 달성에 이르거나 중도에 해지되지 아니한 채 그대로 유지되는 동안에 수탁자가 비용 또는 손해의 보상이나 보수를 청구하기 위한 요건을 규정하고 있는 것으로 보아야 할 것이고, 이를 신탁이 종료한 경우에까지 적용되는 것으로 볼 것은 아니다[대법원 2007. 9. 7., 선고, 2005다9685, 판결].

[1] 특정금전신탁에 있어서 신탁회사의 선관주의의무 위반 등으로 인한 손해배상청구권의 묵시적 포기를 인정하기 위해서는 단순히 위탁자 또는 수익자(이하 '수익자등'이라고 한다)가 거래 내용과 손실 발생 여부를 알고서도 신탁회사에게 아무런 이의를 제기하지 않았다거나 선관주의의무 등을 위반하여 취득한 신탁자산의 운용수익을 일부 지급받았다는 사정만으로는 부족하고, 수익자 등이 이의를 제기하지 않거나 운용수익을 일부 지급받은 동기나 경위 등 그러한 행위를 하게 된 전후 사정뿐 아니라, 그와 같은 행위를 함에 있어서 수익자 등이 신탁회사에 대하여 손해배상청구권을 행사할 수 있음에도 불구하고 이를 포기한다는 점을 충분히 인식할 수 있는 상황에 있었는지, 수익자 등이 손해배상청구권을 포기할 만한 동기나 이유가 있었는지 여부 등 여러 사정을 종합적으로 검토하여 신중하게 판단하여야 한다.

[2] 신탁회사가 지정된 운용방법을 위반하고 자기거래 금지의무에 위반하여 신탁재산에 귀속된 자산을 신탁회사의 고유재산으로 귀속시키고 대신 신탁회사의 고유재산에 속한 자산을 신탁재산에 귀속시킨 경우, 신탁회사가 배상하여야 할 손해의 범위는 신탁회사의 선관주의의무 위반 및 자기거래 금지의무 위반과 상당인과관계 있는 손해에 한한다*[대법원 2007. 11. 29., 선고. 2005다64552 판결].*

■ 관련판례 5

신탁법 제1조 및 제28조에 의하면, 신탁이란 수탁자가 수익자의 이익을 위하여 또는 특정의 목적을 위하여 위탁자로부터 이전받은 재산권을 관리, 처분하는 법률관계로서 수탁자는 신탁의 본지에 따라 선량한 관리자의 주의로써 신탁재산을 관리 또는 처분하여야 하고, 신탁법 제42조에 의하면, 수탁자가 신탁사무의 처리에 있어서 부담하게 되는 비용 또는 과실 없이 입게 된 손해에 관하여 신탁재산 또는 수익자에 대하여 보상을 청구할 수 있는 한편, 신탁법 제44조, 제38조에 의하면, 수탁자가 신탁재산의 관리를 적절히 하지 못하여 신탁재산의 멸실, 감소 기타의 손해를 발생하게 한 경우에는 수탁자는 위탁자 등에게 그 손해를 배상할 의무가 있고 이러한 손실보상의무를 이행한 후에만 위탁자 등에 대한 비용상환청구권을 행사할 수 있도록 규정하고 있는바, 위 규정의 취지에 의하면, 수탁자가 신탁의 본지에 따라 신탁사업을 수행하면서 정당하게 지출하거나 부담한 신탁비용 등에 관하여는 신탁자에게 보상을 청구할 수 있지만, 수탁자가 선량한 관리자의 주의를 위반하여 신탁비용을 지출한 경우에는 그 과실로 인하여 확대된 비용은 신탁비용의 지출 또는 부담에 정당한 사유가 없는 경우에 해당하여 수탁자는 비용상환청구를 할 수 없다고 봄이 상당하다. 그런데 토지개발신탁에 있어서는 장기간에 걸쳐 사업이 진행되고 부동산 경기를 예측한다는 것이 쉽지 않은 일이어서 경우에 따라 대규모의 손실이 발생할 수 있는 것인데, 수탁자가 부동산신탁을 업으로 하는 전문가로서 보수를 지급받기로 한 후 전문지식에 기초한 재량을 갖고 신탁사업을 수행하다가 당사자들이 예측하지 못한 경제상황의 변화로 신탁사업의 목적을 달성하지 못한 채 신탁계약이 중도에 종료되고, 이로 인하여 위탁자는 막대한 신탁비용채무를 부담하는 손실을 입게 된 사정이 인정된다면, 신탁비용의 지출 또는 부담에서의 수탁자의 과실과 함께 이러한 사정까지도 고려하여 신의칙과 손해의 분담이라는 관점에서 상당하다고 인정되는 한도로 수탁자의 비용상환청구권의 행사를 제한할 수 있다고 할 것이다[대법원 2008. 3. 27., 선고. 2006다7532, 7549 판결].

> **제44조(분별관리의무 위반에 관한 특례)**
>
> 수탁자가 제37조에 따른 분별관리의무를 위반하여 신탁재산에 손실이 생긴 경우 수탁자는 분별하여 관리하였더라도 손실이 생겼으리라는 것을 증명하지 아니하면 그 책임을 면하지 못한다.

① 분별관리의무는 신탁재산을 고유재산과 분리하여 관리하는 신탁제도의 기본적이고 중요한 의무이므로 책임을 가중하여 수탁자가 분별관리의무 위반 시 자신의 의무위반행위가 없었더라도 신탁재산에 손실이 발생하였을 것이라는 점을 입증하지 않는 한 천재지변 등의 불가항력이 있다고 하더라도 원상회복의무 또는 손해배상의무를 부담하도록 정한다.

② 수탁자는 인과관계의 부존재에 대한 입증책임을 부담하므로 사실상 무과실책임을 인정한 것이다.

■ 관련판례 1

신탁법 제44조의 규정은, 신탁계약이 목적 달성에 이르거나 중도에 해지되지 아니한 채 그대로 유지되는 동안에 수탁자가 비용 또는 손해의 보상이나 보수를 청구하기 위한 요건을 규정하고 있는 것으로 이를 신탁이 종료한 경우에까지 적용되는 것으로 볼 것은 아니다*(대법원 2007. 9. 7. 선고 2005다9685 판결 참조).*

원심이 같은 취지에서 신탁이 종료한 이 사건의 경우 신탁법 제44조에 의하여 수탁자인 피고가 비용보상청구권이나 자조매각권을 행사할 수 없다는 원고의 주장을 배척한 것은 정당한 것으로 수긍이 가고, 거기에 신탁에 관한 법리오해 등의 위법이 없다*[대법원 2011. 6. 10., 선고, 2011다18482, 판결].*

■ 관련판례 2

신탁이 종료한 경우에는 위탁자 또는 수익자의 수탁자에 대한 보수 또는 비용 상환의무와 수탁자의 수익자에 대한 신탁재산의 이전의무가 동시이행의 관계에 있게 되는 점 등을 고려할 때, 신탁법 제44조의 규정은 신탁계약이 목적 달성에 이르거나 중도에 해지되지 아니한 채 그대로 유지되는 동안에 수탁자가 비용 또는 손해의 보상이나 보수를 청구하기 위한 요건을 규정하고 있는 것으로 보아야 할 것이고, 이를 신탁이 종료한 경우에까지 적용되는 것으로 볼 것은 아니다*[대법원 2007. 9. 7., 선고, 2005다9685, 판결].*

■ 관련판례 3

위탁자 또는 수익자가 부담하는 신탁비용 및 신탁보수 지급의무와 신탁종료시에 수탁자가 신탁재산의 귀속권리자인 수익자나 위탁자 등에 대하여 부담하는 신탁재산을 이전할 의무는 모두 신탁관계에서 발생된 채무들인바, 수탁자가 신탁종료 전에는 신탁법 제42조 제1항, 제43조에 의하여 비용 및 보수청구권에 관하여 신탁재산을 매각하여 그 매각대금으로 다른 권리자에 우선하여 변제에 충당할 수 있고, 신탁종료 후에 신탁재산이 수익자 등에게 귀속한 후라도 신탁법 제62조, 제49조에 의하여 비용보상청구권 또는 보수청구권에 기하여 신탁재산에 대하여 강제집행을 하거나 경매를 할 수 있으며 이를 위하여 신탁재산을 유치할 수 있는 점에 비추어, 신탁비용 및 신탁보수 지급의무는 적어도 신탁관계를 청산하는 신탁재산의 반환시까지는 변제됨이 형평에 맞는다는 점을 참작하여 보면, 위탁자 또는 수익자가 부담하는 신탁비용 및 신탁보수 지급의무와 신탁종료시에 수탁자가 신탁재산의 귀속권리자인 수익자나 위탁자 등에 대하여 부담하는 신탁재산을 이전할 의무는 이행상 견련관계에 있다고 인정되고, 따라서 양자는 특별한 사정이 없는 한 동시이행의 관계에 있다고 해석함이 공평의 관념 및 신의칙에 부합한다고 할 것이다*(대법원 2006. 6. 9. 선고 2004다24557 판결 등 참조)*.

기록에 의하면, 이 사건 1994. 10. 24.자 신탁계약 제18조는 신탁사무처리를 위한 제비용은 수익자가 부담하되 코레트신탁은 위 비용을 신탁재산에서 지급하고, 지급할 수 없는 경우에는 수익자에게 청구, 수령하여 지급할 수 있다고 규정하고, 1995. 11. 25.자로 변경된 이 사건 신탁계약의 특약사항 제7조는 신탁원본 및 수익은 총사업비, 수익자의 수익권금액, 공사비잔여액, 제2순위 수익자 및 신탁자의 수익권을 순차적으로 정산한다고 규정하고 있으나, 신탁법 제63조 전문이 "신탁이 종료한 경우에는 수탁자는 신탁사무의 최종의 계산을 하여 수익자의 승인을 얻어야 한다"고 규정하고 있는 점에 비추어 볼 때, 위 특약사항 제7조는 단순히 정산의 순서를 정한 것일 뿐이라고 할 것이고, 수탁자가 위 신탁계약 제18조의 규정에 따라 신탁재산에서 신탁사무처리비용을 지급하지 아니하여 신탁재산이 남아 있는 채로 신탁이 종료된 경우에 있어서는 위 신탁계약 제18조의 규정이 적용될 여지가 없다고 할 것이므로 이로써 수익자의 신탁재산반환청구권이 배제되는 것으로 볼 수는 없다고 할 것이고, 달리 이를 인정할 자료를 찾아 볼 수도 없다. 따라서 이 사건에서 원고 또는 참가인의 신탁비용 또는 신탁보수 지급의무와 코레트신탁의 신탁재산이전의무는 동시이행의 관계에 있다고 할 것이다.

그럼에도 불구하고 원심은, 참가인이 정산하여야 할 코레트신탁의 총사업비가 이 사건 신탁재산의 가액을 초과하는 경우에는 코레트신탁이 수익자에게 신탁재산에 대한 권리이전의 의무가 발생하지 않는다고 판단하고 말았으니, 원심판결에는 신탁이 종료된 경우에 있어서의 수탁자의 비용 및 보수청구권과 수익자의 신탁재산이전청구권의 상호관계에 관한 법리를 오해하였거나 채증법칙에 위반하여 사실을 오인함으로써 판결에 영향을 미친 위법이 있다고 할 것이다. 이 점에 관한 상고이유의 주장은 이유 있다*[대법원 2008. 3. 27., 선고, 2006다7532, 판결]*.

> **제45조(수탁법인의 이사의 책임)**
>
> 수탁자인 법인이 제43조 및 제44조에 따라 책임을 지는 경우 그 책임의 원인이 된 의무위반 행위에 관여한 이사와 그에 준하는 자는 법인과 연대하여 책임을 진다.

1. 규정의 취지

① 수익자의 보호를 강화하기 위하여 수탁자인 법인이 그 목적범위 내에서도 수탁자로서의 의무를 위반한 때에도 손해배상책임을 인정하는 규정으로 「민법」 제35조 제2항의 특칙에 해당한다.

② 수탁자인 법인이 수탁자로서 책임을 부담하는 외에 그 이사 등에게 개인책임을 인정하는 규정이다.

2. 책임의 주체

이 규정에 따라 개인책임을 부담하는 주체는 "이사 및 이에 준하는 자"로서, 수탁자 회사의 대표이사 등 실제 업무를 담당하는 이사, 「상법」 제401조의2 제1항에 따른 업무집행지시자(제1호), 무권대행자(제2호), 표현이사(제3호) 등이 이에 해당한다.

3. 성립요건

가. 수탁자인 법인이 원상회복책임 등을 부담할 것

① 수탁자인 법인이 제43조에 따라 수탁자의 의무를 위반하여 원상회복책임, 손해배상책임 또는 이득반환책임 등을 부담하여야 한다.

② 수탁자인 법인에는 신탁을 영업으로 하는 법인(「상법」 제46조 제15호)뿐만 아니라 신탁을 영업으로 하지 않는 법인도 포함된다.

나. 의무위반행위에 관여할 것

이사와 이에 준하는 자가 신탁사무에 대한 결정권을 일임받아 의무위반행위를 하거나 의무위반행위를 결정하는 이사회의 결의에 찬성하는 등 의무위반행위에 관여한 경우에만 이 규정에 따른 책임이 인정된다.

4. 연대책임

이사와 이에 준하는 자는 요건을 모두 갖춘 경우 법인과 연대하여 책임을 부담하며, 이 때 연대책임은 부진정연대책임을 의미한다.

제46조(비용상환청구권)

① 수탁자는 신탁사무의 처리에 관하여 필요한 비용을 신탁재산에서 지출할 수 있다.

② 수탁자가 신탁사무의 처리에 관하여 필요한 비용을 고유재산에서 지출한 경우에는 지출한 비용과 지출한 날 이후의 이자를 신탁재산에서 상환(償還)받을 수 있다.

③ 수탁자가 신탁사무의 처리를 위하여 자기의 과실 없이 채무를 부담하거나 손해를 입은 경우에도 제1항 및 제2항과 같다.

④ 수탁자는 신탁재산이 신탁사무의 처리에 관하여 필요한 비용을 충당하기에 부족하게 될 우려가 있을 때에는 수익자에게 그가 얻은 이익의 범위에서 그 비용을 청구하거나 그에 상당하는 담보의 제공을 요구할 수 있다. 다만, 수익자가 특정되어 있지 아니하거나 존재하지 아니하는 경우 또는 수익자가 수익권을 포기한 경우에는 그러하지 아니하다.

⑤ 수탁자가 신탁사무의 처리를 위하여 자기의 과실 없이 입은 손해를 전보(塡補)하기에 신탁재산이 부족할 때에도 제4항과 같다.

⑥ 제1항부터 제5항까지의 규정에서 정한 사항에 대하여 신탁행위로 달리 정한 사항이 있으면 그에 따른다.

Ⅰ. 신탁재산에 대한 비용상환청구권 (제1항, 제2항 및 제6항)

1. 규정의 취지

① 신탁사무와 관련하여 발생한 채무에 대하여 수탁자는 계약상대방과의 사이에 수탁자 개인의 책임을 제한 또는 배제하거나 신탁재산으로부터 보상받을 수 있는 범위 내에서만 고유재산으로 변제하기로 약정을 체결하는 경우 외에는 수탁자의 고유재산으로도 책임을 부담하는 것이 원칙인데, 수탁자가 신탁재산으로 채무를 이행할 때에는 신탁에 직접 효과가 발생하여 특별한 문제가 발생하지 않으나, 고유재산으로 채무를 이행할 때에는 그 비용을 어떻게 구상받을 수 있는지, 즉 대내적 구상의 문제가 발생한다.

② 수탁자는 신탁행위에 따라 신탁재산을 관리하는 자에 불과할 뿐 실질적으로 신

탁재산의 이익을 취득하는 자는 아니므로, 신탁사무와 관련하여 발생한 수익뿐만 아니라 그에 부수한 채무도 원칙적으로 신탁재산에 귀속되어야 하는바, 수탁자에게도 수임인과 마찬가지로 비용상환청구권을 인정할 필요가 있다.

③ 제46조 제1항에서 수탁자의 신탁재산에 대한 비용상환청구권이 있음을 먼저 규정하고, 같은 조 제2항에서 비용상환청구권을 행사하여 비용과 그 이자를 신탁재산에서 임의변제할 수 있음을 명시하여 비용상환청구권의 범위를 명백히 한다.

2. 비용상환청구권의 성질

가. 채권적 청구권설

원래 신탁재산에서 지출하여야 할 것을 수탁자가 대신 지급한 후 신탁재산으로부터 구상받을 수 있도록 인정한 구상금채권이라고 보는 견해이다.

나. 형성권설

수탁자에게 신탁재산 자체로부터 직접 비용 등의 상당액을 공제할 수 있는 형성권을 인정한 것이라고 보는 견해이다.

다. 수탁자의 임무 종료 전후에 따라 달리 보는 견해

수탁자의 임무 계속 중에는 일종의 형성권으로 보나, 수탁자의 임무 종료 후에는 신탁재산에 대한 구상금 채권이라고 보는 견해이다.

3. '비용'의 의미

① '비용'이란 수탁자가 신탁사무의 처리를 위하여 제공한 고유재산 중 가격이 있는 것으로, 이 규정상 '비용'은 신탁사무의 처리에 필요한 비용, 즉 수탁자가 선량한 관리자의 주의를 갖고 필요하다고 판단하여 지출한 비용만을 의미하는 것으로 필요비와 유익비를 포함하는 넓은 개념이다.

② 필요한 비용인지 여부는 순전히 객관적 표준에 따라 판단할 것이 아니라 수탁인이 선량한 관리자의 주의를 다하여 과실 없이 한 판단을 표준으로 하므로, 신탁재산에 이익이 발생하였는지 여부와 상관없이 신탁사무의 처리 결과 발생한 비용이면 상환하여야 하나 합리적인 범위 내에서 지출된 비용이어야 한다.

 - 예를 들면, 신탁재산에 부과된 조세나 공과금, 신탁재산의 보존·개량을   위한 비용(부동산 관리 비용), 토지 또는 증권의 매매에 따른 소개비, 신탁   사무의 처리

에 필요한 대리인 등의 고용·위임 등에 따른 보수(신탁사무 관 련 소송비용), 사업신탁에서 상품의 생산·판매, 서비스의 제공 등에 따르는 비용 등이 포함된다.

③ 그러나 수탁자가 지출한 비용은 적절하게 지출된 것이어야 하므로 수탁자에게 지출의 권한이 없거나 지출의 결정과정에 하자(다른 수탁자나 수익자의 동의가 필요한 경우 그 동의가 없는 경우)가 있는 경우, 수탁자가 선관의무나 충실의무를 위반하여 지출한 비용, 수탁자의 과실 있는 행위가 원인이 되어 지출한 비용 등 신탁사무의 처리에 필요한 비용이 아닌 비용은 상환청구를 할 수 없다.

4. '이자'의 의미

① 수탁자는 위 비용뿐만 아니라 비용에 대하여 비용을 지출한 날 이후부터 변제받을 때까지 신탁행위로 정한 이율 또는 법정이율에 따른 이자의 상환을 청구할 수 있다.

② 다만, 변제기 전에 변제한 경우의 이자는 지출일부터 기산하는 것이 아니라 변제기부터 기산하여야 한다.

5. 행사방법

가. 기본적 행사방법

① 수탁자는 자조매각권이 인정되므로(제48조 제2항) 신탁재산을 매각하여 그 변제에 충당할 수 있는바, 신탁재산이 금전인 경우 별도의 매각절차가 필요하지 않으므로 신탁계정에서 수탁자의 고유계정으로 이전하면 되며, 신탁재산이 금전 이외의 재산인 경우에는 임의매각, 대물변제 또는 강제집행의 방법으로 상환청구권을 행사할 수 있다(제48조 설명 부분 참조).

② 또한 수탁자의 비용상환청구권 중 필요비와 유익비는 전체 신탁재산에 대한 공익적 비용에 해당하므로, 경매절차 등에서 저당목적물의 제3취득자의 비용상환청구권과 같이 일반 담보물권보다 우선하여 변제받을 권능이 인정된다(제48조 제1항).

③ 수탁자가 그 임무를 종료한 경우에는 여전히 우선변제권능을 갖고 있으며, 비용상환청구권의 행사를 위하여 유치권도 행사할 수 있다(제54조 제2항).

나. 수탁자가 여럿인 경우

공동수탁자가 있는 신탁에서 수탁자 중 1인이 신탁사무 처리와 관련하여 채무를 부담하는 경우, 공동수탁자는 연대채무를 부담하므로(제51조 제1항) 그 수탁자는 비용상환청구권을 가질 뿐만 아니라 다른 수탁자에게 부담부분에 대한 구상권을 행사할 수 있다(「민법」 제425조).

다. 사전구상권의 인정 여부

수탁자에게도 「민법」 제687조를 유추적용하여 비용선급청구권(사전구상권)을 인정하자는 견해가 있으나, 사전구상권은 수탁자에게 부여되는 충실의무(제33조), 자기거래금지원칙(제34조) 및 이익향수금지원칙(제36조)의 취지에 위배될 우려가 있고, 사전구상권이 인정되면 수탁자는 항상 사전구상권만 이용하게 될 것이며, 필요한 경우 신탁행위로 사전구상권을 허용할 수 있으므로 원칙적으로는 사후구상권의 형태만 인정한다.

6. 제한

가. 손해배상 등의 선이행의무 (제49조)

수탁자는 제43조에 따른 원상회복의무 등을 부담하고 있는 동안에는 상환청구권을 행사할 수 없다.

나. 행사방법의 제한(제6항)

신탁행위로 특정 재산으로부터는 비용상환을 받을 수 없도록 정하는 경우에는 그에 따라야 한다.

다. 상환범위의 제한

신탁사무 처리의 내용 및 경과, 신탁기간, 중단된 신탁사무로 인하여 발생하는 위탁자의 손실이나 그 밖에 변론에서 나타난 제반 사정을 고려하여 약정된 보수액(비용)이 부당하게 과다하여 신의성실의 원칙이나 형평의 원칙에 반한다고 볼 만한 특별한 사정이 있는 경우에는 예외적으로 상당하다고 인정되는 범위 내의 금액만을 청구할 수 있다.

Ⅱ. 신탁재산으로 대변제 (제3항 전단, 제6항)

1. 규정의 취지

① 수탁자가 신탁사무를 처리한 결과는 신탁재산에 귀속되는 것이므로, 수탁자가 신탁사무와 관련하여 채무를 부담한 경우 그 채무에 대한 최종적인 책임도 신탁재산에 귀속시키는 것이 타당하다.

② 구법하에서는 위임인에게 위임사무 처리 중 발생한 채무에 대한 대변제의무를 인정하고 있는 「민법」 제688조 제2항의 취지를 고려하여 수임인과 유사한 수탁자도 채무부담에 대한 비용상환을 구상할 수 있다고 해석한다.

③ 수탁자가 신탁사무 처리에 따라 부담하는 채무를 변제하면 그 비용을 신탁재산에 대하여 상환청구를 하게 되는 복잡한 내부의 구상절차를 거칠 필요가 없도록 「민법」 제688조 제2항과 같이 신탁재산으로부터 수탁자가 채무를 변제받을 수 있도록 허용한다.

2. '채무'의 범위

① 채무의 발생원인은 불문하므로 수탁자가 신탁사무 처리와 관련하여 부담하게 된 계약상 채무, 불법행위로 인한 손해배상채무 등과 같은 법정채무, 신탁재산인 부동산 등에 대하여 발생한 조세채무 등 모든 채무가 포함된다.

② 신탁재산으로부터 변제받을 수 있는 불법행위책임에는 「민법」 제758조 제1항 단서에 따라 소유자가 부담하는 공작물소유자책임에 따른 손해배상채무 등이 있다.

③ 다만, 수탁자의 과실이 없어야 하므로 수탁자가 선관의무나 충실의무를 위반하여 발생한 채무, 수탁자의 과실이 개입된 채무불이행책임 등은 포함되지 않는다.

④ 채무뿐만 아니라 그 채무에 대한 이자도 신탁재산에서 직접 지출할 수 있다.

3. 행사방법 및 선이행의무

비용상환청구권과 동일하다.

III. 신탁재산으로 손해보상(제3항 후단, 제6항)

1. 규정의 취지

신탁재산으로 대변제를 허용한 것과 동일한 이유로 수탁자가 신탁사무를 처리하는 과정에서 과실 없이 입은 손해는 신탁재산으로 보상하는 것이 타당하므로, 종전 규정을 그대로 유지한다.

2. '손해'의 범위

① 수탁자가 '신탁사무의 처리를 위하여 입은 손해'일 것을 요하는바, 신탁사무의 처리 때문에 발생한 손해에 한정된다.

② 손해뿐만 아니라 그로 인하여 부담하게 된 이자의 경우 구법하에서는 해석상 인정되었으나, 이를 명시적으로 규정하여 신탁재산에서 직접 지출할 수 있다.

3. 행사방법 및 선이행의무

비용상환청구권과 동일하다.

IV. 수익자에 대한 비용상환청구권(제4항, 제5항 및 제6항)

1. 규정의 취지

① 수탁자가 신탁행위에서 허용된 거래 또는 투자를 하였는데 신탁재산의 가치가 하락하여 부채금액이 신탁재산의 가치를 초과한 채무초과상태가 발생한 경우, 수익자에게 비용 등에 대한 최종적인 상환의무를 인정할 것인지 여부에 관하여 채권자 보호 및 수익자 보호의 가치가 충돌한다.

② 수탁자가 수익자를 위하여 신탁재산을 무상처분한 경우(증여적 신탁) 수익자는 대가의 지불 없이 신탁의 이익을 누리게 되므로 신탁사무를 위하여 발생한 비용에 대하여 상환청구를 하는 것은 부당하지 않으나, 투자신탁과 같이 수익자가 수익권 취득을 위하여 대가를 지불한 경우에는 수익자에게 추가책임을 부담하려는 의사가 없으므로 비용에 대한 상환청구를 하는 것은 부당하다는 견해가 있다.

③ 그러나 수익자는 신탁재산으로부터 이익을 취득하는 자로서 신탁재산과 관련하

여 발생한 비용 등을 부담하는 것이 공평한 점, 「신탁법」은 투자신탁과 같은 금융신탁, 영업신탁뿐만 아니라 일반 민사신탁도 규율하고 있고, 수탁자가 보수를 받지 않는 신탁을 원칙으로 하고 있는 점(제47조 제1항),간접투자상품, 퇴직연금 등의 영업신탁의 경우 신탁행위로 수익자에 대한 비용상환청구권을 배제하면 되는 점 등을 고려하여, 현행법은 구법과 마찬가지로 수익자에게도 비용상환청구권을 행사할 수 있도록 하되, 수익자 보호를 위하여 신탁재산으로부터 상환받을 수 없는 때의 보충적 권리로 규정한다.

2. 행사요건

가. 비용 또는 손해의 발생

① 수탁자가 신탁사무 처리와 관련하여 필요비를 지출하거나(제4항), 수탁자가 과실 없이 손해를 입어야 한다(제5항).

② 수탁자가 신탁사무의 처리와 관련하여 채무를 부담한 경우, 구체적인 비용이나 손해가 발생하지 않았음에도 수익자에게 채무액을 청구하도록 허용하는 것은 부당하므로, 비용이나 손해가 발생한 경우에 한정한다.

나. 신탁재산이 비용 등을 충당하기에 부족하거나 부족할 우려가 있을 것

① 수탁자를 보호하기 위하여 수익자에 대한 비용상환청구권을 보충적 권리로 정하였으므로, 수탁자는 신탁재산으로 비용을 충당하기에 부족하거나 수탁자가 입은 손해를 전부 보상하기에 부족한 경우에만 수익자에게 비용상환을 청구할 수 있다.

② 신탁재산의 파산 등 신탁재산이 비용을 충당하기에 부족한 경우뿐만 아니라 주된 신탁재산이 부동산인데 현금이 부족한 경우 등과 같이 비용 등을 충당하기에 부족하게 될 우려가 있는 경우에도 수익자에 대한 비용상환청구권이 인정된다.

3. 상환의 범위

수익자는 신탁재산의 원본 또는 이익 중 일부를 향유하므로 수탁자 개인에게 자신이 받는 수익을 넘어 신탁사무로 인한 전체 비용을 부담하도록 하는 것은 부당한바, '수익자가 얻은 이익의 범위 내에서' 상환의무를 부담하도록 규정한다(제4항 본문).

4. 행사방법

가. 기본적 행사방법

① 수탁자는 수익자에게 비용 또는 손해의 상환을 청구하거나 상당한 담보를 제공하도록 요구할 수 있다(제4항 본문).

② 담보를 제공할 경우 담보는 인적 담보이든 물적 담보이든 무관하며, 담보의 확실성에 관한 다툼은 법원의 결정에 따라야 한다.

나. 수익자가 여럿인 경우

제4항은 수익자가 이익을 받은 범위 내에서 비용이나 손해를 상환하도록 규정하고 있으므로, 수익자가 여럿인 경우에는 비용 등 전액에 대하여 연대의무를 부담하는 것이 아니라 자신의 이익범위 내에서 상환의무를 부담한다.

5. 상환의무 배제 (제4항 단서)

가. 수익자의 불특정 또는 부존재

목적신탁의 경우, 수익자지정권이 행사되지 않은 경우(제58조 참조), 수익자가 사망하고 그 상속인이 존재하지 않는 경우 등 수익자가 특정되지 않거나 존재하지 않은 때에는 수익자에게 상환청구를 할 수 없다.

나. 수익권의 포기

① 수익자가 수익권을 포기한 경우(제57조 참조) 해당 수익자가 수익을 받지 않는 이상 상환의무를 인정하는 것은 부당하므로 수탁자는 상환청구를 할 수 없다.

② 수탁자의 수익권 포기 전에 이미 발생한 상환의무에 대하여, 구법하에서는 ⅰ) 수익권의 포기란 수익자 지위의 포기이고, 수익자 지위의 포기의사에는 소급적인 효력이 있으므로 상환의무도 소급적으로 소멸한다는 견해와 ⅱ) 신탁으로부터 이익을 수령한 기간 동안 발생한 신탁채무에 관하여는 상환의무를 부담한다는 견해가 대립하고 있었다.

③ 수익권 포기의 소급효가 인정되나 제3자의 권리를 해할 수 없도록 하고 있는바(제57조 제2항), 수탁자가 '제3자'에 해당하는지 여부 등에 관해서는 학설·판례의 해석론에 따라 해결되도록 한다.

6. 행사방법의 제한

가. 신탁행위 (제6항)

비용이 발생한 경우, 신탁행위로 특정 재산으로부터는 비용상환을 받을 수 없도록 정하는 경우에는 그에 따라야 한다.

나. 수익증권발행신탁의 경우 (제85조 제7항)

수익증권발행신탁의 경우 수익자는 수익증권 취득의 대가에 대한 책임만 부담하는 것을 기대할 것이므로, 수익자에 대한 비용상환청구권은 인정되지 않는다.

■ 관련판례 1

가. 구 신탁법 제31조 제1항 본문에 의하면, 수탁자는 누구의 명의로 하든지 신탁재산을 고유재산으로 하거나 이에 관하여 권리를 취득하지 못하므로, 고유재산을 신탁재산이 취득하도록 하는 것도 허용되지 아니하고, 위 규정을 위반하여 이루어진 거래는 무효라고 보아야 한다*(대법원 2009. 1. 30. 선고 2006다62461 판결 참조)*.

또한 이 사건 신탁계약과 그에 부수한 사업약정에서 차입의 규모와 이율 등의 조건을 정하여 두고 이후 그에 따라 필요한 때에 자금을 신탁회사의 고유계정에서 신탁계정으로 이체한 경우에는, 이 사건 신탁계약과 사업약정에 의하여 금전소비대차계약이 체결되고 이후 그에 따른 자금의 이전은 금전소비대차계약에 따른 이행이 이루어진 것으로 봄이 상당하므로, 구 자본시장과 금융투자업에 관한 법률(2007. 8. 3. 법률 제8635호로 제정되어 2009. 2. 4.부터 시행된 것) 제105조 제2항, 제103조 제1항 제5호에 의하여 신탁업자가 부동산만을 신탁받는 경우 신탁의 계산으로 신탁업자의 고유재산으로부터 금전을 차입하는 것이 허용되었다고 하더라도(이 경우에도 신탁업자가 충실의무에 따른 제한을 받는 것은 물론이다), 새로이 신탁계약을 체결하는 등의 특별한 사정이 없는 한 위 법률의 시행 전에 체결된 이 사건 금전소비대차가 새로이 유효한 것으로 된다고 볼 수 없다*(대법원 1991. 7. 26. 선고 90다15488 판결 등 참조)*.

나. 구 신탁법 제42조 제1항은 수탁자가 신탁재산에 관하여 부담한 조세, 공과 기타의 비용과 이자 또는 신탁사무를 처리하기 위하여 자기에게 과실 없이 받은 손해를 신탁재산에서 상환받을 수 있다고 규정하고 있다. 그런데 수탁자가 미리 조달한 자금을 자신의 고유계정에 보관하고 있다가 신탁계정에 대여하면서 조달이자에 이자를 가산하는 경우, 가산이자 부분은 신탁사무의 처리를 위해 실제로 정당하게 지급하거나 부담한 비용 내지 이자 등에 해당한다고 볼 수 없으므로*(대법원 2011. 6. 10. 선고 2011다18482 판결 참조)*, 이 사건 신탁계약 제17조 제4항에 정한 비용상환청구권의 대상으로 볼 수 없다.

다. 관련 법리와 기록에 비추어 살펴보면, 원심의 위와 같은 판단은 정당하고, 거기에 상고이유 주

장과 같이 논리와 경험의 법칙에 반하여 자유심증주의의 한계를 벗어나거나 법령 적용, 대지
급금반환청구권의 범위, 자백의 구속력에 관한 법리를 오해하거나 이유모순 등의 잘못이 없다
[대법원 2017. 6. 8., 선고, 2016다230317, 230324, 판결].

■ 관련판례 2

[1] 구 신탁법(2011. 7. 25. 법률 제10924호로 전부 개정되기 전의 것, 이하 같다) 제51조 제
3항이 수익권의 포기를 인정하는 취지는, 수익자는 구 신탁법 제42조 제2항에 따라 비용상환
의무를 지게 되므로 수익자가 자기의 의사에 반하여 수익권을 취득할 것을 강제당하지 않도록
하기 위한 데에 있다. 따라서 신탁계약상 위탁자가 스스로 수익자가 되는 이른바 자익신탁의
경우, 위탁자 겸 수익자는 스스로 신탁관계를 형성하고 신탁설정 단계에서 스스로를 수익자로
지정함으로써 그로부터 이익을 수취하려는 자이므로, 신탁의 결과 발생하는 이익뿐만 아니라
손실도 부담하도록 해야 하고, 수익권 포기를 통해 비용상환의무를 면하도록 할 필요가 없다.
그러므로 자익신탁에서 위탁자 겸 수익자는 수익권을 포기하더라도 이미 발생한 비용상환의무
를 면할 수 없다.

[2] 토지개발신탁에서는 장기간에 걸쳐 사업이 진행되고 부동산 경기를 예측한다는 것이 쉽지 않
은 일이어서 경우에 따라 대규모의 손실이 발생할 수 있는데, 수탁자가 부동산신탁을 업으로
하는 전문가로서 보수를 지급받기로 한 후 전문지식에 기초한 재량을 갖고 신탁사업을 수행하
다가 당사자들이 예측하지 못한 경제상황의 변화로 신탁사업의 목적을 달성하지 못한 채 신탁
계약이 종료되고, 이로 인하여 위탁자 또는 수익자가 막대한 신탁비용상환의무를 부담하게 된
사정이 인정된다면, 이러한 사정을 고려하여 신의칙과 손해의 분담이라는 관점에서 상당하다
고 인정되는 한도로 수탁자의 비용상환청구권의 행사를 제한할 수 있다*[대법원 2016. 3. 10., 선
고, 2012다25616, 판결].*

■ 관련판례 3

구 신탁법(2011. 7. 25. 법률 제10924호로 전부 개정되기 전의 것) 제42조 제1항, 제2항에 따
르면, 수탁자는 신탁재산에 관하여 부담한 조세·공과 기타의 비용과 이자 또는 신탁사무를 처리하
기 위하여 자기에게 과실 없이 받은 손해의 보상을 수익자에게 청구할 수 있다. 또한, 원심이 인
용한 제1심판결 이유에 의하면, 원고와 예비적 피고 사이에 체결된 이 사건 각 특정금전신탁계약
제15조는 '원고는 신탁재산에 대한 조세·공과 기타 신탁사무의 처리에 필요한 비용을 예비적 피
고에게 청구할 수 있다'고 정한 사실을 알 수 있다. 한편 원심이 채택한 증거에 의하면, 이 사건
1, 2 특정금전신탁계약은 이 사건 1, 2 대출약정과 같은 날 체결된 사실, 이 사건 3~5 특정금

전신탁계약이 이 사건 3~5 대출약정 이후에 체결되기는 하였으나, 이 사건 3 대출약정 제4조 제1항은 '차주는 제2항의 인출선행조건의 충족을 조건으로 2007. 6. 29. 또는 당사자들이 별도로 합의하여 정한 날에 대출A와 관련한 147억 원을 인출하고, 차주와 대주가 별도로 협의하여 정하는 날에 대출B와 관련한 53억 원을 각 인출한다'고 정한 사실, 이 사건 각 특정금전신탁계약서에 첨부된 예비적 피고 명의의 '특정금전신탁 운용지시서'에는 신탁재산의 운용방법으로 이 사건 각 대출의 구체적인 내용이 기재되어 있는 사실, 이 사건 각 특정금전신탁금액은 모두 이 사건 각 대출금에 미달하는 사실 등을 알 수 있다.

이러한 사실관계에, 원고가 그 은행계정에서 이 사건 각 대출을 실행한 후 이를 이 사건 각 특정금전신탁계정에 편입할 동기나 이유를 찾기 어려운 점 등의 사정을 더하여 보면, 이 사건 각 특정금전신탁은 이 사건 각 대출을 위해 설정된 것으로, 특히 이 사건 3~5 특정금전신탁의 경우에는 원고가 원심에서 주장한 바와 같이 실제로 대출이 실행되기 이전에 특정금전신탁계약이 체결되었거나, 예비적 피고가 이 사건 각 대출을 위해 이미 설정된 특정금전신탁의 위탁자 중 1인의 지위를 승계하였다고 볼 여지가 충분하다[대법원 2013. 12. 12., 선고, 2013다209121, 판결].

■ 관련판례 4

신탁법 제1조 및 제28조에 의하면, 신탁이란 수탁자가 수익자의 이익을 위하여 또는 특정의 목적을 위하여 위탁자로부터 이전받은 재산권을 관리, 처분하는 법률관계로서 수탁자는 신탁의 본지에 따라 선량한 관리자의 주의로써 신탁재산을 관리 또는 처분하여야 하고, 신탁법 제42조에 의하면, 수탁자가 신탁사무의 처리에 있어서 부담하게 되는 비용 또는 과실 없이 입게 된 손해에 관하여 신탁재산 또는 수익자에 대하여 보상을 청구할 수 있는 한편, 신탁법 제44조, 제38조에 의하면, 수탁자가 신탁재산의 관리를 적절히 하지 못하여 신탁재산의 멸실, 감소 기타의 손해를 발생하게 한 경우에는 수탁자는 위탁자 등에게 그 손해를 배상할 의무가 있고 이러한 손실보상의무를 이행한 후에만 위탁자 등에 대한 비용상환청구권을 행사할 수 있도록 규정하고 있는바, 위 규정의 취지에 의하면, 수탁자가 신탁의 본지에 따라 신탁사업을 수행하면서 정당하게 지출하거나 부담한 신탁비용 등에 관하여는 신탁자에게 보상을 청구할 수 있지만, 수탁자가 선량한 관리자의 주의를 위반하여 신탁비용을 지출한 경우에는 그 과실로 인하여 확대된 비용은 신탁비용의 지출 또는 부담에 정당한 사유가 없는 경우에 해당하여 수탁자는 비용상환청구를 할 수 없다고 봄이 상당하다. 그런데 토지개발신탁에 있어서는 장기간에 걸쳐 사업이 진행되고 부동산 경기를 예측한다는 것이 쉽지 않은 일이어서 경우에 따라 대규모의 손실이 발생할 수 있는 것인데, 수탁자가 부동산신탁을 업으로 하는 전문가로서 보수를 지급받기로 한 후 전문지식에 기초한 재량을 갖고 신탁사업을 수행하다가 당사자들이 예측하지 못한 경제상황의 변화로 신탁사업의 목적을 달성하지 못한 채 신탁계약이 중도에 종료되고, 이로 인하여 위탁자는 막대한 신탁비용채무를 부담하는 손실을 입게 된 사정이 인정된다면, 신탁비용의 지출 또는 부담에서의 수탁자의 과실과 함께 이러한 사정까지도 고려하여 신의칙과 손해의 분담이라는 관점에서 상당하다고 인정되는 한도로 수탁자의 비용상환청구권의 행사를 제한할 수 있다고 할 것이다*(대법원 2006. 6. 9. 선고 2004다24557 판결 참조)[대법원 2008. 3. 27. 선고 2006다7532, 7549 판결].*

■ 관련판례 5

[1] 수탁자가 신탁종료 후 비용보상 등을 받기 위하여 신탁재산에 대하여 자조매각권을 행사할 수 있다 하더라도 그와 같은 사정만으로 신탁재산의 귀속권리자로 지정된 수익자의 신탁재산에 대한 소유권이전등기청구권이 부존재하거나 소멸한다고 볼 수는 없고, 수익자는 수탁자가 신탁재산에 대한 자조매각권을 행사하여 이를 처분하기 전에 수탁자에게 비용 등을 지급하고 신탁재산에 관한 소유권이전등기절차의 이행을 구할 수 있다.

[2] 신탁계약의 해석상, 신탁종료시 신탁재산의 수익자 겸 권리귀속자가 부담하는 비용보상의무가 신탁재산에 대하여 자조매각권을 갖고 있는 수탁자의 소유권이전등기의무보다 선이행되어야 한다고 본 사례.

[3] 신탁계약서에서 '신탁재산에 속하는 금전으로 차입금 및 그 이자의 상환, 신탁사무 처리상 수탁자의 과실 없이 받은 손해, 기타 신탁사무처리를 위한 제비용 및 수탁자의 대금지급을 충당하기에 부족한 경우에는 수익자에게 청구하고, 그래도 부족한 경우에는 수탁자가 상당하다고 인정하는 방법 및 가액으로 신탁재산의 일부 또는 전부를 매각하여 그 지급에 충당할 수 있다'고 정한 경우, 이는 수탁자가 신탁이 존속하는 동안이나 신탁이 종료한 후에 신탁재산에 관한 비용 등을 수익자에게 청구하였음에도 수익자가 이를 지급하지 않을 경우에는 수탁자가 신탁재산을 처분하여 그 대금으로 신탁재산에 관한 비용 등의 변제에 충당할 수 있게 함으로써 신탁재산에 관한 비용 등의 회수에 편의를 도모하기 위함에 그 목적이 있다. 그러므로 비록 신탁법 제61조에 의하여 신탁이 종료한 후 신탁재산이 그 귀속권리자에게 이전할 때까지는 귀속권리자를 수익자로 보는 신탁이 존속하는 것으로 간주된다고 하더라도, 수탁자로서는 신탁계약서에서 정한 방법에 따라 차입금을 비롯하여 신탁사무처리를 위한 제비용을 회수할 수 있고, 위와 같은 비용이 신탁기간 중의 신탁사무 또는 신탁종료 후의 잔존 신탁사무의 처리 내지 종결을 위하여 선량한 관리자의 주의로써 정당하게 지출 내지 부담한 것이라고 인정되는 한 그것이 신탁종료 전에 발생한 것인지 혹은 신탁종료 후에 발생한 것인지 여부에 관계없이 귀속권리자로 지정된 수익자에게 그 비용의 보상을 청구할 수 있다.

[4] 신탁법 제31조 제1항 본문에 의하면, 특별한 사정이 없는 한 누구의 명의로 하든지 신탁재산

을 고유재산으로 하거나 이에 관하여 권리를 취득하지 못할 뿐만 아니라 고유재산을 신탁재산이 취득하도록 하는 것도 허용되지 아니하고, 위 규정을 위반하여 이루어진 거래는 무효이다. 한편, 금전신탁 이외의 신탁에 있어서 수탁자가 신탁회사인 경우에는, 신탁업법 제12조 제1항이, "단, 수익자에게 이익이 되는 것이 명백하거나 기타 정당한 이유가 있는 경우에는 법원의 허가를 얻어 신탁재산을 고유재산으로 할 수 있다"고 규정하고 있는 신탁법 제31조 제1항 단서마저 그 적용을 배제하여 매우 엄격한 규제가 이루어지고 있음에 비추어 볼 때, 신탁회사가 행한 신탁재산과 고유재산 간의 거래가 수익자에게 이익이 된다는 사정만으로는 그와 같은 거래를 유효하다고 볼 수는 없다[대법원 2009. 1. 30. 선고 2006다62461 판결].

> **제47조(보수청구권)**
> ① 수탁자는 신탁행위에 정함이 있는 경우에만 보수를 받을 수 있다. 다만, 신탁을 영업으로 하는 수탁자의 경우에는 신탁행위에 정함이 없는 경우에도 보수를 받을 수 있다.
> ② 보수의 금액 또는 산정방법을 정하지 아니한 경우 수탁자는 신탁사무의 성질과 내용에 비추어 적당한 금액의 보수를 지급받을 수 있다.
> ③ 제1항의 보수가 사정의 변경으로 신탁사무의 성질 및 내용에 비추어 적당하지 아니하게 된 경우 법원은 위탁자, 수익자 또는 수탁자의 청구에 의하여 수탁자의 보수를 증액하거나 감액할 수 있다.
> ④ 수탁자의 보수에 관하여는 제46조 제4항을 준용한다. 다만, 신탁행위로 달리 정한 사항이 있으면 그에 따른다.

Ⅰ. 수탁자의 보수 (제1항부터 제3항까지)

1. 원칙 - 무상수탁 (제1항 본문)

① 전통적 영미신탁법에 따르면 수탁자의 보수청구는 수탁자와 신탁재산간의 이익상반관계를 초래할 수 있으므로 수탁자는 신탁행위나 법률로 달리 정한 경우를 제외하고는 보수를 받을 수 없었으나, 영국의 2000년 수탁자법은 법인수탁자나 영업수탁자의 경우 합리적인 범위 내의 보수를 받을 수 있다고 정하고 있고, 미국도 각 주의 법률이나 판례로 약정이 없더라도 특별한 사정이 없는 한 보수를 받을 수 있는 것으로 하는 등 영미신탁법은 수탁자가 당연히 보수를 청구할 수 있다는 원칙으로 전환되는 경향이다.

② 위임계약도 무보수를 원칙으로 하고 있는 점(「민법」 제686조 제1항), 가족신탁 등 민사신탁은 영업신탁의 형태가 아닌 경우도 많은 점, 신탁행위로 보수청구권을 정할 수 있으므로 실제로 큰 차이가 없는 점 등을 고려하여, 일본의 개정 신탁법과 마찬가지로 무보수 원칙을 유지한다(제1항 본문).

2. 보수청구권의 예외적 허용

가. 신탁행위에서 정한 경우 (제1항 본문)

① 민사신탁의 경우 신탁행위에서 수탁자의 보수를 정한 때에만 수탁자는 보수를 청구할 수 있다.

② 신탁행위에서 보수에 대하여 정하지 않아도 위탁자와 수탁자 간 별도의 합의로 보수청구권을 정할 수 있다고 해석하는 견해도 있다.

나. 영업신탁의 경우 (제1항 단서)

　　신탁을 영업으로 하는 자의 경우, 대부분의 신탁보수에 관한 특약이 있는 점, 직업적 전문가는 보수의 지급에 따라 전문적 서비스를 제공하는 것이 합리적이라는 점 등을 고려하여, 신탁행위로 보수에 관하여 정하지 않더라도 수탁자는 보수를 청구할 수 있다.

3. 보수의 산정 (제2항 및 제3항)

가. 적당한 보수 (제2항)

① 신탁행위로 보수의 액수나 산정방법을 별도로 정하지 않은 경우 default rule로서 수탁자는 '적당한 보수(reasonable compensation)'를 받을 수 있는 것으로 규정한다.

② "적당한"은 종전의 "상당한"과 동일한 개념으로 알기 쉬운 법령개정에 따라 용어를 정비한 것이므로, 종전의 해석론이 동일하게 적용된다.

③ '적당한 보수'란 거래관행과 사회통념에 따라 결정하되, 수탁자의 노력의 정도, 신탁사무의 성질, 타인이 얻은 이익 등을 종합적으로 고려하여야 하고, 구체적인 금액은 사안에 따라 개별적으로 정하여야 하며 판례의 해석론으로 해결될 문제이다.

나. 보수의 변경 (제3항)

① 수탁자의 보수가 사정변경, 특별한 노력의 제공 등으로 인하여 지나치게 높거나 낮아진 경우, 신탁행위에 보수의 변경에 대한 별도의 정함이 있으면 그에 따라 변경이 가능하다.

② 신탁행위에 보수의 변경에 관한 정함이 없는 때에는 구법 제17조 제4항의 취지를 고려하여 제64조를 근거로 법원으로 하여금 수탁자의 보수를 감액하거나 증액하도록 허용할 필요가 있다고 해석되었으나, 법원의 판단에 따라 변경할 수 있는 법적 근거를 명시적으로 규정하다.

4. 수탁자 보수의 부담

① 신탁은 신탁재산에 대해 수탁자의 인격을 차용하여 수익자에게 수익권을 주는 재산관계이므로 수탁자의 보수는 원칙적으로 신탁재산에서 부담하여야 하고, 이차적으로 신탁의 이익을 누리는 수익자가 부담하며, 위탁자는 특별한 약정이 있는 경우에 부담할 수 있다.

② 수탁자가 신탁재산에서 자신의 보수를 지급받는 것은 형식적으로는 이익상반행위에 해당하나, 수탁자에 대한 보수는 신탁재산을 관리하기 위한 비용의 하나로 볼 수 있으므로 자기거래의 금지원칙(제34조)의 예외가 인정되는 것이다.

Ⅱ. 보수청구권의 행사방법 (제4항)

1. 상환의 범위

수익자는 신탁재산 중 일부를 향유하므로 수탁자 개인에게 자신이 받는 수익을 넘어 보수 전체를 부담하도록 하는 것은 부당한바, '수익자가 얻은 이익의 범위에서' 상환의무를 부담하도록 규정한다(제46조 제4항 본문).

2. 행사방법

① 수탁자는 수익자에게 직접 보수의 지급을 청구하거나 변제 목적으로 상당한 담보를 제공하도록 요구하거나(제46조 제4항 본문), 자조매각권을 행사하여 신탁재산을 매각하여 직접 그 변제에 충당할 수 있다(제48조 제2항).

② 담보를 제공할 경우 담보는 인적 담보이든 물적 담보이든 무관하며, 담보의 확실성에 관한 다툼은 법원의 결정에 따라야 한다.

③ 보수청구권에 대하여는 비용상환청구권과 달리 우선변제권이 인정되지 않는 것으로 규정한다(제48조 제1항).

④ 수탁자는 임무가 종료한 후에는 자조매각권을 행사할 수 없고, 수익자나 신탁재산을 관리하고 있는 신수탁자에게 보수의 지급을 청구할 수 있을 뿐이다.

3. 수익자의 지급의무 배제 및 행사방법의 제한

제46조의 해당 설명부분 참조.

■ 관련판례 1

신탁보수약정을 한 경우에 신탁사무를 완료한 수탁자는 위탁자에게 약정된 보수액을 전부 청구할 수 있는 것이 원칙이다. 그러나 신탁사무처리의 내용 및 경과, 신탁기간, 신탁사무로 인한 위탁자의 손실 규모 및 발생 경위, 그 밖에 변론에 나타난 제반 사정을 고려하여 약정된 보수액이 부당하게 과다하여 신의성실의 원칙이나 형평의 원칙에 반한다고 볼 만한 특별한 사정이 있는 경우에는 상당하다고 인정되는 범위로 보수액을 제한할 수 있다*[대법원 2018. 2. 28., 선고, 2013다26425, 판결].*

■ 관련판례 2

신탁보수약정을 한 경우에 신탁사무를 완료한 수탁자는 위탁자에게 그 약정된 보수액을 전부 청구할 수 있는 것이 원칙이지만, 신탁사무처리의 내용 및 경과, 신탁기간, 신탁사무로 인한 위탁자의 손실 규모 및 발생 경위, 기타 변론에 나타난 제반 사정을 고려하여 약정된 보수액이 부당하게 과다하여 신의성실의 원칙이나 형평의 원칙에 반한다고 볼 만한 특별한 사정이 있는 경우에는 상당하다고 인정되는 범위로 보수액을 제한할 수 있다*(대법원 2006. 6. 9. 선고 2004다24557 판결 참조).*
원심이 든 그 판시와 같은 사정에 더하여, 이 사건 각 특정금전신탁계약 체결 당시 만기를 2009. 1. 23.로 정하였음에도 대출금 회수가 지연되어 신탁기간이 2012. 4. 26.까지 연장된 결과 피고의 신탁보수가 현저히 증가한 점 등을 고려하면, 원심이, 신탁보수 전액에 관하여 피고의 보수청구권을 인정하는 것은 그 보수액이 부당하게 과다하여 신의성실의 원칙이나 형평의 원칙에 반한다는 이유로 피고가 원고들에게 구할 수 있는 신탁보수를 이 사건 각 특정금전신탁계약에서 약정한 신탁보수의 60%로 정함이 상당하다고 보아 피고가 이를 초과하여 받은 신탁보수 상당액을 원고들에게 반환할 것을 명한 것은 정당하고, 거기에 신탁보수의 부당이득반환에 관한 법리를 오해하는 등의 잘못이 없다*[대법원 2015. 9. 10., 선고, 2013다6872, 판결].*

■ 관련판례 3

[1] 신탁보수약정이 있는 경우에 신탁사무를 완료한 수탁자는 위탁자에게 약정된 보수액을 전부 청구할 수 있는 것이 원칙이지만, 신탁사무가 중도에 종료된 경우에는 신탁사무처리의 내용 및 경과, 신탁기간, 중단된 신탁사무로 인하여 발생하는 위탁자의 손실, 기타 변론에 나타난 제반 사정을 고려하여 약정된 보수액이 부당하게 과다하여 신의성실의 원칙이나 형평의 원칙에 반한다고 볼 만한 특별한 사정이 있는 경우에는 예외적으로 상당하다고 인정되는 범위 내의 보수액만을 청구할 수 있다.

[2] 신탁계약에 있어서 위탁자 또는 수익자가 부담하는 신탁비용 및 신탁보수 지급의무와 신탁종료시에 수탁자가 부담하는 신탁재산을 이전할 의무가 동시이행의관계에 있다고 한 사례*[대법원 2006. 6 .9., 선고. 2004다24557 판결].*

> **제48조(비용상환청구권의 우선변제권 등)**
> ① 수탁자는 신탁재산에 대한 민사집행절차 또는 「국세징수법」에 따른 공매절차에서 수익자나 그 밖의 채권자보다 우선하여 신탁의 목적에 따라 신탁재산의 보존, 개량을 위하여 지출한 필요비 또는 유익비(有益費)의 우선변제를 받을 권리가 있다.
> ② 수탁자는 신탁재산을 매각하여 제46조에 따른 비용상환청구권 또는 제47조에 따른 보수청구권에 기한 채권의 변제에 충당할 수 있다. 다만, 그 신탁재산의 매각으로 신탁의 목적을 달성할 수 없게 되거나 그 밖의 상당한 이유가 있는 경우에는 그러하지 아니하다.

I. 총론

1. 규정의 취지

① 「민법」은 소유자담보권을 인정하지 않으므로, 비용상환청구권에 근거한 우선변제권은 수탁자가 자기 명의의 신탁재산에 대하여 취득한 법정담보권의 성질을 갖는 것은 아니나, 「신탁법」은 비용상환청구권의 변제를 확실하게 보장하기 위하여 우선변제권을 인정한다.

② 영미 신탁법에서도 수탁자에게는 비용상환청구권에 근거하여 임무종료 시에는 유치권을 행사할 수 있고, 신수탁자에게 신탁재산이 인도된 때에는 제1순위 담보권이 인정되며, 법원의 허가를 얻어 신탁재산을 환가할 수 있는 법정담보권이 인정되고, 일본의 개정 신탁법에서도 우선변제권을 인정한다.

2. 보수청구권의 우선변제권능 삭제

구법 제43조는 수탁자의 보수청구권에 대하여도 우선변제권능을 인정하고 있는데, 이에 대하여 직업적·전문적 수탁자가 서비스를 제공하고 그 대가로 보수를 청구하는 경우 그 보수는 수탁자의 영업상 이익에 불과하므로 다른 채권자에 우선하여 신탁재산에서 변제받을 수 있는 권능을 부여할 필요가 없다는 비판이 있었으며, 다른 나라의 신탁법에서도 보수청구권에 대해서는 우선변제권을 인정하지 않는 경향인바, 보수청구권에 대해서 우선변제권능을 인정하지 않고 일반채권으로 규정한다.

Ⅱ. 우선변제권의 행사방법 (제1항)

1. 의의

수탁자는 비용상환청구권의 우선변제권에 의해 다른 신탁채권자가 신탁재산을 압류한 경우에 그 집행절차에서 배당요구를 행사할 수 있을 뿐이며(「민사집행법」제88조 제1항), 경매청구권은 인정되지 않으므로 경매를 신청하기 위해서는 집행권원을 얻는 절차가 필요하다.

2. 행사요건

가. 필요비 또는 유익비상환청구권의 성립

① 제46조에 따른 비용 중 신탁재산의 객관적 가치 증대에 기여하여 공익적인 성격을 갖고 있는 필요비 및 유익비의 상환청구권에 대해서만 우선변제권능을 인정한다.

② '필요비'란 물건의 보존을 위하여 지출한 비용과 같이 물건 자체에 기여하기 위한 비용으로, 비용을 지출할 당시의 인식가능한 객관적 사정에 따라 판단되며, 지출의 결과와는 무관하게 인정되는 비용이다.

③ '유익비'란 물건을 개량하기 위하여 지출한 비용과 같이 물건의 가치를 증대시키는 비용으로, 물건의 변경에까지 이른 경우의 비용은 포함되지 않는다.

나. 민사집행절차 또는 공매절차

① 「신탁법」은 신탁재산과 고유재산은 각각 다른 소유자에게 속하는 것으로 보고 있고(제28조 참조), 우선변제권에 근거한 배당요구권능을 인정하는 이상 직접 강제경매를 청구할 수 있는 것으로 해석하여야 한다는 견해가 있으나, 「민사집행법」 등 집행 관련 법령에 소유자가 자기 명의의 재산에 대하여 경매를 신청하거나 집행권원을 취득할 수 있는 방법은 없는 점을 고려하여 구법과 마찬가지로 비용상환청구권에 근거한 경매청구권을 인정하지 않는다.

② 판례도 수탁자가 재임 중에는 비용상환청구권을 강제집행과 같은 방법으로 행사할 수 없다고 판시한다.

③ 따라서 수탁자는 다른 신탁채권자가 신청한 민사집행절차나 공매절차에서 우선변제를 받을 수 있을 뿐이다.

다. "수익자, 후순위권리자나 그 밖의 채권자"의 의미

  1) 수익자

  수익자는 신탁재산에 대한 직접적인 권리가 없고 수익채권은 신탁채권보다 후순위이므로(제62조 참조), 수탁자는 수익자보다 우선하여 비용상환청구권에 기하여 변제받을 수 있다.

  2) 후순위권리자나 그 밖의 채권자

  이 규정상 채권자에는 신탁재산에 대하여 집행할 수 없는 수탁자의 개인채권자(제22조 제1항 본문)는 당연히 제외되고, 신탁사무의 처리에 따라 발생한 신탁채권을 취득한 신탁채권자 및 신탁 전의 원인으로 발생한 권리를 갖는 자 중에서 우선 특권이나 담보권이 없거나 수탁자의 비용상환청구권보다 후에 발생한 후순위담보권자 등이 해당된다(제22조 제1항 단서).

3. 우선변제의 효력

① 비용상환청구권의 우선변제권은 집행비용(「민사집행법」 제53조)에 해당하는 것은 아니고, 최우선변제권능을 인정할 정책적 필요성이 있는 것은 아니므로, 「민법」상 저당권 또는 질권과 같은 일반 담보물권과 동일한 순위의 우선변제권으로 보아야 한다는 견해와 일반 채권자의 권리보다는 우선하나 다른 담보권자의 권리보다는 후순위라는 견해가 있다.

② 그러나 수탁자의 비용상환청구권은 제3취득자의 비용상환청구권(「민법」제367조)과 같이 신탁재산 자체의 가치를 보존·증가시키는 것이어서 모든 이해관계인을 위한 공익비의 성격을 갖고 있으므로 집행비용 이외의 모든 우선변제권에 대하여 우선한다고 해석하여야 하므로 「국세기본법」 제35조제1항 제4호 및 제5호의 우선변제권보다 우선한다.

III. 자조매각권의 행사방법 (제2항)

1. 의의

① 현행법은 구법과 같이 수탁자가 신탁재산을 임의매각하여 제46조의 비용상환청구권 및 제47조의 보수청구권의 변제에 충당할 수 있도록 자조매각권을 인정한다.

② 또한 자조매각권에 관한 규정도 임의규정이므로 당사자들은 계약을 통하여 다른 내용의 자조매각권을 정할 수 있다.

③ 수탁자에게 임의변제를 자유롭게 할 수 있는 자조매각권을 허용하면 신탁재산의 부실화를 초래할 수 있으므로 법원의 허가를 받은 경우에만 허용하자는 견해가 있었으나, 법원의 허가를 받는데 장시간이 걸려서 신탁재산을 적시에 매각하지 못하여 오히려 신탁재산의 감소를 가져올 수 있고, 사적 거래에 법원의 허가라는 규제를 도입하면 신탁의 유연화라는 개정 목적에 반하는 것이므로, 구법과 달리 법원의 허가를 자조매각권의 요건으로 규정하지 않는다.

2. 신탁재산이 금전인 경우

금전은 물건의 성질과 가치로서의 성질을 모두 가지므로 신탁재산인 금전은 매각하거나 민사집행절차를 거칠 필요 없이 신탁계정에서 수탁자의 고유계정으로 이전하면 된다.

3. 신탁재산이 금전 이외의 재산인 경우

가. 임의변제

① 제46조의 비용 및 손해나 제47조의 수탁자 보수는 원래 신탁재산이 부담하여야 할 것이고, 수탁자는 신탁재산의 관리인에 불과하므로, 수탁자는 신탁재산을 임의매각하여 그 대금으로 비용 등의 변제에 충당할 수 있다.

② 구법상 판례도 비용상환청구권의 행사방법으로 임의매각을 인정하고 있다.

나. 대물변제

수탁자가 비용상환청구권 또는 보수청구권의 행사로써 신탁재산으로부터 대물변제를 받을 수 있는지에 대하여, ① 신탁재산으로 부터 대물변제를 받는 것이 수익자에게 불리하지 않은 경우에는 임의매각이나 대물변제나 차이가 없으므로 시장가격에 따른 정당한 평가과정을 거친다면 대물변제도 허용된다는 견해와 ② 대물변제는 물건의 시가에 따른 평가가 수반되어 평가가 적정한지 여부에 따라 충실의무 위반 여부가 문제가 되므로 수탁자가 임의로 대물변제하는 것은 원칙적으로 허용되지 않는다는 견해가 대립한다.

4. 제한 (제2항 단서)

① 신탁은 신탁재산을 중심으로 고안된 제도로, 신탁재산을 매각하여 신탁 목적을 달성할 수 없게 되면 위탁자의 취지와 달리 신탁이 종료될 수 있으므로(제98조 제1호), 수탁자가 비용상환청구권 또는 보수청구권을 행사하여 임의매각한 결과 신탁 목적을 달성할 수 없는 경우 등에는 자조매각권을 허용하지 않는다.

② 위와 같은 경우에는 수탁자는 신탁의 종료를 고려하여야 한다(제98조~ 제104조).

■ 관련판례 1

위탁자인 甲 등과 수탁자인 파산 전 乙 주식회사가 신탁계약을 체결하면서 '신탁재산에 속하는 금전으로 차입금 및 이자의 상환, 신탁사무 처리상 수탁자의 과실 없이 받은 손해, 기타 신탁사무 처리를 위한 제비용 및 수탁자의 대지급금을 충당하기에 부족한 경우에는 수익자에게 청구하고, 그래도 부족한 경우에는 수탁자가 상당하다고 인정하는 방법 및 가액으로서 신탁재산의 일부 또는 전부를 매각하여 그 지급에 충당할 수 있다'는 내용의 조항을 둔 사안에서, 위 조항은 신탁이 존속하는 동안이나 종료된 후에 신탁재산에 관한 비용 등을 수익자인 甲 등에 청구하였음에도 지급받지 못한 경우 신탁재산을 처분하여 그 비용 등의 변제에 충당할 수 있도록 자조매각권을 乙 회사에 부여하는 특약이고, 비록 신탁재산은 파산재단에 속하지 않지만 신탁재산에 관한 약정 자조매각권과 비용상환청구권은 파산재단에 속하므로, 파산관재인은 신탁재산인 토지에 관하여 관리처분권이 있는지와 관계없이 파산선고 당시 수탁자인 乙 회사가 가지고 있던 약정 자조매각권을 행사하여 신탁재산인 토지를 매각하고 대금으로 비용상환청구권의 변제에 충당할 수 있다고 한 사례
[대법원 2013. 10. 31., 선고, 2012다110859, 판결].

■ 관련판례 2

[1] 신탁행위의 정함에 따라 전수탁자가 임무를 종료하고 신수탁자가 선임됨으로써 수탁자가 변경된 경우에도 신수탁자는 신탁법 제26조, 제48조 등이 정하는 수탁자 경질의 법리에 따라 수탁자의 지위를 포괄적으로 승계하게 되고, 이 때 제3자는 수탁자의 경질 이전에 이미 발생한 채권에 관하여 계약의 당사자인 전수탁자에게 이를 행사할 수 있음은 물론, 신탁법 제48조 제3항에 의하여 신탁재산의 한도 내에서 신수탁자에 대하여도 행사할 수 있다.

[2] 신탁법 제48조 제3항에서 수탁자가 경질된 경우 신탁사무의 처리에 관하여 생긴 채권을 신탁재산의 한도 내에서 신수탁자에 대하여도 행사할 수 있게 한 것은 신수탁자가 전수탁자의 채무를 승계하되 신탁재산의 한도 내에서 책임을 부담하도록 한 취지이므로, 그 경우 채권자

의 신수탁자에 대한 이행판결 주문에는 신수탁자의 고유재산에 대한 강제집행을 할 수 없도록 집행력을 제한하기 위하여 신탁재산의 한도에서 지급을 명하는 취지를 명시하여야 한다.

[3] 신탁법 제48조 제3항에 따른 채권자의 신수탁자에 대한 이행판결 주문에 신탁재산의 한도를 금액으로 특정하여 표시할 경우 그 주문의 기재로는 신수탁자가 신탁재산뿐 아니라 자신의 고유재산으로도 변제해야 할 위험이 있으므로, 신탁재산의 한도를 금액으로 특정할 필요 없이 그 주문에 신탁재산의 한도에서만 지급을 명하는 취지를 따로 명시하여야 한다고 본 사례*[대법원 2010. 2. 25., 선고, 2009다83797, 판결].*

■ 관련판례 3

신탁행위의 정함에 따라 전수탁자가 임무를 종료하고 신수탁자가 선임됨으로써 수탁자가 변경된 경우에도 신수탁자는 신탁법 제26조, 제48조 등이 정하는 수탁자 경질의 법리에 따라 수탁자의 지위를 포괄적으로 승계하게 되고, 이 때 제3자는 수탁자의 경질 이전에 이미 발생한 채권에 관하여 계약의 당사자인 전수탁자에게 이를 행사할 수 있음은 물론, 신탁법 제48조 제3항에 의하여 신탁재산의 범위 내에서 신수탁자에 대하여도 행사할 수 있다*[대법원 2007. 6. 1., 선고, 2005다5812,5829,5836, 판결].*

■ 관련판례 4

원심은, 신탁법 제21조 제1항 단서 및 같은 법 제42조의 취지에 비추어 수탁자는 신탁재산을 임의매각하여 비용이나 손실을 전보 받을 수는 없고, 강제집행의 절차에 의하여만 이를 전보받을 수 있는 것이므로 소외 회사가 이 사건 토지를 피고 백선종합개발 등에게 임의로 매매한 것은 무효이고, 따라서 피고 백선종합개발 등 명의로 경료된 소유권이전등기 및 그에 기한 나머지 피고들명의로 경료된 소유권이전등기도 모두 무효라는 원고의 주장에 대하여, 신탁법 제21조 제1항은 신탁재산의 독립성을 유지하기 위하여 수탁자 내지는 위탁자의 채권자가 신탁재산에 강제집행을 하지 못하도록 하는 것이고, 같은 법 제42조는 오히려 수탁자의 비용 및 손실보상청구권을 확보하여 주기 위하여 수탁자에게 다른 채권자들보다 우선권을 인정하는 취지일 뿐, 수탁자의 비용이나 손실을 보상받음에 있어 반드시 강제집행의 방법만을 사용하도록 강제하는 규정이 아니라는 이유로 이를 배척하였는바, 원심판결 이유를 관계법령의 규정내용에 비추어 살펴보면 원심의 판단은 정당한 것으로 수긍이 되고, 거기에 상고이유에서 주장하는 바와 같은 신탁법의 법리를 오해하거나 헌법을 위반하는 등의 위법이 있다고 할 수 없다*[대법원 2003. 5. 16., 선고. 2003다11134 판결].*

■ 관련판례 5

[1] 신탁재산에 관한 조세, 공고(공과), 기타 신탁사무를 처리하기 위한 비용은 신탁재산의 명의
자이자 관리자인 수탁자가 제3자에 대하여 부담하게 되는바, 수탁자로서는 위와 같은 채무를
신탁재산으로 변제할 수도 있고, 자신의 고유재산에 속하는 금전으로 변제할 수도 있는데, 신
탁사무가 정당하게 행해진 한 위와 같은 비용은 실질적으로 신탁재산의 채무이기 때문에 자신
의 고유재산으로써 이를 변제한 수탁자는 신탁재산으로부터 보상을 받을 수 있어야 할 것이므
로, 신탁법 제42조에서 규정하고 있는 수탁자의 비용상환청구권은 수탁자가 신탁사무의 처리
에 있어서 정당하게 부담하게 되는 비용 또는 과실 없이 입게 된 손해에 관하여 신탁재산 또
는 수익자에 대하여 보상을 청구할 수 있는 권리라고 할 것인바, 수탁자가 재임중에는 신탁재
산의 관리인이 수탁자 자신이어서 신탁재산에 대하여 비용상환청구권 강제집행과 같은 방법으
로 행사할 수는 없고(수탁자의 임무가 종료한 후에는 신수탁자를 상대로 보상청구권을 행사하
여 신탁재산에 대하여 강제집행을 할 수 있다), 같은 조 제1항에서 규정하고 있는 바와 같이
신탁재산을 매각하여 그 매각대금으로 다른 권리자에 우선하여 비용상환청구권의 변제에 충당
할 수 있을 뿐이지만, 수탁자의 신탁재산에 대한 비용상환청구권은 수탁자가 개인적으로 갖는
권리로서 독립성을 인정할 수 있으므로 양도될 수도 있고 권리질의 목적도 될 수 있다.

[2] 수탁자가 신탁법 제42조 제1항에 의하여 신탁재산에 대하여 행사하는 소위 자조매각권9자조
매각권)은 수탁자가 신탁재산의 명의인으로서 관리처분권을 가지는 데에 근거한 것이고, 수탁
자가 자조매각권을 행사함에 있어서는 신탁재산의 관리인으로서 신탁의 목적에 따라 신탁재산
을 처분하여야 하는 제한이 따르는 것이므로 개인으로서의 수탁자가 신탁재산에 대하여 가지
는 비용상환청구권에 관한 질권자라고 하더라도 신탁재산에 대하여 자조매각권을 직접 행사할
수는 없다[대법원 2005. 12. 22., 선고. 2003다55059 판결].

> **제49조(권리행사요건)**
>
> 수탁자는 제43조 및 제44조에 따른 원상회복의무 등을 이행한 후가 아니면 제46조 또는 제47조에 따른 권리를 행사할 수 없다.

■ 손해배상 등의 선이행의무

수탁자가 신탁에 대하여 원상회복의무, 손해배상의무나 이익반환의무를 부담하는 경우, 수탁자의 선관의무, 충실의무 및 분별관리의무의 이행을 강조하고 신탁재산 및 수익자 보호를 강화하기 위하여, 그 의무를 이행할 때까지는 수탁자의 고유한 권리인 보수청구권과 비용상환청구권을 행사할 수 없도록 규정한다.

■ 관련판례 1

구 신탁법(2011. 7. 25. 법률 제10924호로 전부 개정되기 전의 것, 이하 같다) 제1조, 제28조, 제38조, 제42조 등에 의하면, 신탁이란 수탁자가 수익자의 이익을 위하여 또는 특정의 목적을 위하여 위탁자로부터 이전받은 재산권을 관리, 처분하는 법률관계로서, 수탁자는 신탁의 본지에 따라 선량한 관리자의 주의로써 신탁재산을 관리 또는 처분하여야 하는데, 수탁자가 신탁의 본지에 따라 신탁사업을 수행하면서 정당하게 부담한 비용 또는 과실 없이 받은 손해에 관하여는 신탁재산 또는 수익자에 대하여 그 보상을 청구할 수 있지만, 선량한 관리자의 주의를 위반하여 신탁비용을 지출한 경우에는 그 과실로 인하여 확대된 비용은 신탁비용의 지출 또는 부담에 정당한 사유가 없는 경우에 해당하여 수탁자는 비용의 보상을 청구할 수 없다고 봄이 상당하다*[대법원 2008. 3. 27. 선고 2006다7532, 7549 판결]*.

■ 관련판례 2

[1] 신탁종료에 의한 계산에 관한 규정인 신탁법 제63조는 신탁이 종료하면 수탁자는 신탁사무를 최종적으로 계산하여야 할 당연한 의무가 있다는 것과 그 계산을 수익자가 승인한 때에는 수탁자의 수익자에 대한 책임이 면제되어 수익자가 수탁자에 대하여 최종 계산의 내용과 다른 내용을 주장하여 최종 계산에 따른 것 이외의 권리의 이전이나 금전의 지급, 그 밖의 재산상의 책임을 물을 수 없다는 법리를 선언하고 있는 것뿐이고, 이를 신탁이 종료한 경우에 수탁자가 비용 또는 보수를 청구하기 위한 요건을 규정하고 있는 것으로 볼 수는 없다.

[2] 신탁이 종료한 경우에는 위탁자 또는 수익자의 수탁자에 대한 보수 또는 비용상환의무와 수탁자의 수익자에 대한 신탁재산의 이전의무가 동시이행의 관계에 있게 되는 점 등을 고려할

때, 신탁법 제44조의 규정은 신탁계약이 목적 달성에 이르거나 중도에 해지되지 아니한 채 그대로 유지되는 동안에 수탁자가 비용 또는 손해의 보상이나 보수를 청구하기 위한 요건을 규정하고 있는 것으로 보아야 할 것이고, 이를 신탁이 종료한 경우에까지 적용되는 것으로 볼 것은 아니다[대법원 2007. 9. 7., 선고. 2005다9685 판결].

■ 관련판례 3

신탁법 제1조 및 제28조에 의하면, 신탁이란 수탁자가 수익자의 이익을 위하여 또는 특정의 목적을 위하여 위탁자로부터 이전받은 재산권을 관리, 처분하는 법률관계로서 수탁자는 신탁의 본지에 따라 선량한 관리자의 주의로써 신탁재산을 관리또는 처분하여야 하고, 신탁법 제42조에 의하면, 수탁자가 신탁사무의 처리에 있어서 부담하게 되는 비용 또는 과실없이 입게 된 손해에 관하여 신탁재산 또는 수익자에 대하여 보상을 청구할 수 있는 한편, 신탁법 제44조, 제38조에 의하면, 수탁자가 신탁재산의 관리를 적절히 하지 못하여 신탁재산의 멸실, 감소 기타의 손해를 발생하게 한 경우에는 수탁자는 위탁자 등에게 그 손해를 배상할 의무가 있고 이러한 손실보상의무를 이행한 후에만 위탁자 등에 대한 비용상환청구권을 행사할 수 있도록 규정하고 있는바, 위 규정의 취지에 의하면, 수탁자가 신탁의 본지에 따라 신탁사업을 수행하면서 정당하게 지출하거나 부담한 신탁비용 등에 관하여는 신탁자에게 보상을 청구할 수 있지만, 수탁자가 선량한 관리자의 주의를 위반하여 신탁비용을 지출한 경우에는 그 과실로 인하여 확대된 비용은 신탁비용의 지출 또는 부담에 정당한 사유가 없는 경우에 해당하여 수탁자는 비용상환청구를 할 수 없다고 봄이 상당하다[대법원 2008. 3. 27., 선고. 2006다7532, 7549 판결].

> **제50조(공동수탁자)**
> ① 수탁자가 여럿인 경우 신탁재산은 수탁자들의 합유(合有)로 한다.
> ② 제1항의 경우 수탁자 중 1인의 임무가 종료하면 신탁재산은 당연히 다른 수탁자에게 귀속된다.
> ③ 제1항의 경우 신탁행위로 달리 정한 바가 없으면 신탁사무의 처리는 수탁자가 공동으로 하여야 한다. 다만, 보존행위는 각자 할 수 있다.
> ④ 수탁자가 여럿인 경우 수탁자 1인에 대한 의사표시는 다른 수탁자에게도 효력이 있다.
> ⑤ 수탁자가 여럿인 경우 신탁행위로 다른 수탁자의 업무집행을 대리할 업무집행수탁자를 정할 수 있다.

I. 공동수탁자 총설

1. 공동수탁자의 의의

① 위탁자는 신탁사무를 수행할 수탁자의 선택과 선임에 대한 재량이 있으므로 하나의 신탁을 설정할 때 수탁자로 여럿을 선임할 수도 있는바, 이 경우의 수탁자를 공동수탁자라고 한다.

② 공동수탁자를 설정할 때 각 수탁자에게 동일한 권한을 부여할 수도 있지만, 각 수탁자에게 다른 역할을 부여하는 것도 가능하고, 각각 다른 신탁재산에 대한 지배권을 부여할 수도 있다.

2. 공동수탁자의 필요

가. 수탁자 상호 간 감독

단독수탁자가 신탁사무를 처리하는 경우 발생할 수 있는 불성실하거나 독단적인 신탁사무 수행으로 인한 위험을 공동수탁자 간의 견제와 균형을 통하여 방지하기 위해서 공동수탁자를 선임한다.

나. 다양한 전문성 확보

오늘날 신탁사무의 복잡성 및 난이성 때문에 수탁자 1인의 관리능력만으로는 신탁사무 수행이 어려운 경우가 있으므로 다양한 전문가의 능력을 활용하기 위하여 공동수탁자를 선임할 필요도 있다.

Ⅱ. 공동수탁자의 재산관계(제1항 및 제2항)

1. 소유형태 - 합유(제1항)

① 구법 제45조 제1항이 공동수탁자의 신탁재산 소유형태를 '합유'로 정하고 있으나, 다음에서 보는 것과 같이 공동수탁자의 합유는 「민법」상 합유와 그 성질이 다를 수밖에 없어 공동수탁자의 신탁재산 소유형태를 합유로 하는 것은 혼동을 초래할 수 있다는 비판이 있다.

② 그러나 우리 「민법」이 인정하는 공동소유제도 중 합유가 영미신탁법상 공동수탁자의 신탁재산 소유형태인 'joint tenancy'와 가장 근접하고, 「신탁법」상 합유의 특성은 수탁자에 대한 신뢰에 기초하여 수탁자 간에 공동관계를 갖게 하여 재산을 관리하도록 하는 신탁의 본질에 의하여 해석상 당연히 인정되는 것이므로, 현행법은 구법과 같이 신탁재산 소유형태를 '합유'로 규정한다.

2. 규정의 법적 성질

① 신탁행위로 공동수탁자의 소유관계를 신탁재산별로 단독 소유하는 것으로 정하는 등 합유 외의 형태로도 정할 수 있는지 여부, 즉 위 규정이 강행규정인지에 대하여 견해가 대립한다.

② 수탁자의 전문성에 따라 신탁재산별로 각각의 수탁자가 신탁재산을 개별적으로 소유하도록 달리 정하는 것도 허용하여야 할 현실적 필요가 있으므로 신탁재산에 대하여 공동수탁자의 존재를 공시한 경우에만 적용되는 임의규정으로 보는 견해와

③ 신탁행위에 의해 신탁재산별로 단독소유하는 것으로 정하더라도 현행의 등기제도로는 단독소유만을 표시할 수 있고, 그 경우 각 신탁재산별로 단독수탁자가 설정된 신탁과 차이가 없으므로, 신탁에서 공동수탁자를 정한 경우에는 신탁재산 전부를 합유하는 것으로 보아야 한다는 견해가 있다.

3. 신탁재산 합유의 특징

① '합유지분'이란 조합관계에서 생기는 각 합유자의 권리·의무의 총체, 즉 조합체 일원으로서의 지위를 의미하는 것으로 신탁에서 수탁자는 신탁재산을 관리하여

수익자에게 그 급부를 제공하는 재산관리자에 불과할 뿐 「민법」상 합유자와 같은 고유의 이익을 갖지 아니하므로, '합유지분' 개념이 존재하지 않는다.

② 공동수탁자가 신탁재산에 대하여 지분을 갖는 형태로 신탁재산을 인수한 경우에도 이는 고유한 의미의 합유지분에 해당하는 것이 아니며, 공동수탁자 전원의 동의가 있는 경우에도 그 지분을 처분하는 것은 허용되지 않는다(「민법」 제273조 제1항과 비교).

가. 신탁재산분할청구권 부정

공동수탁자 중 1인이 신탁재산의 분할을 청구할 수 없는데, 이는 합유로부터 도출된 결론이라고 할 수도 있지만(「민법」 제273조 제2항), 수탁자 개인의 독단적 행동을 견제하기 위하여 공동수탁자를 선임한 신탁의 목적 관점에서도 당연한 결론이다.

나. 1인의 탈퇴 시 재산관계 (제2항)

공동수탁자 중 1인의 임무가 종료한 경우 합유재산에 대한 권리는 잔존 공동수탁자에게 귀속되며, 공동수탁자를 선임한 위탁자의 의사가 공동수탁자 중 사망한 수탁자의 상속인으로 하여금 계속 신탁사무를 수행하도록 한 것이라고 보기 어려우므로 공동수탁자 중 1인이 사망한 경우에도 신탁재산에 대한 권리는 수탁자의 상속인이 아닌 잔존 공동수탁자에게 귀속된다(제23조, 제50조 제2항).

다. 신탁의 종료 시 재산분배청구권 부정

신탁재산의 합유는 수익권을 수반하는 것이 아니므로, 신탁이 종료한 경우 공동수탁자에게 재산분배청구권이 발생하지 않고, 신탁재산은 제101조에 따라 수익자 또는 귀속권리자 등에게 귀속된다.

III. 공동수탁자의 사무처리 (제3항부터 제5항까지)

1. 원칙 - 공동의 사무처리 (제3항 본문)

① 「민법」 제272조 본문에 따라 합유관계에서 합유물의 처분·변경행위는 합유자 전원의 동의가 필요한 것과 마찬가지로 「신탁법」상 합유의 경우에도 공동수탁자는 신탁재산의 관리·처분·운용·개발행위 등 신탁사무의 처리를 공동으로 하는 것이 원칙이며, 이를 '합수적 행동의 원칙'이라고도 한다.

② 대외적 행위는 공동수탁자 전원의 명의로 하여야 하므로, 일부 공동수탁자에 의한 공동대표행위는 허용되지 않고, 신탁과 관련된 소송도 공동수탁자 전원이 수

행하여야 한다(고유필수적 공동소송).

③ 공동수탁자의 대내적 의사결정방법에 대하여, 영미신탁법의 전통적 원칙은 만장일치를 요구하였으나, 최근 만장일치를 이루는 과정의 번거로움을 피하고 효율적 사무처리를 위하여 다수결로 수정하는 경향이 있으므로, 공동수탁자의 의사결정을 다수결로 정하자는 견해가 있었으나, 구법에 의하더라도 신탁행위로 다수결로 의사결정을 하도록 정할 수 있는 점, 다수의견에 반대하는 수탁자가 다수결에 따라 사무처리를 하는 것은 선관의무 위반이 될 수 있는 점 등을 고려하여 구법과 마찬가지로 만장일치를 원칙으로 규정한다.

2. 예외

가. 신탁행위(제3항 본문)

① 위탁자 등은 신탁행위로 공동수탁자 중 일부 또는 1인이 신탁사무를 처리할 수 있도록 정할 수 있는데, 수탁자의 다양한 전문성을 이용하기 위하여 공동수탁자를 설정한 경우에 유용하다.

② 공동수탁자가 신탁재산별로 자신의 전문성을 발휘하여 해당 신탁재산에 대한 사무에 대하여는 각자 결정·집행할 수 있도록 일본의 개정 신탁법 제80조 제3호와 같이 공동수탁자 각각이 신탁사무를 분담하는 것으로 정할 수도 있다.

나. 보존행위(제3항 단서)

① 구법하에서는 「민법」 제272조 단서를 고려하여 신탁재산의 보존행위는 공동수탁자가 단독으로 할 수 있다고 해석상 인정하였으나, 보존행위는 신탁재산에 이익이 되는 것이 보통이고 긴급을 요하는 경우가 많으므로 수탁자가 단독으로 할 수 있음을 명시적으로 규정한다.

② '보존행위'란 신탁재산의 멸실·훼손을 방지하고 그 현상을 유지하기 위하여 하는 사실적·법률적 행위를 의미한다.

다. 의사표시의 수령(제4항)

공동사무의 원칙은 공동수탁자에게 요구되는 것이지 제3자를 구속하는 것이 아니고, 공동수탁자는 서로 가깝게 연락을 할 것이므로, 그 중 1인에게 한 의사표시는 다른 수탁자에 대하여도 효력이 있다.

3. 업무집행수탁자 (제5항)

① 대외적 행위를 공동으로 하는 것이 시간상·경제상 비효율적인 경우 공동수탁자 중 1인을 '업무집행수탁자'로 정할 수 있다.

② 일본의 개정 신탁법은 각 공동수탁자에게 다른 공동수탁자를 대리할 권한을 인정하고 있는데, 다른 수탁자의 권한남용행위를 방지하기 어려운 문제점이 있으므로 신탁행위로 정하도록 규정한다.

③ 업무집행수탁자는「민법」제706조 이하의 '업무집행자'와 유사한 법적 성격을 갖는 자로서, 다른 수탁자에 대하여 대리권이 인정되므로 공동수탁자의 명의로 신탁사무를 수행할 수 있다.

4. 공동으로 하지 않은 신탁사무의 효력

① 공동수탁자 전원의 명의로 하지 않은 신탁사무행위는 효력이 없으므로 신탁재산을 구속하지 않으나, 다른 공동수탁자 전원의 사후적 추인이 있는 경우에는 효력이 인정된다는 해석론이 있다.

② 위 신탁사무행위를 한 수탁자는 다른 공동수탁자가 책임을 지는지 여부와 상관없이 상대방에게 개인적 책임을 부담한다.

■ 관련판례 1

신탁종료에 의한 계산에 관한 규정인 신탁법 제63조는 신탁이 종료하면 수탁자는 신탁사무를 최종적으로 계산하여야 할 당연한 의무가 있다는 것과 그 계산을 수익자가 승인한 때에는 수탁자의 수익자에 대한 책임이 면제되어 수익자가 수탁자에 대하여 최종 계산의 내용과 다른 내용을 주장하여 최종 계산에 따른 것 이외의 권리의 이전이나 금전의 지급, 그 밖의 재산상의 책임을 물을 수 없다는 법리를 선언하고 있는 것뿐이고, 이를 신탁이 종료한 경우에 수탁자가 비용 또는 보수를 청구하기 위한 요건을 규정하고 있는 것으로 볼 수는 없다[대법원 2007. 9. 7., 선고, 2005다9685, 판결].

■ 관련판례 2

신탁행위의 정함에 따라 전수탁자가 임무를 종료하고 신수탁자가 선임됨으로써 수탁자가 변경된 경우에도 신수탁자는 신탁법 제26조, 제48조 등이 정하는 수탁자 경질의 법리에 따라 수탁자의 지위를 포괄적으로 승계하게 되고, 이 때 제3자는 수탁자의 경질 이전에 이미 발생한 채권에 관하여 계약의 당사자인 전수탁자에게 이를 행사할 수 있음은 물론, 신탁법 제48조 제3항에 의하여 신탁재산의 범위 내에서 신수탁자에 대하여도 행사할 수 있다*[대법원 2007. 6. 1., 선고. 2005다5812, 5829, 5836 판결]*.

> **제51조(공동수탁자의 연대책임)**
>
> ① 수탁자가 여럿인 경우 수탁자들은 신탁사무의 처리에 관하여 제3자에게 부담한 채무에 대하여 연대하여 변제할 책임이 있다.
>
> ② 수탁자가 여럿인 경우 그 중 일부가 수탁자로서의 의무를 위반하여 부담한 채무에 대하여 그 행위에 관여하지 아니한 다른 수탁자는 책임이 없다. 다만, 다른 수탁자의 의무위반행위를 저지하기 위하여 합리적인 조치를 취하지 아니한 경우에는 그러하지 아니하다.

Ⅰ. 공동수탁자의 제3자에 대한 책임 (제1항)》

1. 원칙 - 연대책임

① 공동수탁자는 전원의 명의로써 대외적 거래행위를 하여야 하므로, 공동수탁자가 신탁사무 처리에 따라 제3자에게 부담하는 계약상 채무 등은 연대책임이 된다.

② 수익자 보호를 위하여 신중한 신탁사무 처리를 하도록 공동수탁자간에 공동사무를 원칙으로 한 결과로 신탁재산과 거래하는 제3자에 대한 보호효과도 발생한다.

2. 예외 - 불법행위책임

수탁자 중 일부가 신탁사무 처리와 관련하여 제3자에게 불법행위책임을 부담하는 경우 그 손해배상채무도 연대채무인지에 대하여, 과실책임주의를 취하고 있는 「민법」의 취지에 따라 과실이 있는 수탁자만 책임을 부담하고 연대채무는 아니라고 보아야 한다.

Ⅱ. 공동수탁자의 의무 위반 책임(제2항)

1. 원칙(제2항 본문)

① 수탁자 중 일부가 수탁자의 의무를 위반하여 발생한 원상회복책임, 손해배상책임 또는 이익반환책임(제43조 및 제44조)은 대내적 관계에서 부담하는 과실책임이므로, 그 의무를 위반한 수탁자만 책임을 지는 것이 원칙이다.

② 따라서 신탁사무 처리를 위한 회의에서 적극적으로 반대의견을 개진하는 등 다른 공동수탁자의 의무위반행위에 관여하지 않은 수탁자는 그 의무위반행위로 인한 책임을 부담하지 않는다.

2. 예외 - 감독의무 위반 (제2항 단서)

그러나 다른 공동수탁자의 의무위반행위를 방지하기 위하여 주의를 다하지 않은 경우에는 감독의무를 위반한 것이므로 연대책임을 부담할 것이며, 감독의무의 정도는 학설·판례의 해석론으로 구체화될 것이다.

■ 관련판례 1

위탁자가 금전채권을 담보하기 위하여 금전채권자를 우선수익자로, 위탁자를 수익자로 하여 위탁자 소유의 부동산을 신탁법에 따라 수탁자에게 이전하면서 채무불이행 시에는 신탁부동산을 처분하여 우선수익자의 채권 변제 등에 충당하고 나머지를 위탁자에게 반환하기로 하는 내용의 담보신탁을 해 둔 경우, 특별한 사정이 없는 한 우선수익권은 경제적으로 금전채권에 대한 담보로 기능할 뿐 금전채권과는 독립한 신탁계약상의 별개의 권리가 된다. 따라서 이러한 우선수익권과 별도로 금전채권이 제3자에게 양도 또는 전부되었다고 하더라도 그러한 사정만으로 우선수익권이 금전채권에 수반하여 제3자에게 이전되는 것은 아니고, 금전채권과 우선수익권의 귀속이 달라졌다는 이유만으로 우선수익권이 소멸하는 것도 아니다 *[대법원 2017. 9. 21., 선고, 2015다52589, 판결].*

■ 관련판례 2

부동산담보신탁의 수탁자가 분양된 신탁부동산을 매각한 후 매매대금을 정산하면서 그 매각대금채권과 분양계약 해제로 인한 분양대금반환채무를 상계하거나 공탁한 사안에서, 수분양자에 대한 분양대금반환채무는 부동산담보신탁계약에서 정한 1순위로 정산하여야 하는 채무 또는 그보다 앞선 순위로 정산하여야 할 채무이므로 위 행위가 정당하다고 한 사례 *[대법원 2009. 7. 9., 선고, 2008다19034, 판결].*

■ 관련판례 3

보증사채의 모집 또는 매출에 관한 공시제도의 취지와 사채원리금 지급대행사무를 금융기관의 업무로 하는 취지 및 사채원리금 지급대행계약의 내용 등을 종합하여 보면, 사채원리금 지급대행계약은 발행회사가 발행한 사채의 사채권자에게 그 원리금을 지급하기 위하여 발행회사가 사채원리금 지급 자금을 은행에게 인도하고 은행은 이를 인도받아 보관, 관리하면서 사채권자에게 그 사채원리금을 지급하는 것을 목적으로 하는 것으로서 신탁계약으로서의 성질을 가지고, 그렇다면 발행회사가 은행에게 인도하는 사채원리금 지급자금은 신탁재산에 해당하고 수익자인 사채권자의 이익향수(享受)의 의사는 추정되는 것이므로, 은행은 발행회사로부터 인도받은 사채원리금 지급자금을 그 신탁의 본지에 따라 관리할 의무가 있고, 은행이 사채권자의 이익과 관계없이 발행회사의 청구만에 의하여 위 사채원리금을 반환하거나 그 지급자금의 반환채권을 수동채권으로 하여 자신의 발행회사에 대한 채권과 상계하는 것은 신탁의 법리상 허용되지 아니한다[대법원 2002. 7. 26., 선고, 2000다17070, 판결].

> **제52조(신수탁자 등의 원상회복청구권 등)**
> 신수탁자나 신탁재산관리인도 제43조에 따른 권리를 행사할 수 있다.

신탁재산관리인은 수탁자의 임무종료로 인한 신탁재산의 관리공백을 막기 위하여 수탁자를 대신해 신탁재산을 관리하는 자이므로, 제43조에 따른 원상회복청구권 등의 권리 행사상 공백을 방지하기 위하여 신수탁자와 마찬가지로 원상회복청구권의 행사권자에 포함한다.

■ 관련판례

수탁자가 신탁업무처리로 인한 손실을 최소화하기 위해 신탁재산을 건설회사에 매도하여 그 잔여 공사가 시행되게 한 것은 궁극적으로는 위탁자에게도 이익이 되는 행위라고 할 것이므로 단지 수탁자가 신탁재산을 신탁계약 과정에 참여한 시공사에게 양도하였다는 사정만으로 위 매도행위 자체가 신탁의 본지에 반하는 신탁재산의 처분이라거나 그 행위가 무효가 되는 반사회질서의 법률행위라고 볼 수는 없다고 한 사례[서울고법 2002. 5. 30., 선고, 2000나47738, 판결 : 상고기각].

> **제53조(신수탁자의 의무의 승계)**
>
> ① 수탁자가 변경된 경우 신수탁자는 전수탁자(前受託者)가 신탁행위로 인하여 수익자에게 부담하는 채무를 승계한다. 수탁자가 여럿인 경우 일부의 수탁자가 변경된 경우에도 또한 같다.
> ② 신탁사무의 처리에 관하여 발생한 채권은 신탁재산의 한도 내에서 신수탁자에게도 행사할 수 있다.
> ③ 제22조제1항 단서에 따른 신탁재산에 대한 강제집행등의 절차 또는 국세 등 체납처분의 절차는 신수탁자에 대하여 속행(續行)할 수 있다.

1. 수탁자 변경 시 전수탁자의 권리

① 수탁자 변경 시 전수탁자가 신탁행위에 의하여 신탁에 관해 갖게 된 권리가 신수탁자에게 승계되는지 여부에 대하여, 신수탁자는 전수탁자의 업무를 포괄승계받는 자로서 수탁자의 지위 자체를 이전받는 것이므로 전수탁자의 권리도 당연히 승계받는 것으로 규정하여야 한다는 견해가 있다.

② 그러나 전수탁자 명의의 권리 중 보수청구권 및 비용상환청구권은 전수탁자가 고유재산으로 취득한 권리로서 승계될 성질이 아니고, 그 밖의 권리는 신탁재산에 속하는 것이어서 당연히 신수탁자의 명의로 변경되어야 하는 점, 대법원 판례는 수탁자의 업무가 포괄승계된다는 것으로 수탁자의 권리도 포괄승계되는 것으로 해석할 수 없는 점 등을 고려하여, 현행법은 구법과 같이 '수익자에게 부담하는 채무'만 승계하는 것으로 규정한다.

2. 수탁자 변경 시 수익자에 대한 채무 (제1항)

① 수탁자가 신탁행위에 의하여 수익자에게 부담하는 채무는 신탁재산만으로 부담하여야 하는 채무이므로(제38조), 수탁자가 변경되는경우 그 채무는 신수탁자에게 승계되고 전수탁자는 수익자에 대한 급부의무를 면제받게 된다.

② 공동수탁자 중 1인의 임무가 종료한 경우 그 수탁자가 수익자에게 부담하는 채무는 다른 공동수탁자에게 승계된다(제1항 후단).

3. 수탁자 변경 시 신탁재산에 대한 채무

전수탁자가 수탁자의 의무를 위반하여 발생한 원상회복책임 등(제43조)은 전수탁자의 과실로 발생한 '개인적'인 채무이므로, 신수탁자에게 이전되지 않고 전수탁자가 계속 부담하게 된다.

4. 수탁자 변경 시 제3자에 대한 채무 (제2항)

① 수탁자의 신탁사무 처리에 의하여 제3자가 취득한 신탁채권에 대하여, 수탁자는 신탁재산을 책임재산으로 부담하는 책임 이외에 자신의 명의로 신탁사무를 처리하였기 때문에 자신의 고유재산을 책임재산으로 하는 개인적 담보책임(무한책임)을 부담한다.

② 수탁자의 제3자에 대한 채무에 대하여, ⅰ) 수탁자의 지위에서 신탁재산을 책임재산으로 하여 부담하는 신탁채무는 신수탁자에게 승계되나, ⅱ) 채무의 명의자로서 자신의 고유재산을 책임재산으로 하는 채무는 전수탁자의 개인적 책임이고, 승계를 인정하지 않아도 신탁채권의 책임재산의 범위가 달라지는 것은 아니므로 전수탁자가 부담한다.

③ 오히려 전수탁자의 개인적 채무도 신수탁자에게 승계된다고 보면, 수탁자 변경 시 전수탁자의 신탁재산 양도의무를 규정한 구법 제26조 제1항의 해석론, 채무인수 시 채권자의 승낙을 요건으로 한 「민법」 제454조 제1항 등과 충돌하고, 책임재산의 범위가 신탁재산, 전수탁자의 고유재산뿐만 아니라 신수탁자의 고유재산에까지 확장되어 제3자를 수익자에 비하여 과도하게 보호하는 결과가 되므로, 현행법도 구법과 마찬가지로 전수탁자의 개인적 채무의 승계를 인정하지 않는다.

5. 신탁재산에 대한 강제집행 등의 속행 (제3항)

제22조 제1항 단서에 따라 신탁 전의 원인으로 발생한 권리 또는 신탁사무의 처리상 발생한 권리에 기하여 신탁재산에 대하여 한 강제집행 등은 신수탁자에게 속행된다("신탁 전의 원인으로 발생한 권리" 및 "신탁사무의 처리상 발생한 권리"의 의미에 대하여는 제22조 설명부분 참조).

■ 관련판례 1

1) 수탁자가 파산선고를 받아 구 신탁법 제11조, 제17조에 따라 수탁자의 임무가 종료하고 신수탁자가 선임되어 수탁자가 경질되는 경우, 신탁사무의 처리상 발생한 채권을 가진 제3자는 수탁자의 경질 이전에 이미 발생한 위 채권의 파산선고 당시의 채권 전액에 관하여 전수탁자의 파산재단에 대하여 파산채권자로서 권리를 행사할 수 있다. 또한 그 제3자는 구 신탁법 제48조 제3항에 의하여 신탁재산의 범위 내에서 전수탁자의 지위를 포괄적으로 승계하는 신수탁자에 대하여도 권리를 행사할 수 있다*(대법원 2014. 12. 24. 선고 2012다74304 판결 등 참조)*.

   이때 제3자에 대하여 전수탁자와 신수탁자가 중첩적으로 부담하는 채무는 동일한 경제적 목적을 가진 것으로서, 어느 일방의 채무가 변제 등으로 소멸하면 타방의 채무도 소멸하게 되지만, 그 채무의 부담에 관하여 전수탁자와 신수탁자 사이에 주관적 공동관계가 있다고 보기는 어려우므로, 이른바 부진정연대채무의 관계에 있다. 그런데 부진정연대채무에서 채무자 1인에 대한 소멸시효의 중단사유는 다른 채무자에게 효력을 미치지 않는다*(대법원 2011. 4. 14. 선고 2010다 91886 판결 등 참조)*. 따라서 제3자가 전수탁자에 대한 파산절차에 참가하더라도 그에 따른 시효중단의 효력은 신수탁자에게 미치지 않는다.

   이러한 법리는 신수탁자가 선임되기 전에 제3자가 전수탁자에 대한 파산절차에 참가하여 소멸시효의 중단사유가 생긴 경우에도 마찬가지로 적용된다고 봄이 타당한데, 그 이유는 다음과 같다. 구 신탁법 제11조 제1항은 수탁자가 파산선고를 받은 경우에 그 임무가 종료한다고 규정하고 있고, 민사소송법 제236조는 수탁자의 임무가 종료한 때에 소송절차가 중단되도록 하면서 이를 신수탁자가 수계하도록 규정하고 있으며, 구 신탁법 제22조는 신탁재산은 수탁자의 파산재단을 구성하지 아니한다고 규정하고 있다. 이 규정들의 취지에 비추어 보면, 수탁자가 파산선고를 받은 경우 신탁사무의 처리상 이미 발생한 채권에 관한 법률관계는 그 파산선고로 곧바로 신탁재산에 관한 것과 신탁재산이 아닌 재산에 관한 것으로 변경되고, 이와 같이 변경된 법률관계가 그 후 선임된 신수탁자에게 승계된다고 보아야 한다. 따라서 제3자가 파산절차에 참가함으로써 소멸시효의 중단사유가 생긴 경우에도 이는 그 이후 선임된 신수탁자에 대하여 효력을 미치지 않는다.

2) 원심은, 피고가 코레트신탁에 대한 파산절차에 참가하였다는 이유만으로 피고의 원고에 대한 이 사건 구상금채권의 소멸시효가 중단되었다고 할 수 없다고 판단하였다. 원심판결 이유를 위에서 본 법리에 비추어 보면, 원심의 이유 설시에 다소 적절하지 않은 부분이 있으나 원심의 이러한 판단에 상고이유 주장과 같이 파산절차참가에 따른 소멸시효의 중단에 관한 법리를 오해하는 등의 잘못이 없다*[대법원 2018. 2. 28., 선고, 2013다63950, 판결]*.

■ 관련판례 2

甲 주식회사가 토지신탁계약의 수탁자인 乙 주식회사를 상대로 용역비지급청구소송을 제기하였다가 항소심 계속 중 乙 회사가 파산선고를 받자 파산채권확정청구를 선택적으로 추가하였고, 乙 회사의 파산관재인을 소송수계인으로 표시하여 파산채권확정청구를 인용하고 용역비지급청구를 배척하는 판결(이하 '전소 원심판결'이라 한다)이 선고되자 쌍방이 상고하지 않았는데, 그 후 甲 회사가 토지신탁계약의 새로운 수탁자인 丙 주식회사를 상대로 용역비지급을 구하는 지급명령을 신청한 사안에서, 甲 회사의 용역비지급청구를 배척한 전소 원심판결의 효력은 그 판결에 신탁재산에 대한 관리처분권이 없는 파산관재인이 소송수계인으로 표시되어 있더라도 신수탁자인 丙 회사에 미치므로, 소송대리인에게 상소제기에 관한 특별수권이 부여되어 있는지를 심리하여 전소 원심판결이 상고기간 도과로 이미 확정되어 지급명령신청이 전소 판결의 기판력에 저촉되는지, 아니면 전소 원심판결 정본 송달 시 용역비지급청구 부분의 소송절차가 중단됨으로써 지급명령신청이 중복제소에 해당하는지 판단하여야 하는데도, 이러한 심리를 다하지 않은 원심판결에 법리오해의 위법이 있다고 한 사례[대법원 2014. 12. 24., 선고, 2012다74304, 판결].

■ 관련판례 3

신탁법 제11조 내지 제13조, 제15조 및 제17조에 의하여 수탁자가 경질되는 경우뿐만 아니라 신탁행위의 정함에 따라 전수탁자가 임무를 종료하고 신수탁자가 선임됨으로써 수탁자가 변경된 경우에도 신수탁자는 신탁법 제26조, 제48조 등이 정하는 수탁자 경질의 법리에 따라 수탁자의 지위를 포괄적으로 승계하게 되는 것이고, 이 때 제3자는 수탁자의 경질 이전에 이미 발생한 채권에 관하여 계약의 당사자인 전수탁자에게 이를 행사할 수 있음은 물론, 신탁법 제48조 제3항에 의하여 신탁재산의 범위 내에서 신수탁자에 대하여도 행사할 수 있다[대법원 2007. 6. 1., 선고. 2005다5812, 5829, 5836 판결].

■ 관련판례 4

전수탁자가 신탁사무의 처리와 관련하여 체결한 계약관계가 수탁자로서 임무를 종료할 당시에도 존속하고 있었다면 전수탁자의 그 계약상의 지위는 포괄적으로 신수탁자에게 이전된다고 할 것이고(수탁자의 경질 이전에 이미 발생한 채권에 관하여는 계약의 당사자인 전수탁자에게 행사할 수 있음은 물론, 신탁법 제48조 제3항에 의하여 신탁재산의 범위 내에서 신수탁자에 대하여도 행사할 수 있다(, 이는 신탁법 제11조 내지 제13조, 제15조 및 제17조에 의하여 수탁자가 경질되는 경우뿐만 아니라, 신탁행위의 정함에 따라 전수탁자가 임무를 종료하고 신수탁자가 선임됨으로써 수탁자가 변경된 경우에도 마찬가지라고 할 것이다[대법원 2006. 3. 9., 선고. 2004다57904 판결].

> **제54조(전수탁자의 우선변제권 등)**
> ① 전수탁자의 비용상환청구권에 관하여는 제48조제1항 및 제49조를 준용한다.
> ② 전수탁자는 제46조의 청구권에 기한 채권을 변제받을 때까지 신탁재산을 유치(留置)할 수 있다.

Ⅰ. 전수탁자의 우선변제권 (제1항)

1. 규정의 취지

① 수탁자가 신탁사무의 처리에 관하여 지출한 필요비, 과실 없이 부담한 채무나 손해 등은 본래 신탁재산에서 지출하였어야 할 비용이므로, 수탁자에게는 비용상환청구권이 인정되고(제46조), 그 권리의 행사를 보장하기 위하여 우선변제권과 자조매각권을 인정하고 있다(제48조).

② 수탁자 변경 시 전수탁자가 아직 제46조에 따른 비용상환청구권의 변제를 받지 못한 경우에는 내부적 구상권을 보장하기 위하여 특별한 권능을 인정할 필요가 있다.

2. 우선변제권의 인정

가. 강제집행권과 경매청구권의 문제점

① 구법은 전수탁자의 비용상환청구권에 대하여 강제집행권과 경매청구권을 인정하고 있는데, 다음과 같은 이유로 위와 같은 권능을 부여하는 것은 타당하지 않다.

② 강제집행권의 경우, 구법 제49조 제1항에 따라 집행권원이 없이도 강제집행을 할 수 있는지 여부가 불분명하며, 집행권원이 필요 없다면 집행권원을 강제집행의 요건으로 정한 민사집행법과 충돌할 여지가 있는 점, 구법은 확정된 종국판결 또는 이와 동일한 효력이 있는 집행권원 외에 어떤 문서를 집행권원으로 예정한 것인지 불분명하다는 점에서 문제가 있고, 일반 채권과 같이 확정된 종국판결 등의 집행권원이 필요하다면 이 규정은 불필요한 규정에 해당하므로, 전수탁자의 비용상환청구권에 기한 강제집행권능을 인정하지 않는다.

③ 경매신청권의 경우, 담보권 실행 등을 위한 경매를 신청하기 위해서는 '담보권의 존재를 증명하는 서면'을 제출하여야 하는데(「민사집행법」 제264조 제1항),

비용상환청구권은 법정담보권에 해당한다고 보기 어려운 점, 수탁자의 비용상
환청구권에 대하여도 경매신청권을 인정하지 않고 있는 점을 고려하여 경매신
청권능을 인정하지 않는다.

나. 우선변제권능의 인정

① 수탁자의 비용상환청구권에 대하여 우선변제권능을 인정하고 있고(제48조 제1
항), 위 우선변제권능은 수탁자의 지위에 있기 때문에 인정되는 것이 아니라 신
탁재산에서 지출하였어야 할 비용을 부담한 수탁자의 구상권에 대한 기대와 이
익을 보호하기 위하여 인정되는 권한이며, 권리의 성질이 수탁자의 임무 종료
라는 사정만으로 변한다고 보기 어려우므로, 전수탁자의 비용상환청구권에 대
하여도 우선변제 권능을 인정한다.

② 전수탁자의 비용상환청구권은 현재 신탁재산을 관리 중인 수탁자의 비용상환청
구권과 동일한 순위의 우선변제권능을 가진다.

II. 전수탁자의 유치권 (제2항)

1. 규정의 취지

수탁자 변경 시 전수탁자가 아직 제46조에 따른 비용상환청구권의 변제를 받지
못한 경우, 전수탁자는 그 변제를 받을 때까지 자신이 점유 중인 신탁재산을 신
수탁자에게 이전하는 것을 거부할 수 있다.

2. 성립요건

「민법」 제320조부터 제328조까지의 규정에 따라 인정되는 민사유치권에 대한 특
칙으로 ① 전수탁자에게 제46조에 따른 비용상환청구권이 발생하여야 하고, ②
전수탁자가 신탁재산에 속하는 개별 재산을 점유한 경우에 인정되며, 채권과 유
치물 간의 견련성 등은 필요하지 않는다.

3. 효력

신탁재산인 목적물을 유치할 권리가 인정됨은 이견이 없으나, 이 규정에 따른 유
치권의 그 밖의 효력에 대하여 ① 민사유치권에 대한 특별법상 권리이므로 민사

유치권에 인정되는 경매신청권, 간이변제충당권 등도 인정된다는 견해와 ② 이 규정의 유치권은 민사유치권과 같은 담보물권을 인정한 것이 아니라 비용상환청구권의 구상이 끝날 때까지 신탁재산의 인도를 거절할 수 있는 권한을 부여한 것에 불과하다는 견해가 대립한다.

■ 관련판례

위탁자 또는 수익자가 부담하는 신탁비용 및 신탁보수지급의무와 신탁종료시에 수탁자가 신탁재산의 귀속권리자인 수익자나 위탁자 등에 대하여 부담하는 신탁재산을 이전할 의무는 모두 신탁관계에서 발생된 채무들일 뿐 아니라, 또한 수탁자가 신탁종료 전에는 신탁법 제42조 제1항, 제43조에 의하여 비용 및 보수청구권에 관하여 신탁재산을 매각하여 그 매각대금으로 다른 권리자에 우선하여 변제에 충당할 수 있고, 신탁종료 후에 신탁재산이 수익자 등에게 귀속한 후라도 신탁법 제62조, 제49조에 의하여 비용보상청구권 또는 보수청구권에 기하여 신탁재산에 대하여 강제집행을 하거나 경매를 할 수 있고 이를 위하여 신탁재산을 유치할 수 있는 점에 비추어, 신탁비용 및 신탁보수 지급의무는 적어도 신탁관계를 청산하는 신탁재산의 반환시까지는 변제됨이 형평에 맞는다는 점을 참작하여 보면, 위탁자 또는 수익자가 부담하는 신탁비용 및 신탁보수 지급의무와 신탁종료시에 수탁자가 신탁재산의 귀속권리자인 수익자나 위탁자 등에 대하여 부담하는 신탁재산을 이전할 의무는 이행상 견련관계에 있다고 인정되고, 따라서 양자는 동시이행의 관계에 있다고 해석함이 공평의 관념 및 신의칙에 부합한다고 할 것이다 [대법원 2006. 6. 9., 선고. 2004다24557 판결].

> **제55조(사무의 인계)**
> ① 수탁자가 변경된 경우 전수탁자와 그 밖의 관계자는 신탁사무의 계산을 하고, 수익자의 입회하에 신수탁자에게 사무를 인계하여야 한다.
> ② 수익자가 제1항의 계산을 승인한 경우에는 전수탁자나 그 밖의 관계자의 수익자에 대한 인계에 관한 책임은 면제된 것으로 본다. 다만, 부정행위가 있었던 경우에는 그러하지 아니하다.

Ⅰ. 신탁사무의 계산 및 인계의무 (제1항)

1. 의무자의 범위

① 전수탁자 및 임시적 신탁사무처리자로서 신탁사무를 인계하여야 하는 수탁자의 상속인, 법정대리인 또는 청산인(제12조 제4항)이 신탁사무의 계산 및 인계의무를 부담한다.

② 구법은 의무자에 대하여 "신, 구수탁자와 기타 관계자"로 규정하고 있어서 신수탁자에게도 신탁사무의 계산 및 인계의무가 있는 것으로 해석될 여지가 있는데, 신탁사무를 수행하지 않았던 신수탁자에게 위 의무를 인정하는 것은 개념상 불가능한 것이므로 의무자에서 '신수탁자'를 삭제하여 오해의 여지를 제거한다.

2. 신탁사무의 계산의무

① 전수탁자 등은 신수탁자가 선임되어 신탁사무를 처리할 수 있을 때를 기준으로 재무제표 등을 작성하여 신탁재산의 재산상태와 손익을 인식·평가하고, 신수탁자가 그 내용을 알 수 있도록 서류 작성 등의 방법으로 명시하여야 한다.

② 전수탁자는 임무가 종료한 자이고 그 밖의 자는 임시적 사무처리자에 불과하므로, 신탁재산의 이익 또는 손실을 처리하기 위한 의사결정은 신수탁자가 하여야 한다.

3. 신탁사무의 인계의무

가. 인계의무의 의의

전수탁자 등은 신수탁자에게 신탁사무의 내용 등을 명시하여 신수탁자가 신탁사무를 이어 받아 수행할 수 있도록 하여야 하는바, 신탁의 등기·등록이 필요한 신탁재산에 대하여는 그 명의를 신수탁자의 명의로 변경하도록 협조하여야 하고, 신탁재산 및 장부 등 신탁서류 등을 이전하여야 한다.

나. 수익자의 입회

① 수익자(신탁관리인이 있는 경우 신탁관리인)가 신탁사무의 인계에 입회할 필요가 있는지에 대하여, 입회하여야 할 '사무의 인계'의 의미가 불분명하고, 수익자의 승인만 있으면 충분하므로 수익자의 입회는 삭제하여야 한다는 견해가 있으나, 이 조항에 따라 수익자에게 신탁사무의 인계를 감독할 권한과 기회가 인정되는데 특별한 이유 없이 이를 박탈할 필요가 없으며,

'사무의 인계'의 의미는 실무와 해석론에 따라 구체화될 수 있으므로, 현행법은 구법과 같이 수익자의 입회가 필요한 것으로 규정한다.

② 전수탁자가 수익자의 입회하에서 사무를 인계하지 않은 경우 수익자 등은 소로써 이를 강제할 수 있다.

Ⅱ. 사무인계책임의 면제 (제2항)

1. 사무인계책임의 면제 (제2항 본문)

가. '승인'의 의미

① 수익자는 신탁재산의 실질적 소유자로서 신탁재산의 이익과 손해에 대하여 직접적인 이해관계를 갖고 있는바, 수익자가 전수탁자의 신탁계산을 승인한 때에는 전수탁자에게 신탁사무 수행에 대하여 책임을 추궁하지 않겠다는 의사를 표시한 것이므로 전수탁자의 '인계에 관한 책임'은 면제된다.

② 신탁관리인이 있는 경우에는 수익자를 대신한 신탁관리인의 승인에도 동일한 효력이 인정된다.

나. 면제되는 책임의 범위

수익자의 승인으로 면제되는 책임에 대하여 현행법은 구법과 같이 '인계에 관한 책임'이라 규정하고 있는데, '인계에 관한 책임'은 사무 인계 시점까지 발생한 전수탁자의 신탁사무 처리에 관한 책임(예를 들면, 제43조에 따른 원상회복책임 등)을 모두 포함한다.

다. 면책되는 주체의 범위

구법 제50조 제2항은 면책되는 주체의 범위를 '전수탁자'로 한정하였으나, 신탁사무의 계산 및 인계의무는 제12조 제4항에 따른 수탁자의 상속인 등에게도 있으므로, 면책되는 주체에 수탁자의 상속인 등도 포함하기 위하여 '그 밖의 관계자'를 추가한다.

2. 인계책임 면제의 예외 (제2항 단서)

가. 규정의 취지

전수탁자가 신탁재산에 대하여 손해 등을 가하는 부정행위를 하는 경우에까지 인계책임을 면책하는 것은 부당하므로 예외를 정한다.

나. "부정행위"의 의미

"부정행위"란 「상법」 제450조 단서의 "부정행위"와 동일한 의미로 횡령·배임·문서위조와 같은 범죄행위뿐만 아니라 수익자와 위탁자의 신뢰를 깨는 고도의 비윤리적 행위까지 포함하고, 신탁사무 인계에 관한 부정행위뿐만 아니라 사무 인계 시점까지 수탁자의 불법행위나 의무위반행위로서 수익자에게 공개되지 않은 것까지 모두 포함하는 의미이다.

■ 관련판례 1

甲 주식회사가 신탁계약이나 이에 따른 토지사용승낙을 통하여 오피스텔 부지에 관한 채권적 대지사용권을 갖고 있었으나 우선수익자에 대한 대출금채무를 이행하지 않아 오피스텔 신축 후 수탁자가 신탁재산인 위 부지를 乙 주식회사에 처분하였고, 그 후 丙 등이 오피스텔 전유부분에 관한 소유권을 경매로 취득하자, 乙 회사가 丙 등에게 전유부분의 철거를 구한 사안에서, 수탁자가 신탁계약의 수익자를 위하여 신탁계약상 수탁자의 임무를 수행한 것은 신의칙에 어긋나거나 반사회적 행위로서 불법행위를 구성한다고 볼 수 없고, 집합건물 부지의 소유자가 대지사용권을 가지 않은 구분소유자에게 철거를 구하는 것이 당연히 권리남용에 해당한다고 볼 수도 없으므로, 위 철거 청구를 인용한 원심판단을 정당하다고 한 사례[대법원 2011. 9. 8., 선고, 2010다15158, 판결].

■ 관련판례 2

신탁법상의 신탁이 해지되어 신탁이 종료되면 신탁관계는 장래를 향하여 그 효력을 잃게 되고, 수탁자가 신탁재산의 귀속권리자인 위탁자에게 신탁재산인 부동산의 소유권을 이전하면서 소유권이전등기의 방법에 의하지 아니하고 수탁자의 소유권이전등기를 말소하는 방법에 의하더라도, 위탁자는 수탁자의 소유권에 기하여 다시 소유권을 취득한다[대법원 2006. 9. 22., 선고, 2004다50235, 판결].

■ 관련판례 3

신탁법 제15조, 제55조의 규정을 종합하여 보면, 신탁의 목적을 달성할 수 없을 때에는 신탁이 절대적으로 종료하나, 그 목적의 달성이 가능하지만 단지 수탁자의 배임행위 등으로 인하여 신뢰관계가 무너진 경우에는, 위탁자 등의 청구에 따라 법원이 수탁자를 해임하거나 또는 위탁자가 수탁자에 대하여 손해배상 등을 청구할 수 있을 뿐, 이행불능을 원인으로 하여 신탁계약을 해지할 수는 없다[대법원 2002. 3. 26., 선고, 2000다25989, 판결].

제5장 수익자의 권리·의무

제1절 수익권의 취득과 포기

제56조(수익권의 취득)

① 신탁행위로 정한 바에 따라 수익자로 지정된 자(제58조제1항 및 제2항에 따라 수익자로 지정된 자를 포함한다)는 당연히 수익권을 취득한다. 다만, 신탁행위로 달리 정한 경우에는 그에 따른다.

② 수탁자는 지체 없이 제1항에 따라 수익자로 지정된 자에게 그 사실을 통지하여야 한다. 다만, 수익권에 부담이 있는 경우를 제외하고는 신탁행위로 통지시기를 달리 정할 수 있다.

Ⅰ. 수익권의 취득시기 (제1항)

1. 수익권의 의의

가. 의의

① 수익자는 신탁의 이익을 누리는 주체로서 신탁으로부터 발생하는 각종의 권리를 가지게 되는데, '수익권'은 수익자가 가지는 신탁재산 및 수탁자에 대한 각종 권리의 총체를 의미한다.

② 구체적으로 수익자는 신탁이라는 단체적 성격을 갖는 재산의 실질적 소유자의 지위(사원권적 지위)에서 그에 기하여 여러 가지 이익과 권리를 향유하고(자익권), 신탁의 대표권과 업무집행권을 행사하는 수탁자를 감시·감독하며(수탁자 감독권능), 일정한 경우 신탁재산을 보전하면서(신탁재산의 보전권능), 중요한 사항에 대해서는 신탁의 의사를 결정한다(신탁운영권).

나. 수익권의 내용

1) 자익권(협의의 수익권)

① 수익자가 신탁재산 또는 수탁자에 대하여 기대하는 개인적인 편익과 관련된 권리로, 통상 신탁재산으로부터 급부를 받을 급부수령권(수급권)을 의미한다.

② 신탁존속 중의 급부청구권뿐만 아니라 신탁종료 후의 잔여재산에 대한 수익권도 포함되며, '잔여재산수익권'의 개념을 도입하여 이를 명백히 한다(제101조

참조).

③ 자익권은 급부를 수령할 지위를 나타내는 '추상적 자익권'과 이미 발생한 구체적 급부청구권인 '구체적 자익권'으로 구별할 수 있는데, 후자를 '수익채권(지분권적 급부청구권)'(제62조 참조)이라고 한다.

2) 공익권(광의의 수익권)

① 신탁은 신탁재산을 중심으로 이루어진 단체적 법률관계로, 수익자는 신탁의 법률관계를 안정적으로 유지하기 위하여 신탁재산 보존 및 수탁자 감독을 목적으로 하는 단체법적 권리, 즉 자익권에 부수하여 수익자의 이익을 보호하기 위하여 각종의 공익권을 갖고 있다.

② 공익권은 ⅰ) 수탁자 감독권과 신탁재산 보전권으로 이루어진 신탁의 감독권과 ⅱ) 신탁운영의 참가권으로 구성된다.

③ 수탁자 감독권은 수탁자가 부과된 신탁사무를 적법하게 잘 처리하고 있는지 여부를 감시하는 권리로, 신탁의무이행청구권, 수탁자에 대한 유지청구권(제77조), 설명요구권 및 서류의 열람 등 청구권(제40조 제1항), 해임권 및 해임청구권(제16조 제1항 및 제3항) 등이 있다.

④ 신탁재산의 보전권은 상실위험에서 신탁재산을 보전하기 위한 권리로, 신탁재산에 대한 강제집행의 이의권(제22조 제2항 및 제3항), 신탁재산에 대한 원상회복청구권(제43조 제1항, 제2항), 이익반환청구권(제43조 제3항) 등이 포함된다.

⑤ 신탁운영의 참가권은 신탁재산의 실질적 소유자인 수익자가 신탁에 관한 중요한 사항을 직접 결정해야 한다는 취지에서 인정되는 권리로, 신탁위반 법률행위에 대한 취소 여부(제75조 제1항), 신탁의 변경(제88조 제1항), 신탁의 종료(제99조 제1항, 제2항 및 제100조) 등이 포함된다.

2. 수익권의 법적 성질

가. 개관

① 수익권의 법적 성질에 대하여는 「신탁법」의 입법 당시부터 현재에 이르기까지 끊임없는 논의가 이루어져 왔는데, 이는 영미법상 보통법과 형평법의 구별을 바탕으로 발달한 신탁법리가 「민법」을 중심으로 한 대륙법계 법리와 이질적이어서 이를 중화하여 체계적 정합성을 이룰 필요가 있기 때문이다.

② 수익권의 법적 성질에 대한 논의는 수탁자나 신탁과 거래한 제3자에 대한 수익

자 권리의 범위 및 효력에 대한 법적 근거를 설명하고, 신탁의 기본구조에 대한 논의와 연관하여 신탁법의 제반규정을 일관성 있게 이해하기 위한 전제가 된다.

③ 수익자의 법적 성질에 대하여는 영미신탁법에서도 대인권설, 대물권설, 독자적 권리설 등 견해 대립이 있어 왔고, 우리나라에서는 신탁법의 모법인 일본의 구 신탁법하에서 전개된 학설의 논의가 그대로 이루어지고 있다.

나. 학설의 대립

1) 채권설

① 수탁자에게 재산권이 이전되면 신탁재산에 관한 권리는 수탁자에게 완전히 귀속되나 신탁재산을 수익자의 이익을 위하여 관리하여야 하는 채권적 구속을 받는 것이고, 수익자는 단지 수탁자에게 신탁재산으로부터 일정한 수익을 지급하도록 청구하거나 신탁 종료 시 신탁재산의 반환을 청구할 수 있는 채권인 수익권을 가질 뿐이며, 신탁재산에 관한 물권적 성질의 권리는 「신탁법」에 따라 인정된 특별법상의 권리라는 견해이다.

② 일본의 구 신탁법이 수익권을 채권으로 규정한 1882년 인도 신탁법과 1872년 캘리포니아주 민법을 참고하여 제정된 연혁적 배경도 근거로 한다.

③ 「민법」의 체계와 충돌하지 않는다는 장점이 있지만, 채권의 효력으로 설명할 수 없는 수익권의 효력인 신탁재산의 물상대위성, 독립성 및 수익자 취소권 등을 제대로 설명할 수 없다는 점에서 수익권의 개념 정립을 포기한 것이라는 비판이 있다.

2) 실질적 법주체성설(물적 권리설)

① 신탁재산의 실질적인 소유자는 수익자이고, 수탁자는 관리권이라는 권능 또는 자격을 가지는 데 불과하지만, 법 형식상으로 수익자를 신탁재산의 소유자로 보는 것이 불가능하므로, 신탁재산은 신탁의 당사자 어느 쪽으로부터도 독립한 실질적인 법주체성을 갖고 있으며, 수탁자는 단지 신탁 목적에 따라 신탁재산을 관리하며 수익자는 물적 상관관계에 따라 신탁재산에 대한 물적 권리를 갖는다는 견해이다.

② 권리의 객체에 불과한 신탁재산에 권리의 주체로서 지위를 부여하고 있는 점, 수탁자의 관리권이 신탁재산을 직접 지배하는 것이라면 일종의 물권이라고 보아야 하는데 물권법정주의 「민법」 제185조에 반하는 점, 「민법」의 체계에 정치

하게 맞지 않는 부분이 많아 신탁의 본질을 정확히 설명하고 있다고 보기는 어려운 점 등에서 문제가 있다는 비판이 있다.

3) 제한적 권리이전설(상대적 권리이전설)

① 수탁자는 신탁재산에 대하여 완전한 권리가 아니라 신탁 목적에 따라 제한된 권리를 이전받는 것으로, 각 신탁에 있어서 당사자의 의사해석 및 실제 거래상 필요에 따라 수탁자와 수익자의 권리관계가 정해진다는 견해이다.

② 수익자에게 소유권이 유보되고 수탁자에게 제한물권이 있는 형태의 신탁은 수탁자에게 신탁재산의 처분권을 부여한 신탁법에 반하고, 수탁자에게 소유권이, 수익자에게 제한물권이 귀속되는 형태의 신탁은 물권법정주의에 반하며, 수탁자에게 대외적 소유권만 이전되는 형태의 신탁도 수탁자 사망 시 신수탁자에게 신탁재산이 이전되도록 정한 「신탁법」에 반한다는 비판이 있다.

4) 수(隨)물권설

① 수탁자는 대외적으로 소유자와 동일한 권리주체성을 갖는다고 보고, 수익자는 수탁자의 신탁위반행위로 신탁재산을 취득한 제3자가 선의이고 유상인 경우에는 신탁으로서 대항할 수 없 으므로 수익권은 물권이 아니라 신탁재산에 대한 간접지배권인 '수물권'이라는 특수한 채권에 해당한다고 보는 견해이다.

② 수익권을 물건에 관한 채권으로서 채권 이상의 것이라고 하지만 수탁자의 행위를 매개로 하여 행사되는 이상 단순한 채권에 불과하고, 수익권의 법적 구성을 신탁의 연혁에 지나치게 의존한다는 비판이 있다.

5) 병존설(부동산신탁·금전신탁 분리설)

① 수익권에는 채권적 요소와 물권적 요소가 병존하고 어느 하나로만 보는 것은 불가능하므로 수익권을 신탁재산의 내용에 따른 기능적 분해라는 관점에서 보는 견해로, 부동산신탁의 경우에는 신탁재산의 수탁자에 대한 귀속 정도가 약하기 때문에 수익자의 권리를 물적 권리로 보아야 하고(실질적 법주체성설), 금전신탁의 경우에는 귀속 정도가 강하기 때문에 채권으로 보아야 한다(채권설)는 견해이다.

② 수익권에 채권적 요소와 물권적 요소가 병존한다는 사실은 어느 견해에서도 인정되는 것으로 결국 수익권의 개념 설정을 포기한 견해라는 비판이 있다.

다. 판례의 태도

① 대법원은 2002. 4. 12. 선고 2000다70460 판결에서 "부동산의 신탁에 있어서 수탁자 앞으로 소유권이전등기를 마치게 되면 대내외적으로 소유권이 수탁자에

게 완전히 이전되고, 위탁자와의 내부관계에 있어서 소유권이 위탁자에게 유보되어 있는 것은 아니라 할 것이다. 이와 같이 신탁의 효력으로서 신탁재산의 소유권이 수탁자에게 이전되는 결과 수탁자는 대내외적으로 신탁재산에 대한 관리권을 갖는 것이고, 다만, 수탁자는 신탁의 목적 범위 내에서 신탁계약에 정하여진 바에 따라 신탁재산을 관리하여야 하는 제한을 부담함에 불과하다고 할 것이다"고 판시하였고, 1991. 8. 13. 선고 91다12608 판결에서는 "부동산의 신탁에 있어서 신탁자의 위탁에 의하여 수탁자 앞으로 그 소유권이전등기를 경료하게 되면 대내외적으로 소유권이 수탁자에게 완전히 이전되고, 신탁기간의 만료 등 신탁종료의 사유가 발생하더라도, 수탁자가 수익자나 위탁자에게 목적부동산의 소유권을 이전할 의무를 부담하게 됨에 불과할 뿐, 당연히 목적부동산의 소유권이 수익자나 위탁자에게 복귀된다고 볼 수는 없다"고 판시하였는바, 채권설의 입장으로 볼 수 있다.

② 다만, 부가가치세와 관련된 판결에서 대법원은 "신탁재산의 개발·관리·처분 등으로 발생한 이익과 비용은 최종적으로 위탁자에게 귀속하게 되어 실질적으로는 위탁자의 계산에 의한 것이라고 할 것인 점에 비추어 신탁법에 의한 신탁 역시 부가가치세법 제6조 제5항 소정의 위탁매매와 같이, 자기(수탁자) 명의로 타인(위탁자)의 계산에 의하여' 재화 또는 용역을 공급하거나 또는 공급받는 등의 신탁업무를 처리하고 그 보수를 받는 것이므로, 신탁재산의 개발·관리·처분 등 신탁업무를 처리함에 있어서의 사업자 및 이에 따른 부가가치세 납세의무자는 위탁자라고 봄이 상당하다"고 판시하고 있으나, 위탁자를 신탁관계에서 소유권자로 보는 것은 아니고 조세법상 실질과세의 원칙을 반영한 취지로 해석된다.

3. '수익권' 개념 규정의 신설 여부

① 일본의 개정 신탁법 제2조 제7항은 수익권을 "신탁행위에 기초하여 수탁자가 수익자에 대해 부담하는 채무로서 신탁재산에 속한 재산의 인도와 그 외 신탁재산에 관한 급부와 관련된 채권, 그리고 이것을 확보하기 위하여 이 법률의 규정에 의하여 수탁자와 그 외의 자에게 일정한 행위를 구할 수 있는 권리"로 정하고 있는바, 채권설의 입장에 있다고 해석될 여지가 많으나 다른 설을 배제하는 적극적인 근거가 된다고 보기도 어렵다.

② 수익권의 법적 성질에 관하여 특정 학설의 입장을 취하여 규정한다고 하더라도 입법의 방향 및 내용이 달라지는 것은 아니므로, 학설의 논란에도 불구하고 어느 하나의 견해에 따라 수익권의 개념을 법률상 정의하거나 수익권의 법적 성질에 관한 명시적 규정을 두는 것은 바람직하지 아니하다.

③ 개념상 수익자의 지위, 수익권, 수익채권이 구분되는데, 이는 별도의 정의규정 없이도 해석론으로 그 구별이 가능하며, 양도가 가능한 수익권의 범위 문제, 수익권의 일부만을 분리하여양도가 가능한지 여부(이미 발생한 구체적 급부청구권은 별론) 등의 문제 역시 학설·판례의 해석론에 따라 구체화될 것으로 입법으로 해결할 문제는 아니다.

④ 따라서, 다른 채권과의 우선순위 문제, 소멸시효의 적용범위 등을 확정하기 위한 개념으로서 수익채권만을 별도로 정의하여 수익권과 명백히 구분되도록 하는 방식으로 입법하였다.

4. 수익권의 취득시기

가. 원칙 (제1항 본문)

1) 통상의 수익권

① 신탁행위에 의하여 수익자로 지정된 자는 별도의 수익의 의사표시 없이 수익권이 발생한 시점(신탁행위의 효력 발생 시점)에 당연히 수익권을 취득하는 것으로 한다.

② 따라서 반증에 의한 추정복멸의 예외 없이 신탁행위의 효력발생 시점에 당연히 수익권을 취득하게 되므로 수익권 취득시기가 명확하게 되고 조기에 확정될 수 있다.

③ 또한 수익권 취득의 조기 확정으로 인하여 위탁자와 수탁자는 수익자의 동의 없이 수익권을 변경·소멸시킬 수 없고, 수익자는 수탁자에 대하여 충실의무 등을 요구할 수 있는 등 수익자 보호가 보다 충실하게 된다.

④ 한편 수익자로 지정된 자가 수익권이 부담이 있다는 이유 등으로 수익권 취득을 원하지 않는 경우에도 수익권을 법률상 당연히 취득하도록 하는 것이 타당한지 의문이 있을 수 있으나, 수익자로 지정된 자는 수익권을 포기할 수 있고 이러한 포기는 소급효를 갖기 때문에 수익권 취득을 원하지 아니하는 자의 의사를 충분히 존중할 수 있다.

2) 수익자지정권 등의 행사

　제58조에 규정된 수익자지정권 등의 행사에 의하여 수익자로 지정된 자의 경우, 수익권이 발생한 시점(수익자지정권 등을 가진 자가 행사한 지정권 등의 효력발생시점)에 수익권을 당연히 취득한다.

3) 부담부 수익권

　가) 부담부 수익권의 의의

　① 부담부 수익권이라 함은 신탁의 법률관계 밖에서 위탁자가 수익자로 하여금 위탁자나 제3자에 대하여 일정한 의무를 부담하게 한 수익권을 의미한다.

　② 수익자(수증자)에게 이익을 귀속시킴과 동시에 다른 한편으로 부담의 구속을 받게 하는 점, 부담의 이행 여부가 수익권의 효력에 영향을 주지 않는 점 등에서 부담부 유증과 유사하다.

　나) '부담'의 의미

　① 이 조항에 따른 부담은 「민법」 제561조의 부담부 증여, 제1088조의 부담부 유증의 '부담'과 동일한 것으로, 위탁자와 제3자 간에 신탁의 관계 밖에서 이루어진 합의에 따라 수익자로 하여금 위탁자나 제3자에게 일정한 급부를 이행할 채무를 부담시키는 것을 의미하며, 반드시 금전적 가치가 있는 것은 아니어도 상관없으나 단순한 신탁재산 사용방법의 지정 등은 부담에 해당하지 않는다.

　② 부담은 수익권의 내용을 이루는 것이 아니고 부담부 수익권의 부여가 부담의 이행을 정지조건으로 하거나 부담의 불이행을 해제조건으로 하는 조건부 수익권의 부여는 아니므로, 수익자가 부담을 이행하는지 여부는 신탁법률관계 자체에는 아무런 영향이 없으며, 수익자는 수익권을 상실하는 것은 아니다.

　③ 위탁자의 기대를 신탁관계 내에서 실현하려고 하였으면 수익권의 취득·상실에 제3자의 행위를 조건으로 수익권을 부여하면 되며, '부담'과 '조건'의 구별은 그 내용이 구속성 있는 채무이면 부담이고, 구속성 없는 채무이면 조건에 해당하나, 당사자 간의 의사 해석에 따라 해결할 문제이다.

　다) 수익권의 취득시기

　① 구법 제51조 제2항은 부담부 수익권의 경우 수익자가 권리의 취득 이외에 부담을 지게 되므로 수익권 취득 자체를 수익자의 신탁이익 향수의 의사표시에 따르도록 규정하고 있다.

② 그러나 부담부 수익권을 향수하지 아니하고자 하는 수익자는 수익권을 포기할 수 있으며(제57조), 부담은 다양한 형태가 가능하여서 수익권과 부담 간의 견련성도 각 상이할 것이므로 부담부 수익권을 달리 취급할 특별한 필요가 없고, 오히려 수익권 취득시기가 부담의 존재에 따라 달라져 법률관계가 복잡해지는 문제점이 있으므로, 부담부 수익권의 경우에도 부담이 없는 수익권과 구분하지 아니하고 별도의 의사표시 없이 당연히 수익권을 취득하는 것으로 규정한다.

나. 예외 (제1항 단서)

① 수익권의 취득시기를 위와 같이 정하더라도 신탁의 유연성을 최대한 보장하기 위해 이를 임의규정화 함으로써 당사자의 구체적인 필요에 따라 신탁행위로 달리 정할 수 있도록 융통성을 부여한다.

② 따라서 예를 들어 신탁행위에 의하여 수익권 취득의 의사표시를 요구한다는 취지를 정하거나, 수익권 취득에 조건이나 기한을 붙일 수도 있다.

III. 수탁자의 통지의무 (제2항)

1. 원칙 - 즉시 통지의무 (제2항 본문)

① 수익자는 신탁의 한 주체로서 수탁자에 대한 감독권한을 보유하고 있는바, 수익자로 지정된 자가 이를 알지 못하면 수익자로서의 권리를 행사할 수 없음은 물론, 수익권을 포기할 기회를 잃어버려 원치 않는 수익권을 취득할 염려도 있으므로, 이를 방지하기 위하여 수탁자에게 수익자로 지정된 자에 대하여 지체 없이 그 사실을 통지할 의무를 부과한다.

② 수탁자의 통지의무는 수익자가 수익자로 지정된 사실을 사실상 알고 있는지 여부와 무관하게 수탁자에게 부과된 의무이다.

2. 예외 - 통지시기의 변경 (제2항 단서)

가. 통상의 수익권

① 당사자의 필요에 따라 수익자로 지정된 자에게 통지할 시기를 달리 정할 수 있도록 하기 위해 신탁행위에 의하여 수탁자의 통지의무 시기를 조정할 수 있는 예외를 인정한다.

② 수익자가 수익권을 행사하기 위해서는 언젠가는 수익자로 지정된 사실을 알아야 하므로, 이 때 신탁행위로 달리 정할 수 있는 것은 통지여부가 아니라 통지시기에 관한 것에 한정하였는바, 예를 들면 아버지가 미성년자인 아들을 수익자로 지정하면서 신탁행위로 아들이 성년이 될 때까지는 이를 알리지 말도록 하는 것은 허용된다.

③ 수익자로 지정되었음에도 자신이 수익자인 사실을 알지 못하면 신탁의 감독기능을 행사할 수 없어 감독의 공백상태가 발생할 수 있으나, 수익자로 지정된 사실의 통지를 늦출 수 있는 것은 신탁행위의 당사자인 위탁자이므로 위탁자가 자신이 가진 감독권한을 행사하거나 별도의 감독 장치를 설계할 수 있으며, 제67조 제2항에 따라 법원이 직권 또는 이해관계인의 청구에 의해 신탁관리인을 선임하는 방법으로 신탁감독의 공백을 방지할 수 있다.

나. 부담부 수익권

그러나 수익권에 부담이 있는 경우에도 수익자로 지정된 사실을 수익자가 알지 못하면 빠른 시일 내에 수익권 포기 의사를 결정할 수 없는 문제점이 발생하므로, 부담부 수익권의 경우에는 수익자 보호를 위하여 신탁행위로도 통지시기를 지체할 수 없도록 규정한다.

■ 관련판례 1

[1] 위탁자가 금전채권을 담보하기 위하여 금전채권자를 우선수익자, 위탁자를 수익자로 하여 위탁자 소유의 부동산을 신탁법에 따라 수탁자에게 이전하면서 채무불이행 시에는 신탁부동산을 처분하여 우선수익자의 채권 변제 등에 충당하고 나머지를 위탁자에게 반환하기로 하는 내용의 담보신탁을 한 경우, 특별한 사정이 없는 한 우선수익권은 경제적으로 금전채권에 대한 담보로 기능하지만, 그 성질상 금전채권과는 독립한 신탁계약상의 별개의 권리이다. 우선수익권은 수익급부의 순위가 다른 수익자에 앞선다는 점을 제외하면 일반적인 수익권과 법적 성질이 다르지 않고, 채권자가 담보신탁을 통하여 담보물권을 얻는 것도 아니다. 그러므로 채무자가 아닌 위탁자가 타인의 채무를 담보하기 위하여 금전채권자를 우선수익자로 하는 부동산담보신탁을 설정한 경우에, 설령 경제적인 실질에 있어 위탁자가 부동산담보신탁을 통하여 신탁부동산의 처분대금을 타인의 채무의 담보로 제공한 것과 같이 볼 수 있다고 하더라도, 위탁자가 자기의 재산 그 자체를 타인의 채무의 담보로 제공한 물상보증인에 해당한다고 볼 수는 없다.

[2] 민법 제482조 제2항 제4호, 제5호가 물상보증인 상호 간에는 재산의 가액에 비례하여 부담

부분을 정하도록 하면서, 보증인과 물상보증인 상호 간에는 보증인의 총재산의 가액이나 자력 여부, 물상보증인이 담보로 제공한 재산의 가액 등을 고려하지 않고 형식적으로 인원수에 비례하여 평등하게 대위비율을 결정하도록 규정한 것은, 인적 무한책임을 부담하는 보증인과 물적 유한책임을 부담하는 물상보증인 사이에는 보증인 상호 간이나 물상보증인 상호 간과 같이 상호 이해 조정을 위한 합리적인 기준을 정하는 것이 곤란하고, 당사자 간의 특약이 있다는 등의 특별한 사정이 없는 한 오히려 인원수에 따라 대위비율을 정하는 것이 공평하고 법률관계를 간명하게 처리할 수 있어 합리적이며 그것이 대위자의 통상의 의사 내지 기대에 부합하기 때문이다.

그리고 이와 같이 법정대위자 상호 간의 관계에 관하여 민법 제482조 제2항 제5호가 보증인과 물상보증인 사이에 우열을 인정하지 않고 양자를 동등하게 취급하여 그에 따라 변제자대위를 제한하거나 같은 항 제4호가 물상보증인 상호 간에 그 재산의 가액에 따라 변제자대위의 범위를 제한하거나 민법의 해석상 공동보증인 상호 간의 변제자대위가 구상권의 범위에 따라 제한된다고 보는 것은 변제자대위의 순환을 방지하여 혼란을 피하고 채무자의 무자력 위험을 보증인과 물상보증인 등 법정대위자 어느 일방이 종국적으로 부담하지 않도록 함으로써 당사자 사이의 공평을 도모하고자 하는 데 그 취지가 있다.

이러한 취지에 비추어 볼 때, 채무자가 아닌 제3자인 위탁자가 채권자를 우선수익자로 정하여 부동산담보신탁을 한 경우에 채권자가 가지는 우선수익권이 민법 제481조, 제482조 제1항에 의하여 보증채무를 이행한 보증인이 법정대위할 수 있는 '담보에 관한 권리'에 해당한다고 하더라도, 먼저 보증채무를 이행한 보증인이 채권자의 우선수익권에 대하여 아무런 제한 없이 보증채무를 이행한 전액에 대하여 변제자대위를 할 수 있다고 볼 수는 없으며, 다른 기준이나 별도의 약정 등 특별한 사정이 없는 이상, 채권자의 우선수익권에 대한 보증인의 변제자대위도 인원수에 비례하여 채권자를 대위할 수 있다고 보는 것이 대위자 상호 간의 합리적이고 통상적인 기대에도 부합한다고 할 것이므로, 채권자의 우선수익권에 대한 보증인의 변제자대위도 보증인과 물상보증인 상호 간의 관계와 마찬가지로 그 인원수에 비례하여 채권자를 대위하는 제한을 받는다고 해석함이 타당하다[대법원 2022. 5. 12., 선고, 2017다278187, 판결].

■ 관련판례 2

신탁행위로 정한 바에 따라 수익자로 지정된 사람은 당연히 수익권을 취득한다(신탁법 제56조 제1항). 신탁재산에 속한 재산의 인도와 그 밖에 신탁재산에 기한 급부를 요구하는 청구권이 수익권의 주된 내용을 이루지만, 수익자는 그 외에도 신탁법상 수익자의 지위에서 여러 가지 권능을 가지며, 수익권의 구체적인 내용은 특별한 사정이 없는 한 계약자유의 원칙에 따라 신탁계약에서 다양한 내용으로 정할 수 있다. 우선수익권은 구 신탁법이나 신탁법에서 규정한 법률 용어는 아니나, 거래 관행상 통상 부동산담보신탁계약에서 우선수익자로 지정된 채권자가 채무자의 채무불이행 시에 신탁재산 처분을 요청하고 처분대금에서 자신의 채권을 위탁자인 채무자나 그 밖의 다른 채권자들에 우선하여 변제받을 수 있는 권리를 말한다. 우선수익권은 수익급부의 순위가 다른 수익자에 앞선다는 점을 제외하면 그 법적 성질은 일반적인 수익권과 다르지 않다. 채권자는 담보신탁을 통하여 담보물권을 얻는 것이 아니라 신탁이라는 법적 형식을 통하여 도산 절연 및 담보적 기능이라는 경제적 효과를 달성하게 되는 것일 뿐이므로, 그 우선수익권은 우선 변제적 효과를 채권자에게 귀속시킬 수 있는 신탁계약상 권리이다 *[대법원 2018. 4. 12., 선고, 2016다223357, 판결].*

■ 관련판례 3

위탁자가 금전채권을 담보하기 위하여 금전채권자를 우선수익자로, 위탁자를 수익자로 하여 위탁자 소유의 부동산을 신탁법에 따라 수탁자에게 이전하면서 채무불이행 시에는 신탁부동산을 처분하여 우선수익자의 채권 변제 등에 충당하고 나머지를 위탁자에게 반환하기로 하는 내용의 담보신탁을 해 둔 경우, 특별한 사정이 없는 한 우선수익권은 경제적으로 금전채권에 대한 담보로 기능할 뿐 금전채권과는 독립한 신탁계약상의 별개의 권리가 된다. 따라서 이러한 우선수익권과 별도로 금전채권이 제3자에게 양도 또는 전부되었다고 하더라도 그러한 사정만으로 우선수익권이 금전채권에 수반하여 제3자에게 이전되는 것은 아니고, 금전채권과 우선수익권의 귀속이 달라졌다는 이유만으로 우선수익권이 소멸하는 것도 아니다 *[대법원 2017. 9. 21., 선고, 2015다52589, 판결].*

■ 관련판례 4

[다수의견] 토지구획정리사업의 시행인가를 받은 甲 토지구획정리조합이 사업비를 조달하기 위하여 시행사인 乙 주식회사와 금전 차용계약 및 추가차용계약을 체결하고, 乙 회사 및 시공사인 丙 주식회사와 위 대여금채권과 관련하여 합의서 및 추가합의서를 작성한 다음, 위 합의서 및 추가합의서에 따라 두 차례에 걸쳐 신탁회사인 丁 주식회사와 위 사업의 일부 체비지에 관하여 부동산담보신탁계약을 체결하여 乙 회사를 우선수익자로 하는 우선수익권증서를 발급받아 주었고, 乙 회사는 위 담보신탁계약의 위탁자인 甲 조합과 수탁자인 丁 회사의 동의를 받아 우선수익권에 丙 회사를 1순위 질권자로 하는 질권을 설정하였는데, 戊가 乙 회사에 대한 채권을 청구채권으로 하여 乙 회사의 甲 조합에 대한 대여금 등 채권 중 청구채권 금액에 이르기까지의 금액을 압류 및 전부하는 전부명령을 받아 그 전부명령이 확정된 사안에서, 합의서 및 추가합의서와 위 담보신탁계약, 우선수익권에 대한 질권 설정계약의 내용 및 위 각 계약의 체결 경위와 위 담보신탁계약의 특약사항의 규정 내용, 위탁자와 수탁자가 우선수익권에 대한 질권 설정계약에 동의한 사실관계 등에 비

추어 보면, 위 담보신탁계약의 당사자들과 丙 회사는 위탁자가 대출원리금을 전액 상환하지 아니할 경우 우선수익권에 대한 질권자인 丙 회사가 대여금채권의 귀속 주체와 상관없이 우선수익권을 행사할 수 있는 것으로 약정하였다고 봄이 타당하고, 우선수익권은 경제적으로 금전채권에 대한 담보로 기능할 뿐 금전채권과는 독립한 신탁계약상의 별개의 권리이므로, 乙 회사의 甲 조합에 대한 대여금채권이 전부명령에 따라 전부채권자인 戊에게 전부되었다고 하더라도 그러한 사정만으로 담보신탁계약에 따른 乙 회사의 우선수익권이 대여금채권의 전부에 수반하여 전부채권자에게 이전되었다고 볼 수 없고, 대여금채권과 우선수익권의 귀속주체가 달라졌다고 하여 곧바로 乙 회사의 우선수익권이나 이를 목적으로 한 丙 회사의 권리질권이 소멸한다고 볼 수도 없다고 한 사례.

[대법관 권순일의 반대의견] 위 우선수익권은 채무자인 甲 조합의 채무불이행 시 수탁자에게 신탁부동산의 처분을 요청할 수 있는 권리 및 신탁부동산을 처분한 대금에서 우선수익자인 乙 회사의 대여금채권을 甲 조합의 수익채권에 우선하여 변제받을 수 있는 권리를 그 내용으로 한다. 그러므로 위 우선수익권은 담보물권은 아니지만 신탁계약에 의하여 자신의 대여금채권에 대한 우선변제를 요구할 수 있는 권리이므로 대여금채권과 분리하여 우선수익권에 대해서만 질권을 설정하는 것은 원칙적으로 허용되지 않는다.

구 신탁법(2011. 7. 25. 법률 제10924호로 전부 개정되기 전의 것, 이하 같다) 제55조는 "신탁행위로 정한 사유가 발생한 때 또는 신탁의 목적을 달성하였거나 달성할 수 없게 된 때에는 신탁은 종료한다."라고 규정하고 있다. 뿐만 아니라, 위 담보신탁계약에서도 신탁기간의 만료를 신탁종료 사유의 하나로 들면서, 신탁기간은 신탁계약 체결일로부터 '우선수익자의 채권 소멸 시까지'로 정하고 있다. 戊가 받은 전부명령이 확정됨으로써 우선수익자인 乙 회사의 위탁자인 甲 조합에 대한 대여금채권이 소멸한 이상, 위 담보신탁계약은 신탁기간의 만료로 인하여 종료되었을 뿐만 아니라 구 신탁법 제55조에 의한 법정종료사유도 발생하였다. 따라서 乙 회사는 더 이상 수탁자에 대하여 위 담보신탁계약에 기한 우선수익자로서의 권리를 행사할 수 없고, 丙 회사 역시 우선수익권에 대한 질권자로서의 권리를 행사할 수 없다*[대법원 2017. 6. 22., 선고, 2014다225809, 전원합의체 판결].*

■ 관련판례 5

신탁계약에서 "신탁수익에서 손실이 잔존하는 경우에는 신탁계약을 해지할 수 없고, 다만 부득이한 사유가 있는 경우 수익자는 수탁자와 협의하여 그 손실을 상환한 후 신탁계약을 해지할 수 있다."라고 규정하고 있는 경우, 그 규정은 위탁자가 수탁자의 귀책사유 없이 위탁자측 사정에 의하여 신탁계약을 해지하고자 하는 경우에 신탁법 제56조 소정의 임의해지권을 제한하고자 하는 취지의 규정으로서, 수탁자의 귀책사유로 인하여 신뢰관계가 깨어졌기 때문에 위탁자가 위 법조에 따라 신탁계약을 임의해지하고자 하는 경우에는 적용되지 않는다고 한 사례*[대법원 2002. 3. 26., 선고, 2000다25989, 판결].*

제57조(수익권의 포기)

① 수익자는 수탁자에게 수익권을 포기하는 취지의 의사표시를 할 수 있다.

② 수익자가 제1항에 따른 포기의 의사표시를 한 경우에는 처음부터 수익권을 가지지 아니하였던 것으로 본다. 다만, 제3자의 권리를 해치지 못한다.

Ⅰ. 수익권의 포기 (제1항)

1. 규정의 취지

① 수익자로 지정된 자는 당연히 수익권을 취득하는 것으로 규정하되(제56조 제1항), 자기 의사에 반하여 수익권을 취득할 것을 강제당하지 아니하도록 하기 위하여 구법에서와 마찬가지로 수익권을 포기할 수 있도록 규정하였으며(제1항 본문), 포기할 수 있는 권한은 신탁행위로도 제한할 수 없다(제61조 제5호).

② 수탁자는 신탁과 관련하여 지출한 필요비 또는 유익비에 대해 신탁재산에 우선적 권리를 갖는 외에 수익자에게도 신탁과 관련하여 지출한 비용을 청구하거나 그 비용의 변제 목적으로 담보제공을 요구할 수 있는바(제46조 제4항 및 제5항), 이는 수익자가 신탁으로 인한 손해를 최종 부담한다는 의미이고 대외적 채무에 대해 무한책임을 진다는 의미이므로 수익자로서의 권리를 포기할 수 있는 기회를 주어야 한다.

2. 수익권 포기의 주체

수익자는 원칙적으로 수익권의 내용, 수익권 포기의 기한 등의 제한 없이 수익권을 포기할 수 있으나, 신탁행위의 당사자인 위탁자나 수탁자가 수익자인 경우에는 신탁의 설정, 인수 등의 단계에서 자기의 의사로 수익권을 취득한 자이므로 다시 이를 포기할 기회를 부여할 합리적인 근거가 없기 때문에 수익권을 포기할 수 있는 수익자의 범위에서 제외한다(제1항 단서).

3. 수익권 포기의 방법

① 수익권의 포기는 수익자로 지정된 자가 수탁자에 대하여 수익권을 포기한다는 의사표시를 하는 방법으로 할 수 있으며, 2인 이상의 수익자가 있는 경우에는

각 수익자가 개별적으로 수익권 포기 여부를 따로 결정할 수 있다(제71조 제1
항 단서, 제61조 제5호).

② 수익자의 수익권 포기로 더 이상 수익자를 특정할 수 없고, 신탁의 변경이 가능
하지 않은 경우라면 수익자가 없어 신탁의 당연 종료사유가 된다(제98조 제1호).

4. 수익권 포기의 기간 제한

① 수익권 포기를 기간 제한 없이 인정할 경우 수익권의 존속 여부가 장래로 무한
정 불안정하게 될 우려가 있고, 수익권 포기의 효력에 소급효가 인정되면 수익
권이 일음 포기되지 않고 있는 기간 동안 이루어진 거래관계의 안정을 해할 수
있으므로 기간 제한을 인정하자는 견해가 있었다.

② 그러나 일반적인 권리 포기에 제한이 없는 것과 마찬가지로 수익권 포기 기간을
제한하는 것은 수익자에게 지나친 부담을 지우는 것이므로 수익권 포기 기간에
제한을 두지 않되, 거래관계 안정을 위해서 수익권 포기의 효과인 소급효를 일
부 제한한다.

II. 수익권 포기의 효과 (제2항)

1. 원칙 - 수익권 포기의 소급효 (제2항 본문)

① 수익자에게 수익권의 취득을 강제할 수 없으므로, 수익자가 수익권 포기의 의사
표시를 한 경우에는 처음부터 수익권을 갖지 않았던 것으로 본다고 규정한다.

② 수익권 포기에 소급효를 인정할 경우, 수익자의 수익채권에 대해 압류·전부명령
을 받은 제3자 등 수익권에 기초하여 새로운 법률관계를 맺은 제3자의 권리를
침해할 우려가 있으므로 소급효를 부여하는 대신에 장래에 대해서만 포기의 효
력을 인정하자는 견해, 수익권 포기의 기간제한을 두자는 견해가 있었다.

③ 의사표시에 대하여 기간제한을 둘 법적 근거가 없고, 수익권 포기는 단순한 권
리가 아니라 수익자의 지위를 포기하는 것이므로 원칙적으로 소급효를 인정할
필요가 있으며 소급효의 효력을 제한하는 것으로 제3자를 충분히 보호할 수 있
으므로, 소급효를 원칙으로 한다.

④ 수익권 포기의 기간에는 제한이 없고, 수익권의 포기에 소급효가 인정되는 결

과, 수익권을 포기한 자는 그 이전에 수익권에 기하여 받은 이득을 「민법」에 따라 부당이득으로 반환하여야 한다.

2. 예외 - 수익권 포기의 소급효 제한 (제2항 단서)

① 소급효를 무한정 인정할 경우 수익권이 포기되지 않은 동안 이루어진 거래관계의 안정을 해할 우려가 있다.

② 예를 들어, 제3채권자가 수익자의 수익권을 압류하였는데, 수익자가 이를 포기하여 소급적으로 수익권을 갖지 않은 것과 같은 법률상태에 이르게 되면, 제3채권자는 압류의 이익을 보전할 수 없다.

③ 따라서, 소급효 원칙에 대한 예외를 인정하여 수익권의 포기로 인하여 제3자의 이익을 해할 수는 없도록 하여, 수익권 포기의 의사표시 이전에 이해관계를 갖게 된 제3자를 보호한다.

3. 비용 등의 상환책임의 면제 (제46조 제4항 단서)

① 제46조 제4항 단서는 구법 제42조 제3항과 같이 수익자가 수익권을 포기한 경우에는 수익자의 수탁자에 대한 비용 등의 상환책임이 면제되는 것으로 규정한다.

② 수익자가 수익권을 포기한 이후에 발생한 상환책임이 면제되는 것은 해석상 당연히 인정되나, 수익자가 수익권을 포기하기 전에 신탁의 이익을 향수한 경우 이미 발생한 신탁채무로 인하여 발생한 상환책임도 면제되는지 여부가 문제된다.

③ 수익권 포기의 효력에 대하여 아무런 규정을 두고 있지 않은 구법하에서는 상환책임의 면책에 대하여 면책긍정설, 면책부정설, 타익신탁 면책긍정설, 타익신탁에만 포기를 인정하는 면책긍정설 등의 견해대립이 있었다.

> **제58조(수익자지정권등)**
>
> ① 신탁행위로 수익자를 지정하거나 변경할 수 있는 권한(이하 "수익자지정권등"이라 한다)을 갖는 자를 정할 수 있다.
>
> ② 수익자지정권등을 갖는 자는 수탁자에 대한 의사표시 또는 유언으로 그 권한을 행사할 수 있다.
>
> ③ 수익자지정권등이 유언으로 행사되어 수탁자가 그 사실을 알지 못한 경우 이로 인하여 수익자로 된 자는 그 사실로써 수탁자에게 대항하지 못한다.
>
> ④ 수익자를 변경하는 권한이 행사되어 수익자가 그 수익권을 상실한 경우 수탁자는 지체 없이 수익권을 상실한 자에게 그 사실을 통지하여야 한다. 다만, 신탁행위로 달리 정한 경우에는 그에 따른다.
>
> ⑤ 수익자지정권등은 신탁행위로 달리 정한 바가 없으면 상속되지 아니한다.

I. 수익자지정권 등의 유보 (제1항)

1. 수익자지정권 등의 유보 필요성

① 위탁자가 신탁 설정 시 신탁재산을 특정할 수 있는 권한을 제3자에게 부여하는 것과 마찬가지로 수익자를 지정할 권한을 제3자에게 부여하는 방법으로도 신탁을 설정할 수 있다.

② 신탁 설정 당시 수익자를 특정하여야 하나, 수익자를 당장 확정할 수 없거나 신탁 설정 후 사정변화에 대응하여 수익자를 특정할 경우가 발생할 수 있다.

③ 또한 신탁 설정 후 사정변경에 의해 수익자를 교체할 필요성이 있는 경우도 발생할 수 있다.

④ 이러한 경우 수익자가 특정되지 않았다는 이유로 신탁을 설정할 수 없도록 하거나, 수익자 변경을 위하여 신탁을 해지하도록 하면 다양한 경제적 요구에 신탁이 부응하지 못하는 결과에 이른다.

2. 수익자지정권 등의 유보

① 위탁자는 신탁행위로 수익자지정권을 유보할 수 있다.

② 신탁 설정 당시에 수익자를 지정하지 아니하고 신탁행위로 이를 지정할 권한('수익자지정권')을 가진 자만을 정하여 두는 방법으로 신탁을 설정하는 것임.

또한 신탁 설정 당시에는 일부 수익자만 지정하고 추후에 추가적인 수익자를 지정할 수 있는 권한을 가진 자를 지정할 수도 있을 것이다.

③ 또한 신탁행위에 의하여, 신탁 설정 당시에 지정한 수익자를 변경할 권한('수익자변경권')을 가진 자를 정하여 두는 신탁을 설정할 수 있다.

④ 수익자지정권 또는 수익자변경권을 갖는 자의 범위에는 제한이 없으므로 신탁행위로 자유로이 정할 수 있는바, 위탁자 또는 수탁자에게 위 권한을 부여할 수도 있고 신탁관계와 무관한 제3자에게 부여할 수도 있다.

II. 수익자지정권 등의 행사방법 (제2항)

① 수익자지정권 등은 지정권자가 수탁자에 대한 의사표시로 행사할 수 있다.

- 수탁자는 수익자에게 지체 없이 수익자로 지정된 사실을 통지하여야 하므로(제56조 제2항 본문), 제3자에 의하여 수익자지정권이 행사된 경우에는 수탁자가 의사표시를 수령한 후 지체 없이 수익자에게 통지하여야 한다.
- 반면에 수익자지정권 등을 갖는 자가 바로 수탁자인 경우에 단지 수익자를 지정하는 사실행위만으로는 부족하고, 수익자가 될 자에 대한 의사표시를 하여야 하며, 이 경우 지정의 의사표시로 제56조 제2항 본문에 따른 통지를 갈음할 수 있다.

② 수익자지정권 등은 유언의 방식으로도 행사할 수 있다.

- 수탁자가 수익자지정권자인 경우에는 수탁자 사망 시 업무를 승계하는 신수탁자가 지정권을 행사할 수 있으므로 유언에 의한 수익자지정권 등의 행사를 허용할 필요가 없다는 견해도 있으나,
- 수익자지정권 등이 수탁자의 지위에 대해 부여되는 것이 아니라 수탁자 개인 자체에 대한 신뢰에 기반하는 경우도 있을 수 있으므로 위탁자 의사를 존중하기 위해서는 수탁자에 대해서도 유언에 의한 수익자지정권 등의 행사를 허용할 필요가 있다.

III. 유언에 의한 수익자 지정과 수탁자에 대한 대항 (제3항)

① 유언에 의하여 수익자지정권 등이 행사된 경우 그 효력은 유언의 효력발생시기(수익자지정권 등을 갖는 자의 사망시기)와 일치함. 그 시점에 수익자로 지정 또는 변경된 자는 당연히 수익권을 취득하지만(제56조 제1항), 수탁자는 이 사실

을 알지 못하고 수익자지정권 등이 행사되지 아니한 전제하에서 신탁사무를 수행할 우려가 있다.

② 따라서 유언에 의하여 수익자지정권 등이 행사된 경우 수탁자를 보호하기 위하여 수익자지정권 등의 행사로 수익자가 된 자는 선의의 수탁자에게 대항하지 못하도록 규정한다.

③ 유언에 의해 수익자로 지정된 자에게 수탁자에 대한 통지의무를 부여하는 방안도 고려할 수 있으나, 수익자가 된 사실을 수탁자에게 주장하여 수익권을 향유하기 위해서는 당연히 수탁자에게 통지하여야 하므로 별도로 통지의무를 부여하지 아니한다.

IV. 수탁자의 통지의무 (제4항)

① 수익자변경권은 형성권으로서 변경권이 행사되면 수익자로 지정된 자는 별도의 의사표시 없이도 당연히 수익권을 취득하고 반사적으로 종전의 수익자는 수익권을 상실하게 된다. 이 경우 수익권을 상실하게 된 자가 그 사실을 알지 못하고 수익권을 자신이 보유한다고 전제하여 거래관계를 지속함으로써 입을 수 있는 손해나 거래불안정을 막기 위해 수탁자에게 수익권을 상실한 자에 대하여 지체 없이 그가 수익권을 상실하였다는 사실을 통지할 의무를 부과한다.

② 그러나 신탁행위로 달리 정한 경우에는 그에 따른다. 즉, 제56조 제2항 단서에 따라 수익자로 된 자에 대한 통지시기를 신탁행위로 달리 정할 수 있는 것과 균형상 신탁행위로 수익권을 상실한 자에 대한 통지시기나 통지 여부를 달리 정할 수 있도록 한다.

V. 수익자지정권 등의 상속 금지 (제5항)

① 수익자지정권 등은 수탁자 등 해당자의 특별한 능력을 신뢰하여 부여한 것으로 일신전속적 권리인바, 수익자지정권 등을 갖는 자가 사망한 경우, 수익자지정권 등은 상속되지 아니하고 소멸하는 것이 원칙이다.

- 수익자지정권자가 수익자를 지정하지 아니하고 사망한 때에는 수익자가 지정되지 아니하는 것으로 확정되므로, 신탁 목적의 달성이 불가능하다는 이유로 해당 신탁

이 종료된다(제98조 제1호).
- 수익자변경권자가 변경권을 행사하지 아니하고 사망한 때에는 기존에 수익자로 지정되어 있던 자가 확정적으로 수익권을 갖게 된다.
- 신탁행위로 수익자지정권 등을 갖는 자가 사망한 경우에 대비하여 그 다음으로 수익자지정권 등을 갖는 자를 미리 정해놓는 것도 가능하다.
② 다만, 수익자지정권 등이 절대적으로 상속할 수 없는 권리에 해당하는 것은 아니어서 이 규정이 강행규정이라고 볼 수 없으므로, 위탁자 및 수탁자가 신탁행위로 수익자지정권 등의 상속을 허용한 경우에는 예외적으로 상속이 가능할 것이다.
- 신탁행위로 수익자지정권 등이 귀속될 자를 순차로 정하면 수익자지정권등이 상속되는 것과 동일한 효과를 낼 수 있다.

■ 관련판례 1

시행사가 상가를 신축·분양하면서 금융기관에 대한 대출금 채무 및 시공사에 대한 공사대금 채무의 이행을 담보하기 위하여 신탁회사와 사이에 대출 금융기관 및 시공사를 우선수익자로 하는 신축 상가에 관한 신탁계약을 체결한 사안에서, 그 신탁계약의 목적과 구조, 분양대금의 관리와 운영, 위탁자와 수탁자, 우선수익자 등 신탁계약 당사자들의 지위와 역할 등을 종합하여 보면 신탁계약상 위탁자인 시행사와 수탁자인 신탁회사, 우선수익자인 대출 금융기관 및 시공사는, 상가에 관하여 유효한 분양계약이 이루어지고 그에 따른 분양대금에 의해 우선수익자가 시행사에 대한 채권을 변제받거나 적어도 위 시행사가 임의로 인출할 수 없도록 별도로 지정된 분양대금 수납계좌로 분양대금이 전액 입금되는 등으로 그 분양대금에 의한 우선수익자의 채권 변제가 확보된 상태에 이르면, 시행사는 피분양자에게 분양된 부동산에 관한 소유권이전등기를 경료해 주기 위하여 그 부분에 관한 신탁을 일부 해지할 수 있고, 우선수익자는 그 신탁 일부 해지의 의사표시에 관하여 동의의 의사표시를 하기로 하는 묵시적 약정을 하였다고 본 사례*[대법원 2010. 12. 9., 선고, 2009다81289, 판결].*

■ 관련판례 2

재건축조합의 조합원들은 재건축을 목적으로 비법인사단인 재건축조합을 설립하여 대지 등에 관한 공유지분을 재건축조합에게 신탁한 것인데, 이러한 신탁은 위탁자 자신이 수익자가 되는 이른바 자익(自益)신탁으로서 특별한 사정이 없는 한 "위탁자가 신탁이익의 전부를 향수하는 신탁"에 해당하므로, 신탁법 제56조에 의하여 원칙적으로 위탁자가 언제든지 해지할 수 있다*[대법원 2003. 8. 19., 선고, 2001다47467, 판결].*

> **제59조(유언대용신탁)**
>
> ① 다음 각 호의 어느 하나에 해당하는 신탁의 경우에는 위탁자가 수익자를 변경할 권리를 갖는다. 다만, 신탁행위로 달리 정한 경우에는 그에 따른다.
>   1. 수익자가 될 자로 지정된 자가 위탁자의 사망 시에 수익권을 취득하는 신탁
>   2. 수익자가 위탁자의 사망 이후에 신탁재산에 기한 급부를 받는 신탁
> ② 제1항제2호의 수익자는 위탁자가 사망할 때까지 수익자로서의 권리를 행사하지 못한다. 다만, 신탁행위로 달리 정한 경우에는 그에 따른다.

I. 유언대용신탁 (제1항)

1. 유언대용신탁의 의의

가. 유언대용신탁의 개념

① 위탁자가 자신이 사망한 때에 수익자에게 수익권을 귀속시키거나 수익자가 사망한 때부터 신탁이익을 취득할 수 있는 수익권을 부여하는 형태의 신탁을 유언대용신탁이라 하며, 위탁자(유언자)가 자신의 의사표시로 생전에 사망 후 상속재산의 귀속을 정한다는 점에서 「민법」상 유증과 동일한 효과를 낼 수 있다.

② 예를 들어, 위탁자가 생존 중에는 자신을 수익자로 하고, 자신이 사망한 후에는 자신의 자녀·배우자 또는 그 밖의 자를 수익자로 하는 유언대용신탁을 설정하면, 신탁을 통하여 위탁자 사망 후의 재산 분배를 처리할 수 있으므로 유증과 유사한 기능을 수행한다.

나. 필요성

유언대용신탁은 「민법」상 유증이나 사인증여에 비하여 탄력적인 제도로서 위탁자의 의사를 보다 적극적으로 반영하여 위탁자의 재산승계를 설계할 수 있고, 고령화 사회에서 고령자의 재산관리와 승계가 중요문제로 대두되고 있으므로 신탁을 이용한 유언기능의 수행이 필요하다.

2. 유언대용신탁의 종류

가. 유언대용의 생전신탁 (제1호)

① 위탁자의 사망 시점에 사후수익자가 수익권을 취득하는 취지의 정함이 있는 신탁으로, 위탁자의 생전에는 수익자가 따로 있고(위탁자일 수도 있음), 사후수익

자는 위탁자의 사망 시에 비로소 수익자가 된다.

② 유언신탁(제3조 제1항 제2호)의 경우에도 수익자로 지정된 자가 위탁자의 사망 시에 수익권을 취득하는데 이 경우에는 신탁 자체가 위탁자의 사망 시에 효력을 발생하는 것인데 반하여, 유언대용신탁의 경우에는 신탁은 위탁자의 생전에 이미 효력이 발생하여 존재하는 생전신탁이라는 점에서 차이가 있다.

나. 위탁자 사망 후 수익채권이 발생하는 생전신탁 (제2호)

① 위탁자의 사망 이후에 사후수익자가 신탁재산에 관한 급부를 받는 취지의 정함이 있는 신탁으로, 생전신탁이라는 점에서는 제1호 유형과 마찬가지이나, 위탁자의 생전부터 달리 수익자가 있는 것은 아니고 사후수익자가 유일한 수익자이지만 신탁재산에 관한 급부청구권은 위탁자의 사망 이후만 행사할 수 있다.

② 급부청구권의 행사가 가능한 시점은 위탁자의 사망 시점 또는 그 이후의 일정 시점으로 정할 수 있다.

3. 유언대용신탁에서 수익자의 변경

① 유언대용신탁의 경우, 위탁자는 사망하기 전까지 언제든지 수익자로 지정된 자('사후수익자')를 변경할 권리를 가진다.

② 유언대용신탁에 의해 장래의 수익자로 지정된 자는 일종의 기대권을 보유하기 때문에 법으로 보호받아야 한다는 견해도 있으나, 유언대용신탁은 사인증여와 유사한 효과를 발생시키는 것이므로 사인증여에 준하여 위탁자가 자유롭게 수익자를 변경할 수 있다.

③ 신탁행위로 특별히 정한 경우에만 위탁자에게 수익자변경권이 인정되는 일반원칙(제58조 제1항)에 대한 예외를 인정한 것이다.

④ 즉, 유언대용신탁의 경우에는 신탁행위로 별도의 정함이 없이도 위탁자는 당연히 수익자변경권을 갖게 되고, 오히려 이러한 위탁자의 수익자변경권을 배제하려면 신탁행위로 특별히 정하여야 한다.

4. 유언대용신탁과 상속법

① 유언대용 신탁은 사실상 유언과 동일한 효과를 발생시키므로 상속법과의 충돌이 문제될 수 있다.

② 상속법과의 관계에 대해 명시적으로 규정을 두는 방법도 생각할 수 있으나, 해석론으로 충돌 없이 해결이 가능하므로 별도의 규정을 두지는 않는다.

II. 유언대용신탁에서 수익자로서 권리행사의 제한 (제2항)

1. 위탁자 생존 중 수익자 권리행사 제한

① 유언대용신탁 중 위탁자 사망 후 수익채권이 발생하는 유형의 신탁(제2호)에서는 신탁행위로 달리 정하지 아니하는 한, 사후수익자는 위탁자의 생존 중에는 수익자로서의 권리를 갖지 아니한다.

② 유언대용신탁에서 위탁자는 언제든지 수익자를 변경할 수 있기 때문에 위탁자 생존 중 수익자가 위탁자의 의사에 반하는 권한을 행사하여서는 안 된다.

③ 수익자로 지정된 자는 별도의 의사표시 없이도 당연히 수익권을 취득하므로(제56조 제1항) 수익자로서의 모든 권리를 행사할 수 있는 것이 원칙이나, 제1항 제2호 유형 신탁의 경우 사후수익자는 위탁자의 생존 중에는 신탁으로부터 급부를 받을 권리는 물론 신탁에 대한 각종 감시·감독권도 없다(제1항 제1호 유형 신탁에서는 수익자로 지정된 자가 위탁자 사망 시까지 수익권을 취득하지 못하므로 이러한 문제가 발생하지 아니함).

④ 또한 위탁자는 사후수익자의 동의를 받지 아니하고 신탁을 종료시키거나 신탁계약을 변경할 수 있다(수탁자의 동의는 필요).

⑤ 신탁행위로 달리 정하는 것은 가능함. 예를 들어 위탁자의 사망이전이라도 사후수익자에게 신탁에 대한 각종 감시·감독권한을 부여하는 것으로 정할 수 있을 것이다.

2. 유언대용신탁과 신탁에 대한 감독

① 유언대용신탁에서 위탁자의 생존 중에는 사후수익자에게 수익자로서의 일체의 권리를 인정하지 아니한 결과(달리 수익자도 없으므로) 수익자가 수행하던 신탁에 대한 감시·감독권을 행사할 자가 없게 되는 문제점이 있을 수 있다.

② 사후수익자에게 제한적인 권한을 부여하거나, 신탁관리인의 선임을 강제하는 방안 등이 고려될 수 있으나, 수익자의 감독권 등은 대부분 위탁자도 함께 보유하

고 있어 위탁자의 감독권 행사로도 충분히 신탁에 대한 감독을 할 수 있으며, 신탁행위로 달리 정할 수 있으므로 위탁자의 의사를 존중하기 위하여 별도의 규정을 두지 아니한다.

■ 관련판례 1

토지 소유자가 부동산신탁회사에게 토지를 신탁하고 부동산신탁회사가 그 토지 상에 건물을 신축하여 이를 분양한 후 그 수입으로 투입비용을 회수하고 수익자에게 수익을 교부하는 내용의 분양형 토지신탁계약에서, 토지와 신축 건물을 신탁재산으로 정하여 분양하되 건물 신축을 위한 차용금채무도 신탁재산에 포함시키기로 약정하였으나 건물을 신축하는 도중에 신탁계약이 해지된 경우, 완공 전 건물의 소유권 귀속에 관하여 특별한 정함이 없는 한 신축중인 건물도 신탁재산에 포함되는 것으로 보아야 할 것이고, 따라서 신탁이 종료하면 수탁자는 신탁법 제59조 또는 제60조에 의하여 신축중인 건물에 관한 권리를 수익자 또는 위탁자나 그 상속인에게 귀속시켜야 한다*[대법원 2007. 9. 7., 선고, 2005다9685, 판결].*

■ 관련판례 2

수탁자가 신탁계약서에 의하여 신탁재산에 대하여 처분권을 행사하는 것은 채권담보를 위하여 소유권이전등기를 마친 양도담보권자가 채무자의 이행지체시에 담보계약에 의하여 취득한 목적 부동산에 대하여 처분권을 행사하는 것과 유사하다 할 것이어서, 양도담보권자가 목적 부동산에 대한 처분권을 행사하기 위한 환가절차의 일환으로서 즉, 담보권의 실행으로서 채무자에 대하여 그 목적 부동산의 인도를 구할 수 있는 것과 마찬가지로 수탁자도 위와 같은 처분권을 행사하기 위한 환가절차의 일환으로서 신탁재산을 점유하고 있는 수익자에 대하여 그 인도를 구할 수 있다*[대법원 2005. 4. 15., 선고, 2003다47621, 판결].*

■ 관련판례 3

재건축조합의 조합원들은 재건축을 목적으로 비법인사단인 재건축조합을 설립하여 대지 등에 관한 공유지분을 재건축조합에게 신탁한 것인데, 이러한 신탁은 위탁자 자신이 수익자가 되는 이른바 자익(自益)신탁으로서 특별한 사정이 없는 한 "위탁자가 신탁이익의 전부를 향수하는 신탁"에 해당하므로, 신탁법 제56조에 의하여 원칙적으로 위탁자가 언제든지 해지할 수 있다*[대법원 2003. 8. 19., 선고, 2001다47467, 판결].*

> 제60조(수익자연속신탁)
>
> 신탁행위로 수익자가 사망한 경우 그 수익자가 갖는 수익권이 소멸하고 타인이 새로 수익권을 취득하도록 하는 뜻을 정할 수 있다. 이 경우 수익자의 사망에 의하여 차례로 타인이 수익권을 취득하는 경우를 포함한다.

1. 수익자연속신탁의 개념과 유효성

가. 수익자연속신탁의 개념

① 수익자는 반드시 신탁 설정 시에 특정되어 있거나 현존할 필요가 있는 것은 아니므로, 수인의 수익자가 순차적으로 연속하는 형태의 신탁도 허용된다.

② 위탁자가 살아 있는 생전신탁의 경우 위 신탁을 인정하는데 별문제가 없으나, 위탁자가 죽은 후의 재산관계를 규율하는 유언형의 수익자연속신탁의 경우 「민법」상 유증 규정 등을 고려하여 허용할 것인지 견해의 대립이 있었지만, 개정안은 이를 명시적으로 허용한다.

나. 수익자연속신탁의 유효성

1) 유효설

수익권은 물건에 대한 소유권 자체는 아니고 유류분 제도 등 상속의 기본원칙의 적용을 받는다는 점에서 이론적으로 유효함은 물론, 개인기업 경영, 농업 경영에 있어서 유능한 후계자의 확보 및 생존배우자의 생활보장 등의 필요성, 공동균분상속과는 다른 재산승계를 가능하게 하는 수단으로서 그 효용이 기대되므로 그 유효성을 인정하여야 한다.

2) 무효설

수익자연속신탁을 인정하면 '시간적으로 분할된 소유권'이라는 새로운 물권이 창설되는 결과에 이르고, 민법상 상속의 기본원칙(피상속인이 갖는 권리는 그 사망 시 상속재산에 포함됨이 원칙)을 사적으로 배제하는 것이어서 허용될 수 없다.

2. 수익자연속신탁의 존속기간 제한 등

가. 수익자연속신탁의 존속기간 제한

① 프랑스나 영미법은 신탁 일반에 대해 존속기간의 제한을 두고 있고, 일본은 수익자연속신탁에 대해서만 30년으로 존속기간을 제한하고 있다.

② 지나치게 장기간 연속이 가능한 것으로 하여 신탁의 제한을 받는 재산으로 두면 법률관계의 혼란가능성, 사회 전체로 보았을 때의 경제적 효용 저하 등의 문제점이 발생하므로 그 존속기간을 제한할 필요가 있다는 견해가 있으나, 신탁이 회사 제도와 유사한 기능을 갖는 점, 우리나라의 「민법」 등에 소유권의 기한을 제한하는 규정이나 법리가 없어서 일반 사법의 법리와 충돌할 가능성이 있는 점에 비추어 존속기간에 제한을 두지 아니한다.

나. 수익자연속신탁에서 수익자가 더 이상 존재하지 않는 경우

① 수익자연속신탁에서 수익자가 더 이상 존재하지 않는 경우 잔여재산의 귀속문제를 어떻게 처리하여야 하는지가 문제될 수 있는데, 이는 위탁자 사망 후 수익자의 부존재로 신탁이 종료되는 경우 신탁재산을 누구에게 귀속시키는지 여부를 정하는 것이 신탁의 본질에 부합하느냐의 문제이다.

- 최종 수익자의 상속인에게 상속되도록 하는 것은 일반 신탁에서와 달리 수익자가 유리해지고, 기존의 수익자와 달리 최종 수익자의 상속인만이 보호되는 문제점이 있으며,

- 수익자연속신탁에서는 최종 귀속권리자를 신탁행위로 정하도록 하는 방법도 있으나, 미래의 상황을 전혀 알 수 없는 신탁설정시 최종 귀속권리자를 정하도록 의무를 부과하는 것은 지나친 부담이 될 수 있으므로,

- 신탁 종료 시 귀속권리자에 관한 일반규정에 따라 처리하도록 하고 별도의 규정을 두지 아니한다.

- 다만 일반규정에 따라 위탁자의 상속인에게 잔여재산이 귀속되도록 하려면 위탁자의 사망 후 수십 년이 지난 후의 상속관계를 일일이 확인해야 하므로 수탁자의 업무 부담이 가중될 염려는 있다.

다. 수익자연속신탁과 유류분 제도

수익자연속신탁에서는 시간적으로 수익권이 나누어져 있으므로 유류분 산정의 시점과 액수를 규정화하는 것이 어려운바, 유언대용신탁과 마찬가지로 별도의 규정을 두지 아니한다.

- 일본의 개정 신탁법에는 유류분 제도와의 관련성에 대해 별도규정을 두지 않았으나, 개정 논의에서 입법위원들은 유류분제도가 적용된다고 보고, 유증형의 수익자연속신탁의 경우 유류분산정은 1차 수익자가 수익권을 취득하는 단계에서만 고려하는 것으로 보아야 한다고 하였다고 한다(위탁자 사망 시 1차 수익자

가 취득하는 상속재산 및 2차 수익자가 조건부 수익권으로 취득할 상속재산만이 유류분 산정의 기초가 됨).

- 그러나 2차 수익자의 조건부 수익권의 가치를 어떻게 평가할 것인지, 2차 수익자 이후의 수익자의 조건부 수익권이 포함되지 않는 이유가 무엇인지 등 그 근거가 명확하지 않은 측면이 있어서 입법화가 어려우므로 일음 학설의 논의에 맡기고 별도 규정을 두지 아니한다.

■ 관련판례 1

수탁자가 신탁종료 후 비용보상 등을 받기 위하여 신탁재산에 대하여 자조매각권을 행사할 수 있다 하더라도 그와 같은 사정만으로 신탁재산의 귀속권리자로 지정된 수익자의 신탁재산에 대한 소유권이전등기청구권이 부존재하거나 소멸한다고 볼 수는 없고, 수익자는 수탁자가 신탁재산에 대한 자조매각권을 행사하여 이를 처분하기 전에 수탁자에게 비용 등을 지급하고 신탁재산에 관한 소유권이전등기절차의 이행을 구할 수 있다[대법원 2009. 1. 30., 선고, 2006다62461, 판결].

■ 관련판례 2

수탁자가 신탁종료 후 비용보상 등을 받기 위하여 신탁재산에 대하여 자조매각권을 행사할 수 있는 경우, 신탁재산의 귀속권리자로 지정된 수익자는 수탁자에 대하여 비용보상의무 등을 아직 이행하지 아니한 상태라 하더라도 신탁재산에 대한 소유권이전등기청구권을 보전하기 위하여 그 신탁재산에 대하여 처분금지가처분을 신청할 피보전권리가 있다고 할 것이고, 나아가 수탁자가 채무변제를 받고서도 신탁재산을 처분하는 것을 방지할 필요가 있는 경우 등에는 그러한 목적을 달성하기 위하여 필요한 범위 내에서 그 보전의 필요성도 인정할 수 있다.

위 법리와 원심판결 이유 및 기록에 비추어 살펴보면, 이 사건 신탁재산의 귀속권리자로 지정된 수익자인 채권자가 이 사건 신탁종료 후 신탁재산에 대한 소유권이전등기청구권을 보전하기 위하여 이 사건 신탁재산에 대하여 처분금지가처분을 구하고 있는 이상 그 피보전권리에 관한 소명은 있다고 할 것이다.

그러나 채권자가 구하는 이 사건 처분금지가처분은 채무자가 이 사건 신탁재산에 대한 정당한 자조매각권 행사의 일환으로 행하는 처분까지 금지시키기 위하여 발령될 수는 없는 것이고, 다만 채무자가 채권자로부터 신탁 관련 채무를 전액 변제받고서도 신탁재산을 부당히 처분할 염려가 있는 경우 등에 한하여 그 보전의 필요성을 인정하여 발령될 수 있는 것이다. 그런데 이 사건 신탁종료일인 2000. 12. 31. 이후 원심 변론종결일인 2006. 3. 8.까지에 이르기까지 이미 약 5년 2월 남짓의 기간이 경과한 이 사건에서, 채권자는 비용보상의무의 범위를 다투기만 할 뿐 적어도 원심이 인정한 이 사건 신탁종료일까지의 비용 및 보수 원금 약 182억 원 정도조차도 상당한 기간 내에 변제할만한 자력이 있다거나 이 사건 신탁재산의 가액이 위 비용 및 보수 상당액을 상회하고도 남는다고 인정할 만한 아무런 소명자료를 제출하지 않고 있는 점, 더구나 수탁자인 채무자는 이 사건 신탁종료일인 2000. 12. 31. 이후에도 잔존 신탁사무의 처리를 위하여 채무를 부담하고 각종 비용 등을 지출하느라 2005. 12. 31. 현재 30,387,984,952원의 채무를 부담하고 있고 연간 2,765,306,630원 상당의 각종 비용이 해마다 추가로 발생한다는 취지의 주장을 하고 있는바, 그 중 채무자가 신탁종료 후의 잔존 신탁사무의 처리 내지 종결을 위하여 정당하게 지출하거나 부담한 액을 원심 인정의 비용 및 보수 상당액에 더할 경우 채권자가 이행하여야 할 채무액은 더욱 증가할 가능성이 있는 점, 이와 같이 이미 이 사건 신탁재산의 가액을 초과한 신탁 관련 채무를 부담하고 있을 가능성이 있는 채권자가 채무자에게 그 채무 전액을 상당한 기간 내에 임의로 상환하고 이 사건 신탁재산의 소유권을 이전받을 것으로 기대할 수 있다고 단정하기는 어렵고 달리 이를 인정할 만한 소명이 없는 점, 이러한 상황하에서 채권자의 이 사건 처분금지가처분신청을 인용할 경우 수탁자인 채무자의 신탁재산에 대한 정당한 자조매각권 행사까지도 곤란해져 신탁 관련 채무의 조속한 정산에 지장을 초래할 뿐만 아니라, 차입금 등 신탁 관련 채무에 대한 이자나 지연손해금 및 각종 비용 등의 지속적인 증가로 채권자 및 채무자 쌍방에게 불이익한 결과를 초래할 수 있는 점 및 기타 원심판결 이유와 기록에 나타난 여러 사정 등을 종합하여 보면, 채권자의 이 사건 처분금지가처분신청은, 비록 채무자가 채권자의 비용보상의무 등의 범위에 관하여 다투고 있다 하더라도 그러한 사정만으로 이 사건 신탁재산에 대한 자조매각권이 있는 채무자가 채권자로부터 신탁 관련 채무를 전액 변제받고서도 신탁재산을 부당히 처분할 염려 등이 있어 이를 가처분으로 금지시켜야 할 보전의 필요성이 있다고 단정하기 어렵다고 할 것이다.

그런데도 원심은 채무자가 채권자로부터 신탁 관련 채무의 변제를 받고서도 신탁재산을 부당히 처분할 염려 등이 있어 보전의 필요성을 인정할 수 있는지에 대하여 심리하지 아니한 채, 단지 채무자가 채권자의 비용보상의무 등의 범위에 관하여 다투고 있다는 사정만으로 보전의 필요성이 있다고 단정하고 말았으니, 이러한 원심의 판단에는 보전의 필요성에 관한 법리를 오해하여 필요한 심리를 다하지 아니함으로써 판결에 영향을 미친 위법이 없다*[대법원 2009. 1. 30., 선고, 2006다60991, 판결]*.

제2절 수익권의 행사

> ## 제61조(수익권의 제한 금지)
>
> 다음 각 호에 해당하는 수익자의 권리는 신탁행위로도 제한할 수 없다.
>
> 1. 이 법에 따라 법원에 청구할 수 있는 권리
> 2. 제22조제2항 또는 제3항에 따라 강제집행등 또는 국세 등 체납처분에 대하여 이의를 제기할 수 있는 권리
> 3. 제40조제1항에 따라 장부 등의 열람 또는 복사를 청구할 수 있는 권리
> 4. 제43조 및 제45조에 따라 원상회복 또는 손해배상 등을 청구할 수 있는 권리
> 5. 제57조제1항에 따라 수익권을 포기할 수 있는 권리
> 6. 제75조제1항에 따라 신탁위반의 법률행위를 취소할 수 있는 권리
> 7. 제77조에 따라 유지를 청구할 수 있는 권리
> 8. 제89조, 제91조제3항 및 제95조제3항에 따라 수익권의 매수를 청구할 수 있는 권리
> 9. 그 밖에 신탁의 본질에 비추어 수익자 보호를 위하여 필요하다고 대통령령으로 정하는 권리

■ 신탁행위로도 제한할 수 없는 권리의 내용

1. 규정의 방식

① 수익자의 권리 규정이 신탁행위로 달리 정할 수 있는 임의규정인지 여부에 대한 명시적 규정을 두어야 하는지에 관하여,

- 개별 권리마다, 또한 개별 신탁마다 사정이 달라 종합적으로 판단하여 해석할 필요가 있으므로 별도 규정 두지 아니하고 해석론으로 해결하는 것이 합리적이라는 견해,
- 거래안전과 documentation costs 절감을 위해 구체적으로 열거하는 규정이 필요하다는 견해,
- 수익자의 본질적인 권리를 침해하지 못한다는 내용을 선언하는 취지의 추상적 규정만을 두어야 한다는 견해,
- 예시적으로 기준이 될 만한 것 몇 가지만 열거하고 추상적 기준을 제시하는 일반 규정을 함께 두자는 견해 등이 있을 수 있다.

② 일단 가능한 범위 내에서 수익자의 본질적 권리에 관한 해당 조문을 모두 찾아

열거하되, 일반규정을 함께 두어 개별적인 사정에 대처할 수 있도록 하는 방안을 채택한다.

2. 강행규정성

신탁행위로도 제한할 수 없는 수익자의 권리로 열거된 사항에 대하여 신탁행위로 법률과 다른 내용을 정하면 이는 무효이다.

3. 구체적 유형

가. 법원에 대한 신청권 (제1호)

1) 수탁자의 지위에 관한 신청권한

① 수탁자의 해임신청권(제16조 제3항), 신수탁자의 선임신청권(제21조 제1항), 수탁자의 보수변경신청권(제47조 제3항)

② 수익자를 위하여 신탁재산을 관리하는 등 신탁사무를 처리할 의무가 있는 수탁자의 선임·해임 등에 관하여 중립적 기관인 법원의 개입을 요청하는 권리이다.

③ 이에 대한 제한을 허용할 경우 수탁자가 신탁행위 시 자신의 지위를 절대적인 것으로 정하여 신탁재산에 손해를 가하는 경우에도 수익자의 견제·감독이 불가능할 수 있으므로 제한을 허용하지 않는다.

2) 신탁재산관리인의 지위에 관한 신청권한

① 신탁재산관리인의 선임 및 그 밖의 처분신청권(제17조 제1항), 신탁재산관리인의 해임신청권(제19조 제3항)

② 신탁재산관리인은 수탁자를 대신하여 임시적으로 신탁사무를 처리하는 자로서 수익자 등이 수탁자에 준하는 감독을 할 필요가 있고, 관리공백으로 인한 신탁재산의 손실과 밀접한 관련이 있으므로 제한을 허용하지 않는다.

3) 신탁의 존속 여부에 관한 신청권한

① 신탁의 변경신청권(제88조 제3항), 신탁의 종료명령신청권(제100조)

② 신탁의 변경 또는 종료는 신탁의 계속, 신탁의 목적 달성 등과 관련된 중요한 문제로 원칙적으로 신탁의 당사자 간 합의로 이루어져야 하나, 합의가 이루어지지 않은 때에는 중립적 기관인 법원의 판단으로 결정하겠다는 취지의 규정이다.

③ 제한을 허용할 경우 신탁재산이나 수익자에게 불이익한 때에도 합의가 이루어

지지 않으면 신탁을 변경하거나 종료하는 것이 불가능한바, 위탁자 또는 신탁재산의 실질적 소유자인 수익자의 의사에 반하여 신탁이 그대로 유지될 수 있으므로 제한을 허용하지 않는다.

4) 그 밖의 신청권

① 반대수익자의 수익권매수신청 시 수익권의 매수가액 결정신청권(제89조 제4항)은 신탁의 변경 등의 경우에 반대하는 수익자를 보호하고 신속한 절차처리를 위해서 필요하므로 신탁행위로도 제한할 수 없는 것이 타당하다.

② 법원의 감독 신청권(제105조 제2항)의 경우, 법원이 후견적 지위에서 수탁자의 사무수행 등 신탁을 감독할 수 있도록 허용한 규정으로, 수탁자의 권한남용 등으로부터 신탁재산과 수익자를 보호하기 위한 최후적 수단이므로 제한할 수 없도록 하여야 한다.

나. 강제집행 등에 대한 이의제기권 (제2호)

신탁재산과 고유재산 간의 분리라는 신탁제도의 본질적 특성에 기하여 인정되는 권리로, 위탁자는 신탁 설정 후에는 신탁재산의 상태를 알기 어렵고 수탁자는 채권자와의 관계를 고려하여 소극적일 수 있으므로, 신탁재산을 수탁자의 채권자로부터 보호하여 수익권을 유지하기 위하여 반드시 필요한바, 제한을 허용할 수 없다.

다. 수익권 중 공익권에 기한 권리

① 신탁재산 장부 등의 열람·복사청구권(제3호), 의무를 위반한 수탁자에 대한 원상회복청구권 등(제4호), 신탁 목적을 위반한 수탁자의 법률행위 취소권(제6호), 수탁자의 위반행위에 대한 유지청구권(제7호)이 여기에 해당한다.

② 수탁자의 신탁사무를 감독하고 수탁자의 일탈을 방지하여 신탁재산과 수익권을 보호하기 위한 권리로서, 수탁자 감독과 신탁재산 유지라는 수익권 중 공익권의 본질적인 권리에 해당하므로 제한할 수 없다.

라. 수익권의 포기권 (제5호)

수익자가 수익자로서의 의무 또는 부담부 수익권의 부담을 부담하지 않기 위하여 수익권을 포기하는 것은 사적자치의 원리상 수익자에게 당연히 인정되는 권리로, 수익자는 수익권을 당연히 취득하게 되어 있으므로, 포기권에 대한 제한을 허용하면 수익자가 자신의 의사와 상관없이 위 의무나 부담을 부담하게 되어 사적자치의 원리에 반하는바, 수익권의 포기권은 제한할 수 없는 권리로 규정한다.

마. 반대수익자의 수익권매수청구권 (제8호)

신탁의 변경, 합병 또는 분할에 대하여 반대하는 수익자가 신탁관계로부터 탈퇴할 기회를 보장하는 권리로, 자신이 반대하는 신탁에 대한 중대한 결정사항으로 인한 위험부담을 반대수익자가 일방적으로 지는 것은 부당하므로 제한할 수 없는 권리에 해당한다.

바. 그 밖의 수익자의 권리 (제9호)

신탁의 본질에 비추어 수익자 보호에 필요한 권리는 제한할 수 없어야 하는바, 경제사정, 신탁의 활용정도 등 제반상황을 고려하여 필요한 사항을 대통령령으로 정하도록 정한다.

■ 관련판례 1

원심판결 이유에 의하면, 원심은 그 채택 증거들을 종합하여, 원고가 1995. 6. 29. 한국부동산신탁 주식회사(이하 '파산 전 회사'라고 한다)와 사이에, 위탁자 겸 수익자를 원고로, 신탁기간을 2000. 12. 31.까지로 정하여, 파산 전 회사가 원고로부터 이 사건 토지를 신탁받아 그 지상에 이 사건 건물을 신축한 후 이 사건 토지 및 건물을 신탁재산으로 하여 이를 임대·관리·운용한다는 내용의 신탁계약(이하 '이 사건 신탁계약'이라고 한다)을 체결한 사실, 파산 전 회사가 삼성중공업 주식회사(이하 '삼성중공업'이라고 한다)와 도급계약을 체결하여 이 사건 건물을 준공하였고, 그 후 2000. 11. 29. 이 사건 건물에 관하여 파산 전 회사 명의의 소유권보존등기가 경료된 사실, 이 사건 건물 및 토지에 관하여 2003. 4. 25. 이 사건 전체 신탁건물로의 집합건물등기가 이루어진 사실을 인정한 다음, 이 사건 신탁계약은 2000. 12. 31. 신탁기간 만료로 종료되었으므로, 수탁자인 파산 전 회사의 소송수계인인 피고는 이 사건 신탁계약에서 정한 바에 따라 원고에게 신탁재산인 이 사건 전체 신탁건물 중 일부인 원심판결 별지목록 기재 각 부동산에 관하여 신탁기간 만료를 원인으로 소유권이전등기절차를 이행하고, 위 각 부동산을 인도할 의무가 있다고 판단하는 한편, 피고가 동시이행 항변을 하고 있는 원심판결 별지 정산표의 지출란 순번 1의 공사비 현금지급액 중 66,500,798,990원, 순번 28의 이자비용 중 98,026,383,858원, 순번 29의 추가이자비용 33,519,182,347원, 순번 34의 기술신용보증기금 미상환 차입금 중 16,454,469,808원은 모두 이 사건 신탁계약 종료 이후 발생한 금융비용 내지 지연손해금으로서 신탁법 제61조에 의하여 신탁 종료 후 존속하는 것으로 간주되는 법정신탁의 목적 달성에 필요한 비용으로 볼 수 없다는 이유로 위 각 비용에 기한 피고의 동시이행 항변을 배척하고, 나아가 삼성중공업의 임의경매신청에 의해 개시된 이 사건 전체 신탁건물 중 6개 건물에 대한 경매절차에서 삼성중공업과 기술신용보증기금에 각 배당된 금원은 모두 이 사건 신탁계약 종료일 이후 발생한 공사대금 또는 구상금

채권의 지연손해금에 변제 충당되었다고 봄이 상당한데, 법정신탁의 목적 달성에 필요한 비용으로 볼 수 없어 피고가 원고에 대하여 그 상환을 청구할 수 없는 위 지연손해금의 미변제로 인하여 임의경매가 개시된 결과, 신탁재산인 위 6개 건물이 타에 매각됨으로써 원고는 적어도 그 매각대금 188,611,000,000원 상당의 손해를 입게 되었다는 이유로, 위 매각대금 전액을 원고가 피고에게 상환할 신탁비용·보수 금액에서 공제해야 한다고 판단하였다.

그러나 원심판결 이유에 의하면, 이 사건 신탁계약 제18조 제1항은 "신탁재산의 채무 및 제 비용은 다음 각 호에 게기한 것으로 한다"고 하면서, 다음 각 호로 "1. 신탁재산에 대한 조세, 공과금 및 등기비용 2. 토지대금 3. 공사대금 4. 설계감리비용 5. 차입금, 임대보증금 등의 상환금 및 그 이자 6. 신탁부동산의 수선, 보존, 개량비용 및 보험료 7. 신탁사무처리에 필요한 비용 8. 신탁보수 9. 기타 전 각 호에 준하는 비용"을 규정하고 있고, 제19조는 "신탁재산에 속하는 금전으로 제18조 제1항의 제 비용 및 파산 전 회사의 대지급금을 충당하기에 부족한 경우에는 수익자에게 청구하고, 수익자가 지급능력이 없거나 정당한 사유 없이 거부 또는 지체하는 경우에는 신탁법 제42조 제1항을 준용한다"고 규정하고 있는 사실을 알 수 있고, 한편, 신탁법 제42조 제1항은 "수탁자는 신탁재산에 관하여 부담한 조세, 공과 기타의 비용과 이자 또는 신탁사무를 처리하기 위하여 자기에게 과실 없이 받은 손해의 보상을 받음에 있어서 신탁재산을 매각하여 다른 권리자에 우선하여 그 권리를 행사할 수 있다"고 규정하고 있는바, 이 사건 신탁계약 제19조는, 수탁자가 이 사건 신탁이 존속하는 동안이나 이 사건 신탁이 종료된 이후에 신탁재산에 관한 비용 등을 수익자에게 청구하였음에도 수익자가 이를 지급하지 않을 경우에는 수탁자가 신탁재산을 처분하여 그 대금으로 신탁재산에 관한 비용 등의 변제에 충당할 수 있게 함으로써 신탁재산에 관한 비용 등의 회수에 편의를 도모하기 위함에 그 목적이 있다 할 것이므로, 비록 신탁법 제61조에 의하여 이 사건 신탁이 종료한 후 신탁재산이 그 귀속권리자에게 이전할 때까지는 귀속권리자를 수익자로 보는 신탁이 존속하는 것으로 간주된다고 하더라도, 수탁자로서는 이 사건 신탁계약 제19조에서 정한 방법에 따라 차입금을 비롯하여 신탁사무처리를 위한 제 비용을 회수할 수 있다 할 것이고, 위와 같은 비용이 신탁기간 중의 신탁사무 또는 신탁종료 후의 잔존 신탁사무의 처리 내지 종결을 위하여 선량한 관리자의 주의로써 정당하게 지출 내지 부담한 것이라고 인정되는 한, 그것이 신탁종료 전에 발생한 것인지 혹은 신탁종료 후에 발생한 것인지 여부에 관계없이 귀속권리자로 지정된 수익자에게 그 비용의 보상을 청구할 수 있다고 할 것이다. 그리고 원심이 들고 있는 대법원 2002. 3. 26. 선고 2000다25989 판결은, 수탁자가 "신탁법 제61조에 근거하여" 신탁종료 후 신탁재산의 귀속권리자를 상대로 비용보상청구를 한 부분에 대하여 판단한 것으로서, 신탁법 제61조가 규정하는 귀속권리자의 지위에서 부담하는 비용보상의무의 범위는 법정신탁 기간 중 법정신탁의 목적 달성에 필요한 비용만 보상할 의무를 부담한다는 취지일 뿐, 신탁법 제61조를 근거로 하지 아니한 비용보상청구권의 범위에 대해서까지 판시한 것은 아니다. 따라서 수탁자의 소송수계인인 피고가 귀속권리자 및 수익자의 지위를 함께 갖고 있는 원고를 상대로 하여 이 사건 신탁계약 제19조에 터잡아 비용보상청구를 하는 이 사건에 위 대법원 판례를 그대로 적용하여 원고의 비용보상의무의 범위를 정하는 것은 타당하지 아니하다(대법원 2009. 1. 30. 선고 2006다62461 판결 참조).

그럼에도, 원심은, 피고가 동시이행 항변을 하고 있는 위 각 비용이 신탁기간 중의 신탁사무 또는 신탁종료 후의 잔존 신탁사무의 처리 내지 종결을 위하여 선량한 관리자의 주의로써 정당하게 지출 내지 부담한 것인지에 대하여 심리하지 아니한 채, 그 비용이 신탁계약 종료 이후 발생한 금융비용 내지 지연손해금으로서 법정신탁의 목적 달성에 필요한 비용이 아니라는 이유로 원고가 그에 관하여 비용보상을 할 의무가 없다는 취지로 판단하고, 또한 법정신탁의 목적 달성에 필요한 비용으로 볼 수 없는 지연손해금의 미변제로 인하여 위 경매절차가 개시되어 신탁재산 중 일부가 타에 매각됨으로써 원고가 그 매각대금 전액에 해당하는 손해를 입게 되었다는 이유로, 위 매각대금 전액을 원고의 비용보상의무의 범위에서 공제해야 한다는 취지로 판단하고 말았으니, 이러한 원심의 판단에는 신탁종료 후 수익자 겸 귀속권리자의 비용보상의무의 범위에 관한 법리를 오해하여 판결에 영향을 미친 위법이 있다[대법원 2009. 6. 11., 선고, 2008다64959, 판결].

■ **관련판례 2**

신탁계약서에서 '신탁재산에 속하는 금전으로 차입금 및 그 이자의 상환, 신탁사무 처리상 수탁자의 과실 없이 받은 손해, 기타 신탁사무처리를 위한 제비용 및 수탁자의 대금지급을 충당하기에 부족한 경우에는 수익자에게 청구하고, 그래도 부족한 경우에는 수탁자가 상당하다고 인정하는 방법 및 가액으로 신탁재산의 일부 또는 전부를 매각하여 그 지급에 충당할 수 있다'고 정한 경우, 이는 수탁자가 신탁이 존속하는 동안이나 신탁이 종료한 후에 신탁재산에 관한 비용 등을 수익자에게 청구하였음에도 수익자가 이를 지급하지 않을 경우에는 수탁자가 신탁재산을 처분하여 그 대금으로 신탁재산에 관한 비용 등의 변제에 충당할 수 있게 함으로써 신탁재산에 관한 비용 등의 회수에 편의를 도모하기 위함에 그 목적이 있다. 그러므로 비록 신탁법 제61조에 의하여 신탁이 종료한 후 신탁재산이 그 귀속권리자에게 이전할 때까지는 귀속권리자를 수익자로 보는 신탁이 존속하는 것으로 간주된다고 하더라도, 수탁자로서는 신탁계약서에서 정한 방법에 따라 차입금을 비롯하여 신탁사무처리를 위한 제비용을 회수할 수 있고, 위와 같은 비용이 신탁기간 중의 신탁사무 또는 신탁종료 후의 잔존 신탁사무의 처리 내지 종결을 위하여 선량한 관리자의 주의로써 정당하게 지출 내지 부담한 것이라고 인정되는 한 그것이 신탁종료 전에 발생한 것인지 혹은 신탁종료 후에 발생한 것인지 여부에 관계없이 귀속권리자로 지정된 수익자에게 그 비용의 보상을 청구할 수 있다[대법원 2009. 1. 30., 선고, 2006다62461, 판결].

신탁법 제61조 본문은 "신탁이 종료한 경우에 신탁재산이 그 귀속권리자에게 이전할 때까지는 신탁은 존속하는 것으로 간주한다."고 규정하고 있는바, 이는 신탁이 종료하여도 그 잔여재산을 귀속권리자에게 완전히 이전시킬 때까지 상당한 시일이 걸리므로, 귀속권리자의 권리를 보호하고 신탁의 나머지 업무를 마치도록 하기 위한 것에 불과하고, 특히 귀속권리자가 위탁자 또는 그 상속인일 때에는 수탁자는 위탁자 또는 그 상속인이나 이들이 지시하는 자에게 남은 재산을 이전하거나 대항요건 등을 갖추도록 하는 직무권한만 갖는다 할 것이므로, 위 법조항에서 존속하는 것으로 간주되는 신탁은 그 목적에 한정하는 법정신탁이라 할 것이고, 따라서 그 신탁목적 달성에 필요한 비용만 그 법정신탁 기간 중의 비용으로 귀속권리자가 상환하여야 한다 하겠는데, 원래의 신탁기간 중에 발생한 비용의 대출이자 등 금융비용은 신탁법 제61조에 의하여 존속하는 것으로 간주되는 법정신탁의 목적 달성에 필요한 비용이라고 볼 수는 없다*[대법원 2002. 3. 26., 선고, 2000다25989, 판결].*

> **제62조(수익채권과 신탁채권의 관계)**
> 신탁채권은 수익자가 수탁자에게 신탁재산에 속한 재산의 인도와 그 밖에 신탁재산에 기한 급부를 요구하는 청구권(이하 "수익채권"이라 한다)보다 우선한다.

■ 신탁채권의 수익채권에 대한 우위

1. 수익채권과 신탁채권의 개념

가. 수익채권

수익자는 그 지위에 기하여 수탁자에게 신탁재산에 속한 재산의 인도와 그 밖에 신탁재산에 관한 급부를 요구할 수 있는 권리가 있는데, 그 중 이미 발생하여 구체화된 것을 '수익채권'이라고 한다.

나. 신탁채권

수익채권 외에 신탁재산에 관하여 발생한 신탁관계인 및 제3자의 채권으로서, 신탁 전의 원인으로 발생한 권리, 수탁자의 신탁사무 처리로 인하여 발생한 권리(이상 제22조 제1항 단서), 반대수익자의 수익권매수청구권(제89조, 제91조 제3항, 제95조 제3항), 신탁의 목적을 위반한 수탁자의 법률행위 중 취소될 수 없거나 취소되지 않은 행위로 발생한 권리(제75조 참조),수탁자의 신탁사무 처리로 인하여 발생한 불법행위에 기한 권리 등이 포함된다.

2. 수익채권과 신탁채권의 우열

신탁채권이 강제집행절차 등에서 수익채권보다 우선한다.

- 신탁채권은 신탁재산뿐만 아니라 수탁자의 고유재산도 책임재산으로 하여 변제받을 수 있고, 채권자평등주의에 비추어 양 채권 간에 순위를 정할 필요가 없으며, 회사법상 주주의 배당청구권과 회사채권자의 채권이 동순위인 점에 비추어 양 채권을 동순위로 취급해야 한다는 견해가 있으나,
- 수익자는 신탁재산의 분배를 받는 지위에 있고 수탁자가 행한 신탁사무처리는 신탁재산의 가치를 유지·증가하기 위한 것이라는 점, 수익자에 대한 신탁재산의 분배에 관하여는 엄격한 법적 규제가 존재하지 않는다는 점, 수익채권은 회사법상 주주의 잔여재산분배청구권과 유사한 것이라는 점 등에 비추어 볼 때 수익채권은 신탁사무 처리에 기하여 발생한 신탁채권에 열후한 것이라고 보는 것이 공평하다.

3. 강행규정성

① 이 규정을 임의규정으로 해석하여 신탁행위로 수익채권을 신탁채권보다 우선하는 것으로 정하면 신탁과 거래한 제3자가 예측할 수 없는 손해를 입을 우려가 있으므로 이 규정은 강행규정으로 보아야 한다.

② 다만, 신탁채권자가 개별행위 시에 자신의 신탁채권보다 수익채권을 우선하는 개별약정에 동의하는 경우에는 예외이다.

4. 신탁재산의 파산에 관한 특칙

신탁채권과 수익채권간의 우열관계가 극명하게 드러나는 경우는 신탁재산의 파산 시일 것이므로, 「채무자회생 및 파산에 관한 법률」에 신탁채권이 수익채권보다 우선한다는 내용의 선언적인 규정을 두되, 신탁채권자가 자신의 신탁채권이 모든 수익채권에 열등한 것으로 정한 경우에는 그 순위를 인정하는 규정을 신설할 필요가 있다.

■ 관련판례 1

신탁법 제42조, 제43조, 제49조, 제62조 각 규정에 의하면, 신탁의 종료로 인하여 신탁재산이 수익자 등에게 귀속한 때에는 수탁자는 신탁재산 중에 금전이 있으면 그 금전으로 보수를 받지만, 신탁재산 중에 금전이 없을 경우에는 보수를 받을 권리에 기하여 신탁재산에 대하여 강제집행을 하거나 경매를 할 수 있고 이러한 권리를 행사하기 위하여 신탁재산을 유치할 수 있다고 할 것이다. 한편, 이 사건 신탁계약상 피고의 신탁보수는 매 이익계산기간 중의 신탁원본의 평균 잔액에 대하여 기본보수(신탁원본 평균잔액의 0.5%) 및 수익보수(수탁 당시 정기예금 1년제 금리를 초과하는 수익의 15%)를 매년 수탁응당일, 신탁만료일 및 신탁종료시에 신탁재산 및 수익 중에서 수령하거나 신탁자에게 청구할 수 있는 것으로 되어 있는 사실은 앞서 본 바와 같고, 피고가 신탁계약 개시일인 1996. 9. 13.부터 1997. 9. 17.까지 기간 사이에 발생한 신탁보수금 76,548,396원(= 기본보수 50,684,931원 + 수익보수 25,863,465원)을 신탁재산 중에서 공제하여 수령하여 온 사실, 현재 신탁재산 중에는 이 사건 어음 이외에도 은행고유계정에 385,342,465원을 초과하는 금액이 예치되어 있는 사실은 당사자 사이에 다툼이 없다. 위와 같은 법리와 인정사실에 의하면, 가사 피고가 이 사건 신탁계약에 기하여 1997. 9. 18.부터 2005. 5. 31.까지 385,342,465원의 기본보수청구권을 갖는다고 하더라도 위 기본보수는 다른 특별한 사정이 없는 한 신탁재산 중 은행고유계정의 금전으로 먼저 충당된다고 봄이 상당하다고 할 것이므로,

결국 기본보수와 관련한 피고의 유치권 주장은 다른 점에 관하여 나아가 살펴 볼 필요 없이 이유 없다. 또한 피고가 주장하는 수익보수에 관하여 보건대, 이 사건 신탁계약 제15조에 의하면 이 사건 신탁을 만기 후에 해지할 경우 만기일 이후에 대하여는 정기예금 1년제 금리 범위 내에서 실적배당하고, 정기예금 1년제 금리를 초과한 이익은 신탁보수로 취득하기로 한 사실은 앞서 본 바와 같은바, 이 사건 신탁계약의 만기일 이후 정기예금 1년제 금리 이상의 이익이 발생하였다는 점을 인정할 아무런 증거가 없으므로, 피고의 이 부분 유치권 주장도 나아가 살펴 볼 필요 없이 이유 없다[서울중앙지방법원 2005.7.22.,선고, 2005가합16268, 판결].

■ 관련판례 2

신탁계약에 있어서 위탁자 또는 수익자가 부담하는 신탁비용 및 신탁보수 지급의무와 신탁종료시에 수탁자가 부담하는 신탁재산을 이전할 의무가 동시이행의 관계에 있다고 한 사례[대법원 2006. 6. 9., 선고, 2004다24557, 판결].

> **제63조(수익채권의 소멸시효)**
> ① 수익채권의 소멸시효는 채권의 예에 따른다.
> ② 제1항에도 불구하고 수익채권의 소멸시효는 수익자가 수익자로 된 사실을 알게 된 때부터 진행한다.
> ③ 제1항에도 불구하고 신탁이 종료한 때부터 6개월 내에는 수익채권의 소멸시효가 완성되지 아니한다.

Ⅰ. 수익채권의 소멸시효 (제1항)

1. 수익권의 소멸시효 인정 여부

가. 구법에 대한 학설

① 수익(채)권은 수탁자에 대한 채권적 청구권으로서의 성질을 가지면서도 사실상 신탁재산을 실질적으로 지배하는 물권적 성질을 가지고 있다는 특유한 성질을 갖는다는 점, 수탁자와 수익자의 관계는 일반 채권자와 채무자처럼 대립적인 관계에 있는 것이 아니라 수탁자가 수익자를 위해 행위하여야 할 충실의무를 지고 있다는 점을 고려할 때, 신탁이 종료되기 전에는 수익채권은 소멸시효의 적용대상이 아니라는 견해,

② 수익권도 소유권이 아닌 이상 소멸시효의 대상이 되며, 수익권은 중층적 구조로 되어 있는 권리로 수익채권과 별도로 기본적인 급부청구권도 시효의 경과로 소멸될 수 있으며, 수익권 중 공익권도 자익권이 시효로 소멸할 때 그 결과로 소멸할 수 있다는 견해,

③ 이미 발생한 구체적 자익권인 '수익채권계 대하여는 소멸시효가 적용되나, 아직 구체화되지 않은 추상적 수익권의 경우 '권리를 행사할 수 있는 때'가 도래하지 않았으므로 수익권 자체는 시효로 소멸되지 않는다고 보는 견해 등이 있다.

나. 현행법의 입장

수익권 자체에 대한 소멸시효 규정은 두지 않았고, 수익권과 그 일부분을 구성하는 수익채권을 구분하여 취급함. 수익채권은 수탁자에 대한 채권적 청구권의 성질이 강한 점, 신탁존속 중에 소멸시효에 걸리지 아니하면 수탁자에게 과도한 업무 부담이 될 수 있는 점 등을 고려하여 현행법에서는 수익채권에 대하여 소멸시효가 적용됨을 명시하고, 채권과 그 밖의 권리를 준별하고 있는 현행 사법체계에 비추어

수익채권의 소멸시효는 다른 법령에규정된 '채권'에 관한 소멸시효 규정에서 정한 바에 따도록 한다(수탁자의 충실의무 문제는 제3항의 설명 참조).

2. 소멸시효기간

가. 구법에 대한 학설

① 수익권의 성질은 물적 권리도 병존하는 권리이고, 신탁이 종료된 경우 신탁재산의 반환청구권도 20년의 소멸시효가 적용되므로 수익채권에 대하여도 20년의 소멸시효가 적용된다는 견해,

② 수익채권도 금전채권이므로 10년의 소멸시효가 적용되고, 신탁재산의 반환청구권에 대해서도 그 대상 재산이 금전일 때에는 채권과 같이 10년의 소멸시효가 적용된다는 견해가 있다.

나. 현행법의 입장

수익채권은 수탁자에 대한 채권적 청구권의 일종으로 보는 이상 「민법」 등 관련 법률에서 정한 채권에 대한 시효기간이 적용되는 것으로 규정한다.

- 민사신탁의 경우 수익채권의 시효기간은 일반적으로 10년(「민법」 제162조 제1항), 상사신탁의 경우 수익채권의 시효기간은 일반적으로 5년(「상법」 제64조)이 될 것이다.

3. 소멸시효에 대한「민법」규정 적용

「신탁법」에 달리 규정이 없는 한 「민법」상 채권의 소멸시효에 관한 모든 규정이 수익채권에 적용되는바, 시효의 중단, 포기, 효과 등 시효에 관한 다른 규정도 모두 적용된다.

II. 소멸시효의 기산점 (제2항)

수익채권의 소멸시효는 수익자가 자신이 수익자로 지정된 것을 알 때까지는 진행하지 아니한다.

- 「민법」상 소멸시효는 '권리를 행사할 수 있는 때'로부터 진행(제166조 제1항)하고, 판례는 '권리를 행사할 수 없는 경우'의 의미를 "권리자가 권리의 존재나 권리행사 가능성을 알지 못하였다는 등의 사실상 장애사유가 있는 경우가 아니라, 법률상의 장애

사유, 예컨대 기간의 미도래나 조건불성취 등이 있는 경우"를 말한다고 판시한다.

- 신탁행위에 의하여 수익자로 지정된 자는 별도의 의사표시 없이 당연히 수익권을 취득하므로(제56조 제1항 본문), 수익자가 수익자로 지정된 사실을 알지 못하는 경우도 발생할 수 있는데, 통상의 소멸시효 기산점에 관한 판례의 해석에 따를 경우 권리의 존재나 권리행사 가능성을 알지 못하였다는 사유는 소멸시효의 진행을 방해하지 아니하므로, 수익자로 지정된 자가 그 사실을 알지 못하는 사이에도 소멸시효가 진행하게 된다.

- 이러한 불합리한 점을 시정하기 위하여 수익자로 지정된 것을 안 때 비로소 수익채권의 소멸시효가 진행하는 것으로 규정한다.

- 한편, 신탁관리인은 수익자가 없거나, 수익자가 무능력자인 경우 등에 선임되는데, 신탁관리인이 선임된 경우는 통상 수익자가 사실상, 법률상으로 정상적인 권리행사가 어려운 상황이므로, 신탁관리인 제도가 형해화되지 아니하려면 소멸시효에서 수익자로 지정된 것을 알았는지 여부는 신탁관리인을 기준으로 판단함이 타당하고, 결국 신탁관리인의 선임 시점이 소멸시효의 기산점이 될 것이다.

- 이와 같이 수익채권의 소멸시효 진행을 수익자의 주관적 사정에 맡기는 경우 소멸시효 자체가 진행되지 아니하여 수탁자가 지나치게 오랜 기간동안 채무에 구속될 수 있으므로 제척기간을 두어야 한다는 견해도 있으나, 수익자를 두텁게 보호하기 위해 제척기간을 두지 않는다.

III. 수익채권과 시효정지 (제3항)

① 수탁자는 수익자를 위한 충실의무를 지고 있는 자임에도 수익채권의 소멸시효가 완성될 때까지 수익자에게 수령을 최고하는 등의 아무런 조치를 취하지 않고 있다가 소멸시효의 이익을 주장하는 것은 신탁의 본질에 부합하지 않는 측면이 있다.

- 따라서 수탁자가 충실의무를 부담하는 신탁의 특성을 반영하여 수익채권은 수탁자의 충실의무가 해소된 것으로 볼 수 있는 때까지는 소멸시효가 완성하지 아니하는 것으로 한다.

- 즉 수탁자는 수익자에 대하여 충실의무를 부담하므로 신탁이 종료하고 6개월이 경과할 때까지는 시효가 정지되도록 하여 수익자는 신탁의 종료시로부터 6개월의 경

과 이전까지는 언제든지 수익채권을 행사할 수 있도록 한다.

② 한편 소멸시효 완성과 수탁자의 충실의무 간의 충돌을 피하기 위하여 수탁자가 소멸시효기간의 경과 후 수익자에게 수익채권의 존재와 내용 등을 통지하도록 하고, 통지에도 불구하고 수익채권의 이행청구를 받지 아니한 경우에만 소멸시효 완성을 주장할 수 있도록 하는 방안이 고려될 수 있다(원용권을 제한하고 있는 일본법이 이와 유사한 입장을 취하고 있다).

- 그러나 소멸시효 완성의 효과에 관하여 학설·판례는 「민법」 제369조, 제776조 제1항 및 제1024조 제1항의 규정 형식을 고려하여 시효가 완성되었을 때 당연히 권리는 소멸하고, 소송법상 변론주의의 원칙에 따라 소멸시효의 이익을 받은 자가 주장을 한 때에만 재판의 대상이 된다는 입장이므로(절대적 소멸설), 소멸시효의 효과를 "주장할 수 있다"라고 규정하는 것은 민법에 반하며,

- 소멸시효 완성 전의 통지는 '채무의 승인(「민법」 제168조 제3호)'에 해당하고, 완성 후의 통지는 '시효이익의 포기'에 해당하여 수탁자는 결국 소멸시효를 주장할 수 없는 논리적 문제점이 있으므로 채택하지 아니한다.

■ 관련판례

신탁종료에 의한 계산에 관한 규정인 신탁법 제63조는 신탁이 종료하면 수탁자는 신탁사무를 최종적으로 계산하여야 할 당연한 의무가 있다는 것과 그 계산을 수익자가 승인한 때에는 수탁자의 수익자에 대한 책임이 면제되어 수익자가 수탁자에 대하여 최종 계산의 내용과 다른 내용을 주장하여 최종 계산에 따른 것 이외의 권리의 이전이나 금전의 지급, 그 밖의 재산상의 책임을 물을 수 없다는 법리를 선언하고 있는 것뿐이고, 이를 신탁이 종료한 경우에 수탁자가 비용 또는 보수를 청구하기 위한 요건을 규정하고 있는 것으로 볼 수는 없다[대법원 2007. 9. 7., 선고, 2005다9685, 판결].

제3절 수익권의 양도

> **제64조(수익권의 양도성)**
> ① 수익자는 수익권을 양도할 수 있다. 다만, 수익권의 성질이 양도를 허용하지 아니하는 경우에는 그러하지 아니하다 .
> ② 제1항에도 불구하고 수익권의 양도에 대하여 신탁행위로 달리 정한 경우에는 그에 따른다. 다만, 그 정함으로써 선의의 제3자에게 대항하지 못한다.

Ⅰ. 수익권의 양도 (제1항)

1. 수익권의 양도

가. 원칙 - 수익권 양도 자유의 원칙 (제1항 본문)

수익권의 성질상 허용되지 아니하는 경우를 제외하고, 수익자는 수익권을 누구에게나 자유롭게 양도할 수 있다.

- 수익권은 지명채권에 유사한 성질을 갖는 권리로 해석되고 있었으므로(통설) 그 양도에 있어서도 지명채권에 있어서와 마찬가지로(「민법」 제449조제1항) 원칙적으로 양도성이 있는 것으로 규정하였는바, 수익자는 수탁자나 위탁자의 승낙이 없이도 자유로이 그가 갖는 수익권을 양도할 수 있다.
- 다만, 수익권의 일부를 양적으로 분할하여 양도하여 결과적으로 신탁의 변경에 해당하는 경우라면 신탁의 변경에 관한 절차를 따라야 양도가 가능하다고 보아야 할 것이다.

나. 예외

1) 채권의 성질이 양도를 허용하지 않는 경우(제1항 단서)

① 수익권은 원칙적으로 양도할 수 있으나, 지명채권에서와 마찬가지로 (「민법」 제449조 제1항 단서) 수익권이 일신전속적인 권리인 경우 등에는 그 성질상 수익권의 양도가 허용되지 아니한다.

② 여기서 일신전속성이란 '귀속상의 일신전속성'을 의미하는 것으로, 수익자의 부양을 목적으로 하는 부양신탁의 수익권, 특정인의 생존 중에만 지급하기로 정한 수익권, 무상수익권으로서 수익자 변경을 허용하지 않는 수익권 등은 그 성

질이 고도로 인격적이기 때문에 이전할 수 없다.

2) 신탁행위(제2항)

제2항에 관한 설명 참조

2. 수익권 양도 시 수익자 의무의 이전 여부

가. 비용 등 상환의무의 이전

① 수익자는 수탁자에 대하여 보충적으로 비용 등의 상환의무를 지는데, 수익권 양도 시 기왕에 발생한 비용 등의 상환의무도 양도에 수반하여 양수인에게 당연히 이전되는지의 문제이다.

  - 이는 수익권의 개념을 어떻게 보는가에 달린 문제로, 수익권을 넓게 '수익자의 지위에서 갖는 권리와 의무의 총체'라고 볼 것인지, 아니면 문언에 충실하게 '권리'만을 의미하고 의무는 포함하지 않는다고 볼 것인지가 문제된다.

② 일응 변제기가 도래한 구체적인 비용 등의 상환채무 등은 양도인의 개인채무이지 수익권의 내용을 구성하지는 않는 것으로 보아야 할 것이므로, 기왕의 채무는 특약이 없는 한 양도인이 부담할 것이고, 장래채무는 수익권의 이전에 수반하여 양수인에게 이전하는 것으로 보아야 할 것이다.

  - 이와 같이 해석할 경우 수익권의 양도는 장래에 향해서는 사실상 수익자의 지위 양도와 같은 의미를 갖게 된다.

나. 복수 수익자의 경우

① 한편 수익권 양도 시 수익자로서 갖는 수탁자에 대한 비용 및 보수상환의무 등도 장래를 향하여 이전된다고 보는 경우, 수익자가 여럿이면 수익자 간의 관계가 문제된다.

② 즉 여러 수익자간의 의무를 연대채무로 볼 것인지, 의무분담비율은 어떻게 산정할 것인지(예를 들어 수익권의 가액비율, 안분비례 등) 등이 문제될 수 있으나 이는 해석에 맡긴다.

II. 수익권의 양도와 선의의 제3자 (제2항)

수익권 양도 자유에 관한 규정은 임의규정이다.

  - 지명채권에서와 마찬가지로(「민법」 제449조 제2항 본문), 수익권 양도 자유의 원칙

에 대한 예외로서 신탁행위로 수익권의 양도를 금지하거나 일정한 제한을 가할 수
있다.
- 일신전속적인 권리는 당연히 양도가 금지되므로 이 규정이 적용될 여지가 없으나,
일신전속적이지 않으면서도 성질상 양도가 허용되지 않는 경우에는 제1항 단서에
대해서도 신탁행위로 제한이 가능하다.
- 다만 거래안전을 위해 이러한 금지 또는 제한으로 선의의 제3자에게 대항할 수 없
다(「민법」 제449조 제2항 단서와 동일).

■ 관련판례 1
회사정리법 제123조 제1항 본문에 의하면, "정리채권 또는 정리절차 개시 전의 원인으로 생긴 회
사 이외의 자에 대한 재산상의 청구권으로서 정리절차개시 당시 회사 재산상에 존재하는 유치권,
질권, 저당권, 양도담보권, 가등기담보권, 전세권 또는 우선특권으로 담보된 범위의 것은 정리담보
권으로 한다/고 규정하고 있으므로, 정리담보권으로 신고하지 아니하였을 때 회사정리법 제241조
에 의하여 소멸되는 정리담보권이 되기 위해서는 그 담보권이 정리절차개시 당시 회사 재산을 대
상으로 하는 담보권이어야만 한다 할 것인데, 신탁법상의 신탁을 함에 있어서는 그 위탁자가 당연
히 수익권자가 되는 것이 아니고 위탁자와 전혀 별개의 존재인 수익자를 지정하여야만 하는 것이
며, 위탁자가 자신을 수익자로 지정하는 경우에도 위탁자와 수익자의 지위는 전혀 별개의 것이라
고 보아야 할 것이므로, 특히 담보신탁이 아니라 분양형 토지(개발)신탁의 경우에 신탁계약시에
위탁자인 정리 전 회사가 제3자를 수익자로 지정한 이상, 비록 그 제3자에 대한 채권담보의 목적
으로 그렇게 지정하였다 할지라도 그 수익권은 신탁계약에 의하여 원시적으로 그 제3자에게 귀속
한다 할 것이지, 위탁자인 정리 전 회사에게 귀속되어야 할 재산권을 그 제3자에게 담보 목적으로
이전하였다고 볼 수는 없는 것이어서, 그 경우 그 수익권은 정리절차개시 당시 회사 재산이라고
볼 수 없다 할 것이고, 따라서 그 제3자가 정리절차에서 그 수익권에 대한 권리를 정리담보권으로
신고하지 아니하였다고 하여 회사정리법 제241조에 의하여 소멸된다고 볼 수는 없다[대법원 2002.
12. 26., 선고. 2002다49484 판결].

■ 관련판례 2
신탁계약상 수익자는 신탁이익을 향수할 권리를 포함하여 신탁법상의 여러 가지 권리, 의무를 갖
게 되므로, 이러한 지위에 있게 되는 수익자를 정하는 것은 위탁자와 수탁자 간의 신탁계약 내용
의 중요한 요소에 해당하는 것이어서, 수익자의 변경에는 계약 당사자인 위탁자와 수탁자의 합의
가 있어야 하고, 미리 신탁계약에서 위탁자에게 일방적인 변경권을 부여하는 취지의 특약을 하지

않은 한 수탁자의 동의없이 위탁자가 일방적으로 수익자를 변경할 수는 없다*[대법원 2007. 5. 31., 선고. 2007다13312 판결].*

■ 관련판례 3

[1] 구 금융산업의구조개선에관한법률(1998. 9. 14. 법률 제5549호로 개정되기 전의 것)에 의한 금융감독위원회의 '계약이전결정'은 행정처분으로서 부실금융기관으로 지정된 은행에 대하여 계약이전을 받는 금융기관으로 지정된 자에게 일정한 자산부채 등을 이전하여 줄 공법적인 의무를 부과하는데 그친다 할 것이고, 그 행정처분으로 인하여 자산·부채 등의 이전이라는 사법적인 효력까지 당연히 발생하는 것은 아니다.

[2] 원칙적으로 증권투자신탁에 있어서 분할된 수익권은 수익증권에 의하여 양도할수 있는 것이나 (증권투자신탁업법 제6조 제3항), 수익증권은 무액면유가증권인 관계로 유통시장이 형성되기 어렵고, 또한 수익자는 위탁회사에 대한 환매청구권을 행사함으로써 투자금을 회수할 수 있기 때문에 환매가 허용되는 개방형 투자신탁에서는 수익증권의 양도를 허용하는 실익이 크지 않으며, 실제로 개방형 투자신탁의 경우에는 위탁회사가 수익증권증서 대신 수익증권저축통장을 교부하고 위탁회사의 승인없이는 그 통장 자체를 양도하지 못하게 하여 결국 수익증권의 양도를 제한하는 것이 일반적이고, 수익자는 위탁회사에 대한 환매청구권을 행사함으로써(수익증권저축의 경우, 저축재산의 인출을 청구하는 형태로 환매청구권을 행사하게 된다.) 투자금을 회수할 수 있기 때문에 수익증권저축에 있어서 수익증권의 양도를 제한한다 하더라도 수익자 (저축자)의 권리행사를 부당하게 제한하는 것이 아니어서 유효하다.

[3] 증권투자신탁업법상의 투자신탁의 경우, 수탁회사의 주된 의무는 신탁재산의 보관·관리·계산에 한정되는 것이어서, 위탁회사와 수탁회사 사이의 신탁관계는 신탁재산의 '보관·관리'를 주된 목적으로 하는 수동적인 신탁(passive trust, 소극신탁)에 해당한다 할 것이므로, 수탁자가 신탁재산에 대한 '처분권'까지를 갖는 신탁법에 있어서의 신탁관계(능동적인 신탁, 적극신탁)와는 그 성질을 달리하며, 위탁회사가 투자신탁재산운용의 일환으로 수탁회사로 하여금 인수하게 하여 수탁회사를 통하여 보관하고 있는 회사채에 대한 '처분권'은 위탁회사에게 귀속되므로, 비록 수탁회사가 각 회사채의 명의상 채권자로 되어 있다 할지라도 수탁회사는 각 회사채에 대한 위탁회사의 운용(처분)지시를 따라야 할 의무를 부담한다.

[4] 증권투자신탁업법 제17조 제4항은 '위탁회사에 대한 채권은 그 위탁회사의 신탁재산에 속하는 채권과 상계할 수 없다.'라고 규정하고 있는데, 이는 위탁회사가 신탁재산에 속하는 채권으로 그 신탁재산과 관계없이 발생한 자신의 고유채무(또는 별개의 신탁재산에 속하는 채무)와 상계하는 것을 금지함으로써 신탁재산의 감소나 유용을 막아 '신탁재산독립의 원칙'(신탁재산과 고

유재산의 독립 및 신탁재산들 간의 독립)을 관철하려는 취지로 해석되는바, 위탁회사가 별개의 투자신탁재산운용으로 취득한 수익자에 대한 회사채보증채권을 자동채권으로 하여 수익자로부터 수익증권저축통장을 양수한 자에 대한 저축금(수익금)지급채무와 상계하는 것은 위탁회사가 위 별개의 투자신탁재산에 속한 상태에서 불실화된 채권(파산절차가 개시된 수익자에 대한 회사채보증채권)으로 투자신탁재산의 운용실적에 따라 지급되는 수익증권저축금지급채무와 상계한 뒤 그 저축금에 해당하는 금액을 별개의 투자신탁재산에 편입시킴으로써 위 별개의 투자신탁재산의 감소를 막으려는 것으로서, 증권투자신탁업법 제17조 제4항이 금지하고 있는 상계에 해당한다고 할 수 없다고 본 사례 *[서울지방법원 2001. 2. 8., 선고. 99가합61465 판결].*

> **제65조(수익권 양도의 대항요건과 수탁자의 항변)**
>
> ① 수익권의 양도는 다음 각 호의 어느 하나에 해당하는 경우에만 수탁자와 제3자에게 대항할 수 있다.
>
>   1. 양도인이 수탁자에게 통지한 경우
>
>   2. 수탁자가 승낙한 경우
>
> ② 제1항 각 호의 통지 및 승낙은 확정일자가 있는 증서로 하지 아니하면 수탁자 외의 제3자에게 대항할 수 없다.
>
> ③ 수탁자는 제1항 각 호의 통지 또는 승낙이 있는 때까지 양도인에 대하여 발생한 사유로 양수인에게 대항할 수 있다.
>
> ④ 수탁자가 이의를 보류하지 아니하고 제1항제2호의 승낙을 한 경우에는 양도인에게 대항할 수 있는 사유로써 양수인에게 대항하지 못한다. 다만, 수탁자가 채무를 소멸하게 하기 위하여 양도인에게 급여한 것이 있으면 이를 회수할 수 있고, 양도인에 대하여 부담한 채무가 있으면 그 성립되지 아니함을 주장할 수 있다.

Ⅰ. 수익권 양도의 대항요건 (제1항 및 제2항)

1. 수탁자 및 제3자에 대한 공통의 대항요건

① 지명채권 양도의 대항요건과 마찬가지로(「민법」 제450조), 수익권의 양도는 양도인이 수탁자에게 통지를 하거나 수탁자가 승낙을 하지 않으면 수탁자 및 제3자에게 대항할 수 없다.

② 다만, 양수인에게 통지권한을 주지 않는 것은 불합리한 측면이 있고, 「자산유동화에 관한 법률」 제7조와 같이 양수인에게 통지권한을 주고 있는 입법례도 있으므로 수익권의 양도에 대해서도 양수인에게 통지권한을 부여한다. 이 경우 양수인은 자신이 수익권을 양수받았음을 입증하여야 한다.

2. 제3자에 대한 대항요건

① 수익권 양도의 통지나 승낙은 확정일자 있는 증서로 하지 아니하면 수탁자 외의 제3자에게 대항할 수 없다.

② 법률관계를 명확히 하기 위해 수탁자에 대해서도 확정일자에 의한 증서로 통지한 경우에만 대항할 수 있도록 하자는 견해도 있으나, 수탁자는 수익자에 대하

여 충실의무를 부담하는 자이고 신탁의 당사자이므로 확정일자 있는 증서에 의한 통지를 대항요건으로 하지 아니한다.

II. 수탁자의 항변 (제3항)

「민법」과 마찬가지로 수탁자에 대한 대항요건인 수익권 양도의 통지나 승낙이 있기 전까지 양도인에 대하여 생긴 사유에 대하여서는 수탁자는 양수인에게 대항할 수 있다.

III. 이의를 보류하지 않은 승낙 (제4항)

① 「민법」상 지명채권 양도의 경우(「민법」 제451조 제1항)와 마찬가지로, 수탁자가 이의를 보류하지 아니한 승낙을 한 경우에는 양도인에게 대항할 수 있는 사유로써 양수인에게 대항하지 못한다.

② 그러나 수탁자가 채무를 소멸하게 하기 위하여 양도인에게 급여한 것이 있으면 이를 회수할 수 있고 양도인에 대하여 부담한 채무가 있으면 그 성립되지 아니함을 주장할 수 있다.

③ 수익권의 양도는 수익채권과 각종 감독권을 포함하는 수익자 지위의 이전과 유사하다는 점에서 법률관계의 명확성 확보라는 차원에서 단순한 지명채권과는 달리 취급하여야 할 필요성이 있고, 이의를 보류한지 여부에 따라 다른 취급을 한다면 수탁자의 업무상 부담이 될 것이라는 견해도 있으나, 신탁사무의 처리주체로서 수탁자에게 이의유보 여부를 결정토록 하는 것이 반드시 지나친 부담이라고 보기 어려우므로 이의유보의 효과를 인정한다.

■ **관련판례**

위탁자가 자신이 소유하는 부동산을 신탁법에 따라 수탁자에게 이전하여 건물을 신축·분양하는 사업을 시행하게 하고 대주와 시공사를 우선수익자로 정하는 관리형 토지신탁을 한 경우, 특별한 사정이 없는 한 우선수익권은 원인채권과는 독립한 신탁계약상 별개의 권리가 된다. 이러한 경우 우선수익권은 원인채권과 별도로 담보로 제공될 수 있으므로 우선수익자인 시공사가 우선수익권에 질권을 설정하는 것에 대하여 수탁자가 승낙했다고 해서 그 원인채권에 대해서까지 질권설정승낙의 효력이 발생한다고 볼 수 없다[대법원 2022. 3. 31., 선고, 2020다245408, 판결].

제66조(수익권에 대한 질권)

① 수익자는 수익권을 질권의 목적으로 할 수 있다. 다만, 수익권의 성질이 질권의 설정을 허용하지 아니하는 경우에는 그러하지 아니하다.

② 제1항에도 불구하고 수익권을 목적으로 하는 질권의 설정에 대하여 신탁행위로 달리 정한 경우에는 그에 따른다. 다만, 그 정함으로써 선의의 제3자에게 대항하지 못한다.

③ 수익권을 목적으로 하는 질권의 설정에 관하여는 수익권 양도의 대항요건과 수탁자의 항변사유에 관한 제65조를 준용한다. 이 경우 제65조 중 "양도인"은 "수익자"로, "양수인"은 "질권자"로 보고, 같은 조 제1항 중 "수익권의 양수 사실"은 "수익권에 대하여 질권이 설정된 사실"로 본다.

④ 수익권을 목적으로 하는 질권은 그 수익권에 기한 수익채권과 이 법 또는 신탁행위에 따라 그 수익권을 갈음하여 수익자가 받을 금전이나 그 밖의 재산에도 존재한다.

⑤ 수익권의 질권자는 직접 수탁자로부터 금전을 지급받아 다른 채권자에 우선하여 자기 채권의 변제에 충당할 수 있다.

⑥ 질권자의 채권이 변제기에 이르지 아니한 경우 질권자는 수탁자에게 그 변제금액의 공탁을 청구할 수 있다. 이 경우 질권은 그 공탁금에 존재한다.

1. 수익권에 대한 질권 설정 (제1항)

① 수익권 양도의 경우와 마찬가지로 원칙적으로 수익권에 대하여 담보권 설정이 가능하다.

- 즉 수익자는 수탁자나 위탁자의 승낙이 없이도 자유로이 그가 갖는 수익권에 대하여 질권을 설정할 수 있다.

- 신탁재산인 부동산의 수익을 통해 나오는 이익을 내용으로 하는 수익권에 대해 질권 설정을 인정하면, 부동산의 사용·수익을 목적으로 하는 권리에 대한 질권을 금지하고 있는(「민법」 제345조 단서)에 반한다는 지적이 있을 수 있으나, 수익권은 수탁자에 대한 채권으로 신탁재산이 부동산이라는 것은 우연한 사정에 불과하므로 「민법」 규정에 반하지 않는 것으로 본다.

② 수익권 양도의 경우와 마찬가지로 수익권의 성질상 허용되지 아니하는 경우에는 수익권을 목적으로 한 질권을 설정할 수 없다.

2. 질권 설정 규정의 임의규정성 (제2항)

① 수익권에 대한 질권 설정의 자유에 관한 규정은 임의규정이다.

  - 수익권 양도의 경우와 마찬가지로 수익권에 대한 질권 설정 자유의 원칙에 대한 예외로서 신탁행위로 질권 설정을 금지하거나 일정한 제한을 가할 수 있다.

② 다만, 수익권 양도의 경우와 마찬가지로 수익권에 대한 질권 설정의 금지 또는 제한 약정으로 선의의 제3자에게 대항할 수 없다.

3. 질권 설정의 대항요건 (제3항)

① 수익권을 목적으로 하는 질권 설정의 대항요건 및 수탁자의 항변에 관하여 수익권의 양도에 관한 규정을 준용한다.

② 즉, 수익권을 목적으로 하는 질권 설정은 수익자(질권설정자) 또는 질권자(질권이 설정된 사실을 입증하는 경우에 한함)가 수탁자에게 통지하거나 수탁자가 승낙을 하지 않으면 수탁자 기타 제3자에게 대항할 수 없다.

4. 물상대위성 (제4항)

  수익권을 목적으로 하는 질권의 효력이 미치는 범위

  - 질권의 효력이 미치는 범위는, 질권의 목적이 된 해당 수익권의 수익자가 수익채권에 기하여 수탁자로부터 신탁재산에 관한 급부로서 받는 금전뿐만 아니라, 수익권 취득 청구, 신탁의 변경에 따른 수익권의 병합·분할, 그 밖의 수익권에 갈음하여 받을 금전이나 그 밖의 재산 등을 포함한다.

  - 질권의 물상대위가 인정되기 위하여 「민법」상 질권과 같이 별도의 압류절차가 필요한지 여부에 관하여, 「상법」의 주식에 대한 질권의 경우 압류여부에 대하여 별도의 규정은 없고, 해석상으로는 등록질은 압류가 불필요하나 약식질은 압류가 필요하다고 보는 것이 다수설인 점, 주식의 등록질에 상응하는 질권을 별도로 인정하지 않은 점 등을 고려하여 압류의 필요성 여부에 관하여 별도의 규정을 두지 않고 해석론으로 해결하기로 한다.

5. 질권의 우선변제권 (제5항 및 제6항)

① 질권자는 직접 수탁자로부터 금전을 수령하여 수익자의 채권자보다 우선적으로

자기 채권의 변제에 충당할 수 있다.

② 만약 피담보채권의 변제기가 아직 도래하지 않았다면 위 금전에 상당하는 금액을 공탁하게 하고 그 위에 질권을 계속 가질 수 있다.

③ 수익권의 질권자는 수익권의 내용 이상의 권리를 취득할 수 없으므로, 수탁자의 비용상환청구권(제48조 제1항), 신탁채권(제62조)은 질권자의 권리에 우선한다.

■ 관련판례 1

위탁자가 자신이 소유하는 부동산을 신탁법에 따라 수탁자에게 이전하여 건물을 신축·분양하는 사업을 시행하게 하고 대주와 시공사를 우선수익자로 정하는 관리형 토지신탁을 한 경우, 특별한 사정이 없는 한 우선수익권은 원인채권과는 독립한 신탁계약상 별개의 권리가 된다. 이러한 경우 우선수익권은 원인채권과 별도로 담보로 제공될 수 있으므로 우선수익자인 시공사가 우선수익권에 질권을 설정하는 것에 대하여 수탁자가 승낙했다고 해서 그 원인채권에 대해서까지 질권설정승낙의 효력이 발생한다고 볼 수 없다 [대법원 2022. 3. 31., 선고, 2020다245408, 판결].

■ 관련판례 2

[다수의견] 토지구획정리사업의 시행인가를 받은 甲 토지구획정리조합이 사업비를 조달하기 위하여 시행사인 乙 주식회사와 금전 차용계약 및 추가차용계약을 체결하고, 乙 회사 및 시공사인 丙 주식회사와 위 대여금채권과 관련하여 합의서 및 추가합의서를 작성한 다음, 위 합의서 및 추가합의서에 따라 두 차례에 걸쳐 신탁회사인 丁 주식회사와 위 사업의 일부 체비지에 관하여 부동산담보신탁계약을 체결하여 乙 회사를 우선수익자로 하는 우선수익권증서를 발급받아 주었고, 乙 회사는 위 담보신탁계약의 위탁자인 甲 조합과 수탁자인 丁 회사의 동의를 받아 우선수익권에 丙 회사를 1순위 질권자로 하는 질권을 설정하였는데, 戊가 乙 회사에 대한 채권을 청구채권으로 하여 乙 회사의 甲 조합에 대한 대여금 등 채권 중 청구채권 금액에 이르기까지의 금액을 압류 및 전부하는 전부명령을 받아 그 전부명령이 확정된 사안에서, 합의서 및 추가합의서와 위 담보신탁계약, 우선수익권에 대한 질권 설정계약의 내용 및 위 각 계약의 체결 경위와 위 담보신탁계약의 특약사항의 규정 내용, 위탁자와 수탁자가 우선수익권에 대한 질권 설정계약에 동의한 사실관계 등에 비추어 보면, 위 담보신탁계약의 당사자들과 丙 회사는 위탁자가 대출원리금을 전액 상환하지 아니할 경우 우선수익권에 대한 질권자인 丙 회사가 대여금채권의 귀속 주체와 상관없이 우선수익권을 행사할 수 있는 것으로 약정하였다고 봄이 타당하고, 우선수익권은 경제적으로 금전채권에 대한 담보로 기능할 뿐 금전채권과는 독립한 신탁계약상의 별개의 권리이므로, 乙 회사의 甲 조합에 대한 대여금채권이 전부명령에 따라 전부채권자인 戊에게 전부되었다고 하더라도 그러한 사정만으로

담보신탁계약에 따른 乙 회사의 우선수익권이 대여금채권의 전부에 수반하여 전부채권자에게 이전되었다고 볼 수 없고, 대여금채권과 우선수익권의 귀속주체가 달라졌다고 하여 곧바로 乙 회사의 우선수익권이나 이를 목적으로 한 丙 회사의 권리질권이 소멸한다고 볼 수도 없다고 한 사례.

[대법관 권순일의 반대의견] 위 우선수익권은 채무자인 甲 조합의 채무불이행 시 수탁자에게 신탁부동산의 처분을 요청할 수 있는 권리 및 신탁부동산을 처분한 대금에서 우선수익자인 乙 회사의 대여금채권을 甲 조합의 수익채권에 우선하여 변제받을 수 있는 권리를 그 내용으로 한다. 그러므로 위 우선수익권은 담보물권은 아니지만 신탁계약에 의하여 자신의 대여금채권에 대한 우선변제를 요구할 수 있는 권리이므로 대여금채권과 분리하여 우선수익권에 대해서만 질권을 설정하는 것은 원칙적으로 허용되지 않는다.

구 신탁법(2011. 7. 25. 법률 제10924호로 전부 개정되기 전의 것, 이하 같다) 제55조는 "신탁행위로 정한 사유가 발생한 때 또는 신탁의 목적을 달성하였거나 달성할 수 없게 된 때에는 신탁은 종료한다."라고 규정하고 있다. 뿐만 아니라, 위 담보신탁계약에서도 신탁기간의 만료를 신탁종료 사유의 하나로 들면서, 신탁기간은 신탁계약 체결일로부터 '우선수익자의 채권 소멸 시까지'로 정하고 있다. 戊가 받은 전부명령이 확정됨으로써 우선수익자인 乙 회사의 위탁자인 甲 조합에 대한 대여금채권이 소멸한 이상, 위 담보신탁계약은 신탁기간의 만료로 인하여 종료되었을 뿐만 아니라 구 신탁법 제55조에 의한 법정종료사유도 발생하였다. 따라서 乙 회사는 더 이상 수탁자에 대하여 위 담보신탁계약에 기한 우선수익자로서의 권리를 행사할 수 없고, 丙 회사 역시 우선수익권에 대한 질권자로서의 권리를 행사할 수 없다[대법원 2017. 6. 22., 선고, 2014다225809, 전원합의체 판결].

제4절 신탁관리인

> **제67조(신탁관리인의 선임)**
> ① 수익자가 특정되어 있지 아니하거나 존재하지 아니하는 경우 법원은 위탁자나 그 밖의 이해관계인의 청구에 의하여 또는 직권으로 신탁관리인을 선임할 수 있다. 다만, 신탁행위로 신탁관리인을 지정한 경우에는 그에 따른다.
> ② 수익자가 미성년자, 한정치산자 또는 금치산자이거나 그 밖의 사유로 수탁자에 대한 감독을 적절히 할 수 없는 경우 법원은 이해관계인의 청구에 의하여 또는 직권으로 신탁관리인을 선임할 수 있다. 다만, 신탁행위로 달리 정한 경우에는 그에 따른다.
> ③ 수익자가 여럿인 경우 수익자는 제71조의 방법에 따른 의사결정으로 신탁관리인을 선임할 수 있다. 수익권의 내용이 다른 여러 종류의 수익권이 있고 같은 종류의 수익권을 가진 수익자(이하 "종류수익자"라 한다)가 여럿인 경우에도 또한 같다.
> ④ 법원은 제1항 또는 제2항에 따라 선임한 신탁관리인에게 필요한 경우 신탁재산에서 적당한 보수를 줄 수 있다.

I. 수탁자 감독을 위한 신탁관리인(제1항)

1. 인정취지

① 수익자는 신탁재산의 실질적 소유자로서 신탁재산의 명의인인 수탁자의 신탁사무 처리를 감독할 권한이 있는 자로서, 수익자가 신탁설정 시에 반드시 특정되어 있거나 존재할 것을 요하지 않는바, 이 경우에 수익자와 신탁을 위하여 수익자를 대신하여 수탁자를 감독할 사람이 필요하므로 신탁관리인을 선임할 수 있도록 허용한다.

② 일본 개정 신탁법의 '신탁관리인 제도'에 해당하는 제도이다.

2. 선임요건

가. 수익자가 특정되어 있지 않은 경우

수익자가 불특정 다수인 경우로, 구성원이 수시로 변동하는 일정한 지역 또는 단체의 구성원을 수익자로 정한 신탁, 기업연금신탁 등과 같이 장래 새로운 수익자가 등장하는 신탁 또는 합동운용금전신탁이나 증권투자신탁과 같은 집단신탁 등이 해당된다.

나. 수익자가 존재하지 않는 경우

1) 수익자가 아직 존재하지 않는 신탁

성립 전의 법인이나 장래 출생할 자녀 등 존재하지 않는 자를 수익자로 정한 신탁, 위탁자가 수익자지정권을 수탁자 등에게 부여한 신탁, 수익자의 자격요건에 기한 등을 설정한 신탁 등이 해당된다.

2) 목적신탁 및 공익신탁

① '목적신탁'에는 개념본질상 신탁의 수익자로서 수탁자를 감독하고 신탁을 집행할 자가 존재하지 않고, 공익신탁의 경우 주무관청의 감독은 있으나 수탁자에 대한 일상적인 감독을 기대하기 어려우므로, 공익목적 또는 사익목적인지에 관계없이 신탁관리인 선임을 강제할 필요가 있다.

② 목적신탁의 경우에도 신탁관리인을 선임할 수 있는지에 대하여, 현행법은 구법 제18조 제1항의 법문에서 "아직"을 삭제하여 목적신탁에 적용할 수 있음을 명시적으로 규정하였다.

3. 선임방법

① 법원은 예상되는 수익의 대상자 등 이해관계인이 선임청구를 한 경우 또는 직권으로 「비송사건절차법」에 따라 신탁관리인을 선임결정을 하여야 하고, 선임결정에 대하여는 불복할 수 없다.

② 목적신탁의 경우 수익자가 존재할 수 없고, 그 밖의 신탁의 경우에도 수익자가 신탁의 설정 시에 존재하거나 특정되지 않으므로, 신탁이 설정된 처음부터 신탁관리인을 선임하여야 하고, 법원은 이해관계인의 선임청구가 없는 경우 직권으로 선임하여야 한다.

③ 다만, 공익신탁의 경우 법원이 아니라 주무관청이 신탁관리인을 선임한다(제112조).

④ 신탁재산이 부동산인 경우 법원은 선임결정을 할 때 지체 없이 신탁원부에 적을 것을 등기소에 촉탁하여야 하고, 공익신탁에서 주무관청이 신탁관리인을 선임한 경우에도 동일하다(「부동산등기법」 제125조).

Ⅱ. 수익자 보호를 위한 신탁관리인 (제2항)

1. 인정취지

① 수익자가 존재하더라도 수익자가 행위무능력자이거나 그 밖의 사유로 수탁자에게 적절한 감독권 행사를 기대하기 어려운 경우 수익자를 보호하기 위하여 신탁관리인을 선임할 필요가 있다.

② 구법하에서는 명문규정이 없어서 신탁행위에서 미리 정하지 않은 경우에는 제18조를 유추적용하여 인정하자는 견해가 있었는데, 수익자 보호를 위하여 명문으로 규정한다.

③ 일본 개정 신탁법의 '신탁감독인 제도'와 유사하다.

2. 선임방법

① 법원은 수익자나 그의 법정대리인 등 이해관계인의 선임청구 또는 직권으로 선임결정을 할 수 있다.

② 법원의 선임결정절차와 그 등기에 대해서는 제1항의 신탁관리인과 동일하다.

Ⅲ. 다수의 수익자를 위한 신탁관리인 (제3항)

1. 인정취지

① 수익자가 특정되어 있고 행위능력자인 경우 수탁자에 대한 감독기능을 수행할 수 있으므로 원칙적으로 신탁관리인을 선임할 필요가 없으나, 집단신탁 등 수익자가 다수인 신탁의 경우 수익자가 전원일치로 권한을 행사하여야 하는데 의견일치가 어려워 권리를 행사할 수 없는 상태가 발생할 가능성이 있는바, 수익자를 대표하여 의사결정을 용이하게 할 수 있도록 신탁관리인 선임을 허용한다.

② 일본 개정 신탁법의 '수익자대리인 제도'와 유사하다.

2. 선임방법

① 수익자 각자는 수탁자를 감독할 능력이 있지만 수탁자 감독과 관련된 의사결정의 편의를 위하여 선임하는 것이어서, 선임을 강제하거나 법원이 선임에 관여할

필요가 없으므로, 수익자들의 의사결정에 의해서 선임하도록 한다.

② 제71조 이하에 규정된 여럿인 수익자의 의사결정방법에 따라 수익자 전원의 동의, 신탁행위에서 정한 의결정족수 또는 수익자집회의 결의에 의하여 신탁관리인을 선임하여야 한다.

③ 내용이 다른 여러 종류의 수익권이 있고 종류수익자가 다수인 경우 다수의 종류수익자를 대신하여 의사결정을 할 신탁관리인은 선임할 수 있도록 규정한다(제3항 후단).

IV. 신탁행위에 따른 신탁관리인

위탁자 등이 신탁설립 시 신탁행위로 수익자를 대신하여 수탁자를 감독할 신탁관리인을 선임할 수 있도록 규정한 경우, 신탁행위에서 정한 방법에 따라 신탁관리인을 선임할 수 있다.

V. 신탁관리인의 보수 (제4항)

법원의 신탁관리인 선임이 용이하도록 법원은 신수탁자를 선임하는 경우와 마찬가지로 신탁관리인을 선임할 때 신탁재산에서 적당한 보수를 지급하는 결정을 할 수 있다.

제68조(신탁관리인의 권한)

① 신탁관리인은 수익자의 이익이나 목적신탁의 목적 달성을 위하여 자기의 명의로 수익자의 권리에 관한 재판상 또는 재판 외의 모든 행위를 할 권한이 있다. 다만, 신탁관리인의 선임을 수탁자에게 통지하지 아니한 경우에는 수탁자에게 대항하지 못한다.

② 신탁관리인은 신탁에 관하여 수익자와 동일한 지위를 가지는 것으로 본다.

③ 제67조제1항에 따라 선임된 신탁관리인이 여럿인 경우 신탁행위로 달리 정한 바가 없으면 공동으로 사무를 처리한다.

④ 신탁관리인이 개별 수익자를 위하여 제67조제2항에 따라 각각 선임된 경우에는 각 신탁관리인은 해당 수익자를 위하여 단독으로 사무를 처리한다. 이 경우 개별 수익자를 위하여 선임된 여럿의 신탁관리인들은 해당 수익자를 위하여 공동으로 사무를 처리한다.

⑤ 제67조제3항 전단에 따라 선임된 신탁관리인이 여럿인 경우에는 선임 시 달리 정하지 아니하면 공동으로 사무를 처리한다.

⑥ 제67조제3항 후단에 따라 선임된 신탁관리인은 자신을 선임한 종류수익자만을 위하여 단독으로 사무를 처리한다. 이 경우 하나의 종류수익자를 위하여 선임된 여럿의 신탁관리인들은 그 종류수익자를 위하여 공동으로 사무를 처리한다.

⑦ 제67조제3항에 따라 신탁관리인을 선임한 경우에도 수익자는 제71조의 방법에 따른 의사결정으로 사무를 처리할 수 있다.

Ⅰ. 신탁관리인의 권한 (제1항》

1. 신탁관리인의 권한

① 신탁관리인은 "자기의 명의로써 신탁에 관한 재판상 또는 재판 외의 모든 행위를 할 권한"을 갖고 있으므로, 서류의 열람 등 청구권(제40조), 수탁자의 신탁위반행위에 대한 취소권 또는 유지청구권(제75조, 제77조) 등 수익자의 수익권 중 공익권에 속하는 권리의 대부분을 행사할 수 있다.

② 그러나, 수익자의 권한 전부를 대신 행사할 수 있는 것은 아니고, 신탁재산에서 급부를 수령할 권한(제56조), 신탁의 종료명령청구권(제100조) 또는 신탁 종료 시 신탁재산의 귀속권한(제101조 제1항) 등은 행사할 수 없다.

　- 수익자가 특정되지 않거나 존재하지 않는 경우 급부수령권은 발생하지 않은 것으로 보거나, 발생을 인정하더라도 수탁자가 관리하여야 하므로 신탁관리인에게 신탁재산으로부터의 급부수령권을 인정할 필요가 없다.

- 신탁이 종료한 때 신탁재산은 실질적 소유자인 수익자에게 귀속하는데, 수익자가 특정되지 않았거나 존재하지 않는 경우 수탁자를 대신하여 감독하는 지위에 불과한 신탁관리인에게 신탁해산 후 신탁재산의 귀속권한 또는 신탁의 종료명령청구권까지 인정할 필요는 없다.

③ 신탁관리인이 수익자나 신탁의 목적을 위하여 재판상 행위로서 수탁자에게 수탁자의 의무 위반에 대한 원상회복 또는 손해배상소송(제43조)이나 수익자취소권의 행사로 인한 소송(제75조)을 할 수 있는데, 「민사소송법」의 이론상 '법정소송담당'에 해당하여 허용된다.

2. 신탁관리인의 의무

① 신탁관리인의 권한에 대해서만 규정하였지만, 신탁관리인은 특정되거나 존재하게 될 수익자와 위임과 유사한 관계에 있다고 해석되며, 「비송사건절차법」에 따라 법원이 선임한 신탁관리인에게는 수임인의 의무에 대한 「민법」 제681조, 제684조, 제685조 및 제688조가 준용된다.

② 제3항의 신탁관리인 및 신탁행위에 의하여 선임된 신탁관리인에 대하여도 수임인의 의무규정을 유추적용할 수 있을 것이다.

3. 신탁관리인의 통지의무 (제1항 후단)

수탁자에게 신탁관리인의 선임사실을 통지하지 않으면 등기·등록의 대상이 아닌 재산으로 이루어진 신탁의 경우나 선임등기를 경료하지 않은 경우 수탁자는 신탁관리인의 선임사실을 알기 어려우므로, 수탁자에 대한 감독권 행사의 대항요건으로서 신탁관리인의 통지의무를 규정한다.

II. 복수의 신탁관리인의 신탁사무 (제2항부터 제5항까지)

1. 수탁자 감독을 위한 신탁관리인의 경우 (제2항)

가. 원칙

수익자가 특정되지 않거나 존재하지 않는 신탁을 위하여 선임된 신탁관리인이 2인 이상인 경우, 신탁관리인들은 수익자 전체나 목적신탁의 달성을 위하여 선임된 자이므로, 사무를 '공동으로' 처리하는 것이 원칙이다.

나. 예외

① 공동사무의 처리가 원칙이나, 신탁제도의 유연성을 고려할 때 신탁행위에 특약
이 있는 때에는 '단독사무의 처리'가 가능하며, 이는 제3항부터 제5항까지의 규
정에 대해서도 동일하다.

② 제3항과 제5항의 경우 신탁행위로 달리 정할 수 있음을 명문으로 규정하지 않
았으나, 달리 취급할 이유가 없으므로 해석상 당연히 인정될 것이다.

2. 수익자 보호를 위한 신탁관리인의 경우 (제3항)

① 수탁자에 대한 감독능력을 상실한 행위무능력자 등을 위하여 선임되는 신탁관리
인은 개별 수익자를 위하여 선임되는 것이므로 단독으로 사무를 처리하는 것이
기본 원칙이다(제3항 전단).

② 각 개별 수익자를 위하여 복수의 신탁관리인이 선임된 경우에는 해당 수익자를
위한 신탁사무의 처리라는 공동의 목표를 가진 관계이므로 사무를 '공동으로'
처리하도록 예외를 규정한다.

3. 복수의 수익자를 위한 신탁관리인의 경우 (제4항)

수익자가 2인 이상인 경우에 수익자 간의 의사결정방식을 간이화하기 위하여
선임된 신탁관리인으로서 수익자 전체를 위하여 권한을 행사하는 자이므로, 사
무를 '공동으로' 처리하는 것을 원칙으로 정한다.

4. 복수의 종류수익자를 위한 신탁관리인의 경우 (제5항)

① 복수의 종류수익자를 위하여 선임된 신탁관리인의 경우 해당 종류 수익자를 위
하여 권한을 행사하는 자이므로 사무를 단독으로 처리하는 것이 원칙이다(제5항
전단).

② 그러나 같은 종류의 종류수익자를 위하여 복수의 신탁관리인이 선임된 경우 공
동의 목표를 위하여 사무를 처리하는 자이므로, '공동으로' 사무를 처리하도록
규정한다(제5항 후단).

III. 신탁관리인과 수익자의 권한 경합 (제6항)

1. 복수의 수익자를 위한 신탁관리인의 경우 (제6항)

① 제68조 제3항의 신탁관리인은 수익자가 복수인 경우에 의사결정방식을 간이화하기 위하여 선임된 자로서, 수익자는 여전히 감독능력을 가지고 있고, 그 법적 성격이 「민법」상의 대리인과 유사한데 본인은 대리인을 선임한 때에도 직접 권한을 행사할 수 있으며, 권한 행사의 결과는 결국 수익자에게 귀속되는 것이어서 수익자 의사를 존중하는 것이 사적자치의 원리에 부합하므로, 수익자의 의사가 신탁관리인보다 우선하도록 규정한다.

② 복수의 수익자는 개정안 제기조에 따라 의사결정을 하면 된다.

2. 신탁관리인의 임무가 종료되는 경우

신탁관리인의 선임사유가 해소된 경우 수익자와의 경합을 방지하기 위하여, 신탁관리인의 임무가 당연 종료하는 것으로 규정한다(제70조 제1항 및 제2항).

3. 수익자 보호를 위한 신탁관리인의 경우

제67조 제2항에 따라 수탁자 감독능력이 부족한 수익자를 보호하기 위하여 신탁관리인이 선임된 것이므로 신탁관리인의 권한이 수익자의 권한에 우선한다.

> **제69조(신탁관리인의 임무 종료)**
> ① 제67조제1항에 따라 선임된 신탁관리인은 수익자가 특정되거나 존재하게 되면 임무가 종료된다.
> ② 제67조제2항에 따라 선임된 신탁관리인은 다음 각 호의 어느 하나에 해당하는 경우 임무가 종료된다.
>   1. 미성년자인 수익자가 성년에 도달한 경우
>   2. 수익자가 한정치산선고·금치산선고의 취소심판을 받은 경우
>   3. 그 밖에 수익자가 수탁자에 대한 감독능력을 회복한 경우
> ③ 제1항 또는 제2항에 따라 신탁관리인의 임무가 종료된 경우 수익자 또는 신탁관리인은 수탁자에게 신탁관리인의 임무 종료 사실을 통지하지 아니하면 수탁자에게 대항하지 못한다.

1. 수탁자 감독을 위한 신탁관리인의 경우 (제1항)

제68조 제1항에 따라 수익자가 특정되지 않거나 존재하지 않는 수익자신탁에서 신탁관리인이 선임된 후 수익자가 특정되거나 존재할 때 수탁자 감독을 위한 신탁관리인이 필요하지 않고, 신탁관리인과 수익자 간 권한의 경합 문제가 발생할 수 있으므로, 신탁관리인의 임무가 당연 종료하는 것으로 규정한다.

2. 수익자 보호를 위한 신탁관리인의 경우 (제2항)

수익자가 무능력자이거나 그 밖에 수탁자 감독을 기대하기 어려운 사정이 있는 경우에 선임된 신탁관리인의 경우에도 수익자가 성인이 되거나 한정치산선고 또는 금치산선고의 취소심판을 받는 등 수탁자에 대한 감독능력을 회복하게 되면 신탁관리인의 도움을 받지 않아도 되고, 제1항과 마찬가지로 신탁관리인과 수익자 간 권한의 경합이 발생할 수 있으므로 신탁관리인의 임무가 당연 종료하는 것으로 규정한다.

3. 신탁관리인 임무 종료의 통지의무 (제3항)

① 제1항과 제2항에 따라 신탁관리인의 임무가 종료한 경우, 수탁자에 대한 감독능력을 회복한 수익자는 수탁자에게 신탁관리인의 임무 종료사실을 통지하여야 한다.
② 통지의무를 이행하지 않을 경우 수익자는 수탁자에게 임무 종료한 신탁관리인의 권한 행사로 인한 결과에 대하여 효력이 없음을 주장할 수 없다.

> **제70조(신탁관리인의 사임 또는 해임에 의한 임무 종료)**
>
> ① 신탁관리인은 선임 시에 달리 정하지 아니하면 신탁관리인을 선임한 법원 또는 수익자의 승낙 없이 사임하지 못한다.
>
> ② 제1항에도 불구하고 신탁관리인은 정당한 이유가 있는 경우 법원의 허가를 받아 사임할 수 있다.
>
> ③ 사임한 신탁관리인의 통지의무 및 계속적 사무의 관리에 관하여는 제14조제3항 및 제15조를 준용한다.
>
> ④ 신탁관리인을 선임한 법원 또는 수익자는 언제든지 그 신탁관리인을 해임할 수 있다. 다만, 수익자가 정당한 이유 없이 신탁관리인에게 불리한 시기에 해임한 경우 수익자는 그 손해를 배상하여야 한다.
>
> ⑤ 해임된 신탁관리인의 통지의무 및 계속적 사무의 관리에 관하여는 제16조제4항 및 제5항을 준용한다.
>
> ⑥ 법원은 신탁관리인의 사임허가결정이나 임무 위반을 이유로 해임결정을 함과 동시에 새로운 신탁관리인을 선임하여야 한다. 이 경우 새로 선임된 신탁관리인은 즉시 수익자에게 그 사실을 통지하여야 한다.
>
> ⑦ 제1항, 제2항, 제4항 및 제6항의 경우 수익자, 신탁관리인, 그 밖의 이해관계인은 기존 신탁관리인의 사임 또는 해임, 새로운 신탁관리인의 선임 사실을 수탁자에게 통지하지 아니하면 그 사실로써 수탁자에게 대항하지 못한다.

I. 신탁관리인의 사임 (제1항부터 제3항까지)

1. 사임사유 (제1항 및 제2항)

가. 사임제한의 원칙 (제1항)

'신탁관리인은 수익자 또는 신탁의 목적을 위하여 수탁자에 대한 감독 목적으로 선임된 자이므로, 수탁자와 같이 원칙적으로 자유롭게 사임할 수 없다.

나. 예외적 허용 사유

① 신탁행위 또는 신탁관리인 선임 시 사임에 관하여 정한 경우(제1항), ② 해당 신탁관리인을 선임한 법원 또는 수익자가 승낙한 경우(제1항), ③ 법원의 허가(승낙)를 받은 경우(제2항)에는 예외적으로 사임이 가능하다.

- ②의 사임사유는 선임자가 자신이 선임한 신탁관리인의 사임을 허용하는 것이고, ③의 사유는 제14조 제2항과 같이 '정당한 이유'가 있는 경우에는 선임자가 누

구인지와 관계없이 법원은 신탁에 대한 감독자의 지위에서 신탁관리인의 사임을 승낙할 수 있다는 의미이다.

- 따라서 수익자가 선임한 신탁관리인은 제2항에 따라 법원이 사임을 허용한 경우 사임할 수 있으나, 법원이 선임한 신탁관리인은 수익자의 승낙이 있더라도 사임할 수 없다.

2. 사임한 신탁관리인의 통지의무 (제3항)

① 제1항과 제2항에 따라 사임한 신탁관리인은 제14조 제3항이 준용되어 즉시 사임사실을 수익자에게 통지하여야 한다.

② 수익자의 승낙을 얻어 사임하는 경우 수익자는 이미 수탁자의 사임사실을 알고 있을 것이므로 사임승낙의 요청으로 이 조항에 따른 통지를 갈음한 것으로 볼 수 있다.

3. 사임한 신탁관리인의 사무 계속 (제3항)

① 수익자 보호를 위한 신탁관리인의 임무 공백을 방지하기 위하여 제15조를 준용하여 사임한 신탁관리인은 새로운 신탁관리인이 선임될 때까지 신탁관리인으로서 임무를 계속하도록 규정한다.

- 제6항을 고려할 때 신탁행위 등에서 사임에 관한 특별한 정함이 있어서 사임하거나 수익자의 승낙을 얻어 사임한 경우에 큰 의미가 있을 것이다.

② 사임한 신탁관리인의 권한 범위는 제69조 제1항에 따라 "자기의 명의로써 신탁에 관한 재판상 또는 재판 외의 모든 행위를 할 권한"에 미칠 것이다.

Ⅱ. 신탁관리인의 해임 (제4항 및 제5항)

1. 해임권자

① 제68조 제1항, 제2항에 따라 법원이 선임한 신탁관리인의 경우 선임결정을 한 법원이, 같은 조 제3항에 따라 복수의 수익자가 선임한 신탁관리인의 경우 수익자가 해임권자이다.

② 수익자는 '수탁자'의 경우(제16조 제3항)와 달리 법원에 대한 해임신청권은 인정되지 않는다.

2. 해임사유

① 법원이 해임하는 경우, 법원은 신탁에 대한 감독권을 갖는 후견적 지위에 있으므로, 해임의 사유 및 시기에 대한 제한규정은 필요성이 인정되지 않으므로 별도로 규정하지 않는다.

② 제68조 제3항에 따라 복수의 수익자에 의하여 선임된 신탁관리인은 수익자의 의사결정을 대리하는 대리인과 유사한 지위에 있는 자이므로, 선임한 수익자에게 위임과 같은 해임의 자유가 인정되므로 해임의 사유 및 시기에 대한 제한이 없다.

③ 다만, 해임의 자유에 대한 제한으로, 위임계약과 같이 신탁관리인에게 불리한 시기에 해임한 경우, 수익자는 신탁관리인의 임무 위반, 질병, 사망 등 정당한 이유가 없는 한 신탁관리인에 대한 손해배상책임을 부담한다(제4항 제2문). 수익자가 복수인 경우 민법상 연대채무에 해당할 것이다.

3. 해임된 신탁관리인의 통지의무 (제5항)

제4항에 따라 신탁관리인이 해임된 경우, 수익자가 그 사실을 알지 못한 경우 예측할 수 없는 손해를 입을 수 있으므로, 제16조 제4항을 준용하여 신탁관리인에게 즉시 통지할 의무를 인정한다.

4. 해임된 신탁관리인의 신탁사무 계속 (제5항)

① 신탁관리인이 해임된 경우에도 업무 공백을 방지할 목적으로 제16조 제5항을 준용하고 있는바, 해임된 해당 신탁관리인은 새로운 신탁관리인이 선임될 때까지 신탁관리인의 업무 인계에 필요한 행위를 하여야 한다.

② 법원이 해임한 경우에는 동시에 새로운 신탁관리인을 선임하여야 하므로(제6항), 해임된 신탁관리인에게 임시적으로 사무를 처리할 수 있는 권한을 인정할 필요가 없다.

Ⅲ. 법원의 새로운 신탁관리인 선임 (제6항)

1. 새로운 신탁관리인의 선임 강제 (제6항 전단)

① 법원이 제1항과 제2항에 따라 사임허가결정을 하거나 제4항에 따라 해임결정을 하는 경우, 신탁관리인의 사임 또는 해임에 따르는 업무 공백을 막기 위하여 법원이 신탁관리인 선임결정을 동시에 하도록 강제한다.

- 신탁관리인이 법원의 허가를 얻어 사임하는 경우 현재도 「비송사건절차법」 제41조 제2항 후단에 의하여 신탁관리인의 선임이 강제된다.

② 법원의 선임결정에 대하여 불복할 수 없다(「비송사건절차법」 제42조 제2항).

2. 새로운 신탁관리인의 통지의무 (제6항 후단)

수익자의 보호를 위하여 제6항 전단에 따라 신탁관리인이 변경되는 경우 새로 선임된 신탁관리인에게 선임사실의 통지의무를 부여한다.

Ⅳ. 수익자 등의 수탁자에 대한 통지의무 (제7항)

① 신탁관리인의 사임, 해임 및 변경이 있는 경우 수탁자는 그 사실을 알기 어려우므로, 신탁관리인과 수익자가 변경 등의 사실을 수탁자에게 통지하지 않는 한 그 변경 등의 사실을 주장할 수 없도록 대항요건으로 규정한다.

② 목적신탁의 경우 수익자가 없기 때문에 수탁자에 대한 통지의무는 신·구 신탁관리인을 포함한 '이해관계자'가 부담할 것이다.

제5절 수익자가 여럿인 경우 의사결정

> **제71조(수익자가 여럿인 경우 의사결정 방법)**
> ① 수익자가 여럿인 신탁에서 수익자의 의사는 수익자 전원의 동의로 결정한다. 다만, 제61조 각 호의 권리는 각 수익자가 개별적으로 행사할 수 있다.
> ② 신탁행위로 수익자집회를 두기로 정한 경우에는 제72조부터 제74조까지의 규정에 따른다.
> ③ 제1항 본문 및 제2항에도 불구하고 신탁행위로 달리 정한 경우에는 그에 따른다.

Ⅰ. 다수 수익자의 의사결정방식 (제1항 및 제2항)

1. 원칙 - 전원일치 (제1항 본문)

① 수익자가 여럿 있는 경우 그들 간의 의사의 합의를 요하는 사항에 대한 수익자의 의사결정은 전원일치에 의함을 원칙으로 한다.

② 권리행사의 자유, 수익권의 본질적 권리의 침해 방지를 위해 수익자가 여럿인 경우라도 권리행사를 단독으로 할 수 있도록 하되, 법률관계가 복잡해지거나 수익자 간의 의사통일이 반드시 필요한 경우에는 예외적으로 전원일치로 의사결정을 하도록 강제하여야 한다는 견해가 있다.

③ 그러나, 원래 하나였던 수익권이 우연한 사정에 의해 수인에게 귀속된 것이고, 수탁자나 신탁재산에 대한 관계에서 통일된 의사를 표시하여야 하는 것이 신탁관계의 성질에 부합하므로 하나의 신탁에 2인 이상의 수익자가 있는 경우 수익자 전원의 의사합치를 필요로 하는 것을 원칙으로 한다.

2. 예외

가. 개별적 권리 행사 (제1항 단서)

① 수익자가 여럿인 경우 전원일치의 방식으로 의사결정을 하는 것이 원칙이라고 하더라도 신탁 감독에 관한 권리 등 수익권의 본질적 내용에 관한 권리까지도

전원일치의 방식에 의하도록 하면 수익자의 권리행사의 자유를 지나치게 제한할 우려가 있다.

② 따라서 신탁행위로도 제한할 수 없는 수익자의 권리를 규정하고 있는 제61조 각 호의 권리는 단독수익권으로서 각 수익자가 개별적으로 행사할 수 있는 권리이므로 복수의 수익자 간 의사결정 방법에 대한 제한 규정의 적용을 받지 아니한다.

③ 단독수익권과 신탁행위로도 제한할 수 없는 수익자의 권리에 관한 각각의 규정은 규정의 취지와 본질이 다른 것이어서 논리필연적으로 그 범위가 일치하는 것은 아니나, 일응 그 범위에 큰 차이가 없으므로 신탁행위로도 제한할 수 없는 수익자의 권리를 모두 단독수익권으로 한다.

나. 신탁행위에 의한 제한 (제2항)

① 수익자 의사결정방식으로서 만장일치 원칙은 임의규정이므로 복수의 수익자에 의한 의사결정방법은 신탁행위로 자유로이 정할 수 있다.

② 즉 수익자가 여럿 있는 경우, 신탁행위로 전원합의 원칙을 배제하고 수익자집회에서의 다수결, 일정 요건을 충족하는 통지, 그 밖에 다른 방법으로 수익자의 의사를 결정하도록 할 수 있고, 사안별로 의사결정방법을 달리 정할 수도 있다.

Ⅱ. 수익자집회 제도 (제3항)

① 신탁행위에 의하여 복수수익자의 의사결정 방법으로 수익자집회를 채택하는 경우의 default rule을 정하였는바, 신탁행위로 달리 정하지 아니한 부분에 한하여서만 규정이 전부 또는 일부 적용된다.

② 즉, 신탁행위로 수익자집회에서의 다수결로 수익자의 의사를 결정하는 것으로 정한 경우에도, 수익자집회의 소집, 의결권, 결의방법, 의사진행 등 수익자집회에 관한 법률관계는 원칙적으로 신탁행위로 자유롭게 정할 수 있으나, 수익자집회에 관한 법률관계 중에서 신탁행위에서 따로 정하지 아니하는 부분에 대하여서는 제72조부터 제74조까지의 규정이 보충적으로 적용된다(default rule).

> **제72조(수익자집회의 소집)**
>
> ① 수익자집회는 필요가 있을 때 수시로 개최할 수 있다.
>
> ② 수익자집회는 수탁자가 소집한다.
>
> ③ 수익자는 수탁자에게 수익자집회의 목적사항과 소집이유를 적은 서면 또는 전자문서로 수익자집회의 소집을 청구할 수 있다.
>
> ④ 제3항의 청구를 받은 후 수탁자가 지체 없이 수익자집회의 소집절차를 밟지 아니하는 경우 수익자집회의 소집을 청구한 수익자는 법원의 허가를 받아 수익자집회를 소집할 수 있다.
>
> ⑤ 수익자집회를 소집하는 자(이하 "소집자"라 한다)는 집회일 2주 전에 알고 있는 수익자 및 수탁자에게 서면이나 전자문서(수익자의 경우 전자문서로 통지를 받는 것에 동의한 자만 해당한다)로 회의의 일시·장소 및 목적사항을 통지하여야 한다.
>
> ⑥ 소집자는 의결권 행사에 참고할 수 있도록 수익자에게 대통령령으로 정하는 서류를 서면이나 전자문서(전자문서로 제공받는 것에 동의한 수익자의 경우만 해당한다)로 제공하여야 한다.

Ⅰ. 수익자집회의 소집 (제1항)

수익자집회의 결의사항은 수익자의 권리범위 내에서는 신탁행위로 자유로이 정할 수 있으므로, 수집자집회를 정기적으로 개최할 필요는 없고 수시로 필요한 때에 개최할 수 있다.

Ⅱ. 수익자집회의 소집권자 (제2항)

① 수익자집회의 운용은 신탁사무의 일부로 볼 수 있으므로, 수탁자가 원칙적으로 수익자집회를 소집할 권한을 가진다.

② 다만, 수익자집회의 결의사항이 수탁자의 해임인 경우 등 수탁자가 수익자집회의 결의사항에 이해관계를 갖고 있어 수익자집회 소집의무를 해태할 우려가 있는 경우를 대비하여 제3항과 제4항에 보완규정을 마련한다.

③ 수탁자가 결의사항에 이해관계를 갖고 있는 경우에 신탁관리인에게도 소집권을 인정하자는 견해가 있었으나, 신탁관리인은 수익자를 대신하는 자로, 수탁자와 동일한 지위를 인정하는 것은 체계상 맞지 않으므로, 신탁관리인에게 수익자집회의 소집권을 인정하지 않는다.

III. 수익자의 수익자집회 소집에 대한 권리 (제3항 및 제4항)

1. 수익자집회 소집청구권 (제3항)

① 수익자 보호 차원에서 수익자가 수탁자에게 수익자집회를 소집할 수 있도록 요구할 수 있는 권한을 부여한다. 이 경우 수익자는 수익자집회의 목적사항과 소집이유를 기재한 서면을 제출하여야 한다.

② 수익자집회 소집청구권은 수익권 행사에 필요한 본질적 권리에 해당하므로, 신탁행위로도 제한할 수 없는 단독수익권으로 보아야 할 것이다.

2. 보충적 수익자집회 소집권 (제4항)

① 소집청구를 받은 수탁자가 지체 없이 수익자집회를 개최하지 않은 경우, 수익자는 법원의 허가를 얻어 수익자집회를 소집할 수 있다.

② 보충적 소집권도 수익권 행사에 필요한 본질적 권리에 해당하므로, 신탁행위로도 제한할 수 없는 단독수익권으로 보아야 한다.

IV. 수익자집회의 소집절차 (제5항)

① 수익자집회를 소집하는 자(수탁자 또는 수탁자가 지체 없이 소집하지 아니하는 경우 수익자)는 수익자집회의 2주전까지 알고 있는 수익자 및 수탁자에게 회의의 일시·장소 및 목적사항을 서면으로 통지하여야 한다.

② 통지를 받을 자가 동의한 경우에는 전자문서로 소집통지를 할 수 있다.

V. 서류의 제공 (제6항)

① 수익자집회를 소집하는 자는 대통령령으로 정하는 바에 따라 의결권 행사에 참고할 서류를 서면 또는 전자문서(전자문서로 제공받는 것을 동의한 수익자에 한함)로 제공하여야 한다.

② 대통령령으로 정할 서류는 수익자집회의 결의내용에 따라 달라질 수 있다.

③ 신탁의 변경에 관한 결의라면 변경의 목적과 내용, 신탁의 합병과 분할에 관한 결의라면 합병 등의 목적·경위, 합병(분할)계획서의 기재내용 등이 해당될 수 있다.

④ "대통령령으로 정하는 서류"란 다음 각 호의 구분에 따른 사항을 적은 서류를 말한다.

　　1. 수익자집회에서 수탁자, 신탁재산관리인 또는 신탁관리인을 선임하려는 경우에는 다음 각 목의 사항

　　　가. 수탁자, 신탁재산관리인 또는 신탁관리인 후보자의 성명 또는 명칭

　　　나. 수탁자, 신탁재산관리인 또는 신탁관리인 후보자의 경력

　　　다. 후보 추천 사유

　　　라. 신탁관리인 후보자가 수탁자 또는 수탁자 후보자와 공정한 업무 수행에 영향을 미칠 특별한 이해관계가 있는 경우에는 그 내용

　　2. 수익자집회에서 수탁자, 신탁재산관리인 또는 신탁관리인을 해임하려는 경우에는 다음 각 목의 사항

　　　가. 해임하려는 수탁자, 신탁재산관리인 또는 신탁관리인의 성명 또는 명칭

　　　나. 해임 사유

　　3. 법 제55조 제2항 또는 제103조 제1항에 따라 신탁사무에 관한 계산(이하 이 호에서 "신탁계산"이라 한다)을 승인하려는 경우에는 다음 각 목의 사항

　　　가. 신탁계산의 내용 및 결과

　　　나. 법 제117조 제2항에 따라 외부감사를 받았을 때에는 감사인이 작성한 감사보고서

　　4. 법 제88조에 따라 신탁을 변경하려는 경우에는 다음 각 목의 사항

　　　가. 신탁변경의 이유 및 내용

　　　나. 신탁변경의 효력발생일

　　　다. 신탁변경으로 인하여 수익권 또는 수익채권의 내용에 변경이 있거나 그 가치에 중대한 영향을 줄 우려가 있을 때에는 그 내용 및 적절성에 관한 사항

　　5. 법 제90조에 따라 신탁을 합병하려는 경우에는 법 제91조 제1항 각 호의 사항

　　6. 법 제94조 제1항에 따라 신탁을 분할하거나 같은 조 제2항에 따라 신탁을 분할합병하려는 경우에는 법 제95조 제1항 각 호의 사항

　　7. 법 제99조 제1항에 따라 합의하여 신탁을 종료하려는 경우에는 다음 각 목의 사항

　　　가. 신탁 종료의 이유

　　　나. 신탁재산의 잔여재산이 있는 경우에는 그 내용 및 잔여재산수익자 또는 신탁재산의 잔여재산이 귀속될 자(이하 "귀속권리자"라 한다)

　　8. 제1호부터 제7호까지의 사항 외의 사항에 관한 안건을 목적으로 하려는 경우에는 해당 안건의 내용과 제안 이유에 대한 설명

제73조(수익자집회의 의결권 등)

① 수익자는 수익자집회에서 다음 각 호의 구분에 따른 의결권을 갖는다.

  1. 각 수익권의 내용이 동일한 경우: 수익권의 수

  2. 각 수익권의 내용이 동일하지 아니한 경우: 수익자집회의 소집이 결정된 때의 수익권 가액

② 수익권이 그 수익권에 관한 신탁의 신탁재산에 속한 경우 수탁자는 그 수익권에 대하여 의결권을 행사하지 못한다.

③ 수익자는 수익자집회에 출석하지 아니하고 서면이나 전자문서(소집자가 전자문서로 행사하는 것을 승낙한 경우만 해당한다)로 의결권을 행사할 수 있다. 이 경우 수익자 확인절차 등 전자문서에 의한 의결권행사의 절차와 그 밖에 필요한 사항은 대통령령으로 정한다.

④ 수익자가 둘 이상의 의결권을 가지고 있을 때에는 이를 통일하지 아니하고 행사할 수 있다. 이 경우 수익자집회일 3일 전에 소집자에게 서면 또는 전자문서로 그 뜻과 이유를 통지하여야 한다.

⑤ 의결권을 통일하지 아니하고 행사하는 수익자가 타인을 위하여 수익권을 가지고 있는 경우가 아니면 소집자는 수익자의 의결권 불통일행사를 거부할 수 있다.

⑥ 수익자는 대리인으로 하여금 의결권을 행사하게 할 수 있다. 이 경우 해당 수익자나 대리인은 대리권을 증명하는 서면을 소집자에게 제출하여야 한다.

⑦ 수탁자는 수익자집회에 출석하거나 서면으로 의견을 진술할 수 있고, 수익자집회는 필요하다고 인정하는 경우 수익자집회의 결의로 수탁자에게 출석을 요구할 수 있다.

⑧ 수익자집회의 의장은 수익자 중에서 수익자집회의 결의로 선임한다.

Ⅰ. 의결권의 산정 방법 (제1항)

1. 규정의 취지

① 수익권이 여럿인 경우 수익자집회에서 행사할 수 있는 의결권을 수익자간에 공평하게 산정하여야 한다.

② 수익권의 내용과 종류에는 아무런 제한이 없고 당사자는 신탁행위로 다양한 수익권을 만들 수 있으므로, 해석상 논란의 소지 없이 기계적으로 적용할 수 있는 의결권의 산정 방법을 법률로 미리 규정하는 것은 불가능한 바, 수익권의 내용이 동일한지 여부에 따라 산정 방법을 규정하고 구체적인 산정 방법은 해석론에 맡긴다.

③ 다만, 이 규정은 임의규정이므로 당사자는 신탁행위로 이와 다른 정함을 하는 것은 언제든지 가능하다.

2. 각 수익권의 내용이 동일한 경우

① 수익자는 '수익권의 개수'에 따라서 의결권을 가지는데, 수익권의 개수는 수익권이 어떻게 분할되어 있는가의 문제이므로 그 판단은 신탁행위 해석의 문제로 귀착된다.

② 신탁행위에서 명확히 수익권의 개수를 정하고 있는 경우에는 그에 따르면 될 것이고, 신탁행위로 수익권의 개수를 명확히 정하지 아니한 경우에는 해석상 수익권이 수익자별로 분할되어 있는 경우는 수익자별로 1개씩의 수익권을 갖는다고 해석되는 경우가 많을 것이며, 수익권의 취급을 균일한 단위로 행하고 있는 경우에는 해당 단위를 1개의 수익권으로 볼 수 있을 것이다.

3. 각 수익권의 내용이 동일하지 아니한 경우

① 수익자집회의 소집이 결정된 때의 '수익권 가액'에 상응하는 의결권을 가진다.

② 가액의 산정은 공평타당한 방법에 의하여야 하고, 가액산정의 방법에 합의가 이루어지지 않으면 법원에 산정을 청구할 수밖에 없을 것이다.

Ⅱ. 자기수익권의 의결권제한 (제2항)

① 수익권이 신탁재산에 속하게 되면 그 수익권은 의결권이 없다.

② 신탁의 변경, 합병 또는 분할의 경우 수익자가 갖는 수익권매수청구권을 행사하면(제89조, 제91조 제3항 및 제95조 제3항) 수탁자는 신탁재산으로 이를 취득할 책임을 지게 되고, 수탁자가 이 책임을 이행하여 신탁재산으로 수익권을 취득하면 원칙적으로 수익권은 소멸한다(제89조 제8항 본문).

③ 그러나 신탁행위 등으로 이 경우 수익권이 소멸하지 아니하는 것으로 정한 경우에는 신탁재산에 속한 수익권이 존재하게 되는데(제89조 제8항 단서), 이러한 수익권에 대하여는 상법상 자기주식에 대한 의결권 배제 조항을 참조하여 수탁자는 의결권을 갖지 아니하는 것으로 한다.

III. 의결권의 행사방법 (제3항)

1. 의결권 행사

① 서면 또는 전자문서에 의한 의결권 행사가 허용된다.

② 수익자는 수익자집회에 직접 출석하거나, 출석하지 아니하고 서면으로 의결권을 행사할 수 있다.

③ 서면에 의하여 의결권을 행사하면 직접 출석하여 의결권을 행사한 것과 같이 취급하여 사정상 직접 출석이 어려운 수익자의 이익을 보호하려는 것이다.

④ 또한 수익자집회 소집자가 승낙하는 경우에는 전자문서로 의결권을 행사할 수 있다.

2. 전자문서에 의한 의결권의 행사

① 제3항에 따라 수익자가 전자문서로 의결권을 행사(이하 "전자투표"라 한다)하는 경우 수익자의 확인과 의결권의 행사는 「전자서명법」 제2조 제2호에 따른 전자서명(서명자의 실지명의를 확인할 수 있는 것으로 한정한다)을 통하여 하여야 한다.

② 수익자의 전자투표를 승낙한 수익자집회 소집자(이하 "소집자"라 한다)는 소집의 통지나 공고에 다음 각 호의 사항을 적어야 한다.
  1. 전자투표를 할 인터넷 주소
  2. 전자투표를 할 기간(전자투표의 종료일은 수익자집회 전날까지로 한다)
  3. 그 밖에 수익자의 전자투표에 필요한 기술적인 사항

③ 전자투표를 한 수익자는 해당 수익권에 대하여 그 의결권 행사를 철회하거나 변경하지 못한다.

④ 소집자는 전자투표의 효율성 및 공정성을 확보하기 위하여 전자투표를 관리하는 기관을 지정하여 수익자 확인절차 등 의결권 행사절차의 운영을 위탁할 수 있다.

⑤ 소집자, 제4항에 따라 지정된 전자투표를 관리하는 기관 및 전자투표의 운영을 담당하는 자는 수익자집회에서의 개표 시까지 전자투표의 결과를 누설하거나 직무상 목적 외에 사용해서는 아니 된다.

Ⅳ. 의결권의 불통일 행사 (제4항 및 제5항)

① 주주총회에서의 의결권행사와 마찬가지로(「상법」 제368조의2) 복수의 의결권을 갖는 수익자는 그 의결권을 불통일하여 행사할 수 있다.

② 이 경우 수익자는 수익자집회일 3일전까지 수익자집회의 소집자에 대하여 불통일 행사의 취지와 이유를 서면으로 통지하여야 한다.

③ 이러한 통지를 받은 소집자는 불통일 행사를 허용하지 아니할 수 있으며, 다만 수익자가 타인을 위하여 수익권을 가지고 있는 경우에는 불통일 행사를 허용하여야 하는데(제5항), 타인을 위하여 수익권을 갖는 자에 대하여는 그 타인의 의사를 존중하여 의결권을 행사하는 것을 인정할 필요성이 있기 때문이다.

Ⅴ. 의결권의 대리행사 (제6항)

통상의 법률행위와 마찬가지로 수익자는 대리인을 선임하여 의결권을 대리행사할 수 있으나, 이 경우 해당 수익자 또는 대리인은 주식회사의 주주총회와 같이 대리권을 증명하는 서면을 소집자에게 제출하여야 한다.

Ⅵ. 수탁자의 의견진술권 및 출석의무 (제7항)

수탁자는 수익자집회에 출석하거나 서면으로 의견을 진술할 수 있으며, 수익자집회의 결의로 필요하다고 인정하는 경우 수익자집회 또는 수익자는 수탁자의 출석을 요구할 수 있다.

Ⅶ. 수익자집회 의장의 선임방법 (제8항)

1. 의장의 선임

① 수익자집회는 회의체이므로 그 의사진행을 맡을 의장이 필요한바, 수익자 중에서 수익자집회의 결의로 선임할 수 있도록 규정한다.

② 결의의 정족수 등에 대하여는 개정안 제74조를 적용한다(보통결의사항).

③ 이 규정은 임의규정이므로 신탁행위로 달리 정할 수 있는데, 예를 들어 의장의 자격요건으로 수익자일 것을 요구하지 아니할 수 있으며, 수익자집회의 결의에

의하여 선임하지 아니하고 직접 의장을 지정하거나 달리 선출할 방법을 선택할 수도 있다.

2. 의장의 권한

① 의장의 권한에 대하여는 별도로 규정을 두고 있지 않은 바, 「상법」상 주주총회의 의장에 대한 규정을 유추적용하여 수익자집회의 질서를 유지하고 의사를 정리할 의사정리권(제366조의2 제2항), 질서유지권 중 발언정지권(제366조의2 제3항)이 있다고 볼 수 있다.

② 질서유지권 중 퇴장명령권은 해당 수익자의 의사결정권을 완전히 박탈하는 것으로 명문의 규정이 없고, 회의의 일반원칙에 부합한다고 보기 어려우므로 유추적용할 수 없다고 봄이 상당하다.

제74조(수익자집회의 결의)

① 수익자집회의 결의는 행사할 수 있는 의결권의 과반수에 해당하는 수익자가 출석하고 출석한 수익자의 의결권의 과반수로써 하여야 한다.

② 제1항에도 불구하고 다음 각 호의 사항에 관한 수익자집회의 결의는 의결권의 과반수에 해당하는 수익자가 출석하고 출석한 수익자의 의결권의 3분의 2 이상으로써 하여야 한다.

  1. 제16조제1항에 따른 수탁자 해임의 합의

  2. 제88조제1항에 따른 신탁의 변경 중 신탁목적의 변경, 수익채권 내용의 변경, 그 밖에 중요한 신탁의 변경의 합의

  3. 제91조제2항 및 제95조제2항에 따른 신탁의 합병·분할·분할합병 계획서의 승인

  4. 제99조제1항에 따른 신탁의 종료 합의

  5. 제103조제1항에 따른 신탁의 종료 시 계산의 승인

③ 수익자집회의 소집자는 의사의 경과에 관한 주요한 내용과 그 결과를 적은 의사록을 작성하고 기명날인 또는 서명하여야 한다.

④ 수익자집회의 결의는 해당 신탁의 모든 수익자에 대하여 효력이 있다.

⑤ 수익자집회와 관련하여 필요한 비용을 지출한 자는 수탁자에게 상환을 청구할 수 있다. 이 경우 수탁자는 신탁재산만으로 책임을 진다.

Ⅰ. 수익자집회의 정족수 (제1항 및 제2항)

1. 원칙 - 보통결의 (제1항)

수익자집회의 원칙적인 결의는 의결권을 행사할 수 있는 수익자 의결권의 과반수 출석, 출석 의결권의 과반수 찬성에 의한 '보통결의'로 하여야 한다.

2. 예외 - 특별결의(제2항)

① 수익자의 이해에 중대한 영향을 미칠만하거나 수익권의 본질적 내용에 관한 사항에 대하여는 보통결의의 정족수보다 가중된 결의요건이 필요하므로, 의결권의 과반수 출석, 출석 의결권의 3분의 2 이상 찬성에 의한 '특별결의'로 하여야 한다.

② 일본의 개정 신탁법과 같이 특별결의의 요건도 결의사항에 따라 차등화 하자는 견해가 있었으나, 어떤 사항에 관한 결의요건을 더 엄격하게 할 것인지 일률적으로 정하기 어렵고, 신탁행위로 결의요건을 달리 정할 수 있으므로 한 종류의 특별결의요건만 규정한다.

③ 수탁자의 해임 합의(제16조 제1항), 신탁의 중요한 변경(제88조 제1항), 합병 또는 분할의 승인(제91조 제2항 및 제95조 제2항), 신탁종료의 합의(제99조 제1항), 신탁의 종료 시 최종계산의 승인(제103조 제1항)과 같이 신탁의 운영에 중대한 영향을 미치는 경우에 한정하여 특별결의가 인정된다.

Ⅱ. 의사록의 작성의무 (제3항)

수익자집회의 소집자는 결의의 근거 및 증거자료로 활용하기 위해 의사의 경과 요령과 그 결과를 기재한 의사록을 작성하고 기명날인 또는 서명하여야 한다.

Ⅲ. 수익자집회 결의의 효력 (제4항)

① 제1항 및 제2항의 결의 방법에 따라 다수결로 승인된 수익자집회의 결의는 결의에 반대한 수익자 및 수익자집회에 참석하지 아니한 수익자를 포함한 모든 수익자에 대하여 효력이 있다.

② 반대한 수익자는 수익권매수청구권이 인정되는 범위에서 보호된다(제89조, 제91조 제3항 및 제95조 제3항 참조).

Ⅳ. 수익자집회의 소요비용 (제5항)

① 수익자집회에 소요되는 비용은 해당 신탁을 위한 공익비용이라고 볼 수 있으므로 신탁재산에서 부담한다.

② 수익자집회에 관하여 필요한 비용을 지출한 자는 수탁자에게 상환을 청구할 수 있고 이러한 청구를 받은 수탁자의 이행책임은 신탁재산에 속한 재산 범위 내로 한정된다.

제6절 수익자의 취소권 및 유지청구권

> **제75조(신탁위반 법률행위의 취소)**
> ① 수탁자가 신탁의 목적을 위반하여 신탁재산에 관한 법률행위를 한 경우 수익자는 상대방이나 전득자(轉得者)가 그 법률행위 당시 수탁자의 신탁목적의 위반 사실을 알았거나 중대한 과실로 알지 못하였을 때에만 그 법률행위를 취소할 수 있다.
> ② 수익자가 여럿인 경우 그 1인이 제1항에 따라 한 취소는 다른 수익자를 위하여도 효력이 있다.

I. 신탁위반 법률행위의 취소권 (수익자취소권) (제1항)

1. 의의

① 수탁자가 신탁의 목적을 위반하여 법률행위를 하여도 수탁자는 신탁재산에 대하여 완전한 권리를 갖고 있기 때문에 제3자는 유효하게 권리를 취득하게 되므로 신탁재산과 수익자는 손해를 입게 되는바, 「신탁법」은 수탁자의 의무위반에 대하여 원상회복청구권 등을 인정하고(제43조), 수탁자가 취득한 대위물도 신탁재산에 포함시키는(제27조) 이외에 수익자에게 신탁을 위반한 법률행위를 취소하고 신탁재산을 찾아올 수 있는 권리로서 취소권을 인정한다.

② 수익자로부터 청구를 받은 수탁자가 제43조에 따른 원상회복, 손해배상 또는 이득반환과 같은 가시적인 회복조치를 직접 취하지 않는 경우에 수익자가 직접 거래상대방이나 전득자에게 신탁재산이나 그 대위물에 대한 물권적 회복을 구할 수 있으므로 수익자 보호가 강화된다.

③ 영미신탁법상의 신탁재산에 대한 추급이론을 우리나라의 일반 사법체계에 따라 변용하여 수용한 것으로, 일응 채권자취소와 유사한 면이 있으나 성질과 내용이 전혀 다른 제도이다.

2. 성립요건

가. 객관적 요건 ① : 신탁 목적의 위반

1) 규정의 취지

① 구법 제52조는 객관적 요건으로 '신탁의 본지'에 위반하여 신탁재산을 처분할 것을 요구하고 있는데, '신탁의 본지'는 구법 제28조, 제38조 및 제72조에서도 사용되고 있고 각각의 의미와 용법이 모두 달라서 그 의미가 불분명하며 일본식 한자표현이므로 변경할 필요가 있다.

② 객관적 요건에 대하여 ⅰ) 수익자취소권의 연혁적 근거인 영미 신탁법의 추급권은 "breach of trust'를 요건으로 규정하고 있으며, 수탁자의 의무위반으로 인한 책임규정(제43조)과의 관계를 고려하여 '수탁자의 의무'를 위반한 행위로 정하자는 견해와 ⅱ) '수탁자의 의무'로 정할 경우 선관의무 위반행위(제32조)가 포함되는지가 문제되고 의무와 권한이 항상 일치하지 않으므로 문제가 있으며, 무권대리(대표)이론은 취소할 수 있는 행위의 기준으로 대리인(대표자)의 권한을 들고 있는 점을 고려하여 '수탁자의 권한(제31조)'을 위반한 행위로 정하자는 견해도 있었다.

③ '수탁자의 의무'나 '수탁자의 권한'을 기준으로 정할 경우 그 위반행위의 범위, 특히 선관의무 위반행위가 포함되는지 여부에 대하여 견해의 대립이 발생할 수 있고, 취소권을 부여하는 취지에 비추어 결국 그 판단기준은 신탁의 목적에 반하는 것인지 여부가 될 것이므로, '신탁의 목적'을 취소권 행사의 객관적 요건으로 규정한다.

2) '신탁의 목적을 위반한 행위'의 의미

① 법률이나 신탁행위에 의해 수탁자에게 부여된 의무를 위반하거나 수여된 권한을 초과하는 행위를 하여 신탁이 달성하고자 하는 목적에 반하는 결과에 이른 것으로, 수탁자의 충실의무위반행위, 분별관리의무의 중대한 위반행위 및 공평의무 위반행위 등이 이에 포함된다.

② 수탁자의 선관의무는 수탁자의 권한범위 자체를 제한하는 것은 아니므로 선관의무 위반행위는 제외된다고 해석되나, 그 의무 위반의 정도가 중대하여 신탁의 목적을 달성하기 어려운 상태에 이르렀다면 신탁 목적의 위반행위에 포함된다고 해석될 것이다.

나. 객관적 요건 ② : 신탁재산에 관한 법률행위

1) 처분 외 법률행위의 포함

① 구법은 취소권의 대상을 '신탁재산의 처분행위'로 한정하고 있어서 채무부담행위, 차입행위 등과 같은 처분 외 법률행위의 경우 취소권의 대상이 되는지 논란이 있다.

② 학설은 구법 제52조가 유추적용된다고 해석하고 있었는바, 신탁 목적을 위반한 결과 등에서 처분행위와 비처분행위를 달리 구분할 필요가 없으므로 비처분행위도 포함하기 위하여 '신탁재산에 관한 법률행위'로 규정한다.

2) 법률행위로 한정

'신탁재산에 관한 행위'로 규정하여 법률행위 이외에 소송행위, 사실행위 등도 포함시켜야 한다는 견해도 있었으나, '취소'란 유효하게 성립한 법률행위의 효력을 소급적으로 무효로 만드는 것이므로 사실행위에는 적용할 수 없고, 소송행위를 취소할 수 있도록 하는 것은 이 규정의 취지를 넘어서 소송법상 법리에 위반되므로, 개정안은 '법률행위'로 한정한다.

다. 주관적 요건 : 상대방이나 전득자의 고의 또는 중과실

1) 규정의 취지 - 취소요건의 일원화

① 구법 제52조는 신탁의 공시가 가능한 부동산과 유가증권의 경우 '신탁의 공시'라는 객관적 요건을(제1항), 공시를 할 수 없는 신탁재산에 대하여는 '상대방과 전득자의 고의·중과실'이라는 주관적 요건을(제2항) 수익자취소권의 요건으로 규정하고 있다.

② 구법은 신탁의 공시가 되어 있으면 상대방의 악의가 의제된다고 보아 수익자를 보호하려는 취지이나, 신탁의 공시가 있더라도 신탁의 목적이나 권한까지 공시되지 않으므로 상대방이 수탁자가 한 행위가 신탁 목적에 반하는지 여부를 명확히 판단할 수 있는 것은 아니므로 거래의 안전을 해할 우려가 있고, 공시가 가능한 재산이더라도 수탁자가 공시를 하지 않으면 수익자는 취소권을 행사할 수 있는지 불투명하다는 비판이 있었다.

③ 따라서 신탁재산의 종류에 상관없이 신탁 목적의 위반사실에 대한 거래상대방의 인식의 유무를 취소권발생의 주관적 요건으로 설정하여, "상대방이나 전득자가 그 법률행위 당시에 수탁자의 신탁 목적 위반 사실을 알았거나 중대한 과실로 알지 못한 경우"에 취소권을 행사할 수 있도록 규정한다.

2) 신탁위반 사실에 대한 고의·중과실

가) 고의·중과실의 의미

① 신탁재산에 관한 법률행위의 상대방은 ⅰ) 법률행위로 얻은 적극재산·소극재산이 신탁재산에 귀속하는 사실, ⅱ) 그 법률행위가 신탁 목적에 위반한다는 사실을, 전득자는 위 ⅰ) 사실과 ⅱ) 자신이 거래한 상대방이 수탁자가 신탁 목적을 위반한 법률행위로 신탁재산을 취득하였다는 사실을 알거나 중대한 과실로 알지 못하는 것을 의미한다는 견해와 신탁의 존재에 관한 인식 여부만 문제되고 그 처분이 신탁목적에 위반되는 사실까지 인식할 필요가 없다는 견해가 대립한다.

② 이 때 '중대한 과실'이란 객관적 주의의무를 부담하는 의무자가 그의 직업, 사회적 지위, 행위의 종류, 목적 등에 비추어 해당 행위에 일반적으로 요구되는 주의를 현저하게 결여한 것을 의미하는바, 예를 들어 수탁자가 신탁재산의 매도가격을 시가에 비하여 현저하게 낮은 가격에 판매하는 경우 등에 인정될 수 있다.

나) 고의·중과실의 시기

'법률행위 당시'로 규정하고 있는바, 상대방이나 전득자에게 해당 신탁재산에 관한 계약 체결 시 등에 고의·중과실이 인정되어야 한다.

다) 입증책임

신탁재산의 처분권자인 수탁자의 신탁재산에 관한 법률행위는 원칙적으로 유효하고 예외적으로 취소되는 것인데, 상대방이나 전득자가 거래 당시에 신탁의 목적에 위배되었는지 여부를 심사하도록 하는 것은 지나치게 거래를 제한할 여지가 있으므로, 수익자가 상대방이나 전득자의 고의·중과실에 대하여 입증책임을 부담한다.

3. 행사방법

가. 취소권자

① 제43조에 따른 원상회복청구권 등과 달리 취소권은 수익자만 행사할 수 있다.

② 신탁재산에 발생한 손해 등을 보전하는 것은 당연히 이루어져야 하므로 이해관계를 가지는 모든 자에게 원상회복청구권 등을 인정하는 것이 타당한 것으로 볼 수도 있지만, 수익자 이외의 이해관계인은 신탁 목적을 위반한 법률행위를 추인하여 신탁재산에 귀속시킬 것인지, 취소하여 신탁재산을 회수하는 것이 유리한지 여부를 판단하기 어려우므로 신탁에 관하여 가장 큰 이해관계를 갖고

있는 수익자만의 판단에 의하도록 한다.

나. 취소권의 상대방

① 취소권의 상대방에 대하여는 수탁자라는 설, 수탁자와 수탁자의 상대방이라는 설, 수탁자의 상대방 또는 전득자라는 설이 대립하고 있는데, 수탁자와 그 상대방으로 보는 것이 학설상 다수설이다.

다. 취소권의 행사 방식

수익자취소권은 수익자가 자신의 명의로 행사하여야 하고, 신탁재산을 빨리 회복할 필요가 있으므로 사해행위취소권과 달리 반드시 재판상 행사할 필요는 없으며 재판 외에서도 행사할 수 있다.

라. 원상회복청구권 등과의 경합

제43조에 따른 원상회복청구권 등과 수익자취소권 중 어느 것을 먼저 행사하여야 하는지에 대하여 견해의 대립이 있지만, 어느 권리를 먼저 행사하여야 한다고 해석할 법적 근거가 없으므로 수익자가 재량에 따라 결정할 문제이다.

4. 취소권 행사의 효과

가. 법률행위의 취소

① 수익자가 취소권을 행사할 때까지 수탁자의 법률행위는 유효하고, 취소권을 행사하면 법률행위는 소급적으로 무효가 된다.

② 신탁이라는 단체관계의 획일적 확정을 목적으로 하고 있으므로 취소의 효과는 사해행위취소권과 달리 상대적인 것이 아니라 신탁의 관여자 전체에 대하여 미친다고 보아야 한다.

나. 신탁재산의 반환

1) 신탁재산의 반환 방법

① 신탁재산의 반환에 대하여 명시적으로 규정하고 있지 않아서 신탁재산의 반환 방법에 대하여 현행법에 대한 해석론과 마찬가지로 다음과 같은 견해의 대립이 있을 수 있다.

- 수익자취소권은 신탁재산의 실질적 소유자인 수익자가 자기재산인 신탁 재산을 회복하는 제도이고, 위반행위를 한 수탁자가 적극적으로 반환청구를 행사할 가능성이 낮으므로 수익자가 직접 상대방이나 전득자에게 행사 할 수 있다고 보는 견해와,

- 취소권이 행사되면 신탁재산이나 그 대위물은 수탁자에게 물권적으로 복귀하는 것이므로 신탁재산 등의 반환청구는 수탁자의 직무이며, 수익자는 수익권에 기하여 반환청구권을 대위행사할 수 있을 뿐이라는 견해가 있다.

② 수익자가 직접 또는 수탁자를 대위하여 반환청구권을 행사하는 경우, 신탁재산 등이 금전이더라도 수익자가 이를 직접 수령할 수 없고, 반드시 신탁재산에 반환시켜야 한다.

2) 반환청구의 상대방

수탁자나 수익자는 취소요건을 갖춘 상대방 또는 전득자를 상대로 반환청구를 선택적으로 행사할 수 있다.

3) 반환청구의 범위

① 수익자는 수익권의 범위와 관계없이 거래된 전체 신탁재산에 대하여 반환청구를 할 수 있다.

② 반환범위에 대하여는 「민법」상 부당이득 반환에 관한 법리가 적용되며, 신탁재산 중 일부에 대하여 연속되는 처분행위로 인해 반환을 할 수 없는 경우(선의취득, 엄폐물이론)에는 그 대위물에 대하여도 반환을 청구할 수 있다(제27조 유추적용).

Ⅱ. 수익자가 수인인 경우 (제2항)

① 수익자가 수인인 경우에도 개별수익자는 단독으로 취소권을 행사할 수 있고(제71조 제1항 단서, 제61조 제6호), 이 권리는 제한할 수 없다(제61조 제6호).

② 수익자취소권은 신탁이라는 단체관계의 획일적 확정을 목적으로 하고 있기 때문에 개별수익자가 단독으로 행사하더라도 모든 수익자에게 취소의 효력이 인정된다(제2항).

■ 관련판례

구 신탁법(2011. 7. 25. 법률 제10924호로 전부 개정되기 전의 것, 이하 같다) 제51조 제3항이 수익권의 포기를 인정하는 취지는, 수익자는 구 신탁법 제42조 제2항에 따라 비용상환의무를 지게 되므로 수익자가 자기의 의사에 반하여 수익권을 취득할 것을 강제당하지 않도록 하기 위한 데에 있다. 따라서 신탁계약상 위탁자가 스스로 수익자가 되는 이른바 자익신탁의 경우, 위탁자 겸 수익자는 스스로 신탁관계를 형성하고 신탁설정 단계에서 스스로를 수익자로 지정함으로써 그로부터 이익을 수취하려는 자이므로, 신탁의 결과 발생하는 이익뿐만 아니라 손실도 부담하도록 해야 하고, 수익권 포기를 통해 비용상환의무를 면하도록 할 필요가 없다. 그러므로 자익신탁에서 위탁자 겸 수익자는 수익권을 포기하더라도 이미 발생한 비용상환의무를 면할 수 없다*[대법원 2016. 3. 10., 선고, 2012다25616, 판결].*

> **제76조(취소권의 제척기간)**
> 제75조제1항에 따른 취소권은 수익자가 취소의 원인이 있음을 안 날부터 3개월, 법률행위가
> 있은 날부터 1년 내에 행사하여야 한다.

① 이 규정은 취소의 대상이 되는 법률행위의 상대방 또는 전득자의 신뢰보호(거래
   안전)를 위하여 둔 규정이다.
② 행사기간에 대하여 현행법은 제척기간이라고 해석하고 있고, 소멸시효로 정하여
   기간의 중단을 인정할 것인지 여부에 대하여 별다른 견해가 없으므로, 종전과
   같이 제척기간으로 규정한다.
③ 구법은 '신탁의 본지'에 반하는지 여부를 상대방이나 전득자가 쉽게 알 수 없기
   때문에 취소권의 행사기간을 1월/1년으로 규정하고 있는데, 이에 대하여 지나
   치게 단기간이라는 입법론적 비판이 다수 있으나, 수익자에 의해 신탁재산의 처
   분이 취소되는 예외적인 상황을 조기에 안정화시키기 위해 제척기간을 구법과
   동일하게 규정한다.

> **제77조(수탁자에 대한 유지청구권)**
> ① 수탁자가 법령 또는 신탁행위로 정한 사항을 위반하거나 위반할 우려가 있고 해당 행위로 신탁재산에 회복할 수 없는 손해가 발생할 우려가 있는 경우 수익자는 그 수탁자에게 그 행위를 유지(留止)할 것을 청구할 수 있다.
> ② 수익자가 여럿인 신탁에서 수탁자가 법령 또는 신탁행위로 정한 사항을 위반하거나 위반할 우려가 있고 해당 행위로 일부 수익자에게 회복할 수 없는 손해가 발생할 우려가 있는 경우에도 제1항과 같다.

1. 의의

① 신탁법은 수탁자의 신탁위반행위에 대한 구제수단으로 원상회복청구권 등을 행사하거나(제43조), 법률행위의 상대방 또는 전득자를 상대로 그 법률행위를 취소할 수 있으나(제75조), 이러한 제도들은 모두 사후적인 구제수단이기 때문에 수탁자의 자력이 충분하지 못하거나 법률행위의 상대방이 선의·무중과실인 경우에는 실효성이 없는 점, 신탁의 경우 수익자는 신탁행위에 의하여 발생한 권리를 취득하므로 수탁자와 직접 법적 관계가 있는 점 등을 고려하여 학설은 수탁자에 대한 감독권능에 기하여 신탁위반행위에 대한 금지를 청구할 수 있다고 해석한다.

② 종전에 해석론상 인정되는 신탁위반행위 금지청구권의 법적근거를 마련하기 위하여 「상법」 제402조(유지청구권)를 참고하여 수탁자에게 위반행위를 중지할 것을 청구할 수 있도록 규정한다(제1항).

2. 성립요건

가. 법령 또는 신탁행위를 위반하였거나 위반할 우려가 있는 행위

① 수탁자가 「신탁법」 등의 관계법령이나 신탁행위에서 정한 의무 등을 위반하거나 위반할 우려가 있을 것이 요구되는데, 수익자취소권과 달리 선관의무 위반행위(제32조)도 유지의 대상에 포함된다.

② 위반행위의 유효성과 상관없이 유지청구권을 행사할 수 있는데, 유효인 행위의 경우 그 법률행위 자체를, 무효인 행위의 경우 그 이행행위를 유지하는데 큰 의미가 있다.

나. 회복할 수 없는 손해발생의 우려

    ① 신탁재산에 손해가 발생할 가능성이 낮은 때에도 금지청구권을 폭넓게 허용한다면 오히려 원활한 신탁사무의 처리를 저해하고 신탁목적의 달성을 방해할 수도 있으므로 수익자에게 손해가 발생할 우려가 있는 경우에 한정하여 유지청구권을 허용하는 것이 타당하다.

    ② '회복할 수 없는 손해'에 해당하는지 여부는 사회통념에 따라 판단할 문제로, 법률적으로 회복할 수 없는 경우뿐만 아니라 회복을 위한 비용 및 절차 등으로 보아 회복이 곤란하거나 상당한 시일을 요구하는 경우에도 유지청구권이 인정된다.

    ③ 손해가 수익자 전부에 대하여 발생할 필요는 없으며, 그 중 일부에 대해서만 발생하는 경우에도 해당 수익자는 유지청구권을 행사할 수 있다(제2항).

3. 행사방법

    ① 수익자가 수인인 경우에도 개별수익자는 단독으로 유지청구권을 행사할 수 있으며(제71조 제1항 단서, 제67조 제7호), 이 권리는 제한할 수 없다(제61조 제7호).

    ② 유지청구권은 반드시 소로써 행사할 필요는 없고 재판 외에서 청구도 가능하다.

4. 일부 수익자의 유지청구권 (제2항)

수탁자의 공평의무 위반으로 인하여 '일부 수익자'가 피해를 볼 우려가 있는 경우 그 피해를 볼 수익자에게 권한을 부여한 것이다.

제7절 수익증권

제78조(수익증권의 발행)

① 신탁행위로 수익권을 표시하는 수익증권을 발행하는 뜻을 정할 수 있다. 이 경우 각 수익권의 내용이 동일하지 아니할 때에는 특정 내용의 수익권에 대하여 수익증권을 발행하지 아니한다는 뜻을 정할 수 있다.

② 제1항의 정함이 있는 신탁(이하 "수익증권발행신탁"이라 한다)의 수탁자는 신탁행위로 정한 바에 따라 지체 없이 해당 수익권에 관한 수익증권을 발행하여야 한다.

③ 수익증권은 기명식(記名式) 또는 무기명식(無記名式)으로 한다. 다만, 담보권을 신탁재산으로 하여 설정된 신탁의 경우에는 기명식으로만 하여야 한다.

④ 신탁행위로 달리 정한 바가 없으면 수익증권이 발행된 수익권의 수익자는 수탁자에게 기명수익증권을 무기명식으로 하거나 무기명수익증권을 기명식으로 할 것을 청구할 수 있다.

⑤ 수익증권에는 다음 각 호의 사항과 번호를 적고 수탁자(수탁자가 법인인 경우에는 그 대표자를 말한다)가 기명날인 또는 서명하여야 한다.
  1. 수익증권발행신탁의 수익증권이라는 뜻
  2. 위탁자 및 수탁자의 성명 또는 명칭 및 주소
  3. 기명수익증권의 경우에는 해당 수익자의 성명 또는 명칭
  4. 각 수익권에 관한 수익채권의 내용 및 그 밖의 다른 수익권의 내   용
  5. 제46조제6항 및 제47조제4항에 따라 수익자의 수탁자에 대한 보   수지급의무 또는 비용 등의 상환의무 및 손해배상의무에 관하여 신탁   행위의 정함이 있는 경우에는 그 뜻 및 내용
  6. 수익자의 권리행사에 관하여 신탁행위의 정함(신탁관리인에 관한   사항을 포함한다)이 있는 경우에는 그 뜻 및 내용
  7. 제114조제1항에 따른 유한책임신탁인 경우에는 그 뜻 및 신탁의   명칭
  8. 제87조에 따라 신탁사채 발행에 관하여 신탁행위의 정함이 있는   경우에는 그 뜻 및 내용
  9. 그 밖에 수익권에 관한 중요한 사항으로서 대통령령으로 정하는 사   항

⑥ 수탁자는 신탁행위로 정한 바에 따라 수익증권을 발행하는 대신 전자등록기관(유가증권 등의 전자등록 업무를 취급하는 것으로 지정된 기관을 말한다)의 전자등록부에 수익증권을 등록할 수 있다. 이 경우 전자등록의 절차·방법 및 효과, 전자등록기관의 지정·감독 등 수익증권의 전자등록 등에 관하여 필요한 사항은 따로 법률로 정한다.

⑦ 제88조제1항에도 불구하고 수익증권발행신탁에서 수익증권발행신탁이 아닌 신탁으로, 수익증권발행신탁이 아닌 신탁에서 수익증권발행신탁으로 변경할 수 없다.

Ⅰ. 수익증권 발행신탁 관련 조항의 기본방향

1. 규정의 기본 방향

① 수익권의 유가증권화에 관한 규정은 「상법」상 주권 및 사채권에 관한 규정을 기본모델로 한다(일본 개정 신탁법도 마찬가지임).

② 수익권의 성질이 유가증권 중에서 지급증권(어음/수표)이나 상품증권(선하증권/창고증권 등) 보다는 자본증권(주식/사채)과 가장 유사하기 때문이다.

③ 「자본시장과 금융투자업에 관한 법률」의 수익증권에 관한 규정은 지나치게 간략하여 부족한 면이 있고, 일본 개정 신탁법의 관련규정은 정치하지만 지나치게 분량이 많아 다른 부분과의 균형상 적절하지 아니하므로 우리나라의 「상법」상 주권 등에 관한 규정내용 수준으로 조문의 수를 조정한다.

2. 규정 형식

① 「상법」상 주권 등에 관한 규정을 모델로 하면서도 준용하는 방식을 택하지 아니하고 가능한 내용을 직접 기재하는 방식을 사용한다.

② 그 이유는, 첫째 법률수요자가 보다 편이하게 이해할 수 있도록 할 필요가 있고,

③ 둘째 「상법」상 회사와는 전혀 다른 vehicle인 신탁에 관한 기본법에서 「상법」을 준용하는 것은 법체계상 부적절한 면이 있으며,

④ 셋째 신탁의 특성상 어차피 상법에 대한 수정이 불가피하므로 준용만으로는 혼란이 발생할 수 있기 때문이다.

Ⅱ. 수익증권의 발행, 일부 발행 (제1항)

1. 신탁행위에 의한 수익증권의 발행 (제1항 전단)

① 신탁의 수익권을 증권화하여 수익증권으로 발행할 것인지 여부는 신탁행위로 정하여야 한다.

② 따라서 수탁자가 재량껏 발행 여부를 결정할 수는 없으나, 신탁행위로 정하기만 하면 수익증권 발행을 위한 별도의 요건을 정할 필요가 없이 수익증권을 발행할 수 있다.

2. 일부 수익권에 대한 수익증권의 미발행 (제1항 후단)

① 각 수익권의 내용이 균등하지 아니한 경우, 즉 수종의 수익권이 존재하는 신탁의 경우에는 수익권 전부에 대하여 수익증권을 모두 발행하지 아니하고 일부 종류의 수익권에 대하여서는 수익증권을 발행하지 아니할 수도 있다.

② 이러한 경우도 모두 '수익증권발행신탁'에 해당하므로 강행규정인 "제7절 수익증권"의 규정 전체의 적용을 받게 된다.

III. 수익증권의 즉시 발행의무 (제2항)

① 수익증권발행신탁의 경우, 수탁자는 신탁행위에서 정한 바에 따라 지체 없이 수익증권을 발행하여야 한다.

② 수익증권발행 신탁에서 수익 증권이 발행되지 아니하면 수익권자는 그 수익권을 양도할 수 없는 불이익을 입게 되므로(제81조 제1항) 수탁자에 대하여 지체 없이 수익증권을 발행할 의무를 부과한다.

IV. 수익증권의 형식 (제3항 및 제4항)

① 주권이나 사채권 등의 경우와 마찬가지로 수익증권을 기명식으로 할 것인지 아니면 무기명식으로 할 것인지를 신탁행위로 자유로이 정할 수 있다(제3항 본문).

② 다만, 담보권신탁의 경우 담보권자와 채권자가 실질적으로 분리되지 않도록 수익권 양도를 제한할 필요가 있는바, 수익증권발행신탁의 경우 수탁자에 대한 통지나 수탁자의 승인 또는 수탁자명부의 명의개서 등의 대항요건을 갖추지 않고서는 수익증권이 양도될 수 없도록 담보권신탁에서 발행되는 수익증권은 무기명식으로 발행할 수 없도록 규정한다(제3항 단서).

③ 일단 수익증권이 발행된 이후에는 수익자에게 기명식 또는 무기명식의 선택권을 부여한다(제4항).

④ 즉 수익자는 수탁자에 대한 청구로 기명식과 무기명식 간에 자유롭게 전환할 수 있다. 그러나 수익증권 관리의 편의성 등을 위해 신탁행위로 이러한 전환을 금지하는 것은 가능하다.

V. 수익증권의 기재사항 (제5항)

① 주권이나 사채권, 「자본시장과 금융투자업에 관한 법률」상 수익증권 등 다른 유가증권의 경우와 마찬가지로, 수익자 보호를 위하여 신탁의 수익권에 관한 중요사항을 수익증권에 반드시 기재하도록 하고 수탁자가 기명날인 또는 서명하도록 규정한다(요식증권성).

② 수익증권 기재사항은 법률의 규정과 같다.

③ 제9호의 '그 밖에 수익권에 관한 중요한 사항으로서 대통령령으로 정하는 사항'으로는 "수익증권 발행일"(「자본시장과 금융투자업에 관한 법률」 제110조 제5항 제9호) 및 같은 법 시행령 제111조 제2항 참조) 등이 있을 수 있다.

④ 제9호에서 "대통령령으로 정하는 사항"이란 다음 각호의 사항을 말한다.

1. 신탁기간의 정함이 있는 경우에는 그 기간
2. 법 제47조 제1항에 따라 수탁자에게 보수를 지급하는 경우에는 수탁자 보수의 계산방법, 지급방법 및 지급시기
3. 기명수익증권을 발행한 경우로서 수익권에 대한 양도의 제한이 있을 때에는 그 취지 및 내용
4. 법 제101조 제1항에 따라 신탁이 종료되었을 때에 잔여재산수익자 또는 귀속권리자를 정한 경우에는 그 성명 또는 명칭
5. 유한책임신탁인 경우에는 신탁사무처리지

VI. 수익증권의 전자등록 (제6항)

① 수익증권은 전자등록의 방식으로도 발행할 수 있다.

② 신탁행위로 전자등록을 인정하는 경우 수탁자는 수익증권을 발행하는 대신에 전자등록부에 등록할 수 있다.

③ 「신탁법」상에는 수익증권을 전자등록의 방식으로 발행할 수 있도록 근거규정을

두되, 수익증권의 전자등록에 관한 상세한 사항은 유가증권의 전자등록에 관한 특별법에서 정하는 바에 따르도록 하여 전자등록 제도의 통일적 관리를 기한다.

Ⅶ. 수익증권발행신탁 및 미발행신탁 상호 간의 변경 제한 (제7항)

일단 신탁행위로 수익증권을 발행하기로 정한 신탁의 경우 또는 발행하지 아니하기로 정한 신탁의 경우, 신탁 설정 이후에 사후적으로 수익증권 발행 여부를 변경할 수 없으며, 이는 신탁 변경의 절차를 밟더라도 마찬가지이다.

제79조(수익자명부)

① 수익증권발행신탁의 수탁자는 지체 없이 수익자명부를 작성하고 다음 각 호의 사항을 적어야 한다.

　　1. 각 수익권에 관한 수익채권의 내용과 그 밖의 수익권의 내용

　　2. 각 수익권에 관한 수익증권의 번호 및 발행일

　　3. 각 수익권에 관한 수익증권이 기명식인지 무기명식인지의 구별

　　4. 기명수익증권의 경우에는 해당 수익자의 성명 또는 명칭 및 주소

　　5. 무기명수익증권의 경우에는 수익증권의 수

　　6. 기명수익증권의 수익자의 각 수익권 취득일

　　7. 그 밖에 대통령령으로 정하는 사항

② 수익증권발행신탁의 수탁자가 수익자나 질권자에게 하는 통지 또는 최고(催告)는 수익자명부에 적혀 있는 주소나 그 자로부터 수탁자에게 통지된 주소로 하면 된다. 다만, 무기명수익증권의 수익자나 그 질권자에게는 다음 각 호의 방법 모두를 이행하여 통지하거나 최고하여야 한다.

　　1. 「신문 등의 진흥에 관한 법률」에 따른 일반일간신문 중 전국을 보급지역으로 하는 신문(이하 "일반일간신문"이라 한다)에의 공고(수탁자가 법인인 경우에는 그 법인의 공고방법에 따른 공고를 말한다)

　　2. 수탁자가 알고 있는 자에 대한 개별적인 통지 또는 최고

③ 제2항 본문에 따른 통지 또는 최고는 보통 그 도달할 시기에 도달한 것으로 본다.

④ 수익증권발행신탁의 수탁자는 신탁행위로 정한 바에 따라 수익자명부관리인을 정하여 수익자명부의 작성, 비치 및 그 밖에 수익자명부에 관한 사무를 위탁할 수 있다.

⑤ 수익증권발행신탁의 수탁자는 수익자명부를 그 주된 사무소(제4항의 수익자명부관리인이 있는 경우에는 그 사무소를 말한다)에 갖추어 두어야 한다.

⑥ 수익증권발행신탁의 위탁자, 수익자 또는 그 밖의 이해관계인은 영업시간 내에 언제든지 수익자명부의 열람 또는 복사를 청구할 수 있다. 이 경우 수탁자나 수익자명부관리인은 정당한 사유가 없다면 청구에 따라야 한다.

Ⅰ. 수익자명부의 작성 (제1항)

1. 규정의 취지

① 수익증권발행신탁의 수탁자는 지체 없이 수익자명부를 작성하고 법정 사항을 기재하여야 한다.

② 수익자명부는 수탁자가 다수의 수익자를 효율적으로 관리할 수 있도록 도와주며, 수익권 양도 등의 대항요건을 갖추기 위해서 필요하다.

2. 기재사항

① 수익자명부에 기재하여야 할 법정사항에는 수익권과 수익증권에 관한 내용이 공통적으로 포함되며, 그 외에 수익증권이 기명식인지 또는 무기명식인지에 따라 달라진다.

② 즉 무기명수익증권의 경우에는 수익자의 성명과 주소 등을 기재할 수 없으므로 수익권의 수만을 기재한다.

③ "그 밖에 대통령령으로 정할 사항''으로는 일부 종류의 수익권에 대해 수익증권을 발행하지 않기로 정한 경우에 그 취지와 해당 수익권의 종류 및 내용(제78조 제1항 단서 참조), 수익증권을 발행하지 않기로 정한 일부 종류의 수익권에 대한 질권 설정내역(제83조 제3항 참조) 등이 있을 수 있다.

④ 제7호에서 "대통령령으로 정하는 사항"이란 다음 각 호의 사항을 말한다.
   1. 위탁자의 성명 또는 명칭 및 주소
   2. 수탁자의 성명 또는 명칭 및 주소
   3. 법 제17조 제1항 및 제18조 제1항·제2항에 따라 신탁재산관리인을 선임한 경우에는 그 성명 또는 명칭 및 주소
   4. 법 제67조 제1항부터 제3항까지의 규정에 따라 신탁관리인을 선임한 경우에는 그 성명 또는 명칭 및 주소
   5. 법 제78조 제1항 후단에 따라 특정 내용의 수익권에 대하여 수익증권을 발행하지 아니한다는 뜻을 정한 경우에는 그 내용
   6. 법 제79조 제4항에 따라 수익자명부관리인을 정한 경우에는 그 성명 또는 명칭 및 주소
   7. 법 제80조 제1항 단서에 따라 수익증권의 불소지 신고를 허용하지 아니하기로 정한 경우에는 그 취지
   8. 기명수익증권을 발행한 경우 수익권에 대한 양도의 제한이 있을 때에는 그 취지 및 내용
   9. 법 제83조 제3항에 따라 질권이 설정된 경우에는 질권자의 성명 또는 명칭 및

주소와 질권의 목적인 수익권

10. 수익권에 대하여 신탁이 설정된 경우에는 신탁재산이라는 뜻

11. 유한책임신탁인 경우에는 그 뜻과 신탁의 명칭

II. 수익자명부의 효력 (제2항)

1. 규정의 취지

수익자명부는 수탁자에게 면책적 효력을 부여하여 수탁자의 업무편의를 제공하는데, 수익증권이 기명식인지 무기명인식인지에 따라 면책되는 내용이 달라진다.

2. 기명수익증권의 경우 (제2항 본문)

수익증권발행신탁의 수탁자는 기명수익증권의 수익자 또는 질권자에 대한 통지 또는 최고는 수익자명부에 기재되어 있는 주소(또는 수익자 등이 수탁자에게 통지한 주소)로 하면 충분하다.

3. 무기명수익증권의 경우 (제2항 단서)

가. 공고 (제2항 단서 제1호)

① 무기명수익증권의 경우 수익자명부에 수익자의 성명 및 주소가 기재되지 아니하므로 제2항 본문의 방법에 의한 통지 등은 할 수 없고, 「신문 등의 자유와 기능 보장에 관한 법률」에 따른 일반일간신문 중 전국을 보급지역으로 하는 신문(지방신문의 경우는 적절한 공고방법이 되지 못할 수 있음)에 공고하여야 한다.

② 다만, 수탁자가 법인인 경우에는 해당 법인이 법령이나 정관 등에 의하여 정한 공고방법에 따라 공고를 하여야 하는바, 예를 들어, 수탁자가 상법상 주식회사라면 상법에 따라 정관에 규정하고 있는 해당 회사의 공고방법에 따라야 하고, 신탁업무와 관련하여서만 임의적으로 별도의 공고방법을 달리 정할 수는 없다.

나. 개별통지 (제2항 단서 제2호)

① 수탁자가 알고 있는 수익자 또는 질권자에 대하여는 개별적으로 통지 또는 최고하여야 한다.

III. 통지 등의 도달시기 (제3항)

수탁자가 기명수익증권의 수익자 또는 질권자에게 수익자명부에 기재된 주소로 통지 등을 한 때에는 그러한 통지 등이 통상적으로 도달하는 때에 도달한 것으로 간주하여 법률관계가 복잡해지는 것을 방지한다.

IV. 수익자명부관리인의 선임 (제4항)

① 수탁자는 직접 수익자명부를 작성·관리하여야 하나 수익자명부관리인을 따로 둘 수도 있다.

② 신탁행위로 정한 경우에는 비용절감 등을 위하여 수탁자는 수익자명부관리인을 선임하여 관련 사무를 위탁할 수 있다.

③ 「상법」상 주주명부에 대한 명의개서대리인과 유사한 제도이다(제337조).

V. 수익자명부의 비치의무 (제5항)

① 수익증권발행신탁의 수탁자는 수익자명부를 그 주된 사무소에 비치하여야 하나, 수익자명부관리인이 선임되어 있는 경우에는 그 사무소에 비치하여야 한다.

② 수탁자나 수익자명부관리인이 개인인 경우에도 그 주소지나 주된 활동지를 사무소로 본다.

VI. 수익자명부의 열람·복사청구권 (제6항)

① 수익증권발행신탁의 위탁자, 수익자 기타 이해관계인은 영업시간 내에 언제든지 수익자명부의 열람·복사를 청구할 수 있다.

② 수익자명부의 기재는 추정력을 갖고, 대항요건이 되기 때문에 권리관계 확인을 위해서는 열람·복사청구권을 인정하여야 한다.

③ 수탁자 또는 수익자명부관리인은 정당한 사유가 없는 한 수익자명부의 열람·복사청구를 거부할 수 없다.

> ### 제80조(수익증권의 불소지)
>
> ① 수익권에 대하여 기명수익증권을 발행하기로 한 경우 해당 수익자는 그 기명수익증권에 대하여 증권을 소지하지 아니하겠다는 뜻을 수탁자에게 신고할 수 있다. 다만, 신탁행위로 달리 정한 경우에는 그에 따른다.
> ② 제1항의 신고가 있는 경우 수탁자는 지체 없이 수익증권을 발행하지 아니한다는 뜻을 수익자명부에 적고, 수익자에게 그 사실을 통지하여야 한다. 이 경우 수탁자는 수익증권을 발행할 수 없다.
> ③ 제1항의 경우 이미 발행된 수익증권이 있으면 수탁자에게 제출하여야 하고, 수탁자에게 제출된 수익증권은 제2항의 기재를 한 때에 무효가 된다.
> ④ 제1항의 신고를 한 수익자라도 언제든지 수탁자에게 수익증권의 발행을 청구할 수 있다.

I. 수익증권 불소지 신고 (제1항)

1. 규정의 취지

① 수익증권발행신탁의 수익자는 수탁자에게 그가 갖는 수익권을 표시하는 수익증권의 소지를 원하지 아니한다는 취지의 신고를 할 수 있다.
② "수익증권을 발행하기로 한 경우"에 불소지 신고가 가능하므로 수익증권 불소지 신고는 수익증권의 발행 전후를 불문하고 가능하다.
③ 그러나 무기명수익증권의 경우에는 수익자명부로 수익자를 확인할 수 없고 수익자 확인에 수익증권의 존재가 필수적이므로 수익증권불소지 제도가 적용되지 않는다.

2. 임의규정성

신탁행위로 수익증권 불소지 제도를 채택하지 아니할 수도 있다.

II. 수익증권 불소지 신고의 효과 (제2항부터 제4항까지)

① 기명수익증권의 수익자로부터 수익증권 불소지 신고를 받은 수탁자는 수익증권을 발행할 수 없다.
② 또한 지체 없이 수익증권을 발행하지 아니한다는 취지를 수익자명부에 기재하고

그 사실을 수익자에게 통지하여야 한다.

③ 이미 발행된 수익증권이 있는 경우 수익자는 이를 수탁자에게 제출하여야 한다.

④ 수탁자에게 제출된 수익증권은 수탁자가 수익자명부에 수익증권 불발행의 기재를 한 때에 무효가 된다.

⑤ 일단 수익증권의 불소지 신고를 한 수익자라도 장래 언제든지 수탁자에게 수익증권의 발행을 청구할 수 있다.

⑥ 수익증권의 불소지 신고를 한 수익자가 다시 수익증권 발행을 청구하면 수탁자는 지체 없이 수익증권을 발행하여야 하고, 수익증권을 발행하지 아니하기로 한 수익자명부의 기재사항을 삭제하여야 할 것이다.

1. 수익증권으로 표시된 수익권의 양도 방법 (제1항)

① 신탁행위로 수익권을 표시하는 수익증권을 발행하는 것으로 정한 신탁의 경우
(제78조 제1항) 해당 수익권의 양도는 수익증권의 교부에 의하여야 한다.

② 양도인·양수인 간에 수익권 양도에 관한 합의가 있어야 함은 물론이나, 수익증
권의 교부가 없으면 수익권 양도의 효력이 발생하지 아니한다.

③ 수익증권으로 표시되는 수익권의 양도에 관하여는 수익권 양도의 대항요건 등에
관한 일반규정(제65조)은 적용되지 아니한다.

④ 수종의 수익권이 존재하는 경우 신탁행위로 일부에 대하여서만 수익증권을 발행
하는 경우(제78조 제1항 후단), 수익증권을 발행하지 아니하기로 한 종류의 수
익권의 경우에는 제1항이 적용되지 아니한다.

2. 기명수익증권으로 표시된 수익권 이전의 대항요건 (제2항)

① 기명수익증권으로 표시된 수익권의 양도 또는 그 밖의 이전은 수익자명부에 명
의개서하여야 수탁자에게 대항할 수 있다.

② 이는 수탁자에 대한 대항요건일 뿐이므로, 수탁자 외의 제3자에 대해서는 수익
증권의 점유만으로 대항할 수 있다.

③ "이전"은 "양도" 뿐만 아니라 포괄승계, 법정승계 등을 모두 포함하는 개념이므

로, 상속 등의 이유로 수익증권을 소유하게 된 경우에도 수탁자에게 대항하려면 명의개서를 하여야 한다.

3. 수종의 수익권 중 수익증권을 발행하지 아니하는 수익권의 양도(제3항)

① 수종의 수익권 중 일부에 대하여 수익증권을 발행하지 아니하는 경우, 수익증권이 발행되지 아니한 종류수익권의 이전은 명의개서를 하여야 수탁자 및 제3자에게 대항할 수 있다.

② 수익증권은 발행되지 아니하였으나, 수익증권발행신탁에서 수익권 이전의 법률관계를 간명히 하기 위하여 수익증권이 발행되지 아니한 종류의 수익권에 대해서도 명의개서를 대항요건으로 한다.

③ 여기서의 명의개서는 수탁자 외에 제3자에 대한 관계에서도 대항요건이므로 수익증권발행신탁이 아닌 신탁의 수익권 양도에 관한 대항요건(제65조)은 적용되지 아니한다.

4. 수익증권 발행 전 수익권 양도의 효력 (제4항)

① 수익증권을 발행하기로 신탁행위로 정하여 놓은 신탁에 있어서 수익증권을 발행하기 이전에는 제1항에 따라 교부하여야 할 수익증권이 없으므로 당사자 간의 수익권 양도계약은 수탁자에 대하여 효력이 없으나, 수익증권 발행 전의 양도도 당사자 간에 채권적 효력은 있다.

② 그러나 수탁자가 부당하게 수익증권의 발행을 지체하면 수익권을 양수한 새로운 수익자는 수익권을 행사할 수 없는 손해를 입게 되므로 수탁자가 수익증권의 발행을 해태할 경우 수익자를 보호할 필요가 있다.

③ 따라서 수탁자가 수익증권을 발행하지 아니하는 경우, 당사자 간은 물론 수탁자에 대하여도 수익증권 양도의 효력을 인정한다.

④ 즉 신탁행위에 따라 수탁자가 수익증권을 발행하여야 하는 날로부터 6개월이 경과하여도 수익증권을 발행하지 아니하고 있으면, 수익권 양도는 수탁자에 대한 관계에서도 유효하다.

⑤ 이 경우의 수익권 양도는 수익권 양도에 관한 일반원칙(제64조 및 제65조)에 따

라야 하며, 수탁자에게 대항하기 위해서는 명의개서가 필요하나 양도의 요건을 갖춘 경우 수탁자는 명의개서를 거절할 수 없다.

⑥ 「상법」상 주권 발행 전의 주식양도 제한과 같은 취지에서 수익증권발행 전 양도의 효력은 수탁자에 대한 상대적 무효에 그친다.

> 제82조(수익증권의 권리추정력 및 선의취득)
> ① 수익증권의 점유자는 적법한 소지인으로 추정한다.
> ② 수익증권에 관하여는 「수표법」 제21조를 준용한다.

1. 수익증권 점유의 자격수여적 효력 (제1항)

수익증권의 점유자는 그 적법한 소지인으로 추정된다. 따라서 실질적 권리를 주장·증명함이 없이 수탁자에 대하여 명의개서 청구를 할 수 있다.

2. 수익증권의 선의취득 (제2항)

가. 규정의 취지

수익증권이 유가증권이라는 점에서 주권과 유사하므로 수익증권에 대한 선의취득에 대하여는 주권의 경우과 마찬가지로(「상법」 제359조) 「수표법」 제21조를 준용한다.

나. 선의취득의 인정 범위

① 「민법」상의 선의취득은 거래행위의 유효를 전제로 하므로 무능력, 사기 등 거래행위의 하자가 있는 경우에는 선의취득이 인정되지 아니하나, 「수표법」 제21조의 적용범위에 대해서 판례는 양도인이 무권리자인 경우뿐만 아니라 무능력자인 경우에도 선의취득이 인정된다고 하고, 학설은 거래행위의 하자가 있는 경우에도 선의취득이 인정되는지 여부에 관해 견해가 대립되고 있다.

② 수익증권은 「상법」상 주권의 경우와 마찬가지로 「수표법」 제21조가 준용되므로, 그 적용 범위에 대한 구체적 해석은 「상법」과 마찬가지로 학설과 판례에 따른다.

> **제83조(수익증권발행신탁 수익권에 대한 질권)**
> ① 수익증권발행신탁의 경우 수익권을 질권의 목적으로 할 때에는 그 수익권을 표시하는 수익증권을 질권자에게 교부하여야 한다.
> ② 제1항에 따라 수익증권을 교부받은 질권자는 계속하여 수익증권을 점유하지 아니하면 그 질권으로써 수탁자 및 제3자에게 대항하지 못한다.
> ③ 제78조제1항 후단에 따라 특정 수익권에 대하여 수익증권을 발행하지 아니한다는 뜻을 정한 수익증권발행신탁의 경우 해당 수익권에 대한 질권은 그 질권자의 성명 또는 명칭과 주소를 수익자명부에 적지 아니하면 수탁자 및 제3자에게 대항하지 못한다.
> ④ 수익증권발행신탁에서 수익권을 표시하는 수익증권을 발행하는 정함이 있는 수익권의 경우 수익증권 발행 전에 한 수익권에 대한 질권의 설정은 수탁자에 대하여 효력이 없다. 다만, 수익증권을 발행하여야 하는 날부터 6개월이 경과한 경우에는 그러하지 아니하다.

1. 수익증권으로 표시된 수익권에 대한 질권 설정 (제1항)

① 수익증권발행신탁의 경우 수익증권으로 표시된 수익권에 대한 질권의 설정은 수익증권의 교부에 의한다.

② 질권설정자, 질권자 간에 수익권에 대한 질권 설정에 관한 합의 외에 수익증권의 교부가 없으면 질권 설정은 효력을 발생하지 아니한다.

③ 수익증권으로 표시된 수익권에 대한 질권 설정에는 수익권을 목적으로 하는 질권 설정의 대항요건 등에 관한 일반규정(제66조)은 적용되지 아니한다.

④ 수종의 수익권이 존재하는 경우 신탁행위로 일부에 대하여서만 수익증권을 발행하는 경우(제78조 제1항 후단)는 제1항이 적용되지 아니하고, 당사자 간의 합의만으로 질권이 설정되며 대항요건은 제3항에 따른다.

2. 수익증권으로 표시된 수익권에 대한 질권의 대항요건 (제2항)

가. 의의

① 수익증권으로 표시된 수익권에 대한 질권은 계속 점유하여야 수탁자 및 제3자에게 대항할 수 있다.

② 수익증권으로 표시된 수익권 양도의 경우(제81조 제2항)와 달리 수익증권이 기명식인가 무기명식인가에 따른 구별은 없다.

나. 등록질의 도입 여부

① 「상법」상 기명주식에 대해서는 등록질(「상법」 제340조) 제도가 따로 마련되어 있는바, 수익증권의 대해서도 등록질 제도를 도입할 것인지에 관하여, 물상대위의 범위에 대하여는 제66조 제4항이 이미 포괄적으로 정하고 있어서 약식질과 등록질 간의 차이가 없고, 압류의 필요 여부에 대하여는 상법상 등록질과 관련하여서도 어차피 해석상 여러 가지 견해가 있으며, 「상법」상 등록질이 실무상 거의 사용되지 아니한다는 점에 비추어 등록질제도를 도입하지 아니한다.

② 「상법」상 주주명부에의 등록은 대항요건은 아니나, 약식질과 달리 등록질에 대해서는 별도의 압류절차가 필요 없고, 주식배당금 등에까지 당연히 물상대위를 할 수 있어서 물상대위의 범위 및 압류 필요 여부에서 차이가 있다.

3. 수익증권이 발행되지 아니한 수익권의 질권 설정 (제3항)

① 수종의 수익권 중 일부에 대하여서는 수익증권을 발행하지 아니하는 경우 당해 수익권에 대한 질권 설정은 수익자명부에 기재하여야 수탁자 및 제3자에게 대항할 수 있다.

② 따라서 수익권을 목적으로 하는 질권 설정의 대항요건 등에 관한 일반규정(제66조)은 적용되지 아니한다.

③ 이는 수익권 양도의 경우와 마찬가지로 수익증권발행신탁에서 수익권에 관한 권리관계를 획일적으로 처리하기 위한 것이다.

4. 수익증권 발행 전의 질권 설정 (제4항)

① 「상법」상 주식입질의 경우에는 주식양도와 달리 주권발행 전의 입질에 대한 예외규정이 없으나, 수익권에 대한 양도와 입질을 달리 취급할 특별한 이유는 없으므로 명시적 규정을 둔다.

② 수익증권을 발행하기로 신탁행위로 정하여 놓은 신탁에 있어서 수익증권을 발행하기 이전에는 제1항에 따라 교부하여야 할 수익증권이 없으므로 수익권에 대한 질권설정계약은 수탁자에 대하여 효력이 없다.

③ 그러나 수탁자가 부당하게 수익증권의 발행을 지체하고 있는 경우에는 수익증권 양도의 효력을 인정하고 있으므로, 신탁행위에 따라 수탁자가 수익증권을 발행

하여야 하는 날로부터 6개월이 경과하여도 수익증권을 발행하지 아니하고 있으면, 수익자는 의사표시만으로 유효하게 수익권에 대하여 질권 설정을 할 수 있다.

> **제84조(기준일)**
>
> ① 수익증권발행신탁의 수탁자는 기명수익증권에 대한 수익자로서 일정한 권리를 행사할 자를 정하기 위하여 일정한 날(이하 "기준일"이라 한다)에 수익자명부에 적혀 있는 수익자를 그 권리를 행사할 수익자로 볼 수 있다.
> ② 기준일은 수익자로서 권리를 행사할 날에 앞선 3개월 내의 날로 정하여야 한다.
> ③ 기준일을 정한 수탁자는 그 날의 2주 전에 이를 일반일간신문에 공고하여야 한다. 다만, 수탁자가 법인인 경우에는 그 법인의 공고방법에 따른다.
> ④ 신탁행위로 달리 정한 경우에는 제1항부터 제3항까지의 규정을 적용하지 아니한다.

1. 기명수익증권에 대한 기준일 (제1항)

가. 규정의 취지

① 수익권을 행사할 자를 시기적으로 특정하기 위한 기술적 방법으로서 「상법」상 주식에 대한 기준일 제도(제354조)와 유사하게 일정한 날 수익자명부에 수익자로 등재된 자를 그 이후의 변동에도 불구하고 수익권을 행사할 자로 확정하는 기준일 제도를 도입한다.

② 수익증권발행신탁의 수탁자는 기명식 수익증권에 대한 수익자로서 일정한 권리를 행사할 자를 정하기 위하여 기준일을 정하고 그 날 수익자명부에 등재된 자를 권리자로 취급할 수 있다.

나. 기준일 제도의 인정 범위

① 무기명수익증권의 경우에는 수익자명부에 수익자 등의 성명이 기재되지 아니하므로 기준일 제도는 당연히 적용되지 아니한다.

② 질권자에 대해서도 기준일 제도를 인정할 것인지가 논의될 수 있으나 등록질을 인정하지 않는 이상 큰 실익이 없으므로 규정하지 아니한다.

다. 기준일의 설정

기준일 제도를 이용할 것인지 여부는 수탁자가 재량껏 결정할 수 있으며, 신탁행위로 강제할 수도 있다(제4항).

라. 수익자명부 폐쇄 제도의 인정 여부

「상법」상 주식에 대해서는 기준일 제도와 같은 취지로 주주명부 폐쇄 제도가 인정되고 있는바(「상법」 제354조), 수익자명부에 대하여도 폐쇄 제도를 도입할 것인지가 문제되나, 기준일 제도만으로도 충분히 수익자 확정과 업무편의를 도모할 수 있으므로 폐쇄 제도는 도입하지 않는다.

2. 기준일의 정함 (제2항)

기준일과 행사일이 너무 벌어지지 않도록 하여 실제 수익자와 수익자명부상 수익자의 괴리가 지나치게 발생하지 아니하도록 하기 위하여 기준일은 행사할 날에 앞선 3개월 이내의 날로 정하여야 한다.

3. 기준일의 공고 (제3항)

해당 기준일부터 2주 전에 「신문 등의 자유와 기능 보장에 관한 법률」에 따른 일반일간신문 중 전국을 보급지역으로 하는 신문에 공고하여야 하나(제3항 본문), 수탁자가 법인인 경우에는 법인의 공고방법에 따라야 한다(제3항 단서).

4. 임의규정성 (제4항)

강행규정인 「상법」상 기준일 제도와는 달리, 신탁행위로 이에 관하여 달리 정할 수 있으므로 탄력적인 운용이 가능하다.

> **제85조(수익증권 발행 시 권리행사 등)**
>
> ① 무기명수익증권을 가진 자는 그 수익증권을 제시하지 아니하면 수탁자 및 제3자에게 수익자의 권리를 행사하지 못한다.
>
> ② 수익증권발행신탁의 수익권을 여러 명이 공유하는 경우 공유자는 그 수익권에 대하여 권리(수탁자로부터 통지 또는 최고를 받을 권한을 포함한다)를 행사할 1인을 정하여 수탁자에게 통지하여야 한다.
>
> ③ 제2항의 통지가 없는 경우 공유자는 수탁자가 동의하지 아니하면 해당 수익권에 대한 권리를 행사할 수 없고, 공유자에 대한 수탁자의 통지나 최고는 공유자 중 1인에게 하면 된다.
>
> ④ 수익증권발행신탁의 수익자가 여럿인 경우 수익자의 의사결정(제61조 각 호에 따른 권리의 행사에 관한 사항은 제외한다)은 제72조부터 제74조까지의 규정에 따른 수익자집회에서 결정한다. 다만, 신탁행위로 달리 정한 경우에는 그에 따른다.
>
> ⑤ 수익증권발행신탁의 경우 위탁자는 다음 각 호의 권리를 행사할 수 없다.
>
>   1. 제16조제1항 및 제21조제1항에 따른 해임권 또는 선임권
>
>   2. 제16조제3항, 제67조제1항, 제88조제3항 및 제100조에 따른 청구권
>
>   3. 제40조제1항에 따른 열람·복사 청구권 또는 설명요구권
>
>   4. 제79조제6항에 따른 열람 또는 복사 청구권
>
> ⑥ 제71조제1항 단서에도 불구하고 수익증권발행신탁의 경우 신탁행위로 다음 각 호의 어느 하나에 해당하는 뜻을 정할 수 있다.
>
>   1. 다음 각 목의 권리의 전부 또는 일부에 대하여 총수익자 의결권의 100분의 3(신탁행위로 100분의 3보다 낮은 비율을 정한 경우에는 그 비율을 말한다) 이상 비율의 수익권을 가진 수익자만 해당 권리를 행사할 수 있다는 뜻
>
>   가. 제40조제1항에 따른 열람·복사 청구권 또는 설명요구권
>
>   나. 제75조제1항에 따른 취소권
>
>   다. 제88조제3항에 따른 신탁의 변경청구권
>
>   라. 제100조에 따른 신탁의 종료명령청구권
>
>   2. 6개월(신탁행위로 이보다 짧은 기간을 정한 경우에는 그 기간을 말한다) 전부터 계속하여 수익권을 가진 수익자만 제77조제1항에 따른 유지청구권을 행사할 수 있다는 뜻
>
> ⑦ 수익증권발행신탁의 경우 제46조제4항부터 제6항까지 및 제47조제4항을 적용하지 아니한다. 다만, 신탁행위로 달리 정한 경우에는 그에 따른다.

1. 무기명수익증권 소지자의 권리 행사 (제1항)

① 무기명수익증권 소지자는 수익자명부로 자신이 권리자임을 주장할 수 없으므로,

수익증권 점유의 자격수여적 효력을 전제로 하여(제82조 제1항) 수익자로서 권리를 행사하려면 수탁자 및 그 이외의 자에게 수익증권을 제시하여야 한다.

② 「상법」상 무기명증권의 소지자가 권리행사를 하기 위해서는 주권을 회사에 공탁하여야 하는 것과 다르다(「상법」제358조).

2. 수익증권 공유자의 권리 행사 (제2항 및 제3항)

① 수익증권발행신탁의 수익권이 2인 이상의 자의 공유에 속하는 경우 기본적으로 「민법」제262조부터 제270조까지의 규정이 준용된다(수익권의 준공유; 「민법」 제278조).

② 그러나 수탁자가 수인의 공유자를 개별적으로 상대하는 것은 번잡하고, 공유자 간에 의사가 다를 경우 특정한 공유자의 의사에만 따를 수도 없는 것이므로, 「상법」상 주식의 공유에 관한 경우(「상법」제333조)와 유사하게 특례를 규정한다. 즉 공유자 중 1인을 대표로 정하여야 수익자로서의 권리를 행사할 수 있다.

③ 수탁자에게 공유자 대표로 정하여진 자의 성명을 통지하지 아니하면 수익자로서의 권리를 행사하지 못함. 그러나 수탁자가 권리행사에 동의한 경우에는 그러하지 아니하다. 부당하게 동의한 경우에는 수탁자의 의무위반이 될 수 있다.

④ 수탁자가 수익자에게 하는 통지 또는 최고에 있어서도 공유자 대표 1인에게만 하면 되고, 만약 수탁자가 공유자 대표를 통지받지 못한 경우에는 수탁자는 공유자 중 아무나 1인에게 통지하는 것으로 면책된다(제3항), 즉 제79조 제2항의 예외이다.

3. 수익증권발행신탁에서 수익자집회 (제4항)

① 수익증권발행신탁은 다수의 수익자를 예정하고 있으며, 수익권의 유통성이 높을 것이므로 원칙적으로 수익자집회를 통해 의사결정을 하도록 한다.

② 수익자가 2인 이상인 경우 의사결정방법의 원칙은 만장일치이고, 예외적으로 신탁행위로 특별히 정하는 경우에만 수익자집회 결의 등으로 결정할 수 있다(제71조).

③ 그러나 수익증권발행신탁의 경우에는 수익권이 증권화되어 유통되는 것을 전제로 하므로, 원활한 의사결정을 위하여 수익자집회에서의 결의를 원칙적인 의사

결정방법으로 하는 특칙을 둔다.

④ 수익자집회에서의 결의로 결정하지 않으려면 신탁행위로 별도의 정함을 두어야 한다.

⑤ 신탁행위로 특별한 정함이 없더라도 수익자집회에서 다수결에 의하기로 하는 정함이 있는 것으로 보므로, 신탁행위로 달리 정하지 아니하는 한도에서 제72조부터 제74조까지의 규정을 적용받게 된다.

4. 위탁자의 권리행사 제한 특례 (제5항)

① 위탁자가 수익자의 지위를 갖는 자익신탁의 경우, 수익자가 수익권만 양도하면 위탁자로서의 지위는 여전히 양도인이 갖게 된다.

② 그러나 수익권이 증권화되어 전전유통되는 경우 법률관계가 번잡해지는 것을 방지하기 위하여, 「신탁법」상 위탁자에게 인정되는 권리 중 일부에 대하여는 위탁자는 그 권리를 행사하지 못하고 수익자만 이 권리를 행사할 수 있는 것으로 규정한다.

③ 수익권의 증권화는 결국 위탁자와 수익자 사이의 인적 유대관계가 없어진다는 것을 의미하므로 법률관계를 간명히 하기 위해서는 자익신탁의 위탁자의 지위도 수익증권의 양도에 수반하여 이전되는 것으로 보자는 견해도 있다.

④ 위탁자가 행사할 수 없는 권리는 다음과 같다.

  - 수탁자의 해임에 대한 동의권 및 해임청구권(제16조 제1항 및 제3항), 신 수탁자의 선임에 대한 동의권 및 선임청구권(제21조 제1항), 신탁관리인의 선임청구권(제67조 제1항), 신탁변경청구권(제88조 제3항), 신탁종료명령청구권(제100조) 등 신탁의 변경·종료 또는 수탁자 등의 신탁관계인의 지위와 관련된 권리를 행사할 수 없다.

  - 위탁자는 신탁이 설정된 이후에는 신탁의 내부적 법률관계와 직접적인 이해관계가 없고 위탁자의 권리 행사로 수탁자의 업무 부담이 가중되는 것을 방지할 필요가 있으므로 신탁서류의 열람청구권 및 설명요구권(제40조 제1항)과 수익자명부의 열람·복사청구권(제79조 제6항)도 행사할 수 없다. 다만 제40조 제1항의 권리 중 복사청구권까지 인정하지 않을 경우 위탁자는 신탁에 관한 정보를 전혀 없을 수 없으며, 열람청구권 및 설명요구권에 비하여 수탁자의 업무 부담이 크지 않으므로 제외되는 권리에 포함시키지 않는다.

⑤ 위에서 열거한 권리 외에는 수익증권발행신탁에서도 위탁자가 권리를 행사할 수 있다.

- 제9조 설명 부분 참조

5. 수익자의 단독권 행사에 대한 특례 (제6항)

가. 규정의 취지

① 제61조 각 호에 열거한 권리는 각 수익자가 개별적으로 행사할 수 있으나(제71조 제1항 단서), 수익권이 증권화되어 다수의 수익자가 존재하게 될 가능성이 높은 수익증권발행신탁의 경우에도 위 규정을 그대로 적용하게 되면 신탁사무의 원활한 수행이 어렵고 다른 수익자의 이익이 침해될 우려가 있다.

② 따라서 「상법」상 소수주주권에 대응하는 개념으로, 일정한 권리에 대하여는 신탁행위로 특별한 정함을 두는 경우 단독권이 아니라 일정비율(3% 또는 그보다 낮은 비율) 이상의 수익권을 가진 수익자 또는 일정기간(6개월 또는 그보다 단기간) 계속하여 수익권을 가진 자에 한하여 그 권리를 행사할 수 있는 것으로 정할 수 있게 한다.

나. 규정의 내용

1) 3% 이상의 수익자의 권리

① 3% 이상의 수익권자만 신탁서류의 열람·복사청구권(제40조 제1항), 수익자취소권(제75조 제1항), 신탁변경청구권(제88조 제3항), 신탁종료명령청구권(제100조)을 행사할 수 있다.

2) 일정기간 이상 보유 수익자의 권리

① 일정기간 이상 보유 수익권자만 유지청구권(제77조 제1항)을 행사할 수 있다.

② 제77조 제1항의 유지청구권은 「상법」상 이사의 위법행위에 대한 주주 등의 유지청구권(제402조)에서 연원한 것으로, 「상법」은 대표소송과 유사하게 소수주주권(발행주식 총수의 1%)의 일종으로 보고 있으며, 상장회사의 경우 6개월 계속 보유 및 발행주식 총수의 0.5%를 요건으로 하고 있는바(제542조의6 제5항), 이에 준하여 6개월 계속 보유 요건을 신탁행위로 부가할 수 있도록 규정한다(입법목적이 양자의 경우에 공통되나, 0.5%의 지분요건은 원래 단독권이었으므로 부과하지 않았음).

③ 이에 반하여 제77조 제2항의 유지청구권은 개별 수익자 자신에게 손해가 발생할 우려가 있는 경우에 인정되는 권리로, 성질상 당연히 단독권이므로 별도의 요건을 추가하지 않는다.

6. 수익자에 대한 비용상환청구권 등에 대한 특례 (제7항)

① 제46조 제4항부터 제6항까지의 규정 및 제47조 제4항에 따라 수탁자는 수익자에게 비용상환청구권 및 보수청구권을 행사할 수 있으나, 증권의 소지자는 증권의 범위에서만 한정된 책임을 지는 것으로 기대할 것이므로 수익증권발행신탁의 경우에는 원칙적으로 수탁자의 비용상환청구권이나 보수청구권은 인정되지 아니한다.

② 그러나 신탁행위로 달리 정할 수는 있음. 만약 신탁행위로 수익자에게 비용상환의무 등을 부담시키기로 정하는 경우에는 수익증권에 그 내용을 기재하여야 한다(제78조 제5항 제5호).

1. 공시최고절차에 의한 수익증권의 실효 (제1항)

① 멸실·상실된 수익증권은 공시최고절차에 따라 무효로 할 수 있다.

② 공시최고절차는 「민사소송법」 제492조 이하의 공시최고절차에 관한 규정에 따른다.

③ 공시최고기간 내에 권리신고가 없을 때에는 제권판결을 하고 제권판결에 의하여 수익증권은 효력을 상실한다.

2. 수익증권의 재발행 (제2항)

수익증권을 상실한 자는 제권판결을 얻지 아니하면 수탁자에 대하여 수익증권의 재발행을 청구할 수 없다.

제6장 신탁사채

> ## 제87조(신탁사채)
>
> ① 다음 각 호의 요건을 모두 충족하는 경우 신탁행위로 수탁자가 신탁을 위하여 사채(社債)를 발행할 수 있도록 정할 수 있다.
>
> 　1. 수익증권발행신탁일 것
>
> 　2. 제114조제1항에 따른 유한책임신탁일 것
>
> 　3. 수탁자가 「상법」상 주식회사나 그 밖의 법률에 따라 사채를 발행할 수 있는 자일 것
>
> ② 제1항에 따라 사채를 발행하는 수탁자는 사채청약서, 채권(債券) 및 사채원부에 다음 각 호의 사항을 적어야 한다.
>
> 　1. 해당 사채가 신탁을 위하여 발행되는 것이라는 뜻
>
> 　2. 제1호의 신탁을 특정하는 데에 필요한 사항
>
> 　3. 해당 사채에 대하여는 신탁재산만으로 이행책임을 진다는 뜻
>
> ③ 사채 총액 한도에 관하여는 대통령령으로 정한다.
>
> ④ 제1항에 따른 사채의 발행에 관하여 이 법에서 달리 정하지 아니하는 사항에 대하여는 「상법」 제396조 및 제3편제4장제8절(「상법」 제469조는 제외한다)을 준용한다.

1. 신탁사채의 발행 (제1항)

가. 규정의 취지

① 구법체계상 사채는 법률에 특별한 규정이 있는 경우에만 발행할 수 있는 것으로 해석하는 것이 일반적이므로, 현행법은 명문으로 신탁재산을 근거로 한 사채 발행을 허용하여 신탁을 이용한 대규모 사업이 가능하도록 하되, 남용을 방지하고 사채권자를 보호하기 위해 제한적으로만 이를 허용한다.

② 상사신탁의 경우 신탁재산을 근거로 하여 대규모 사업을 진행할 여지가 있는데, 이 때 자금조달을 위탁자 혹은 수탁자의 자력과 신용에만 전적으로 의존하게 되면 대규모 사업 자체가 불가능할 수 있다.

③ 또한 수익권이 equity의 속성을 갖는다는 측면에서 주식에 유사한 것이라면, debt의 속성을 갖는 회사채와 유사한 채권 발행을 허용하여 신탁의 대규모 자금조달을 가능하게 할 필요가 있다.

나. 신탁사채의 발행요건

1) 수익증권발행신탁일 것

수익증권을 발행할 정도의 신탁은 그 규모가 큰 경우가 보통이고, 대규모 자금 조달의 현실적 수요가 존재할 가능성이 있으므로 수익증권발행신탁에만 사채발행을 허용한다.

2) 유한책임신탁일 것

① 사채를 수탁자의 고유재산으로까지 변제하게 하면 사채발행이 사실상 불가능해질 것이므로 유한책임 신탁으로 사채발행을 제한한다.

② 유한책임신탁으로 적격을 제한함으로써, 투자자 측면에서도 고유재산이 책임재산이 되지 않는다는 점에 대한 혼동의 소지를 원천봉쇄하여 투자자 보호에 충실하게 된다.

3) 수탁자가 주식회사 등 다른 법률에 의하여 사채(社債)를 발행할 수 있는 자일 것

법률에 의해 사채발행이 가능한 회사로만 사채발행을 제한하여 법이론적으로 이론(異論)의 소지가 있는 부분을 사전에 차단하고 남용을 방지한다.

4) 신탁행위로 신탁사채의 발행을 허용할 것

① 위 요건을 모두 충족하는 신탁의 경우로서, 신탁행위로 사채발행이 허용된 경우에는 수탁자는 신탁을 위하여 사채를 발행할 수 있다.

② 신탁행위에 의한 수권 없이 수탁자가 임의적으로 사채를 발행하는 것은 허용되지 아니한다.

③ 「상법」상 주식회사의 사채발행이 이사회 결의만으로 가능한 것보다 엄격하게 제한하여 남용을 방지한다.

④ 신탁행위로 신탁사채 발행을 허용한 경우에는 수익증권에 그 내용을 명시하도록 하여(제78조 제4항 제8호) 수익자 보호를 강화한다.

다. 사채발행한도의 도입 여부

사채발행한도를 정할 것인지가 문제되나, 「상법」(회사편)의 개정에서도 사발행의 한도를 폐지하였고, 유한책임신탁에만 사채가 발행되므로 사채권자는 신탁재산의 범위를 고려하여 사채를 인수하게 될 것이며, 신탁재산에는 독립성이 인정되므로 사채발행의 한도를 두지 아니한다.

2. 신탁사채의 발행 방법 (제2항 및 제3항)

① 원칙적으로 「상법」상 주식회사의 사채발행에 관한 규정을 준용하되 신탁의 특수성을 반영하여 일부 규정을 보완한다.

ⅰ) 투자자의 혼란을 막기 위하여 「상법」 제474조 제2항의 사채청약서, 제478조 제2항의 채권(債券), 제488조의 사채원부 등에서 신탁사채임을 명시하도록 하고, ⅱ) 신탁사채의 발행 시 수탁자 이사회의 결의는 불필요하고(수탁자의 고유재산은 책임재산이 되지 아니하므로 수탁자의 이사회의 통제를 받을 사항이 아니고, 신탁행위에 정하여진 바에 따른 통제만을 받게 됨), 수탁자의 순재산액을 기준으로 한 사채총액 제한 규정도 적용되지 아니하므로 「상법」 제469조(이사회결의를 통한 사채의 발행에 관한 규정) 및 제470조(사채발행한도의 제한)의 적용도 배제한다.

3. 사채 총액의 한도

제3항에 따른 사채(社債) 총액의 한도는 최종의 대차대조표에 의하여 유한책임신탁에 현존하는 순자산액의 4배로 한다. 다만, 최종의 대차대조표가 없는 경우에는 사채의 발행 시점에 유한책임신탁에 현존하는 순자산액의 4배로 한다.

제7장 신탁의 변경

> **제88조(신탁당사자의 합의 등에 의한 신탁변경)**
> ① 신탁은 위탁자, 수탁자 및 수익자의 합의로 변경할 수 있다. 다만, 신탁행위로 달리 정한 경우에는 그에 따른다.
> ② 제1항에 따른 신탁의 변경은 제3자의 정당한 이익을 해치지 못한다.
> ③ 신탁행위 당시에 예견하지 못한 특별한 사정이 발생한 경우 위탁자, 수익자 또는 수탁자는 신탁의 변경을 법원에 청구할 수 있다.
> ④ 목적신탁에서 수익자의 이익을 위한 신탁으로, 수익자의 이익을 위한 신탁에서 목적신탁으로 변경할 수 없다.

I. 합의에 의한 신탁의 변경(제1항 및 제2항)

1. 신탁 변경의 의의

① 신탁의 변경이란 신탁행위에서 정한 신탁의 목적, 신탁재산의 관리방법, 수익자에 대한 신탁재산의 급부내용, 신탁의 합병과 분할 등 신탁의 내용에 관하여 사후적으로 변경을 행하는 것을 의미한다.

② 신탁은 장기간 존속하기 때문에 위탁자가 장래의 변화를 대비하여 신탁을 설계한 경우에도 경제환경의 변화에 따라 신탁을 변경할 필요가 발생하는데, 그러한 경우에 신탁이 유연하고 신속하게 적응할 수 없다면 위탁자가 의도하는 목적 달성이 불가능할 뿐 아니라 수익자의 이익에 도움이 된다고 할 수 없으며, 신의칙 및 공평의 원칙에 반하는 결과가 된다.

③ 특히 장기간 존속하는 퇴직연금신탁, 부동산 가격의 변화와 같은 환경 변화의 영향을 많이 받는 토지신탁 등 사업성이 강한 신탁에서 신탁을 변경할 필요성이 많이 나타난다.

2. 합의에 의한 변경의 허용(제1항 본문)

가. 규정의 취지

① 구법 제36조는 위탁자 등이 법원의 허가를 받아 신탁재산의 관리방법을 변경할

수 있는 것으로만 규정하고 있어 위탁자, 수익자 및 수탁자가 합의로 신탁을 변경할 수 있는지가 불분명하였으나, 학설은 신탁의 직접적인 이해당사자인 위탁자, 수익자 및 수탁자가 합의한 경우에는 변경이 가능한 것으로 해석한다.

② 신탁과 직접 관련된 위탁자, 수익자 및 수탁자가 변경에 대하여 합의한 이상 신탁의 목적에도 반할 우려가 없고, 신탁사무를 집행하는데 문제가 없는 점, 당사자 간의 합의를 존중할 필요가 있다는 점, 법원, 위탁자, 수탁자 및 수익자 간의 변경권의 분배에 관하여 균형적인 사고를 이용하여 규제의 유연화를 도모하고 있는 입법경향 등을 고려하여 합의에 의한 변경에 관한 법적 근거를 마련한다.

나. 성립요건

① 3당사자 간의 합의가 있다면 특별한 사유가 없더라도 신탁의 변경을 인정한다.

② 수익자가 다수인 경우 변경의 합의에 대한 의사표시는 제71조부터 제74조까지의 규정에 따라 정할 수 있는데, 수익자집회의 방법을 선택한 경우 신탁 목적의 변경, 수익채권 내용의 변경 또는 그 밖에 중요한 신탁의 변경은 특별결의에 의하여야 한다(제74조 제2항 제2호).

다. 예외

1) 신탁행위(제1항 단서)

① 합의를 이루기 위하여 필요 이상의 시간과 비용이 소요되면 신탁의 유연성을 해칠 수 있으므로, 신탁행위로 특정 사항 또는 신탁에 관한 모든 내용에 대하여 위탁자, 수탁자 및 수익자 전원이 합의할 필요가 없이 위탁자와 수익자, 수탁자와 수익자 등 3당사자 중 2당사자의 합의 또는 수탁자나 수익자가 단독으로 신탁을 변경할 수 있도록 정할 수 있다.

② 신탁행위로 수탁자에게 단독변경권을 인정하였다고 하더라도 신탁 목적에 위반되는 변경권의 행사는 선관의무(제32조)에 위배될 여지가 있다.

2) 목적신탁(제4항)

수익자신탁과 목적신탁은 그 설정방법이나 관리감독 관계가 다르므로 양자 간에 서로 다른 형태로 변경하는 것은 허용하지 않다(제4항 설명 부분 참조).

3) 수익증권발행신탁(제78조 제6항)

수익증권발행신탁과 수익증권발행신탁이 아닌 신탁 간에 서로 다른 형태로 변경하는 것을 허용하면 수익증권발행을 둘러싼 법률관계가 복잡해져 거래안전을 해할 우려가 있으므로 이와 같은 변경은 허용하지 않는다(제78조 설명 부분 참조).

3. 변경의 대상

가. 원칙 - 변경대상에 제한 없음

① 구법은 제36조에서 '신탁재산의 관리방법'의 변경만 허용하고 있으나, 학설은 위 규정은 신탁의 개별 당사자가 법원에 변경청구를 할 수 있는 사유일 뿐이며, 위탁자, 수탁자 및 수익자의 합의가 있는 경우에는 신탁 목적도 변경할 수 있다고 해석한다.

② 변경의 대상에 대하여 특별히 규정하고 있지 않으나, 제74조 제2항 제2호에서 특별결의로 정할 변경의 합의대상에 '신탁 목적의 변경' 등을 정하고 있는 점을 고려할 때, 신탁의 목적 등 신탁의 내용에 대해서는 제한 없이 전부 변경할 수 있다는 취지이다.

나. 예외 - 신탁행위 (제1항 단서)

신탁 변경 조항도 임의규정이므로 신탁행위로 변경할 수 없는 사항을 정하는 것도 허용된다.

4. 변경의 효과

신탁이 변경되면 수익자를 비롯한 신탁채권자, 수탁자, 귀속권리자 등 많은 이해관계인이 영향을 받으므로 기존의 이해관계인을 보호할 필요가 있는바, 신탁의 변경으로 신탁채권자 등 제3자의 이익을 해할 수 없도록 규정하였고(제2항), 신탁의 변경에 대하여 반대한 수익자에게 수익권매수청구권을 인정한다(제89조).

II. 법원에 의한 신탁의 변경 (제3항)

1. 규정의 취지

수탁자의 보수 등과 같이 신탁의 3당사자 중 어느 한 당사자와 이해관계가 있는 사항에 관한 변경의 합의는 이루어지기 어렵고, 필요 이상의 비용과 시간이 소요될 수도 있으므로, 이와 같은 경우에 대비하여 구법 제36조와 같이 법원의 결정에 의하여 신탁을 변경할 수 있도록 한다.

2. 변경청구권자

위탁자의 상속인은 수익자 및 신탁재산과 이해관계가 충돌하는 자이므로 변경청구권자에서 제외한다.

3. 변경의 대상

① 구법 제36조는 '신탁재산의 관리 방법'의 변경만 허용하고 있는데,「신탁법」의 취지나 신탁의 본질에 반하지 않는 범위 내에서 이루어져야 하므로, 수익권의 내용에 영향을 미치지 아니하는 정도의 변경만 허용되는 것으로 해석된다.

② 예를 들어, 위탁자가 수탁자의 신탁재산에 관한 권한을 공동으로 행사하거나 수탁자가 단독으로 관리·처분할 수 없도록 실질적인 제한을 가하는 것도「신탁법」의 취지나 신탁의 본질에 반하는 것으로서 허용되지 않는다고 해석되었다.

③ 그러나 법원의 결정에 의한 신탁 변경의 경우에도 변경대상을 별도로 규정하지 않고 있으므로, '신탁재산의 관리 방법'에 한정되는 것이 아니라 신탁과 관련된 내용 전부에 대하여 법원에 변경청구를 할 수 있다.

④ 다만, 신탁 목적의 변경과 같이 중요한 신탁 변경의 경우에도 변경청구가 허용될 것인지에 대하여는 학설·판례의 해석론에 따르도록 한다.

4. 변경요건

가. 현행법의 태도

구법 제36조는 특별한 사정 외의 '수익자의 이익에 적합할 것'도 변경의 요건으로 규정하고 있으나, 현행법은 변경 방법이 수익자의 이익에 적합한지 여부는 법원에서 당연히 판단할 내용이고, 오히려 이를 변경요건으로 정한 경우 수익자의 이익에 적합함이 명백한 경우에만 변경청구를 할 수 있는 것으로 오해될 여지도 있으므로 이를 요건에서 제외한다.

나. '예견하지 못한 특별한 사정'의 의미

① 사정변경의 원칙을 반영한 법문으로, 신탁을 설정할 때 당사자의 귀책사유 없이 예견하지 못했던 사정 변경이 생겨 신탁의 기존내용을 준수하면 신탁재산에 중대하고 회복하기 어려운 사정이 발생한 것을 의미한다.

② 이 경우의 '사정'은 당사자 개인에게 발생한 주관적 사정과 신탁재산에 관하여

발생한 객관적 사정을 모두 포함한다.

③ 예견하지 못한 주체가 누구인지 가리지 않으므로 위탁자나 수탁자 중 어느 일 방이면 족하며 반드시 양자일 필요도 없다.

④ 수탁자가 정해진 관리방법에 위반하여 재산을 관리하여 수익자의 이익이 침해 되거나 침해될 우려가 생긴 경우에는 이에 해당하지 않는다.

5. 변경절차

법원에 대한 신탁재산관리방법의 변경은 「비송사건절차법」에 따른다.

III. 목적신탁과 수익자신탁 간의 변경 제한(제4항)

목적신탁과 수익자신탁 간에 서로 다른 형태의 신탁으로 변경하도록 허용하면, 채권자의 집행을 면탈하기 위하여 악용될 우려가 있고, 해당 신탁의 목적과 본질 에 반하는 것이므로 허용될 수 없다.

■ 관련판례

[1] 신탁법 제36조 제1항은 신탁행위 당시에 예견하지 못한 특별한 사정으로 신탁재산의 관리방 법이 수익자의 이익에 적합하지 아니하게 된 때에는 위탁자, 그 상속인, 수익자 또는 수탁자 는 그 변경을 법원에 청구할 수 있다고 규정하고 있는바, 이는 위와 같은 사정변경이 있는 경 우에 원래의 관리방법대로의 구속력을 인정하는 것은 신의칙 및 공평의 원칙에 반하는 결과가 되기 때문에 법원의 재판에 의한 관리방법의 변경을 인정한 것으로서, 정해진 관리방법 자체 가 적합하지 아니하게 된 것이 아니라 수탁자가 정해진 관리방법에 위반하여 재산을 관리한 결과 수익자의 이익이 침해되거나 침해될 우려가 생긴 것에 불과한 경우는 여기서 말하는 '예 견하지 못한 특별한 사정1에 해당한다고 할 수 없다.

[2] 신탁법 제36조 제1항에 의한 관리방법의 변경을 하는 경우에도 신탁법의 취지나 신탁의 본 질에 반하는 내용의 변경을 할 수는 없다고 할 것인데, 신탁법상의 신탁은 위탁자가 수탁자에 게 특정의 재산권을 이전하거나 기타의 처분을 하여 수탁자로 하여금 신탁 목적을 위하여 그 재산권을 관리·처분하게 하는 것이어서(신탁법제1조 제2항), 신탁의 효력으로서 신탁재산의 소유권이 수탁자에게 이전되는 결과 수탁자는 대내외적으로 신탁재산에 대한 관리권을 갖는 것이고, 다만 수탁자는 신탁의 목적 범위 내에서 신탁계약에 정하여진 바에 따라 신탁재산을 관리하여야 하는 제한을 부담함에 불과하므로, 신탁재산에 관하여는 수탁자만이 배타적인 처

분·관리권을 갖는다고 할 것이고, 위탁자가 수탁자의 신탁재산에 대한 처분·관리권을 공동행
사하거나 수탁자가 단독으로 처분·관리를 할 수 없도록 실질적인 제한을 가하는 것은 신탁법
의 취지나 신탁의 본질에 반하는 것이므로 법원은 이러한 내용의 관리방법 변경을 할 수는
없다[대법원 2003. 1. 27. 자, 2000마2997 결정].

제89조(반대수익자의 수익권매수청구권)

① 다음 각 호의 어느 하나에 해당하는 사항에 관한 변경에 반대하는 수익자는 신탁변경이 있은 날부터 20일 내에 수탁자에게 수익권의 매수를 서면으로 청구할 수 있다.

　　1. 신탁의 목적

　　2. 수익채권의 내용

　　3. 신탁행위로 수익권매수청구권을 인정한 사항

② 수탁자는 제1항의 청구를 받은 날부터 2개월 내에 매수한 수익권의 대금을 지급하여야 한다.

③ 제2항에 따른 수익권의 매수가액은 수탁자와 수익자 간의 협의로 결정한다.

④ 제1항의 청구를 받은 날부터 30일 내에 제3항에 따른 협의가 이루어지지 아니한 경우 수탁자나 수익권의 매수를 청구한 수익자는 법원에 매수가액의 결정을 청구할 수 있다.

⑤ 법원이 제4항에 따라 수익권의 매수가액을 결정하는 경우에는 신탁의 재산상태나 그 밖의 사정을 고려하여 공정한 가액으로 산정하여야 한다.

⑥ 수탁자는 법원이 결정한 매수가액에 대한 이자를 제2항의 기간만료일 다음 날부터 지급하여야 한다.

⑦ 수탁자는 수익권매수청구에 대한 채무의 경우 신탁재산만으로 책임을 진다. 다만, 신탁행위 또는 신탁변경의 합의로 달리 정한 경우에는 그에 따른다.

⑧ 제1항의 청구에 의하여 수탁자가 수익권을 취득한 경우 그 수익권은 소멸한다. 다만, 신탁행위 또는 신탁변경의 합의로 달리 정한 경우에는 그에 따른다.

1. 의의

① 1인의 수익자를 예정하고 있는 구법과 달리 복수수익자의 다수결에 의한 의사결정을 허용하고 있어 신탁의 변경, 합병, 분할 등에서 신탁의 내용이 자신의 의사에 반하더라도 그 신탁행위의 정함에 구속될 수밖에 없는 수익자가 발생하게 된다.

② 신탁의 변경, 합병 또는 분할의 경우 신탁재산에 변동을 가져와 수익권의 내용에 중대한 영향을 미칠 수 있으므로, 소수 수익자가 자신의 의사에 반하는 결정에 따른 위험과 다수 수익자의 횡포로 부터 보호받을 수 있도록 수익권을 매도하여 신탁에서 이탈할 수 있도록 규정하였는바(제89조, 제91조 제3항 및 제95조 제3항), 민사신탁보다는 상사신탁에서 많이 이용될 것으로 기대된다.

2. 행사절차

가. 반대수익자의 매수청구 (제1항)

① 신탁의 목적, 수익채권의 내용 또는 신탁행위에서 수익권매수청구권을 인정한 사항의 변경합의에 반대하는 수익자는 그 합의가 있은 날로부터 20일 내에 수탁자에게 서면으로 수익권의 매수를 청구하여야 한다.

② 수익권매수청구권의 인정범위를 신탁 변경의 경우 모두 인정하자는 견해가 있었으나, 신탁조항의 문언 변경과 같은 경미한 사항의 변경시까지 모두 매수청구권을 인정할 경우 신탁의 변경을 자유롭게 이용할 수 없게 되고, 그와 같은 경우에 반대수익자는 수익권을 포기하면 되므로, 신탁 목적의 변경과 같은 중요한 변경에 한정하여 매수청구권을 인정한다.

나. 수탁자의 매수 (제2항)

① 수익자가 수익권매수청구권을 행사하는 경우에 수탁자는 협의 또는 다른 방법에 의하여 반드시 매수청구를 받은 날로부터 2개월 이내에 가격을 확정하여 수익자에게 지급하여야 한다.

- 「상법」 제374조의2는 "2월 이내에 그 주식을 매수하여야 한다"로 규정하고 있으나, 이러한 표현은 회사가 별도로 매수의 의사표시(승낙)를 하여야만 주식매수가 성립하고, 그 승낙을 주식매수의 서면청구를 받은 날로부터 각기 2월 이내에 하면 되는 것으로 오인할 여지가 있으므로 "대금을 지급하여야 한다"로 규정한다.

- 이는 수탁자에게 매수의무를 강하게 부담시키려는 취지이다.

② 만일 수탁자가 2월이 넘도록 가격결정을 미루거나 그 지급을 아니하는 때에는 수탁자는 2월이 경과한 시점부터 지연이자를 부담하여야 한다(제6항).

3. 매수가격의 결정 절차

가. 협의 (제3항)

① 수익권의 매수가격은 원칙적으로 수탁자와 해당 수익자 간의 협의에 의하여 결정한다.

- 제4항과의 관계에 비추어 협의기간은 30일이 될 것이다.

② 이 경우의 협의는 반대수익자가 집단을 이루어 하는 것이 아니라, 각 수익자가

수탁자와 개별적으로 협의를 하는 것이다.

나. 법원의 결정 (제4항부터 제6항까지)

① 매수청구일로부터 30일 내에 매수가격에 대한 합의가 이루어지지 않은 경우 수탁자나 해당 수익자는 법원에 매수가액의 결정을 청구할 수 있고(제4항), 법원은 신탁의 재산상태 등 제반사정을 고려하여 공정한 가액을 산정하여야 한다(제5항).

② 법원의 결정으로 매수가액을 결정한 경우 2월이 경과한 시점부터 소급하여 지연이자를 지급하여야 한다(제6항).

4. 수익권매수청구의 효과 (제7항 및 제8항)

가. 수탁자의 유한책임 (제7항)

① 수익권매수청구에 대한 채무는 원래 신탁재산에 귀속되어야 할 것이므로, 수탁자는 신탁재산을 한도로 유한책임을 부담하고, 고유재산으로 책임을 부담하지 않는다(제7항 본문).

② 다만 신탁행위로 사전에 달리 정하거나 신탁 변경의 합의 시 개인적 책임도 부담하기로 정한 경우에는 그에 따른다(제7항 단서).

나. 수익권의 소멸 (제8항)

수익권매수청구에 기하여 수탁자가 수익권을 취득한 경우에는 자기 재산을 취득한 것이므로 취득한 수익권은 원칙적으로 소멸하나(제8항 본문), 신탁행위 또는 신탁 변경의 합의로 소멸하지 않은 것으로 정한 때(제8항 단서)에는 신탁재산에 수익채권의 형태로 존재한다.

> **제90조(신탁의 합병)**
> 수탁자가 동일한 여러 개의 신탁은 1개의 신탁으로 할 수 있다.

1. 신탁 합병의 의의

① 합병이란 현재 상법상 회사에 한정하여 인정되는 것으로 복수의 회사가 단체법·조
  직법상의 특별한 계약에 따라 하나의 회사로 합동하는 것으로, 신탁의 합병은 수
  탁자가 자신이 관리하는 복수의 신탁을 하나의 신탁으로 만드는 것을 의미한다.
② 수탁자가 동일한 신탁 간의 합병만 신탁의 합병으로 인정한다.
  - 수탁자가 다른 신탁의 경우, 신탁은 수탁자의 인격을 차용하여 나타나는 관계이므
    로 신탁을 합병하기 위해서는 인격을 제공한 수탁자가 통일되어야 하므로, 신탁의
    변경 절차를 통하여 하거나 수탁자의 합병 절차를 거쳐야 하기 때문이다.

2. 신탁 합병의 필요성

① 수탁자의 수익자에 대한 통지 등 신탁사무 처리의 편의성, 신탁재산의 관리와
  운용에 있어서 규모의 경제 실현, 수탁자의 보수와 세금의 절감 등 현실적·경제
  적 필요성이 있다.
  - 규모의 경제는 기업연금신탁 등의 상사신탁뿐만 아니라 가족신탁 등의 민사신탁에
    서도 필요하다.
② 신탁 간의 신탁재산이 동일한 경우 합동운용으로 달성할 수 있는 효과와 크게
  차이가 없으나, 신탁재산의 종류가 다르거나 처분의 용이성이 다른 경우에 운용
  방법의 융통성이라는 측면에서도 유용할 것이다.

3. 합병의 유형

'흡수합병'의 유형만 인정한다.
  - 회사의 합병에는 대상 회사 중 한 회사만이 존속하고 다른 회사는 소멸하는 흡수
    합병과 대상 회사가 모두 소멸하고 동시에 새로운 회사를 설립하는 신설합병을 구
    분하여 인정하고 있고, 일본 개정 신탁법은 신설합병의 형태만을 인정한다.
  - 수탁자가 관리하는 하나의 신탁이 다른 신탁의 신탁재산을 흡수하는 방법의 합병

만을 허용하였으나, 흡수합병으로도 합병 후의 신탁은 동일한 수탁자가 관리하는 새로운 신탁을 만드는 것과 사실상 같은 정도의 효과를 가질 수 있다.

> **제91조(신탁의 합병계획서)**
> ① 신탁을 합병하려는 경우 수탁자는 다음 각 호의 사항을 적은 합병계획서를 작성하여야 한다.
>   1. 신탁합병의 취지
>   2. 신탁합병 후의 신탁행위의 내용
>   3. 신탁행위로 정한 수익권의 내용에 변경이 있는 경우에는 그 내용 및 변경이유
>   4. 신탁합병 시 수익자에게 금전과 그 밖의 재산을 교부하는 경우에는 그 재산의 내용과 가액
>   5. 신탁합병의 효력발생일
>   6. 그 밖에 대통령령으로 정하는 사항
> ② 수탁자는 각 신탁별로 위탁자와 수익자로부터 제1항의 합병계획서의 승인을 받아야 한다. 다만, 신탁행위로 달리 정한 경우에는 그에 따른다.
> ③ 제1항의 합병계획서를 승인하지 아니하는 수익자는 합병계획서의 승인이 있은 날부터 20일 내에 수탁자에게 수익권의 매수를 서면으로 청구할 수 있다. 이 경우 제89조제2항부터 제8항까지의 규정을 준용한다.

I. 수탁자의 합병계획서 작성의무 (제1항)

1. 규정의 취지

① 신탁의 합병은 위탁자나 수익자의 지위에 중대한 영향을 미치기 때문에 위탁자 및 수익자의 승인을 받을 필요가 있다(제2항).

② 따라서, 합병을 주도하는 수탁자는 합병에 관한 사항을 기재한 합병계획서를 서면으로 작성하여야 한다.

③ 이 규정이 정하는 사항은 절대적 기재사항이다.

2. 합병계획서의 법정기재사항

가. 신탁 합병의 취지 (제1호)

나. 신탁 합병 후의 신탁행위의 내용 (제2호)

　　수탁자는 신탁 간에 신탁행위로 특별히 정한 사항이 달라 합병 후 신탁의 목적에 맞도록 신탁행위의 일부를 변경하여야 하는 경우 이를 명시하여야 한다.

다. 수익권 내용의 변경 시 변경내용 및 변경이유 (제3호)

　　신탁 간의 차이로 인한 계약의 기술적 곤란함 등의 이유로 수익자의 수익권이 변

동된 경우, 합병 후 신탁에서의 수익권과 합병 전 신탁에서의 수익권을 비교하여 수익자가 어떠한 이익이나 손실을 받게 되는지 명확하게 기재하여 수익자가 합병의 승인 여부를 결정하는데 참고할 수 있도록 한다.

라. 합병 시 수익자에게 교부할 재산의 내용 및 가액 (제4호)

신탁의 합병비율을 조정하기 위하여 수익권의 내용을 바꾸는 방법 외에 수익자에게 상법상 합병교부금과 유사하게 재산을 교부하는 방법을 택할 경우, 합병 후 신탁의 재산상태를 예상하고 정당한 대가를 지급받을 수 있는지 여부 등을 알 수 있도록 교부할 재산의 내용과 가액을 명시하여야 한다.

마. 합병의 효력발생일 (제5호)

언제 신탁 합병을 실시하는지 여부에 따라 수익권의 내용 등도 바뀔 수 있으므로 이를 명시할 필요가 있다.

바. 그 밖에 대통령령으로 정해진 사항(6호)

"대통령령으로 정하는 사항"이란 다음 각 호의 사항을 말한다.

1. 합병할 각 신탁의 위탁자의 성명 또는 명칭 및 주소
2. 합병할 각 신탁의 수탁자의 성명 또는 명칭 및 주소
3. 합병할 각 신탁의 신탁행위의 내용 및 설정일
4. 합병할 각 신탁의 신탁재산의 목록 및 내용
5. 합병할 각 신탁이 유한책임신탁인 경우에는 그 명칭 및 신탁사무처리지

II. 신탁관계인의 합병에 대한 승인 (제2항)

① 신탁의 합병은 그로 인하여 위탁자가 의도한 신탁 목적의 달성 여부가 달라질 수 있고, 수익권의 내용에 필연적으로 직·간접적인 변경을 가져오는 등 신탁관계인(위탁자와 수익자)의 법적 지위에 큰 영향을 미치게 되므로, 수탁자는 반드시 이들의 승인을 받아야 한다(수익자를 위하여 선임된 신탁관리인도 포함됨).

② 위탁자와 수익자의 승인이 반드시 필요하므로 합병의 주체에 위탁자와 수익자를 포함시키지 아니한다.

III. 반대수익자의 수익권매수청구권 (제3항)

신탁이 변경되는 경우와 동일하게 반대수익자에게 수익권매수청구권이 인정된다.

제92조(합병계획서의 공고 및 채권자보호)

① 수탁자는 신탁의 합병계획서의 승인을 받은 날부터 2주 내에 다음 각 호의 사항을 일반일간신문에 공고하고(수탁자가 법인인 경우에는 해당 법인의 공고방법에 따른다) 알고 있는 신탁재산의 채권자에게는 개별적으로 이를 최고하여야 한다. 제2호의 경우 일정한 기간은 1개월 이상이어야 한다.

1. 합병계획서

2. 채권자가 일정한 기간 내에 이의를 제출할 수 있다는 취지

3. 그 밖에 대통령령으로 정하는 사항

② 채권자가 제1항의 기간 내에 이의를 제출하지 아니한 경우에는 합병을 승인한 것으로 본다.

③ 이의를 제출한 채권자가 있는 경우 수탁자는 그 채권자에게 변제하거나 적당한 담보를 제공하거나 이를 목적으로 하여 적당한 담보를 신탁회사에 신탁하여야 한다. 다만, 신탁의 합병으로 채권자를 해칠 우려가 없는 경우에는 그러하지 아니하다.

1. 규정의 취지

① 신탁채권자의 입장에서 볼 때 신탁의 합병은 채권의 담보가 되는 신탁재산의 변동을 초래하여 채권의 변제가능성에 영향을 미치므로, 신탁채권자는 신탁의 외부인임에도 불구하고 보호할 필요성이 있다.

② 구법하에서 학설은 합병에 문제가 있는 경우 신탁채권자들이 사해행위취소권을 행사할 수 있다고 해석한다.

③ 신탁의 합병절차에서 신탁채권자를 보호하기 위하여 「상법」 제232조를 참조하여 채권자보호절차를 규정한다.

2. 합병계획서 등의 공고 및 개별최고(제1항)

① 수탁자는 합병계획서 및 신탁채권자의 이의제출절차 등을 공고하여야 하고, 알고 있는 신탁채권자에게는 위 사항을 개별적으로 최고하여야 한다.

② 공고는 다른 규정과 마찬가지로 일반일간신문 또는 수탁자회사가 정한 방법으로 위탁자와 수익자가 합병계획서를 승인한 날부터 2주일 내에 하여야 한다.

③ 최고는 합병계획서의 승인을 받은 날부터 2주일 내에 채권자에게 도달할 것을 요하는 것은 아니고, 2주일 내에 채권자에게 최고를 발송함으로 족하다.

3. 합병의 공고 · 최고 사항

제1항 제3호에서 "대통령령으로 정하는 사항"이란 합병 후 신탁채무의 이행 계획을 말한다.

4. 신탁채권자의 이의제출

가. 이의제출의 절차

신탁채권자는 1개월 이상으로 정한 기간 내에 합병에 대한 이의를 제출할 수 있고, 이의제출의 방법에 관하여는 특별한 제한이 없다.

나. 이의불제출의 효과 (제2항)

① 신탁채권자가 1월 이상으로 정한 기간 내에 합병에 대한 이의를 제출하지 않은 경우 합병을 승인한 것으로 보므로, 신탁채권자는 합병의 효력에 대하여 다툴 수 없다.

② 하지만 제1항에서 최고를 받아야 할 신탁채권자에 해당함에도 최고를 받지 못한 자는 이의의 제출기간 내에 이의를 제출하지 않았다고 하더라도 합병을 승인한 것으로 보지 않으며, 설령 위 신탁채권자가 공고를 통하여 합병절차가 진행 중이라는 것을 알았다고 하더라도 이의제출권을 포기한 것으로 볼 수 없다.

다. 이의제출의 효과 (제3항)

① 채권자가 이의를 제출한 경우 신탁 합병을 하여도 이의를 제기한 채권자에게 해를 끼칠 염려가 없음을 증명하지 않는 이상, 수탁자는 ⅰ) 해당 신탁채권자에게 변제, ⅱ) 해당 신탁채권자에게 적당한 담보제공 또는 ⅲ) 변제의 담보를 목적으로 신탁회사에게 적당한 재산의 신탁을 하여야 한다.

② 상법과 달리 신탁채권자가 이의를 제출하여도 '합병이 채권자를 해칠 우려가 없는 때'에는 수탁자는 변제, 담보제공 또는 담보목적의 신탁을 하지 않아도 된다 (제3항 단서).

③ 이는 상법 규정과 같이 단서규정을 두지 않으면 해석상 채권자의 이의제기 여부가 오로지 신탁채권자의 재량에 맡겨지게 되는바, 신탁의 합병에 적지 않은 부담을 줄 것이고, 결국 제도 본래의 기능을 약화시킬 수 있으므로, 신탁채권자의 재량권을 합리적으로 제한하기 위하여 단서규정을 둔다.

> **제93조(합병의 효과)**
> 합병 전의 신탁재산에 속한 권리·의무는 합병 후의 신탁재산에 존속한다.

■ 신탁재산에 속하는 권리·의무의 포괄적 이전

① 신탁이 합병된 경우, 회사의 합병과 마찬가지로 종전 신탁의 권리의무는 포괄적으로 새로운 신탁에 이전된다.

② 포괄승계의 대상이 되는 것은 합병 전의 신탁, 즉 합병으로 인하여 소멸하는 신탁의 신탁재산에 속하는 일체의 권리·의무, 즉 적극재산과 소극재산의 총체이다.

③ 포괄승계이므로 각각의 적극재산에 대하여 개별적으로 이전행위를 할 필요가 없고, 별도의 채무인수절차를 거칠 필요도 없으나, 승계한 권리를 처분하기 위해서는 등기, 등록 등 공시방법을 갖추어야 하며(「민법」 제187조 단서), 권리의 종류에 따라 제3자에게 대항하기 위해서는 대항요건을 갖추어야 할 경우가 있다.

> 제94조(신탁의 분할 및 분할합병)
> ① 신탁재산 중 일부를 분할하여 수탁자가 동일한 새로운 신탁의 신탁재산으로 할 수 있다.
> ② 신탁재산 중 일부를 분할하여 수탁자가 동일한 다른 신탁과 합병(이하 "분할합병"이라 한다)할 수 있다.

1. 신탁 분할의 의의

신탁의 분할이란 신탁의 합병과 반대로 하나의 신탁을 2개 이상으로 나누어 새로운 신탁을 설정하거나 기존의 다른 신탁과 합병하여 별도의 신탁으로 운영하는 것을 의미한다.

2. 신탁 분할의 필요성

신탁의 분할은 수익자 간에 신탁에 관한 의견이 충돌하는 경우, 수익자의 수익권에 대한 수요모델이 달라지는 경우 등에 각 수익자의 수요를 최대한 충족시키기 위하여 필요하다.

3. 분할의 유형

가. 총괄

① 상법상 회사의 분할은 크게 '단순(신설)분할', '분할합병', '신설 및 분할합병' 및 '물적분할'의 네 가지로 나눌 수 있고, 나아가 단순분할과 분할합병은 분할되는 회사가 소멸하느냐(소멸분할), 소멸하지 않느냐(존속분할)에 따라 세분화되어 회사분할의 방식을 매우 다양하게 설계할 수 있다.

② 그러나 신탁에서는 지나치게 복잡한 유형의 분할 형태를 인정할 실익이 적고, 기존 신탁의 수익자를 보호하기 위하여 상법과 달리 그 방식을 제한할 필요가 있는바, '단순분할'과 '분할합병'의 형태만 인정한다.

나. 허용되는 분할의 유형

1) 단순분할

① 신탁의 신탁재산 중 일부를 분할하여 수탁자를 같이 하는 새로운 신탁의 신탁재산을 만드는 것으로, 분할 후에는 분할된 신탁(존속신탁)과 분할 후 새로운 신탁(신설신탁)이 존재하게 된다.

② 예를 들어, 수익자인 미성년의 형제가 장래에 사업을 시작할 때 자금으로 사용하기 위하여 위탁자가 신탁을 설정하였는데, 위탁자가 사망한 후 형제가 성인이 되었을 때 사이가 나빠져 하나의 신탁으로 운영하는 것이 어렵다고 판단되는 경우 등에 분할신탁을 이용할 수 있을 것이다.

2) 분할합병

① 하나의 신탁의 신탁재산 중 일부를 분할하여 수탁자를 같이 하는 다른 신탁의 신탁재산과 합치는 것으로 분할 후에는 분할된 신탁과 분할합병된 신탁이 존재하게 된다.

② 예를 들어, 일방의 연금신탁을 분할하고 타방의 연금신탁과 합병하는 경우 등에 이용할 수 있을 것이다.

> **제95조(신탁의 분할계획서 및 분할합병계획서)**
>
> ① 제94조에 따라 신탁을 분할하거나 분할합병하려는 경우 수탁자는 다음 각 호의 사항을 적은 분할계획서 또는 분할합병계획서를 작성하여야 한다.
>
>   1. 신탁을 분할하거나 분할합병한다는 취지
>   2. 분할하거나 분할합병한 후의 신탁행위의 내용
>   3. 신탁행위로 정한 수익권의 내용에 변경이 있는 경우에는 그 내용 및 변경이유
>   4. 분할하거나 분할합병할 때 수익자에게 금전과 그 밖의 재산을 교부하는 경우에는 그 재산의 내용과 가액
>   5. 분할 또는 분할합병의 효력발생일
>   6. 분할되는 신탁재산 및 신탁채무의 내용과 그 가액
>   7. 제123조에 따라 유한책임신탁의 채무를 승계하는 분할 후 신설신탁 또는 분할합병신탁이 있는 경우 그러한 취지와 특정된 채무의 내용
>   8. 그 밖에 대통령령으로 정하는 사항
>
> ② 수탁자는 각 신탁별로 위탁자와 수익자로부터 제1항의 분할계획서 또는 분할합병계획서의 승인을 받아야 한다. 다만, 신탁행위로 달리 정한 경우에는 그에 따른다.
>
> ③ 제1항의 분할계획서 또는 분할합병계획서를 승인하지 아니한 수익자는 분할계획서 또는 분할합병계획서의 승인이 있는 날부터 20일 내에 수탁자에게 수익권의 매수를 서면으로 청구할 수 있다. 이 경우 제89조제2항부터 제8항까지의 규정을 준용한다.

Ⅰ. 수탁자의 분할계획서 또는 분할합병계획서 작성의무 (제1항)

1. 규정의 취지

① 신탁의 분할은 신탁재산이 감소되는 것이어서 합병보다 더 위탁자나 수익자의 지위에 중대한 영향을 미치고 그와 같은 이유로 위탁자 및 수익자의 승인을 받아야 하므로(제2항), 합병을 주도하는 수탁자는 합병에 관한 사항을 기재한 합병계획서를 서면으로 작성하여야 한다.

② 이 규정이 정하는 사항은 절대적 기재사항이다.

2. 합병계획서의 법정기재사항

가. 분할 또는 분할합병의 취지 (제1호)

나. 분할 또는 분할합병 후의 신탁행위의 내용 (제2항)

수탁자는 신탁의 분할 후 각 신탁의 목적에 맞도록 신탁행위의 일부를 변경하여야 하는 경우 이를 명시하여야 한다.

다. 수익권 내용의 변경 시 변경내용 및 변경이유 (제3호)

분할에 따른 신탁재산 및 신탁사무의 변경으로 수익자의 수익권이 변동된 경우, 분할 후 신탁에서의 수익권과 분할 전 신탁에서의 수익권을 비교하여 수익자가 어떠한 이익이나 손실을 받게 되는지 명확하게 기재하여 수익자가 분할의 승인 여부를 결정하는데 참고할 수 있도록 한다.

라. 분할 또는 분할합병 시 수익자에게 교부할 재산의 내용 및 가액 (제4호)

신탁의 분할을 위하여 수익권의 내용을 바꾸는 방법 외에 수익자에게 상법상 분할교부금에 해당하는 재산을 교부하는 방법으로 해결할 경우, 분할 후 각 신탁의 재산상태를 예상할 수 있도록 교부할 재산의 내용과 가액을 명시하여야 한다.

마. 분할 또는 분할합병의 효력발생일 (제5호)

언제 신탁 분할을 실시하는지 여부에 따라 수익권의 내용 등이 달라질 수 있어 수익자의 이익에 중대한 영향을 미칠 수 있으므로 이를 명시할 필요가 있다.

바. 분할되는 신탁재산 및 신탁채무의 내용 및 가액 (제6호)

합병의 경우 합병이 되는 신탁의 모든 채무를 합병하는 신탁이 포괄승계하나, 분할의 경우 분할 전 신탁에 관한 채무가 분할 후의 어느 신탁에 귀속되는지 여부는 당연히 결정되는 것은 아니므로, 분할 후 신설신탁 또는 분할합병신탁은 분할된 신탁의 신탁재산의 채무를 인수하는 과정이 필요한바, 각 신탁에 인수될 해당 채무의 내용 및 가액 등을 명시하여야 한다.

사. 유한책임신탁의 경우 신탁채무의 분할취지 및 내용 (제7호)

분할된 신탁이 유한책임신탁인 경우 해당 신탁채무는 유한책임신탁의 성질을 그대로 유지하므로, 분할 후 신설신탁 또는 분할합병신탁이 승계하는 채무가 있는 경우 그러한 취지 및 해당 채무의 내용을 기재하여야 한다.

아. 그 밖에 대통령령으로 정해진 사항 (제8호)

"대통령령으로 정하는 사항"이란 다음 각 호의 사항을 말한다.

1. 분할된 신탁과 분할 후 신설신탁 또는 분할합병신탁의 위탁자의 성명 또는 명칭 및 주소
2. 분할된 신탁과 분할 후 신설신탁 또는 분할합병신탁의 수탁자의 성명 또는 명

칭 및 주소

3. 분할된 신탁과 분할 후 신설신탁 또는 분할합병신탁이 유한책임신탁인 경우에는
   그 명칭 및 신탁사무처리지

Ⅱ. 신탁관계인의 분할 또는 분할합병에 대한 승인 (제2항)

신탁의 분할 등으로 인하여 위탁자가 의도한 신탁 목적의 달성 여부가 달라질 수
있고, 수익권의 내용에 필연적으로 직·간접적인 변경을 가져오는 등 신탁관계인
(위탁자와 수익자)의 법적 지위에 큰 영향을 미치게 되므로, 수탁자는 반드시 이
들의 승인을 받아야 한다(수익자를 위하여 선임된 신탁관리인도 포함됨).

Ⅲ. 반대수익자의 수익권매수청구권 (제3항)

신탁이 변경되는 경우와 동일하게 반대수익자에게 수익권매수청구권이 인정된다.

제96조(분할계획서 등의 공고 및 채권자보호)

① 수탁자는 신탁의 분할계획서 또는 분할합병계획서의 승인을 받은 날부터 2주 내에 다음 각 호의 사항을 일반일간신문에 공고하고(수탁자가 법인인 경우에는 그 법인의 공고방법에 따른다) 알고 있는 신탁재산의 채권자에게는 개별적으로 최고하여야 한다. 제2호의 경우 일정한 기간은 1개월 이상이어야 한다.

　1. 분할계획서 또는 분할합병계획서

　2. 채권자가 일정한 기간 내에 이의를 제출할 수 있다는 취지

　3. 그 밖에 대통령령으로 정하는 사항

② 채권자가 제1항의 기간 내에 이의를 제출하지 아니한 경우에는 신탁의 분할 또는 분할합병을 승인한 것으로 본다.

③ 이의를 제출한 채권자가 있는 경우 수탁자는 그 채권자에게 변제하거나 적당한 담보를 제공하거나 이를 목적으로 하여 적당한 담보를 신탁회사에 신탁하여야 한다. 다만, 신탁을 분할하거나 분할합병하는 것이 채권자를 해칠 우려가 없는 경우에는 그러하지 아니하다.

① 신탁 분할의 채권자보호절차는 신탁 합병의 절차와 동일하다(제92조).

② 신탁의 분할이든 신탁의 분할합병이든 분할된 신탁의 채권자 지위에 미치는 영향은 실질적인 차이가 없으므로, 동일한 채권자보호절차에 따른다.

③ 제1항제3호에서 "대통령령으로 정하는 사항"이란 분할 또는 분할합병 후 신탁 채무의 이행 계획을 말한다.

> **제97조(분할의 효과)**
> ① 제94조에 따라 분할되는 신탁재산에 속한 권리·의무는 분할계획서 또는 분할합병계획서가 정하는 바에 따라 분할 후 신설신탁 또는 분할합병신탁에 존속한다.
> ② 수탁자는 분할하는 신탁재산의 채권자에게 분할된 신탁과 분할 후의 신설신탁 또는 분할합병신탁의 신탁재산으로 변제할 책임이 있다.

1. 권리·의무의 승계 (제1항)

① 분할계획서에 특정된 분할된 신탁의 권리·의무가 분할 후 신설신탁 또는 분할합병신탁에게 이전된다.

② 분할로 인한 재산의 이전은 '법률의 규정'에 따른 이전에 해당하므로(「민법」 제187조), 분할된 신탁의 신탁재산은 별도의 이전행위나 공시방법을 필요로 하지 않는다.

2. 분할 전 신탁채권자의 책임재산 (제2항)

① 분할된 신탁에 대한 신탁채권은 분할로 인하여 생긴 '분할 후 신설신탁 또는 분할합병신탁'의 신탁재산뿐만 아니라 분할되고 남은 '분할된 신탁'의 신탁재산도 책임재산으로 한다.

② 이 규정은 신탁의 분할로 인하여 신탁 간의 채무승계가 어떻게 이루어 지는지 여부와 상관없이 분할 전 신탁에 대한 신탁채권자가 분할로 인하여 책임재산이 감소되는 불이익을 입지 않게 하려는 취지이다.

제8장 신탁의 종료

> ## 제98조(신탁의 종료사유)
>
> 신탁은 다음 각 호의 어느 하나에 해당하는 경우 종료한다.
>   1. 신탁의 목적을 달성하였거나 달성할 수 없게 된 경우
>   2. 신탁이 합병된 경우
>   3. 제138조에 따라 유한책임신탁에서 신탁재산에 대한 파산선고가 있은 경우
>   4. 수탁자의 임무가 종료된 후 신수탁자가 취임하지 아니한 상태가 1년간 계속된 경우
>   5. 목적신탁에서 신탁관리인이 취임하지 아니한 상태가 1년간 계속된 경우
>   6. 신탁행위로 정한 종료사유가 발생한 경우

1. 신탁 종료의 의의

① 신탁의 종료란 특정의 신탁 및 그 수탁자를 비롯한 신탁당사자들의 신탁관계가 더 이상 계속되지 않는 것으로(절대적 종료), ⅰ) 법정종료사유의 발생으로 인한 종료(제99조), ⅱ) 합의에 의한 종료(제100조) 및 ⅲ) 법원의 명령에 의한 종료(제101조)를 인정한다.

2. 신탁의 당연종료

가. 신탁 목적의 달성 또는 달성불능(제1호)

1) 규정의 취지

① 구법 제55조 후단에서도 인정하고 있는 사유로 신탁을 계속하는 것이 무의미한 경우이므로 당연 종료사유이다.

② 신탁 목적의 달성 및 달성불능은 동전의 양면과 같은 관계에 있어서 엄격히 구분하는 것이 곤란한 경우가 많은데, 예를 들어 유아의 주거제공 목적으로 가옥이 신탁되었는데 아이들이 성장하여 더 이상 같이 살지 못한 경우, 주거제공 목적은 달성불능으로 볼 수 있는 동시에 주거제공이라는 신탁 목적을 달성한 것으로도 볼 수 있다.

2) '신탁 목적의 달성'의 의미

신탁 목적이 달성되면 신탁은 정상적으로 종료하는데, 예를 들어 대학의 학비지급

을 목적으로 하는 신탁에서 수익자가 대학을 졸업한 경우, 특정 부동산처분을 목적으로 하는 신탁에서 해당 부동산의 처분이 완료된 경우 등에 신탁 목적이 달성되었다고 볼 수 있다.

   3) '신탁 목적의 달성불능'의 의미

   ① '신탁의 목적 달성이 객관적으로 불가능하게 된 경우'를 의미하는 것으로, i) 신탁행위의 효력발생 후에 무효원인이 발생한 경우, ii) 신탁재산이나 수익권이 불가항력적 사유로 소멸한 경우, iii) 부양신탁 등에서 수익권의 일신전속적 귀속자인 수익자가 사망한 경우, iv) 수익자(수익자가 복수인 경우 수익자 전원)가 수익권을 포기하는 경우, ⅴ) 단독수익자의 지위와 단독수탁자의 지위가 동일인에게 귀속한 경우 등에 목적 달성의 불능이 인정된다.

   ② 따라서, 신탁 목적의 달성이 객관적으로 가능하다면, 수탁자가 의무를 위반하여 이행불능인 경우 등에도 수탁자의 해임이나 손해배상청구만 가능할 것이며, 신탁을 종료할 수는 없다.

나. 신탁의 합병 (제2호)

명문으로 신탁의 합병을 인정하는 것에 대응한 것으로 합병되는 신탁의 입장에서 볼 때 신탁은 합병으로 인해 종료되는 것이다.

다. 유한책임신탁의 파산선고 (제3호)

현행법 및 「채무자 회생 및 파산에 관한 법률」은 유한책임신탁에 대해서도 별도의 파산절차가 가능하도록 규정하고 있는바, 유한책임신탁에서 신탁재산이 지급불능이나 채무초과상태에 있게 되면 신탁을 존속시키더라도 수익자에게 이익이 되지 않고, 환가 등의 신탁재산에 대한 파산절차가 개시되므로 신탁이 종료하는 것으로 정한다.

라. 수탁자 지위의 공백이 1년 이상인 경우(제4호)

수탁자의 부재 상태가 장기간 계속되어 신탁재산의 가치가 감소할 수 있고, 신탁재산의 임시적 관리자인 신탁재산관리자의 지위가 장기간 지속되는 것은 바람직하지 아니하므로 신수탁자의 선임을 강제하기 위하여 전수탁자의 임무가 종료한 후 1년 내에 신수탁자가 취임하지 않는 경우에는 신탁이 종료한다.

마. 목적신탁에서 신탁관리인의 공백이 1년 이상인 경우(제5호)

목적신탁의 경우 법원이 신탁관리인을 선임하도록 하고 있는바(제68조 제1항), 신탁관리인의 임무가 종료한 후 1년 내에 새로운 신탁관리인이 선임되지 않으면, 제4호와 같은 이유로 신탁이 종료하는 것으로 정한다.

바. 신탁행위에서 정한 종료사유(제6호)

① 법에 의한 신탁종료의 사유 외에도 신탁행위로 종료사유를 미리 정한 경우에는 그 사유가 발생한 때 신탁은 종료한다.

② 신탁행위로 정한 대표적인 종료사유는 '신탁기간'으로 정기·부정기로 정한 존속기간에 도달한 경우 신탁은 종료하며, 위탁자, 수탁자 또는 수익자가 사망한 경우 신탁은 자동적으로 종료되는 것은 아니나 이를 종료사유로 정한 경우에는 신탁이 종료한다.

■ 관련판례 1

위탁자가 금전채권을 담보하기 위하여 그 금전채권자를 우선수익자로, 위탁자를 수익자로 하여 위탁자 소유의 부동산을 신탁법에 따라 수탁자에게 이전하면서 채무불이행 시에는 신탁부동산을 처분하여 우선수익자의 채권 변제 등에 충당하고 나머지를 위탁자에게 반환하기로 하는 내용의 담보신탁을 해 둔 경우, 특별한 사정이 없는 한 우선수익권은 경제적으로 금전채권에 대한 담보로 기능할 뿐 금전채권과는 독립한 신탁계약상의 별개의 권리가 된다. 따라서 이러한 우선수익권과 별도로 금전채권이 제3자에게 양도 또는 전부(轉付)되었다고 하더라도 그러한 사정만으로 우선수익권이 금전채권에 수반하여 제3자에게 이전되는 것은 아니고, 금전채권과 우선수익권의 귀속이 달라졌다는 이유만으로 우선수익권이 소멸하는 것도 아니다 *(대법원 2017. 6. 22. 선고 2014다225809 전원합의체 판결 참조).*

위 법리에 따라 기록을 살펴보면, 원심이 이 사건 대여금채권이 소외인에게 전부되었다는 사정만으로 그와 별개의 권리인 우선수익권까지 전부채권자인 소외인에게 이전되었다고 판단한 부분은 잘못이나, 위 대여금채권의 전부에도 불구하고 주식회사 크레타건설의 우선수익권은 소멸하지 않고 이 사건 각 담보신탁계약은 여전히 유효하게 존속한다고 할 것인데, 이 사건 대여금채권이 전부되었다는 사정만으로 위 각 신탁계약이 해지 또는 종료되었다고 할 수 없다고 보아, 위 각 신탁계약의 해지 또는 종료를 전제로 한 위 피고들의 주장을 배척한 원심의 결론은 정당하다. 거기에 전부명령, 부동산담보신탁, 담보물권, 신탁계약의 해지, 신의칙 등 관련 법리를 오해하여 판결에 영향을 미친 잘못이 없다 *[대법원 2017. 9. 7., 선고, 2015다237847, 판결].*

■ 관련판례 2

[다수의견] 토지구획정리사업의 시행인가를 받은 甲 토지구획정리조합이 사업비를 조달하기 위하여 시행사인 乙 주식회사와 금전 차용계약 및 추가차용계약을 체결하고, 乙 회사 및 시공사인 丙 주식회사와 위 대여금채권과 관련하여 합의서 및 추가합의서를 작성한 다음, 위 합의서 및 추가합

의서에 따라 두 차례에 걸쳐 신탁회사인 丁 주식회사와 위 사업의 일부 체비지에 관하여 부동산담보신탁계약을 체결하여 乙 회사를 우선수익자로 하는 우선수익권증서를 발급받아 주었고, 乙 회사는 위 담보신탁계약의 위탁자인 甲 조합과 수탁자인 丁 회사의 동의를 받아 우선수익권에 丙 회사를 1순위 질권자로 하는 질권을 설정하였는데, 戊가 乙 회사에 대한 채권을 청구채권으로 하여 乙 회사의 甲 조합에 대한 대여금 등 채권 중 청구채권 금액에 이르기까지의 금액을 압류 및 전부하는 전부명령을 받아 그 전부명령이 확정된 사안에서, 합의서 및 추가합의서와 위 담보신탁계약, 우선수익권에 대한 질권 설정계약의 내용 및 위 각 계약의 체결 경위와 위 담보신탁계약의 특약사항의 규정 내용, 위탁자와 수탁자가 우선수익권에 대한 질권 설정계약에 동의한 사실관계 등에 비추어 보면, 위 담보신탁계약의 당사자들과 丙 회사는 위탁자가 대출원리금을 전액 상환하지 아니할 경우 우선수익권에 대한 질권자인 丙 회사가 대여금채권의 귀속 주체와 상관없이 우선수익권을 행사할 수 있는 것으로 약정하였다고 봄이 타당하고, 우선수익권은 경제적으로 금전채권에 대한 담보로 기능할 뿐 금전채권과는 독립한 신탁계약상의 별개의 권리이므로, 乙 회사의 甲 조합에 대한 대여금채권이 전부명령에 따라 전부채권자인 戊에게 전부되었다고 하더라도 그러한 사정만으로 담보신탁계약에 따른 乙 회사의 우선수익권이 대여금채권의 전부에 수반하여 전부채권자에게 이전되었다고 볼 수 없고, 대여금채권과 우선수익권의 귀속주체가 달라졌다고 하여 곧바로 乙 회사의 우선수익권이나 이를 목적으로 한 丙 회사의 권리질권이 소멸한다고 볼 수도 없다고 한 사례.

[대법관 권순일의 반대의견] 위 우선수익권은 채무자인 甲 조합의 채무불이행 시 수탁자에게 신탁부동산의 처분을 요청할 수 있는 권리 및 신탁부동산을 처분한 대금에서 우선수익자인 乙 회사의 대여금채권을 甲 조합의 수익채권에 우선하여 변제받을 수 있는 권리를 그 내용으로 한다. 그러므로 위 우선수익권은 담보물권은 아니지만 신탁계약에 의하여 자신의 대여금채권에 대한 우선변제를 요구할 수 있는 권리이므로 대여금채권과 분리하여 우선수익권에 대해서만 질권을 설정하는 것은 원칙적으로 허용되지 않는다.

구 신탁법(2011. 7. 25. 법률 제10924호로 전부 개정되기 전의 것, 이하 같다) 제55조는 "신탁행위로 정한 사유가 발생한 때 또는 신탁의 목적을 달성하였거나 달성할 수 없게 된 때에는 신탁은 종료한다."라고 규정하고 있다. 뿐만 아니라, 위 담보신탁계약에서도 신탁기간의 만료를 신탁종료 사유의 하나로 들면서, 신탁기간은 신탁계약 체결일로부터 '우선수익자의 채권 소멸 시까지'로 정하고 있다. 戊가 받은 전부명령이 확정됨으로써 우선수익자인 乙 회사의 위탁자인 甲 조합에 대한 대여금채권이 소멸한 이상, 위 담보신탁계약은 신탁기간의 만료로 인하여 종료되었을 뿐만 아니라 구 신탁법 제55조에 의한 법정종료사유도 발생하였다. 따라서 乙 회사는 더 이상 수탁자에 대하여 위 담보신탁계약에 기한 우선수익자로서의 권리를 행사할 수 없고, 丙 회사 역시 우선수익권에 대한 질권자로서의 권리를 행사할 수 없다[대법원 2017. 6. 22., 선고, 2014다225809, 전원합의체 판결].

■ 관련판례 3

제척기간은 권리자로 하여금 해당 권리를 신속하게 행사하도록 함으로써 법률관계를 조속히 확정시키려는 데 제도의 취지가 있는 것으로서, 기간의 경과 자체만으로 곧 권리 소멸의 효과를 가져오게 하는 것이다.

한편 의용 신탁법 제57조에 의하면 위탁자가 신탁이익의 전부를 향수하는 신탁은 위탁자 또는 그 상속인이 언제든지 해지할 수 있고, 제59조에 의하면 신탁의 해지에 관하여 신탁행위에 특별히 정함이 있는 경우에는 위 규정에 불구하고 그 정함에 따르게 되어 있다. 규정의 내용과 입법 취지를 고려하면, 의용 신탁법 제57조에 의한 해지권은 원래의 신탁계약이 존속하는 이상 언제든지 행사할 수 있는 것으로 법률관계의 조속한 확정이 요구되는 것이 아니므로 제척기간의 대상이 된다고 할 수 없다.

그리고 의용 신탁법 제56조에 의하면 신탁행위로 정한 사유가 발생한 때 또는 신탁의 목적을 달성하거나 달성할 수 없게 된 때에는 신탁이 종료하나, 이 경우는 신탁이 절대적으로 종료하는 것이어서 종료 이후의 해지가 따로 문제 될 수 없다.

나아가 의용 신탁법 제63조 본문에 의하면 신탁이 종료한 경우에 신탁재산이 그 귀속권리자에게 이전할 때까지는 신탁은 존속하는 것으로 간주되나, 귀속권리자의 신탁재산반환청구권은 특별한 사정이 없는 한 원래의 신탁이 종료한 때로부터 이를 10년간 행사하지 아니하면 시효로 소멸하는 것이어서, 위 규정에 의한 법정신탁관계가 존속한다고 하여 제척기간의 대상이 되는 해지권이 따로 문제 될 수 없다[대법원 2015. 1. 29., 선고, 2013다215256, 판결].

■ 관련판례 4

신탁법 제15조 , 제55조의 규정을 종합하여 보면, 신탁의 목적을 달성할 수 없을 때에는 신탁이 절대적으로 종료하나, 그 목적의 달성이 가능하지만 단지 수탁자의 배임행위 등으로 인하여 신뢰관계가 무너진 경우에는, 위탁자 등의 청구에 따라 법원이 수탁자를 해임하거나 또는 위탁자가 수탁자에 대하여 손해배상 등을 청구할 수 있을 뿐, 이행불능을 원인으로 하여 신탁계약을 해지할 수는 없다[대법원 2002. 3. 26., 선고. 2000다25989 판결].

> **제99조(합의에 의한 신탁의 종료)**
>
> ① 위탁자와 수익자는 합의하여 언제든지 신탁을 종료할 수 있다. 다만, 위탁자가 존재하지 아니하는 경우에는 그러하지 아니하다.
>
> ② 위탁자가 신탁이익의 전부를 누리는 신탁은 위탁자나 그 상속인이 언제든지 종료할 수 있다.
>
> ③ 위탁자, 수익자 또는 위탁자의 상속인이 정당한 이유 없이 수탁자에게 불리한 시기에 신탁을 종료한 경우 위탁자, 수익자 또는 위탁자의 상속인은 그 손해를 배상하여야 한다.
>
> ④ 제1항부터 제3항까지의 규정에도 불구하고 신탁행위로 달리 정한 경우에는 그에 따른다.

Ⅰ. 위탁자와 수익자의 합의에 의한 신탁 종료 (제1항)

1. 규정의 취지

① 원래 의도한 신탁의 목적이 달성되지 않았더라도 신탁의 존속 여부 및 신탁재산의 분배에 관하여 이익을 갖고 있는 위탁자 및 수익자가 신탁의 종료에 대하여 합의한 경우, 위탁자는 신탁에 대한 자신의 의사를 변경한 것이고, 실질적 소유권자인 수익자의 이익에도 반하지 않으므로 신탁의 종료를 허용하는 것이 타당하다.

② 구법하에서는 위탁자 및 수익자가 전부 신탁의 종료에 동의한 경우 질적으로 위탁자와 수익자가 동일한 것과 마찬가지이므로 제56조를 유추적용하여 신탁의 종료가 가능한 것으로 해석되었는바, 현행법은 학설의 일치된 견해를 수용하여 명문으로 이를 인정한다.

2. 합의의 방법

가. 복수수익자의 경우

① 수익자가 여럿인 경우 신탁행위로 달리 정하지 않는 한 원칙적으로 수익자 전원이 신탁의 종료에 동의하여야 하고, 수익자 중 일부가 행위무능력자인 경우에는 법정대리인의 동의가 필요하다.

② 수익자집회를 두기로 정한 경우에는 의결권 있는 수익자의 과반수 출석, 출석 수익자 의결권의 3분의 2 이상 찬성으로 하는 특별결의로 하여야 한다(제74조 제2항 제4호).

③ 수익자 중에 불특정 다수의 수익자나 장래의 미확정 수익자가 있는 투자신탁 등

의 경우 신탁행위로 달리 정하지 않는 한 합의에 의한 신탁의 종료는 불가능할 것이고, 법원에 신탁의 종료를 청구해야 할 것이다(제100조).

나. 위탁자가 없는 경우 (제1항 단서)

① 위탁자가 사망하여 존재하지 않는 경우, 위탁자의 상속인이 있으면 수익자와 그 상속인 간의 합의로, 위탁자의 상속인이 없으면 수익자의 의사표시로 신탁의 종료를 허용하자는 견해가 있었다.

② 위탁자가 없는 때 수익자의 의사만으로 신탁의 종료를 허용할 경우, 예를 들어 위탁자가 가족들에게 신탁재산에서 이자수익권만 부여한 신탁에서 수익자인 가족들이 위탁자의 사망 후 신탁재산을 즉시 전부 수익하기 위하여 신탁을 종료시키는 경우와 같이 위탁자의 의사와 달리 신탁이 운영될 위험이 있고, 반면 위탁자의 상속인은 신탁의 존속 여부에 대하여 수익자와 이해관계를 달리하는 자이므로 종료에 대한 동의권한을 부여하는 것은 타당하지 않은바, 위탁자가 존재하지 않는 경우 합의에 의한 신탁의 종료를 허용하지 않고, 제100조에 따라 법원에 신탁의 종료를 신청하도록 정한다.

다. 수탁자의 동의권 인정 여부

① 수탁자도 신탁재산에 대한 보수청구권 등 신탁의 종료에 대하여 이해관계를 갖고 있고, 신탁재산을 장기간 운용·개발하려는 경우 예기치 못한 손해를 입을 수 있으므로 수탁자에게도 동의권을 부여하여야 한다는 견해가 있었다.

② 신탁에서 수탁자는 오직 수익자를 위해서 신탁재산을 관리하는 자이고, 수탁자는 신탁계약의 당사자로서 신탁계약에 합의해지의 특약을 포함시킬 수 있으며, 수탁자의 손해에 대한 손해배상청구권을 인정하고 있으므로(제3항), 수탁자에게 신탁종료의 합의에 대한 동의권을 인정하지 않는다.

③ 다만, 신탁행위로 수탁자에게 신탁의 종료에 대한 동의권을 인정하는 것은 가능하다(제4항).

라. 수익자 전원의 합의에 의한 종료의 인정 여부

신탁이 설정되면 위탁자는 배후로 물러나고 수익자를 중심으로 신탁관계를 파악하여야 하므로 수익자 전원의 합의가 있으면 위탁자의 의사에 반하더라도 신탁을 종료할 수 있다는 견해도 있으나, 제2의 나항에서 설명한 바와 같이 위탁자의 의사에 반하여 신탁을 계속하는 것은 신탁의 본질에 반하므로 허용하지 않는다.

Ⅱ. 위탁자 등의 종료권 행사(제2항)

1. 규정의 취지

① 위탁자가 수익권을 전부 갖는 것으로 정한 자익신탁과 타익신탁의 수익권을 위탁자가 양도받아 단독수익자가 된 후발적 자익신탁의 경우, 신탁설정자인 위탁자와 신탁의 이익향수주체인 수익자가 일치하므로 위탁자 겸 수익자의 의사를 존중하여 의사표시로써 신탁을 종료시킬 수 있도록 규정한다.

② 위탁자 겸 수익자는 신탁계약의 당사자 지위에서 신탁을 종료시키는 것으로 다른 수익자가 있는 경우에는 그의 이익을 무시할 수 없으므로, 위탁자가 수익권 전부를 갖고 있는 자익신탁(위탁자가 여럿인 경우 수익권이 복수의 위탁자에게 전부 귀속하는 경우 포함)의 경우에만 허용된다.

2. 종료의 방법

① 종료권의 주체는 신탁의 설정자인 동시에 유일한 수익자인 위탁자 외에 위탁자의 상속인도 포함되는데, 이 규정의 경우 대립하는 이해관계를 갖고 있는 다른 수익자가 없으므로 상속인에게도 종료권한을 인정할 필요가 있기 때문이다.

② 종료사유에는 제한이 없다.

3. '종료권'의 명시

구법은 "신탁의 해지''라는 용어를 사용하고 있으나 이 때 '해지'는 「민법」등에 따른 법적인 의미에서의 '계약의 해지'가 아니라 '신탁을 종료시키는 행위'로 해석되었는바, 용어로 인한 오해의 여지를 줄이고자 '종료'에 관한 권한임을 명시한다.

Ⅲ. 수탁자에 대한 손해배상 (제3항)

① 신탁은 수익자를 위하여 신탁재산을 관리하는 제도이므로 수탁자는 위에서 보는 바와 같이 합의에 의한 신탁종료 또는 위탁자 등의 의사표시에 의한 신탁종료를 거부할 수 없다.

② 다만 수탁자의 이익을 보호하기 위하여 수탁자의 해임(제16조 제2항), 위임계약

(「민법」 제689조 제2항)과 마찬가지로 위탁자, 수익자 및 위탁자의 상속인에게 손해배상책임을 인정한다(손해배상책임의 성립요건에 관하여는 제16조에 관한 설명 참조).

Ⅳ. 신탁행위에 의한 예외 인정 (제4항)

이 규정은 임의규정이므로, 신탁종료의 합의, 종료권 행사, 손해배상책임에 대하여 신탁행위로 달리 정할 수 있다.

■ 관련판례 1

부동산 신탁계약에서 분양대금에 의한 우선수익자의 채권 변제가 확보된 상태에 이르면, 위탁자인 시행사는 매수인에게 분양된 부동산에 관한 소유권이전등기를 마쳐 주기 위하여 그 부분에 관한 신탁을 일부 해지할 수 있고, 우선수익자는 그 신탁 일부 해지의 의사표시에 관하여 동의의 의사표시를 하기로 하는 묵시적 약정을 한 것으로 볼 수 있다(대법원 2010. 12. 9. 선고 2009다81289 판결 참조). 그리고 이와 같이 신탁계약이 해지된 후에는 '신탁재산귀속'을 원인으로 하여 위탁자 앞으로 소유권이전등기를 한 다음 다시 '분양계약'을 원인으로 하여 매수인 앞으로 소유권이전등기가 이루어지게 된다. 그런데 신탁계약상 '우선수익자의 서면요청이 있는 경우 수탁자는 매수인으로부터 확약서를 징구한 다음 신탁부동산의 소유권을 매수인에게 직접 이전할 수 있다'는 취지의 특약사항의 의미는 수탁자로 하여금 분양목적물에 관한 소유권이전등기를 위탁자에게 하는 대신 매수인에게 직접 하게 하는 것도 허용하는 취지를 규정하는 것일 뿐이다. 이와 달리 위 특약사항을 매수인에게 수탁자에 대한 소유권이전등기청구권을 직접 취득하게 하기 위한 규정으로 볼 수는 없다(대법원 2012. 7. 12. 선고 2010다19433 판결 참조).

한편 신탁행위로 수익자를 신탁재산의 귀속권리자로 정한 경우 수익자의 채권자가 수익자의 수탁자에 대한 신탁수익권의 내용인 급부청구권을 압류하였다면, 특별한 사정이 없는 한 그 압류의 효력은 수익자가 귀속권리자로서 가지는 신탁원본의 급부청구권에 미친다(대법원 2016. 3. 24. 선고 2013다15654 판결 참조)[대법원 2018. 12. 27., 선고, 2018다237329, 판결].

■ 관련판례 2

제척기간은 권리자로 하여금 해당 권리를 신속하게 행사하도록 함으로써 법률관계를 조속히 확정시키려는 데 제도의 취지가 있는 것으로서, 기간의 경과 자체만으로 곧 권리 소멸의 효과를 가져오게 하는 것이다.

한편 의용 신탁법 제57조에 의하면 위탁자가 신탁이익의 전부를 향수하는 신탁은 위탁자 또는 그 상속인이 언제든지 해지할 수 있고, 제59조에 의하면 신탁의 해지에 관하여 신탁행위에 특별히 정함이 있는 경우에는 위 규정에 불구하고 그 정함에 따르게 되어 있다. 규정의 내용과 입법 취지를 고려하면, 의용 신탁법 제57조에 의한 해지권은 원래의 신탁계약이 존속하는 이상 언제든지 행사할 수 있는 것으로 법률관계의 조속한 확정이 요구되는 것이 아니므로 제척기간의 대상이 된다고 할 수 없다.

그리고 의용 신탁법 제56조에 의하면 신탁행위로 정한 사유가 발생한 때 또는 신탁의 목적을 달성하거나 달성할 수 없게 된 때에는 신탁이 종료하나, 이 경우는 신탁이 절대적으로 종료하는 것이어서 종료 이후의 해지가 따로 문제 될 수 없다.

나아가 의용 신탁법 제63조 본문에 의하면 신탁이 종료한 경우에 신탁재산이 그 귀속권리자에게 이전할 때까지는 신탁은 존속하는 것으로 간주되나, 귀속권리자의 신탁재산반환청구권은 특별한 사정이 없는 한 원래의 신탁이 종료한 때로부터 이를 10년간 행사하지 아니하면 시효로 소멸하는 것이어서, 위 규정에 의한 법정신탁관계가 존속한다고 하여 제척기간의 대상이 되는 해지권이 따로 문제 될 수 없다[대법원 2015. 1. 29., 선고, 2013다215256, 판결].

■ 관련판례 3

[1] 신탁법 제56조에 의하면, 위탁자가 신탁 이익의 전부를 향수하는 신탁은 위탁자가 언제든지 해지할 수 있다.

[2] 신탁계약에서 "신탁수익에서 손실이 잔존하는 경우에는 신탁계약을 해지할 수 없고, 다만 부득이한 사유가 있는 경우 수익자는 수탁자와 협의하여 그 손실을 상환한 후 신탁계약을 해지할 수 있다."라고 규정하고 있는 경우, 그 규정은 위탁자가 수탁자의 귀책사유 없이 위탁자측 사정에 의하여 신탁계약을 해지하고자 하는 경우에 신탁법 제56조 소정의 임의해지권을 제한하고자 하는 취지의 규정으로서, 수탁자의 귀책사유로 인하여 신뢰관계가 깨어졌기 때문에 위탁자가 위 법조에 따라 신탁계약을 임의해지하고자 하는 경우에는 적용되지 않는다고 한 사례

[3] 신탁계약에서 위탁자가 신탁계약을 임의해지하는 경우 해지수수료를 지급하기로 정한 경우, 그 규정은 위탁자가 수탁자의 귀책사유 없이 위탁자측 사정에 의하여 신탁계약을 해지하는 경우에 한하여 적용되는 규정이고, 수탁자의 귀책사유로 인하여 신뢰관계가 깨어졌기 때문에 위탁자가 신탁계약을 해지하는 경우에는 적용되지 않는다고 한 사례[대법원 2002. 3. 26., 선고. 2000다25989 판결].

■ **관련판례 4**

[1] 부동산에 관한 점유취득시효기간이 경과한 후 원래의 소유자의 위탁에 의하여 소유권이전등기를 마친 신탁법상의 수탁자는 그 점유자가 시효취득을 주장할 수 없는 새로운 이해관계인인 제3자에 해당하고, 그 수탁자가 해당 부동산의 공유자들을 조합원으로 한 비법인사단인 재건축조합이라고 하여 달리 볼 것도 아니다.

[2] 재건축조합의 조합원들은 재건축을 목적으로 비법인사단인 재건축조합을 설립하여 대지 등에 관한 공유지분을 재건축조합에게 신탁한 것인데, 이러한 신탁은 위탁자 자신이 수익자가 되는 이른바 자익(자익)신탁으로서 특별한 사정이 없는 한 "위탁자가 신탁이익의 전부를 향수하는 신탁"에 해당하므로, 신탁법 제56조에 의하여 원칙적으로 위탁자가 언제든지 해지할 수 있다 *[대법원 2003. 8. 19., 선고, 200다47467 판결].*

■ **관련판례 5**

[1] 가처분이 집행된 후에 그 가처분 목적물을 양수한 사람은 사정변경으로 인한 가처분결정의 취소 신청을 할 수 있는 신청인적격이 있다.

[2] 신탁법상의 신탁이 해지되어 신탁이 종료되면 신탁관계는 장래를 향하여 그 효력을 잃게 되고, 수탁자가 신탁재산의 귀속권리자인 위탁자에게 신탁재산인 부동산의 소유권을 이전하면서 소유권이전등기의 방법에 의하지 아니하고 수탁자의 소유권이전등기를 말소하는 방법에 의하더라도, 위탁자는 수탁자의 소유권에 기하여 다시 소유권을 취득한다.

[3] 신탁법상의 신탁 해지로 신탁재산인 부동산의 소유권을 다시 이전받은 위탁자는 수탁자를 채무자로 한 가처분결정에 관하여 사정변경으로 인한 취소 신청을 할 수 있는 신청인적격을 가지며, 위탁자로부터 순차로 목적 부동산의 소유권을 전득한 사람도 마찬가지로 위 가처분결정에 관하여 사정변경으로 인한 취소 신청을 할 수 있다*[대법원 2006. 9. 22., 선고. 2004다50235 판결].*

■ **관련판례 6**

수탁자가 위탁자로부터 신탁보수를 지급받기로 약정하였다는 것만으로는 수익자 겸 위탁자가 신탁법 제56조의 규정에 따라 임의해지권을 행사하는 것을 저지하거나 제한할 수 없다*[대법원 2007. 9. 7., 선고. 2005다9685 판결].*

■ **관련판례 7**

재건축조합의 조합원들은 재건축을 목적으로 비법인 사단인 재건축조합을 설립하여 대지 등에 관한 공유지분을 재건축조합에게 신탁한 것인데, 이러한 신탁은 위탁자 자신이 수익자가 되는 이른바 자익(자익)신탁으로서 특별한 사정이 없는 한 "위탁자가 신탁이익의 전부를 향수하는 신탁"에 해당하므로, 신탁법 제56조에 의하여 원칙적으로 위탁자가 언제든지 해지할 수 있다[대법원 2007. 10. 11., 선고. 20074-43894 판결].

■ 관련판례 8

재건축조합의 조합원들이 재건축을 목적으로 재건축조합을 설립하여 대지 등에 관한 공유지분을 재건축조합에게 신탁한 경우, 이러한 신탁은 위탁자 자신이 수익자가 되는 이른바 자익(자익)신탁으로서 특별한 사정이 없는 한 "위탁자가 신탁이익의 전부를 향수하는 신탁"에 해당하므로, 신탁법(이하 '법'이라 한다) 제56조에 의하여 원칙적으로 위탁자가 언제든지 해지할 수 있지만(대법원 2003. 8. 19. 선고 2001다47467 판결 참조), 신탁계약의 당사자는 신탁의 해지에 관하여 그와 달리 정할 수 있다(법 제58조).

원심은, 그 채택증거를 종합하여 재건축조합인 원고와 그 조합원들 사이에 체결된 부동산신탁계약 (이하 '이 사건 신탁계약'이라 한다) 제5조 제2항(이하 '이 사건 약정'이라 한다)이 "위탁자 겸 수익자는 재건축사업 승인 이전까지는 수탁자와 합의에 의하여, 사업계획승인 이후에는 관계 법령 의 허용 범위 내에서 본 신탁계약을 해지 또는 변경할 수 있다"라고 규정하고 있는 사실을 인정 한 다음, 이 사건 약정은 재건축사업 승인 이전까지 법 제56조 소정의 임의해지권을 제한하고자 하는 취지의 규정으로 볼 여지가 있으나, 이는 위탁자가 수탁자의 귀책사유 없이 위탁자측 사정에 의하여 신탁계약을 해지하고자 하는 경우에 법 제56조 소정의 임의해지권을 제한하고자 하는 취 지의 규정에 불과한 것으로, 수탁자의 귀책사유로 인하여 신뢰관계가 깨어졌기 때문에 위탁자가 위 법조에 따라 신탁계약을 임의해지하고자 하는 경우에는 적용되지 않으므로, 이 사건 약정을 들 어 위탁자인 조합원의 해지권이 언제나 제한된다고 볼 수는 없다고 판시하면서 대법원 2002. 3. 26. 선고 2000다25989 판결을 인용하였다.

그러나 원심의 위와 같은 판단은 다음과 같은 이유에서 이를 수긍할 수 없다.

우선, 원심은 이 사건 약정이 사업계획승인 이후의 해지권에 관하여 "관계 법령의 허용 범위 내에 서 해지할 수 있다"고 명시하고 있고, 이 사건에서 사업계획승인 이후의 신탁계약 해지 가능 여부 가 문제가 되었음에도, 사업계획승인 이후의 해지권이 제한되는지 여부에 대하여 판단을 하지 않 고 있다. 또한 설사 위 판단에 사업계획승인 이후의 해지권이 제한되지 않는다는 취지의 판단이 포함된 것이라고 하더라도, 원심이 들고 있는 대법원판결은 거기서 다룬 신탁계약의 약정의 내용 이 이 사건 약정과 전혀 다르고 사안도 달라 이 사건에 원용하기에 적절하지 않다.

계약에 나타난 당사자의 의사해석이 문제되는 경우에는 문언의 내용, 그와 같은 약정이 이루어진 동기와 경위, 약정에 의하여 달성하려는 목적 등을 종합적으로 고찰하여 논리와 경험칙에 따라 합

리적으로 해석하여야 한다

(대법원 2006. 5. 12. 선고 2005다68295 판결 참조).

위 법리에 따라 이 사건 약정의 의미를 살펴보건대, 재건축사업을 추진하기 위하여 반드시 조합원의 재산권을 조합에 신탁해야 할 필요가 없음에도 원고와 조합원들이 이 사건 신탁계약을 체결한 이유는 안정적 소유권 확보, 일괄 처리에 따른 사업수행의 용이성 등 재건축사업의 원활한 추진을 목적으로 한 것으로 보이는 점, 따라서 재건축사업을 원활하게 추진하기 위하여는 그 사업의 종료시까지 신탁관계를 유지하는 것이 바람직하고, 이 사건 약정은 재건축사업 종료시까지 신탁관계를 유지하기 위하여 조합원의 해지권을 제한하는 약정으로 보이는 점, 이와 같이 조합원의 해지권을 제한하는 약정에서 법 제56조의 자유로운 임의해지권을 인정하는 것은 모순된다는 점, 사업계획승인 전에는 합의에 의해 신탁계약을 해지할 수 있도록 하면서, 사업계획승인으로 이제 실제로 사업을 시행하게 되어 신탁관계를 유지할 필요성이 더 높아졌음에도 사업계획승인 전보다 신탁계약을 더 쉽게 해지할 수 있도록 약정한다는 것은 특별한 사정이 없는 한 이해될 수 없는 점 등을 종합하면, 이 사건 약정은 원고와 조합원들 사이에 법 제56조에서 정하는 위탁자의 임의해지권을 제한하기 위한 법 제58조의 특약이라고 할 것이고, 이 사건 약정 중 '관계 법령'에는 법 제56조가 포함되지 않는다고 할 것이다.

따라서 이 사건 약정이 법 제58조의 신탁해지에 관한 특약이 아니라고 판단한 원심판결에는 이 사건 약정에 관한 이 사건 신탁계약 당사자의 계약상의 의사해석 및 증거가치의 판단을 그르치고, 법 제58조의 신탁계약의 해지권 제한에 관한 특약의 법리를 오해하여 판결 결과에 영향을 미친 위법이 있다. 이 점을 지적하는 상고이유의 주장은 이유 있다 *[대법원 2009. 3. 26., 선고, 2008다30048 판결].*

> **제100조(법원의 명령에 의한 신탁의 종료)**
>
> 신탁행위 당시에 예측하지 못한 특별한 사정으로 신탁을 종료하는 것이 수익자의 이익에 적합함이 명백한 경우에는 위탁자, 수탁자 또는 수익자는 법원에 신탁의 종료를 청구할 수 있다.

1. 규정의 취지

① 당사자 간에 합의가 이루어지지 않았으나 신탁의 종료가 필요한 경우 중립적 기관인 법원으로 하여금 신탁 목적의 달성보다 수익자 등의 이익이 우선하여 신탁의 종료에 정당성이 있다고 인정한 경우에는 신탁의 종료를 명할 수 있도록 한다.

② 제99조와 달리 위탁자의 의사에 반하는 경우에도 신청요건을 준수하면 법원의 판단에 따라 신탁을 종료할 수 있도록 한다.

2. 적용대상

① 구법 제57조는 "수익자가 신탁이익의 전부를 향수하는 경우"라고 규정하고 있는데, 신탁재산이 위탁자의 통제를 벗어나 제3자인 수익자의 보호가 우선시되는 타익신탁에만 적용된다고 주장하는 견해와 타익신탁 뿐만 아니라 자익신탁에 대하여도 적용되는 것으로 해석하는 견해가 대립한다.

② 적용대상에 대한 제한적 문구를 따로 규정하지 않아 모든 신탁이 적용대상임을 명시적으로 밝힌다.

3. 신청권자

① 구법은 법원의 해지명령 신청권자를 "수익자 또는 이해관계인"으로 규정하고 있고, '이해관계인'에는 수익자의 채권자, 보증인, 물상보증인, 위탁자의 채권자도 포함된다고 해석되는데, 이들은 신탁의 외부인으로서 신탁의 존속 여부를 결정하도록 하는 것은 옳지 않으며, 사해신탁 등 이해관계인을 보호하는 제도로도 충분히 보호될 수 있으므로 신청권자에서 제외하여야 한다는 것이 학설의 공통된 입장이다.

② 따라서 개정안은 신청권자를 신탁의 당사자인 위탁자, 수탁자 또는 수익자로 한정하여 규정한다.

4. 신청요건

① 구법은 채무를 완제할 수 없을 때 또는 기타 정당한 사유가 있는 때에 신탁의 종료신청을 할 수 있도록 규정하고 있어서 '정당한 사유'의 의미가 불분명하므로 엄격하게 해석하여야 한다는 견해가 있다.

② 신청요건인 구법상 '정당한 이유'의 의미를 명백히 하기 위하여, '신탁의 변경(제88조 제3항)'에 준하여 사정변경의 원칙을 요건으로 정한다.

③ 신탁을 설정할 때 당사자의 귀책사유 없이 예견하지 못했던 사정의 변경으로 신탁 목적의 달성을 위하여 신탁을 계속하는 것이 신탁재산의 실질적 소유자인 수익자에게 이익이 되지 않는 경우로, 주관적 사정 및 객관적 사정의 변경 모두를 포함한다.

④ 신탁의 존속 여부는 수익자에게 이익이 되는 경우에만 예외적으로 허용되어야 하는 것이므로 '신탁의 변경'과 달리 '수익자의 이익에 적합함이 명백한 경우'에만 종료신청을 할 수 있다.

> **제101조(신탁종료 후의 신탁재산의 귀속)**
>
> ① 제98조제1호, 제4호부터 제6호까지, 제99조 또는 제100조에 따라 신탁이 종료된 경우 신탁재산은 수익자(잔여재산수익자를 정한 경우에는 그 잔여재산수익자를 말한다)에게 귀속한다. 다만, 신탁행위로 신탁재산의 잔여재산이 귀속될 자(이하 "귀속권리자"라 한다)를 정한 경우에는 그 귀속권리자에게 귀속한다.
>
> ② 수익자와 귀속권리자로 지정된 자가 신탁의 잔여재산에 대한 권리를 포기한 경우 잔여재산은 위탁자와 그 상속인에게 귀속한다.
>
> ③ 제3조제3항에 따라 신탁이 종료된 경우 신탁재산은 위탁자에게 귀속한다.
>
> ④ 신탁이 종료된 경우 신탁재산이 제1항부터 제3항까지의 규정에 따라 귀속될 자에게 이전될 때까지 그 신탁은 존속하는 것으로 본다. 이 경우 신탁재산이 귀속될 자를 수익자로 본다.
>
> ⑤ 제1항 및 제2항에 따라 잔여재산의 귀속이 정하여지지 아니하는 경우 잔여재산은 국가에 귀속된다.

Ⅰ. 신탁재산의 귀속 (제1항, 제2항 , 제4항 및 제5항)

1. 신탁 종료 시의 절차

① 유한책임신탁의 경우 종료 시 반드시 청산절차에 따르도록 규정하였으나, 그 외의 신탁의 경우 청산절차를 선택적으로 거치도록 규정하여(제104조) 청산절차를 선택하지 않은 경우 신탁의 계산 및 종료 절차를 거쳐야 한다(제101조부터 제103조까지).

② 신탁 종료의 과정을 개관하면 ⅰ) 신탁의 종료원인이 발생하면(제98조부터 제100조까지), ⅱ) 수탁자는 신탁사무를 중지하고 채무의 변제, 비용상환청구 등 신탁사무의 종결준비를 하여야 하며, ⅲ) 신탁사무의 최종계산을 하고 수익자에게 보고하여 승인을 받아야 하며(제103조), ⅳ) 신탁의 잔여재산이 있는 경우 수익자 등에게 귀속시켜야 한다(제101조).

2. 원칙 - 수익자 (제1항 본문)

가. 규정의 취지

① 구법은 신탁의 당연 종료사유가 발생하여 신탁이 종료한 경우에는 귀속권리자가 정해진 때에는 귀속권리자에게 정해지지 않은 때에는 위탁자 측에게 신탁재

산이 귀속되고(제60조), 신탁이 해지된 경우에는 수익자에게 귀속되는 것으로 (제59조) 규정하고 있다.

② 구법에 대하여 수익자가 수익권을 유상으로 취득하였거나 수익권의 내용이 신탁재산의 원본까지 수익할 수 있는 취지의 것인 경우에는 수익자의 권리를 보호하여야 하므로 위탁자에게 잔여재산이 다시 귀속되도록 하는 것은 부당한 점, 영미신탁법도 원칙적으로 원본수익자를 잔여재산의 권리자로 보고 있는 점 등을 고려할 때 제60조의 태도는 타당하지 않으며, 제60조는 한정적으로 적용하여야 한다는 비판이 있었다.

③ 신탁이 설정된 후에는 신탁재산의 실질적·경제적 소유권은 수익자에게 이전되는 것이므로 신탁종료 시 신탁의 잔여재산은 원칙적으로 수익자에게 귀속되는 것으로 정한다.

④ 신탁이 종료되는 때 기존의 신탁이 연장되는 것으로 보아 수탁자의 지위는 유지되나, 다만 그 권한이 계산 등 종결사무에 한정되는 것으로 보아야 한다.

나. 잔여재산수익자

① 신탁의 잔여재산은 잔여재산수익자를 별도로 정한 경우에는 해당자에게만 귀속한다.

② 잔여재산수익자는 수익자로서 수익권의 공익권(제56조의 설명 부분 참조)을 행사할 수 있다는 점에서 신탁의 외부인 중 신탁의 잔여재산에 대한 권리만 갖고 있는 귀속권리자와 구별된다.

3. 예외

가. 귀속권리자의 지정(제1항 단서 및 제4항)

1) '귀속권리자'의 의미

'귀속권리자'란 「민법」 제80조에서 차용한 개념으로 신탁이 존속 중인 때에는 수익권을 행사할 수 없지만 신탁이 종료한 때에 신탁의 잔여재산이 자신에게 귀속하는 내용의 기대권을 갖는 자를 의미한다.

2) 귀속권리자의 지정(제1항 단서)

① 위탁자 등 설정자는 신탁 종료 시 잔여재산에 대한 권리는 부여하되, 신탁 존속 중에는 수익자로서 신탁사무 등에 관여할 수 없도록 하기 위하여 신탁행위로 귀속권리자를 정할 수 있다.

② 귀속권리자로 기존의 수익자를 지정하는 것도 가능하고 위탁자나 제3자를 지정
할 수도 있다.

③ 귀속권리자의 지정형태에 대하여 제한이 없으므로, 종료원인과 관계없이 귀속권
리자를 정할 수 있고, 종료원인별로 다른 귀속권리자를 정하거나, 특정 종료원
인에 대해서만 귀속권리자를 정하는 것도 가능하다.

3) 귀속권리자를 위한 신탁의 설정(제4항)

가) 의의 및 법적 성격

① 현행법도 구법과 마찬가지로 신탁행위로 귀속권리자를 정한 경우, 신탁이 종
료한 때부터 신탁재산이 귀속권리자에게 이전될 때까지 귀속권리자를 수익자
로 보는 신탁이 설정되는 것으로 규정한다.

② 귀속권리자를 위한 신탁은 신탁행위로 설정된 것이 아니라 법률규정에 의하
여 설정된 법정신탁에 해당한다.

나) 법률관계

① 귀속권리자는 수익자로 의제되므로 수익권 중 공익권도 행사할 수 있고, 법정
신탁에서 발생한 비용 등에 대하여 책임도 부담한다.

② 수탁자는 신탁의 종결사무로 권한이 한정되나, 원래 신탁에서 발생한 수탁자
의 고유재산에 속하는 권리·의무는 여전히 존속한다.

③ 귀속권리자를 위한 신탁의 운영을 위하여 발생한 비용도 그 목적달성에 필요
한 부분에 대해서는 상환대상이다.

나. 수익자 및 귀속권리자의 잔여재산에 대한 권리 포기(제2항)

① 수익자와 귀속권리자가 잔여재산에 대한 권리에 따르는 의무를 피하기 위하여
위 권리를 포기하는 경우, 잔여재산이 귀속권리자가 포기하는 경우에는 위탁자
에게, 수익자가 포기하는 경우에는 수탁자에게 귀속된다고 보는 견해도 있으나,
수탁자는 원칙적으로 신탁재산에 대한 직접적인 권한을 갖고 있지 않으므로 위
탁자의 의사에 반하므로, 설정자인 위탁자 또는 위탁자가 사망한 경우 위탁자
의 상속인에게 귀속되는 것으로 규정한다.

② 이 경우에도 신탁의 잔여재산을 신탁재산으로, 위탁자 또는 그 상속인을 수익자
로 하는 법정신탁인 복귀신탁(resulting trust)이 설정되는 것으로 해석된다.

다. 귀속자 불명의 잔여재산(제5항)

① 신탁의 잔여재산을 귀속시킬 수익자 등이 없는 경우, 수탁자는 신탁재산에 대하

여 수익권을 갖고 있지는 못하나 명의권과 관리권을 갖고 있어서 권리자가 없는 재산으로 볼 수 없으므로 수탁자에게 귀속시켜야 한다는 견해가 있으나, 수탁자는 신탁재산의 관리자에 불과한 자로 권리자라고 볼 수 없고, 수탁자에게 귀속시키는 것은 위탁자의 의사에 반하는 것이므로 권리자가 없는 상속재산(「민법」 제1055조)과 같이 국고에 귀속되는 것으로 규정한다.

② 국고귀속의 절차에 대하여는 「민법」 제1053조 이하를 유추적용하여야 할 것이다.

4. '귀속'의 의미

① 제1항 및 제2항은 수익자 등에게 신탁의 잔여재산이 "귀속한다"고 규정하고 있는데, 이는 해당자들에게 잔여재산이 물권적으로 귀속하는 것이 아니라 신탁의 잔여재산에 대한 수익권이 생기는 것에 불과하고, 신탁의 최종계산을 한 후 잔여재산을 귀속권리자에게 이전할 때 잔여재산에 속한 권리도 이전하는 것으로 해석하여야 한다(채권적 귀속설).

② 물권적 귀속을 의미한다고 해석하면 특별한 의사표시가 없음에도 물권변동이 발생하여 그 시기가 불명확하게 될 우려가 있고, 법정신탁을 인정한 제4항의 취지에 반하기 때문이다.

③ 잔여재산이 부동산인 경우 소유권이전등기가 이루어져야 하고, 동산인 경우 인도를 하여야 하며, 채권인 경우 양도 및 대항요건을 갖추어야 한다.

II. 위법한 목적으로 한 신탁선언의 종료 효과(제3항)

신탁선언에 의하여 설정된 자기신탁이 집행면탈 등 위법한 목적으로 설정되어 법원의 결정으로써 취소된 경우, 해당 신탁의 재산은 설정자인 위탁자에게 귀속되어 위탁자의 책임재산이 됨을 명시적으로 규정한다.

■ 관련판례 1

[1] 구 신탁법(2011. 7. 25. 법률 제10924호로 전부 개정되기 전의 것) 제60조, 제61조에 따르면, 신탁이 종료된 경우 신탁재산의 귀속권리자가 신탁행위에 정해져 있는 때에는 신탁재산은 그 귀속권리자에게 귀속하고, 신탁행위에 아무런 정함이 없는 때에는 위탁자 또는 그 상속인에게 귀속하며, 수탁자가 신탁재산을 귀속권리자에게 이전할 때까지는 귀속권리자를 수익자로 하

여 신탁재산을 관리하고 이전하는 것을 목적으로 하는 법정신탁관계로 존속한다. 신탁 종료 시 수탁자는 귀속권리자에게 신탁행위에서 정한 바에 따라 잔여 신탁재산을 반환할 의무가 있다.

[2] 甲 주식회사가 토지구획정리사업의 시행자인 乙 조합으로부터 체비지를 양도받아 체비지대장에 양수인등재를 마친 다음 신탁회사인 丙 주식회사와 신탁목적을 신탁부동산의 소유권 관리·보존 등으로 하고 수익자를 丁 주식회사로 하는 내용의 관리신탁계약을 체결하여 丙 회사가 위 체비지의 체비지대장에 양수인등재를 마쳤는데, 신탁계약 체결 전 甲 회사로부터 대물변제조로 위 체비지를 양도받았다며 甲 회사를 상대로 토지 인도 등을 구하는 소를 제기하여 승소판결을 받은 戊가, 신탁계약 종료 후 위 체비지 중 일부에 관하여 부동산 인도집행을 마친 다음, 甲 회사를 대위하여 체비지대장상 丙 회사 명의의 신탁등재 말소절차 이행을 구한 사안에서, 丙 회사는 신탁계약 종료 시 신탁계약에 신탁재산의 귀속권리자로 정해진 자에게 신탁재산을 반환하여야 하고, 위탁자인 甲 회사에 대하여는 신탁계약에 아무런 정함이 없는 경우에만 신탁재산 반환의무를 지는데, 위 신탁계약의 수익자를 丁 회사로 인정하면서도 신탁계약 당시 신탁재산의 귀속권리자를 누구로 정하였는지 제대로 살피지 않은 채, 신탁 종료로 丙 회사는 위탁자인 甲 회사에 대하여 체비지대장상 丙 회사 명의의 신탁등재를 말소할 의무가 있다고 본 원심판단에는 신탁 종료 시 신탁재산의 귀속에 관한 법리오해 등의 잘못이 있다고 한 사례[대법원 2019. 10. 31., 선고, 2015다49170, 판결].

■ 관련판례 2

부동산 신탁계약에서 분양대금에 의한 우선수익자의 채권 변제가 확보된 상태에 이르면, 위탁자인 시행사는 매수인에게 분양된 부동산에 관한 소유권이전등기를 마쳐 주기 위하여 그 부분에 관한 신탁을 일부 해지할 수 있고, 우선수익자는 그 신탁 일부 해지의 의사표시에 관하여 동의의 의사표시를 하기로 하는 묵시적 약정을 한 것으로 볼 수 있다(대법원 2010. 12. 9. 선고 2009다81289 판결 참조).

그리고 이와 같이 신탁계약이 해지된 후에는 '신탁재산귀속'을 원인으로 하여 위탁자 앞으로 소유권이전등기를 한 다음 다시 '분양계약'을 원인으로 하여 매수인 앞으로 소유권이전등기가 이루어지게 된다. 그런데 신탁계약상 '우선수익자의 서면요청이 있는 경우 수탁자는 매수인으로부터 확약서를 징구한 다음 신탁부동산의 소유권을 매수인에게 직접 이전할 수 있다'는 취지의 특약사항의 의미는 수탁자로 하여금 분양목적물에 관한 소유권이전등기를 위탁자에게 하는 대신 매수인에게 직접 하게 하는 것도 허용하는 취지를 규정하는 것일 뿐이다. 이와 달리 위 특약사항을 매수인에게 수탁자에 대한 소유권이전등기청구권을 직접 취득하게 하기 위한 규정으로 볼 수는 없다(대법원 2012. 7. 12. 선고 2010다19433 판결 참조).

한편 신탁행위로 수익자를 신탁재산의 귀속권리자로 정한 경우 수익자의 채권자가 수익자의 수탁자에 대한 신탁수익권의 내용인 급부청구권을 압류하였다면, 특별한 사정이 없는 한 그 압류의 효력은 수익자가 귀속권리자로서 가지는 신탁원본의 급부청구권에 미친다*(대법원 2016. 3. 24. 선고 2013다15654 판결 참조)[대법원 2018. 12. 27., 선고, 2018다237329, 판결].*

■ 관련판례 3

저작물 이용자가 저작권자와의 이용허락계약에 의하여 취득하는 이용권은 저작권자에 대한 관계에서 저작물 이용행위를 정당화할 수 있는 채권으로서의 성질을 가지는 데 불과하므로, 저작권 신탁이 종료되어 저작권이 원저작권자인 위탁자에게 이전된 경우에는 원저작권자와 수탁자 사이에 수탁자가 행한 이용허락을 원저작권자가 승계하기로 하는 약정이 존재하는 등의 특별한 사정이 없는 한 저작물 이용자는 신탁종료에 따른 저작권 이전 후의 이용행위에 대해서까지 수탁자의 이용허락이 있었음을 들어 원저작권자에게 대항할 수 없다*[대법원 2015. 4. 9., 선고, 2011다101148, 판결].*

■ 관련판례 4

제척기간은 권리자로 하여금 해당 권리를 신속하게 행사하도록 함으로써 법률관계를 조속히 확정시키려는 데 제도의 취지가 있는 것으로서, 기간의 경과 자체만으로 곧 권리 소멸의 효과를 가져오게 하는 것이다.

한편 의용 신탁법 제57조에 의하면 위탁자가 신탁이익의 전부를 향수하는 신탁은 위탁자 또는 그 상속인이 언제든지 해지할 수 있고, 제59조에 의하면 신탁의 해지에 관하여 신탁행위에 특별히 정함이 있는 경우에는 위 규정에 불구하고 그 정함에 따르게 되어 있다. 규정의 내용과 입법 취지를 고려하면, 의용 신탁법 제57조에 의한 해지권은 원래의 신탁계약이 존속하는 이상 언제든지 행사할 수 있는 것으로 법률관계의 조속한 확정이 요구되는 것이 아니므로 제척기간의 대상이 된다고 할 수 없다.

그리고 의용 신탁법 제56조에 의하면 신탁행위로 정한 사유가 발생한 때 또는 신탁의 목적을 달성하거나 달성할 수 없게 된 때에는 신탁이 종료하나, 이 경우는 신탁이 절대적으로 종료하는 것이어서 종료 이후의 해지가 따로 문제 될 수 없다.

나아가 의용 신탁법 제63조 본문에 의하면 신탁이 종료한 경우에 신탁재산이 그 귀속권리자에게 이전할 때까지는 신탁은 존속하는 것으로 간주되나, 귀속권리자의 신탁재산반환청구권은 특별한 사정이 없는 한 원래의 신탁이 종료한 때로부터 이를 10년간 행사하지 아니하면 시효로 소멸하는 것이어서, 위 규정에 의한 법정신탁관계가 존속한다고 하여 제척기간의 대상이 되는 해지권이 따로 문제 될 수 없다*[대법원 2015. 1. 29., 선고, 2013다215256, 판결].*

[4] 저작권신탁관리업은 저작권법에 근거하는 것으로서 법적 성질은 신탁법상 신탁에 해당하는데, 구 신탁법(2011. 7. 25. 법률 제10924호로 전부 개정되기 전의 것, 이하 '구 신탁법'이라 한다) 제59조는 "제56조 또는 제57조의 규정에 의하여 신탁이 해지된 때에는 신탁재산은 수익자에게 귀속한다."고 규정하고, 제61조는 "신탁이 종료된 경우에 신탁재산이 그 귀속권리자에게 이전할 때까지는 신탁은 존속하는 것으로 간주한다. 이 경우에는 귀속권리자를 수익자로 간주한다."고 규정하고, 제63조는 "신탁이 종료한 경우에는 수탁자는 신탁사무의 최종의 계산을 하여 수익자의 승인을 얻어야 한다. 이 경우에는 제50조 제2항의 규정을 준용한다."고 규정하고 있으므로, 신탁행위로 달리 정하였다는 등 특별한 사정이 없는 한, 위탁자의 해지청구 등으로 신탁이 종료하더라도 수탁자가 신탁재산의 귀속권리자인 수익자나 위탁자 등에게 저작재산권 등 신탁재산을 이전할 의무를 부담하게 될 뿐 신탁재산이 수익자나 위탁자 등에게 당연히 복귀되거나 승계되는 것은 아니고, 신탁재산을 이전할 때까지는 수탁자는 신탁사무의 종결과 최종 계산을 목적으로 하는 귀속권리자를 위한 법정신탁의 수탁자로서 그와 같은 목적 범위 내에서 신탁재산을 계속 관리할 권한과 의무를 부담하며, 귀속권리자는 신탁수익권 형태로서 신탁재산 등 잔여재산에 대한 권리를 보유하게 될 뿐이다. 나아가 구 신탁법에는 신탁 종료 시 수탁자의 청산의무에 관하여 아무런 규정이 없으므로, 신탁행위로 달리 정하였거나 해당 신탁 취지 등에 의하여 달리 볼 수 없는 한 수탁자는 청산의무를 부담하지 않는데, 수탁자가 신탁재산에 관하여 체결한 쌍무계약에 관하여 아직 이행을 완료하지 아니한 때에는 계약을 귀속권리자에게 인수시킬 수도 있는 것이고, 신탁이 종료하였다고 하여 반드시 계약을 해지하는 등으로 이를 청산하여야 하는 것은 아니다.

[5] 甲이, 자신의 음악저작물에 관한 저작재산권을 신탁받은 乙 협회가 신탁계약 해지 후 음악저작물에 대한 관리 중단을 명하는 가처분결정이 있었는데도 乙 협회와 계약을 체결한 甲의 음악저작물 이용자들에게 甲의 음악저작물이 더 이상 乙 협회의 관리저작물이 아님을 통보하지 않아 이용자들로 하여금 甲 허락 없이 음악저작물을 사용하도록 방치하는 등 저작재산권을 침해하였다는 이유로 乙 협회를 상대로 불법행위로 인한 손해배상을 구한 사안에서, 乙 협회는 신탁 종료 시 청산의무를 부담하지 않으므로 甲의 음악저작물 이용자들에게 위와 같은 통보를 하여 甲 허락 없이 음악저작물을 사용하지 못하도록 할 주의의무를 부담하지 않을 뿐만 아니라, 乙 협회가 그와 같은 통보를 하지 아니함으로써 이용자들이 甲 허락을 받지 않고 음악저작물을 이용하였다고 하더라도 저작재산권을 이전받을 때까지는 단순한 채권자에 불과한 甲에게 침해될 저작재산권도 없으므로, 甲의 저작재산권 침해를 이유로 한 불법행위가 성립할 여지가 없는데도, 이와 달리 본 원심판결에 신탁 종료 시 법률관계에 관한 법리오해의 위법이 있다고 한 사례[대법원 2012. 7. 12., 선고, 2010다1272, 판결].

[1] 신탁법 제19조는 "신탁재산의 관리, 처분, 멸실, 훼손 기타의 사유로 수탁자가 얻은 재산은 신탁재산에 속한다"고 규정하고 있으므로, 토지소유자가 부동산신탁회사에게 토지를 신탁하고 부동산신탁회사가 그 토지상에 건물을 신축하여 이를 분양한 후 그 수입으로 투입비용을 회수하고 수익자에게 수익을 교부하는 내용의 분양형 토지신탁계약에서, 토지와 신축 건물을 신탁재산으로 정하여 분양하되 건물 신축을 위한 차용금 채무도 신탁재산에 포함시키기로 약정하였으나 건물을 신축하는 도중에 신탁계약이 해지된 경우, 완공 전 건물의 소유권 귀속에 관하여 특별한 정함이 없는한, 신축 중인 건물도 신탁재산에 포함되는 것으로 보아야 할 것이고, 따라서 신탁이 종료되면 수탁자는 신탁법 제59조 또는 제60조에 의하여 신축중인 건물에관한 권리를 수익자 또는 위탁자나 그 상속인에게 귀속시켜야 한다고 할 것이다.

[2] 신탁법 제56조는 "위탁자가 신탁이익의 전부를 향수하는 신탁은 위탁자 또는 그 상속인이 언제든지 해지할 수 있다. 이 경우에는 민법 제689조 제2항의 규정을 준용한다"고 규정하고 있으며, 민법 제689조 제2항은 "당사자 일방이 부득이한 사유 없이 상대방의 불리한 시기에 계약을 해지한 때에는 그 손해를 배상하여야 한다"고 규정하고 있는바, 수탁자가 위탁자로부터 신탁보수를 지급받기로 약정하였다는 것만으로는 수익자 겸 위탁자가 신탁법 제56조의 규정에 따라 임의해지권을 행사하는 것을 저지하거나 제한할 수 없다고 할 것이다.

[3] 신탁법 제63조는 "신탁이 종료한 경우에는 수탁자는 신탁사무의 최종의 계산을 하여 수익자의 승인을 얻어야 한다. 이 경우에는 제50조 제2항의 규정을 준용한다"고 규정하고, 수탁자가 경질된 경우의 신탁사무의 계산과 사무의 인계에 관한 제50조 제2항은 "수익자 또는 신탁관리인이 전항의 계산을 승인한 때에는 전수탁자의 수익자에 대한 인계에 관한 책임은 이로써 면제된 것으로 간주한다. 단 부정행위가 있었던 때에는 예외로 한다"라고 규정하고 있는바, 이러한 신탁법 제63조의 규정은 신탁이 종료되면 수탁자는 신탁사무의 최종의 계산을 하여야 할 당연한 의무가 있다는 것과 그 계산을 수익자가 승인한 때에는 수탁자의 수익자에 대한 책임이 면제되어 수익자가 수탁자에 대하여 최종 계산의 내용과 다른 내용을 주장하여 최종 계산에 따른 것 이외의 권리의 이전이나 금전의 지급 그 밖의 재산상의 책임을 물을 수 없다는 법리를 선언하고 있는 것일 뿐이고, 이를 신탁이 종료한 경우에 수탁자가 비용 또는 보수를 청구하기 위한 요건을 규정하고 있는 것으로 블 수는 없다고 할 것이다. 한편 신탁법 제38조는 "수탁자가 관리를 적절히 하지 못하여 신탁재산의 멸실, 감소 기타의 손해를 발생하게 한 경우 또는 신탁의 본지에 위반하여 신탁재산을 처분한 때에는 위탁자, 그 상속인, 수익자 및 다른 수탁자는 그 수탁자에 대하여 손해배상 또는 신탁재산의 회복을 청구할 수 있다"고 규정하고, 제42조 제1항은 "수탁자는 신탁재산에 관하여 부담한 조세·공과 기타의 비용과 이

자 또는 신탁사무를 처리하기 위하여 자기에게 과실없이 받은 손해의 보상을 받음에 있어서 신탁재산을 매각하여 다른 권리자에게 우선하여 그 권리를 행사할 수 있다"고 규정하고, 제2항 본문은 "수탁자는 수익자에게 전항의 비용 또는 손해의 보상을 청구하거나 상당한 담보를 제공하게 할 수 있다"고 규정하며, 제43조는 "전조의 규정은 수익자가 신탁재산으로부터 보수를 받을 경우에 그 보수에 관하여 이를 준용한다. 수탁자가 수익자로부터 보수를 받을 경우에도 또한 같다"라고 규정하면서, 제44조에서는 "전2조에 규정된 수탁자의 권리는 수탁자가 제38조 또는 제39조의 규정에 의한 손실의 보상 및 신탁재산복구의 의무를 이행한 후가 아니면 행사할 수 없다"고 규정하고 있는바, 신탁이 종료한 경우에는 위탁자 또는 수익자의 수탁자에 대한 보수 또는 비용 상환의무와 수탁자의 수익자에 대한 신탁재산의 이전의무가 동시이행의 관계에 있게 되는 점*(대법원 2006. 6. 9. 선고 2004다24557 판결 참조)* 등을 고려할 때, 위와 같은 신탁법 제44조의 규정은 , 신탁계약이 목적달성에 이르거나 중도에 해지되지 아니한 채 그대로 유지되는 동안에 수탁자가 비용 또는 손해의 보상이나 보수를 청구하기 위한 요건을 규정하고 있는 것으로 보아야 할 것이고, 이를 신탁이 종료한 경우에까지 적용되는 것으로 몰 것은 아니라고 할 것이다*[대법원 2007. 9. 7., 선고. 2005다9685 판결]*.

■ **관련판례 7**

[1] 구 부가가치세법(2006, 12. 30. 법률 제8142호로 개정되기 전의 것, 이하 같다) 제5조 제5항은 '사업자가 폐업한 때에는 사업장관할세무서장은 지체 없이 그 등록을 말소하여야 한다'고 규정하고 있는바, 이러한 사업의 개시, 폐지 등은 부가가치세법상의 등록, 신고 여부와는 관계없이 그 해당사실의 실질에 의하여 결정된다

[2] 신탁법상 신탁재산을 관리·처분함에 있어 재화 또는 용역을 공급하거나 공급받게 되는 경우 수탁자 자신이 계약당사자가 되어 신탁업무를 처리하게 되는 것이나, 그 신탁재산의 관리·처분 등으로 발생한 이익과 비용은 최종적으로 위탁자에게 귀속하게 되어 실질적으로는 위탁자의 계산에 의한 것이므로, 신탁법에 의한 신탁은 부가가치세법 제6조 제5항 소정의 위탁매매와 같이 "자기(수탁자) 명의로 타인(위탁자)의 계산에 의하여" 재화 또는 용역을 공급하거나 또는 공급받는 등의 신탁업무를 처리하고 그 보수를 받는 것이어서, 신탁재산의 관리·처분 등 신탁업무에 있어 사업자 및 이에 따른 부가가치세 납세의무자는 원칙적으로 위탁자라고 보아야 하고, 다만 신탁계약에서 위탁자 이외의 수익자가 지정되어 신탁의 수익이 우선적으로 수익자에게 귀속하게 되어 있는 타익신탁의 경우에는, 그 우선수익권이 미치는 범위내에서는 신탁재산의 관리·처분 등으로 발생한 이익과 비용도 최종적으로 수익자에게 귀속되어 실질적으로는 수익자의 계산에 의한 것으로 되므로, 이 경우 사업자 및 이에 따른 부가가치세 납세의

무자는 위탁자가 아닌 수익자로 봄이 상당하다.

[3] 토지 소유자가 부동산신탁회사에게 토지를 신탁하고 부동산신탁회사가 그 토지 위에 건물을 신축하여 이를 분양한 후 그 수입으로 투입비용을 회수하고 수익자에게 수익을 교부하는 내용의 분양형 토지신탁계약에서, 건물을 신축하는 도중에 신탁계약이 종료된 경우 완공 전 건물의 소유권 귀속에 관하여 특별한 약정이 없는 한 신탁재산인 신축 중인 건물은 신탁법 제60조에 따라 위탁자나 그 상속인에게 귀속되었다고 보아야 할 것이다[대법원 2008. 12. 24., 선고. 2006두8372 판결].

> ### 제102조(준용규정)
> 신탁의 종료로 인하여 신탁재산이 수익자나 그 밖의 자에게 귀속한 경우에는 제53조제3항 및 제54조를 준용한다.

1. 신탁채권자의 권리

가. 총관

유한책임신탁을 제외한 신탁에서 청산절차가 강제되는 것이 아니므로 신탁채무가 반드시 변제되는 것은 아니고, 신탁채무에는 토양오염 피해자에 대한 불법행위에 기한 손해배상책임 등과 같이 신탁 계속 중에 발생하였지만 신탁 종료 후 표면화 되는 채무도 있는바, 신탁종료의 절차 중 변제되지 않은 신탁채무가 어떻게 되는지 여부가 문제된다.

나. 신탁재산에 대한 권리

① 신탁의 존속 중 신탁재산에 대하여 강제집행, 보전처분, 경매 또는 국세 등 체 납처분의 절차를 개시한 경우에는 잔여재산에 대해서도 계속 그 절차를 진행할 수 있으며, 별도로 수익자, 귀속권리자 등에 대한 집행권원을 취득할 필요는 없 다(제102조, 제53조 제3항).

② 그러나 강제집행 등을 개시하지 않은 경우에는 수익자, 귀속권리자 등에 대하여 집행권원을 취득할 수 없으므로 잔여재산에 대한 강제집행 등은 불가능하다.

③ 신탁에서 청산절차는 강제되지 않고, 수익자, 귀속권리자 등은 법률상 원인 없 이 잔여재산을 취득하는 것이 아니므로 신탁채권자는 수익자, 귀속권리자 등에 게 부당이득반환청구를 할 수 없다.

다. 수탁자에 대한 권리

수탁자는 신탁채권자에 대하여 개인적 무한책임을 부담하므로, 신탁채권자는 신탁 의 종료 여부와 상관없이 수탁자에게 권리행사를 할 수 있다.

2. 수탁자의 권리

가. 신탁재산에 대한 권리

수탁자는 수탁자의 지위에서 신탁재산에 대하여 비용상환청구권이나 보수청구권을 취득하는데, 신탁이 종료할 때까지 그 구상이 이루어지지 않은 경우 신탁재산에 대하여 우선변제권 및 유치권(제54조)을 행사할 수 있다.

나. 수익자 등에 대한 권리

① 귀속권리자에 대하여는 신탁이 종료된 후의 신탁사무에 의하여 발생한 권리만을 행사할 수 있다.

② 수익자에 대한 비용상환청구권 규정(제46조 제4항 및 제5항)은 준용되지 않는 것으로 규정되어 있으나, 종래 학설은 신탁이 종료된 경우에 수탁자는 종전의 수익자에게 여전히 비용상환청구권을 행사할 수 있는 것으로 해석하고 있었다.

■ 관련판례 1

위탁자 또는 수익자가 부담하는 신탁비용 및 신탁보수지급의무와 신탁종료시에 수탁자가 신탁재산의 귀속권리자인 수익자나 위탁자 등에 대하여 부담하는 신탁재산을 이전할 의무는 모두 신탁관계에서 발생된 채무들일 뿐 아니라, 또한 수탁자가 신탁종료 전에는 신탁법 제42조 제1항, 제43조에 의하여 비용 및 보수청구권에 관하여 신탁재산을 매각하여 그 매각대금으로 다른 권리자에 우선하여 변제에 충당할 수 있고, 신탁종료 후에 신탁재산이 수익자 등에게 귀속한 후라도 신탁법 제62조, 제49조에 의하여 비용보상청구권 또는 보수청구권에 기하여 신탁재산에 대하여 강제집행을 하거나 경매를 할 수 있고 이를 위하여 신탁재산을 유치할 수 있는 점에 비추어, 신탁비용 및 신탁보수 지급의무는 적어도 신탁관계를 청산하는 신탁재산의 반환시까지는 변제됨이 형평에 맞는다는 점을 참작하여 보면, 위탁자 또는 수익자가 부담하는 신탁비용 및 신탁보수 지급의무와 신탁종료시에 수탁자가 신탁재산의 귀속권리자인 수익자나 위탁자 등에 대하여 부담하는 신탁재산을 이전할 의무는 이행상 견련관계에 있다고 인정되고, 따라서 양자는 동시이행의 관계에 있다고 해석함이 공평의 관념 및 신의칙에 부합한다고 할 것이다.

따라서 원심이, 2002. 12. 30. 이 사건 신탁관계가 종료되었음을 원인으로 하는 피고 케이비의 이 사건 토지에 대한 소유권이전의무와 원고들의 피고 케이비에 대한 신탁비용과 신탁보수 등의 지급의무가 서로 동시이행관계에 있다고 본 것은 정당하고, 거기에 상고이유에서 주장하는 바와 같이 동시이행에 관한 법리를 오해한 위법이 있다고 할 수 없다[대법원 2006. 6. 9., 선고. 2004다24557 판결].

■ 관련판례 2

위탁자 또는 수익자가 부담하는 신탁비용 및 신탁보수 지급의무와 신탁종료시에 수탁자가 신탁재산의 귀속권리자인 수익자나 위탁자 등에 대하여 부담하는 신탁재산을 이전할 의무는 모두 신탁관계에서 발생된 채무들인바, 수탁자가 신탁종료 전에는 신탁법 제42조 제1항, 제43조에 의하여 비용 및 보수청구권에 관하여 신탁재산을 매각하여 그 매각대금으로 다른 권리자에 우선하여 변제에 충당할 수 있고, 신탁종료 후에 신탁재산이 수익자 등에게 귀속한 후라도 신탁법 제62조, 제49조에 의하여 비용보상청구권 또는 보수청구권에 기하여 신탁재산에 대하여 강제집행을 하거나 경매를 할 수 있으며 이를 위하여 신탁재산을 유치할 수 있는 점에 비추어, 신탁비용 및 신탁보수 지급의무는 적어도 신탁관계를 청산하는 신탁재산의 반환시까지는 변제됨이 형평에 맞는다는 점을 참작하여 보면, 위탁자 또는 수익자가 부담하는 신탁비용 및 신탁보수 지급의무와 신탁종료시에 수탁자가 신탁재산의 귀속권리자인 수익자나 위탁자 등에 대하여 부담하는 신탁재산을 이전할 의무는 이행상견련관계에 있다고 인정되고, 따라서 양자는 특별한 사정이 없는 한 동시이행의 관계에 있다고 해석함이 공평의 관념 및 신의칙에 부합한다고 할 것이다 *[대법원 2008. 3. 27., 선고. 2006 다7532, 7549 판결].*

제103조(신탁종료에 의한 계산)

① 신탁이 종료한 경우 수탁자는 지체 없이 신탁사무에 관한 최종의 계산을 하고, 수익자 및 귀속권리자의 승인을 받아야 한다.

② 수익자와 귀속권리자가 제1항의 계산을 승인한 경우 수탁자의 수익자와 귀속권리자에 대한 책임은 면제된 것으로 본다. 다만, 수탁자의 직무수행에 부정행위가 있었던 경우에는 그러하지 아니하다.

③ 수익자와 귀속권리자가 수탁자로부터 제1항의 계산승인을 요구받은 때부터 1개월 내에 이의를 제기하지 아니한 경우 수익자와 귀속권리자는 제1항의 계산을 승인한 것으로 본다.

I. 신탁사무의 종결과 최종계산 (제1항)

1. 신탁사무의 종결

① 신탁행위로 달리 정하거나 변경하지 않으면 기존의 수탁자가 신탁의 종료를 위한 법정신탁에서도 수탁자의 지위를 유지한다.

② 수탁자는 신탁 종료 시 수익자, 귀속권리자 등에게 잔여재산을 이전할 때까지 신탁의 사무를 종결하고 최종계산을 하기 위하여 필요한 범위 내에서 신탁재산에 대한 처분, 관리 등의 권한을 갖게 된다.

③ 구체적인 권한 범위는 신탁행위의 정함 및 해당 신탁의 취지 등을 고려하여 결정될 것이나, 사법관계·공법관계이든 불문하며, 통상채권의 추심, 신탁채권자에 대한 변제, 수익자에 대한 수익채권의 변제 등이 포함된다.

④ 따라서 새롭게 적극적인 투자 등을 하는 것은 권한을 넘은 행위로 신탁 목적을 위반한 처분으로 취소의 대상이 되나(제75조), 신탁채무 변제를 위한 환가처분 등은 권한 내의 행위로 인정된다.

2. 신탁의 최종계산 (제1항)

가. 의의

수탁자는 신탁재산에 속한 채권의 추심, 신탁채무의 변제, 비용 등의 상환 등을 종료한 후 신탁의 최종계산을 하여 수익자 및 귀속권리자의 승인을 받아야 하는데, 구체적으로 잔여재산의 현황 및 수입과 지출의 계산을 명확히 하여야 한다.

나. 계산의 시점

통상 최종계산의 시점은 수익자가 잔여재산의 귀속권자인 경우에는 기존 신탁의 종료 시, 제3자나 위탁자 등이 귀속권자인 경우에는 기존 신탁의 종료 시점을 기준으로 신탁 종료 전에 발생한 비용을 반영한 계산을 하고 법정신탁의 종료 시에 다시 최종계산을 하여야 한다.

다. 승인권자

구법 제63조는 '수익자'만을 최종계산의 승인권자로 규정하고 있으나, 신탁행위로 귀속권리자를 정한 경우에는 신탁종료를 기준으로 신탁재산으로부터 수익하는 자가 달라지고 비용 등의 구상의무를 부담하는 자도 달라지므로, 현행법은 수익자뿐만 아니라 귀속권리자도 승인권자에 포함한다.

II. 최종계산 승인의 효과(제2항)

1. 원칙 - 최종계산에 관한 책임 면제(제2항 본문)

① 수익자와 귀속권리자가 승인한 경우 수탁자의 수익자 등에 대한 '최종계산에 관한 책임'이 면제된다.

② 책임이 면제되는 범위는 승인의 전제가 된 사실에 한정되므로, 승인 후에 수탁자의 의무위반이 밝혀지는 등 다른 사실이 확인된 경우에는 수탁자의 책임은 면제되지 않는다.

2. 예외 - 부정행위(제2항 단서)

① 수탁자가 신탁재산에 대하여 손해 등을 가하는 부정행위를 하는 경우에까지 인계책임을 면책하는 것은 부당하므로 예외를 정한 것이다.

② "부정행위"는 개정안 제55조 제2항 단서의 부정행위와 동일한 의미로 범죄행위뿐만 아니라 수익자와 위탁자의 신뢰를 깨는 고도의 비윤리적 행위까지 포함하고, 최종계산에 관한 부정행위뿐만 아니라 최종계산시점까지 수탁자의 불법 행위나 의무위 반행 위로서 수익자에게 공개되지 않은 것까지 모두 포함하는 의미이다.

III. 수익자 등의 승인의 지체(제3항)

① 수익자 등이 상당한 이유 없이 최종계산에 대한 승인을 해주지 않아 잔여재산의 인도절차가 지체되는 경우를 대비하여 개정안은 미국의 표준신탁법전 및 일본의 개정 신탁법의 입법례에 따라 수탁자가 계산의 승인을 요청한 뒤 1개월 내에 이의를 제기하지 않으면 승인한 것으로 간주한다.

② 다만 수탁자가 수익자 등에게 이의권이 있다는 사실 및 1개월 이내에 이의를 제기하지 않으면 이의권을 상실한다는 것을 통지할 의무가 해석상 인정된다.

■ 관련판례 1

신탁법 제63조, 제50조 제2항에 의하면, 신탁이 종료한 경우 수탁자는 신탁사무의 최종의 계산을 하여 수익자의 승인을 얻어야 하고, 수익자가 위 계산을 승인한 때에는 수탁자의 수익자에 대한 책임은 면제된 것으로 간주된다고 할 것이므로, 수탁자가 한 신탁사무의 최종 계산을 승인한 신탁자는 수탁자에 대하여 최종 계산의 내용과 다른 내용을 주장하여 최종 계산에 따른 것 외의 권리의 이전이나 금전의 지급 그 밖의 재산상의 책임을 물을 수 없다고 할 것이다. 기록에 의하면, 원·피고사이에 임대, 분양업무보수금 지급책임을 둘러싸고 다툼이 발생하자 피고는 원고로 부터 당초 지급받으려고 하였던 임대, 분양업무보수금를 감면해 주고 나머지 액수를 신탁재산에서 지급받은 사실, 원고는 피고로부터 신탁계약을 해지하고 신탁수익금 및 신탁재산을 인수하라는 제안을 받고, 피고로부터 신탁수익금을 지급받아 당시 어려웠던 회사의 자금사정을 해결할 목적으로 피고와 사이에 이 사건 신탁계약을 해지하기로 합의한 사실, 피고는 이 사건 신탁계약을 해지하면서 위탁재산에 관한 수입·지출현황, 신탁수익금, 신탁수익교부액, 신탁수익유보액 등 신탁사무에 관한 최종 계산의 내용을 담은 부동산신탁 계산서를 제출하였고, 원고는 피고로부터 위 최종 계산서의 내용에 따라 신탁수익에서 유보액을 공제한 나머지 금액을 지급받고 최종 계산을 승인한 사실을 알 수 있는바, 그렇다면 이 사건 신탁계약을 해지하면서 원·피고 사이에 이루어진 위와 같은 계산의 승인은, 원·피고 사이에 임대, 분양업무보수금 지급책임 여부 및 책임범위를 둘러싸고 다툼이 계속되던 중에 그것이 이루어진 점, 원고가 계산을 승인하면서 아무런 이의를 유보하지 아니한 점, 피고가 원고에게 제출한 계산서에 임대 , 분양업무보수금을 포함한 신탁보수를 비롯한 위탁재산에 관한 수입·지출현황 등 신탁사무에 관한 최종 계산의 내용이 자세히 담겨져 있는 점, 원고가 위와 같이 신탁수익금을 지급받고 계산을 승인하게 된 경위 등 기록에 나타난 제반 사정에 비추어 보면, 위 임대 , 분양업무보수금을 포함한 신탁보수를 비롯한 신탁재산의 관리·처분에 관하여 최종적인 정산을 한 것으로 볼 수 있다 할 것이고, 따라서 원고는 신탁법 제63조에 의하여 위 계산서와 다른 내용을 주장하여 피고에 대하여 이미 지급한 신탁보수의 반환을 구할 수 없다고 할 것이다*[대법원 2003. 1. 10., 선고. 2002다50414 판결].*

■ 관련판례 2

1. 원심은, 이 사건 신탁계약상 신탁수익권의 정산시기를 신탁계약의 최종 종료일로 한정하지 않고 합의에 의해서라면 어느 시점에서라도 가정산을 할 수 있도록 약정한 점, 계산 결과 신탁수익금이 발생한 경우 2주일 내에 현금으로 수익금을 교부하도록 약정한 점, 또한 이 사건 건물의 일부가 매도되어 이전된 경우 이를 일부 종료사유로 약정한 점 등에 비추어 볼 때, 이 사건 신탁수익권의 정산시점을 이 사건 신탁계약의 일부 종료사유가 발생한 이후인 2002. 10. 31.로 정할 수 있다고 판단하였다.

   기록에 의하면, 이 사건 신탁계약은 신탁기간 만료일인 2001. 6. 30.이 경과함으로써 이미 종료되었고, 신탁계약이 종료된 경우 지체없이 수익금을 정산하기로 약정한 사실을 인정할 수 있으며, 한편 신탁계약이 종료됨으로써 이미 정산의무가 발생한 이상 그 이후의 어느 시점을 정산시점으로 삼는다고 하여 반드시 부당하다고 볼 수는 없을 뿐만 아니라, 오히려 계약 종료일 이후에 이루어진 수입·지출 내역까지 반영하여야만 비로소 최종적이고 정확한 수익금 산정이 가능하다는 점 등을 감안하여 볼 때, 비록 그 이유설시에 있어서는 부적절하나 원심이 이 사건 신탁계약 종료일 이후로서 2002. 10. 31.을 이 사건 신탁수익금 산정의 기준시점으로 삼은 조치는 수긍할 수 있고, 거기에 상고이유로 주장하는 바와 같은 신탁법 제30조, 제32조, 구 신탁업법(2005. 1. 17. 법률 제7337호로 개정되기 전의 것) 제10조 제2항, 신탁업감독규정 제6조 등의 법령 위반이나 신탁수익금 정산시점에 관한 법리오해 등의 위법이 있다고 할 수 없다.

2. 원심은, 신탁사무처리를 위한 비용으로서 이 사건 신탁수익에서 우선적으로 공제되어야 할 비용은 원칙적으로 수탁자인 피고가 신탁사무의 처리를 위하여 직접 지출한 비용에 국한되고, 이와 달리 피고가 신탁자를 통해서 간접적으로 비용을 지출한 경우에는 비용을 과다계상하는 등의 방법으로 신탁자와 수탁자가 통모하여 질권자인 원고의 이익을 해할 우려가 있다는 점을 감안할 때, 신탁자를 통하여 신탁비용을 지출하여야 할 정당한 사유가 있는 때에 한하여 예외적으로 공제대상에 포함될 수 있다고 전제한 다음, 이 사건 건물에 대한 공사비용은 이 사건 건물의 유지·관리를 위해 지출된 비용으로서 이 사건 신탁계약 제9조에 의하여 그 유지관리 책임은 피고가 아닌 신탁자가 부담하도록 약정하였으므로 이를 신탁사무처리를 위한 비용으로 볼 수 없고, 분양대행 수수료 및 홍보비용 등도 이 사건 신탁계약 별첨특약 제2조에서는 피고가 신탁자인 엠닷컴의 요청에 의하여 해당업체에게 직접 지급하도록 되어 있음에도 해당업

체에게 직접 지급하지 않고 신탁자에게 지급하였을 뿐만 아니라, 이러한 방식으로 비용을 지출할 수밖에 없었던 정당한 사유에 대한 아무런 입증이 없는 이상 이를 공제대상에 포함시킬 수는 없다는 이유로, 위 비용들과 기타 신탁사무처리 비용으로 볼 수 없는 비용들을 제외한 나머지 비용들만을 신탁수익에서 공제하는 방법으로 이 사건 신탁수익금을 산정하였는바, 기록에 비추어 살펴보면, 원심의 위와 같은 증거취사와 사실인정 및 판단도 정당한 것으로 수긍할 수 있고, 거기에 상고이유로 주장하는 바와 같은 채증법칙 위배나 신탁수익금 산정에 관한 법리오해 등의 위법이 없다[대법원 2005. 7. 29., 선고, 2004다61327 판결].

■ 관련판례 3

[4] 저작권신탁관리업은 저작권법에 근거하는 것으로서 법적 성질은 신탁법상 신탁에 해당하는데, 구 신탁법(2011. 7. 25. 법률 제10924호로 전부 개정되기 전의 것, 이하 '구 신탁법'이라 한다) 제59조는 "제56조 또는 제57조의 규정에 의하여 신탁이 해지된 때에는 신탁재산은 수익자에게 귀속한다."고 규정하고, 제61조는 "신탁이 종료된 경우에 신탁재산이 그 귀속권리자에게 이전할 때까지는 신탁은 존속하는 것으로 간주한다. 이 경우에는 귀속권리자를 수익자로 간주한다."고 규정하고, 제63조는 "신탁이 종료한 경우에는 수탁자는 신탁사무의 최종의 계산을 하여 수익자의 승인을 얻어야 한다. 이 경우에는 제50조 제2항의 규정을 준용한다."고 규정하고 있으므로, 신탁행위로 달리 정하였다는 등 특별한 사정이 없는 한, 위탁자의 해지청구 등으로 신탁이 종료하더라도 수탁자가 신탁재산의 귀속권리자인 수익자나 위탁자 등에게 저작재산권 등 신탁재산을 이전할 의무를 부담하게 될 뿐 신탁재산이 수익자나 위탁자 등에게 당연히 복귀되거나 승계되는 것은 아니고, 신탁재산을 이전할 때까지는 수탁자는 신탁사무의 종결과 최종 계산을 목적으로 하는 귀속권리자를 위한 법정신탁의 수탁자로서 그와 같은 목적 범위 내에서 신탁재산을 계속 관리할 권한과 의무를 부담하며, 귀속권리자는 신탁수익권 형태로서 신탁재산 등 잔여재산에 대한 권리를 보유하게 될 뿐이다. 나아가 구 신탁법에는 신탁 종료 시 수탁자의 청산의무에 관하여 아무런 규정이 없으므로, 신탁행위로 달리 정하였거나 해당 신탁 취지 등에 의하여 달리 볼 수 없는 한 수탁자는 청산의무를 부담하지 않는데, 수탁자가 신탁재산에 관하여 체결한 쌍무계약에 관하여 아직 이행을 완료하지 아니한 때에는 계약을 귀속권리자에게 인수시킬 수도 있는 것이고, 신탁이 종료하였다고 하여 반드시 계약을 해지하는 등으로 이를 청산하여야 하는 것은 아니다.

[5] 甲이, 자신의 음악저작물에 관한 저작재산권을 신탁받은 乙 협회가 신탁계약 해지 후 음악저작물에 대한 관리 중단을 명하는 가처분결정이 있었는데도 乙 협회와 계약을 체결한 甲의 음악저작물 이용자들에게 甲의 음악저작물이 더 이상 乙 협회의 관리저작물이 아님을 통보하지

않아 이용자들로 하여금 甲 허락 없이 음악저작물을 사용하도록 방치하는 등 저작재산권을 침해하였다는 이유로 乙 협회를 상대로 불법행위로 인한 손해배상을 구한 사안에서, 乙 협회는 신탁 종료 시 청산의무를 부담하지 않으므로 甲의 음악저작물 이용자들에게 위와 같은 통보를 하여 甲 허락 없이 음악저작물을 사용하지 못하도록 할 주의의무를 부담하지 않을 뿐만 아니라, 乙 협회가 그와 같은 통보를 하지 아니함으로써 이용자들이 甲 허락을 받지 않고 음악저작물을 이용하였다고 하더라도 저작재산권을 이전받을 때까지는 단순한 채권자에 불과한 甲에게 침해될 저작재산권도 없으므로, 甲의 저작재산권 침해를 이유로 한 불법행위가 성립할 여지가 없는데도, 이와 달리 본 원심판결에 신탁 종료 시 법률관계에 관한 법리오해의 위법이 있다고 한 사례*[대법원 2012. 7. 12., 선고, 2010다1272, 판결].*

> **제104조(신탁의 청산)**
>
> 신탁행위 또는 위탁자와 수익자의 합의로 청산절차에 따라 신탁을 종료하기로 한 경우의 청산절차에 관하여는 제132조제2항, 제133조제1항부터 제6항까지 및 제134조부터 제137조까지의 규정을 준용한다.

신탁 종료 시 신탁의 청산절차를 강제할 것인지에 대하여,

① 신탁도 단체적 법률관계이므로 관련된 이해관계자의 보호를 위하여「민법」상 또는「상법」상의 법인과 같이 반드시 청산절차를 거치도록 하자는 견해가 있었으나,

② 유한책임신탁 외의 신탁의 경우 수탁자가 신탁채권에 대하여 개인적 무한책임을 부담하기 때문에 기존의 계산절차만으로도 신탁채권자 보호에 큰 문제가 없으므로, 유한책임신탁의 경우에만 청산절차를 강제하고 일반 신탁의 경우에는 신탁행위 또는 위탁자와 수익자의 합의로 청산절차를 선택한 경우에만 청산절차를 거치도록 규정한다.

제9장 신탁의 감독

> **제105조(법원의 감독)**
> ① 신탁사무는 법원이 감독한다. 다만, 신탁의 인수를 업으로 하는 경우는 그러하지 아니하다.
> ② 법원은 이해관계인의 청구에 의하여 또는 직권으로 신탁사무 처리의 검사, 검사인의 선임, 그 밖에 필요한 처분을 명할 수 있다.

법원의 감독에 관한 일반규정인 현행법 제64조를 존치시켜야 되는지 여부에 관하여,

① 당사자 간의 사적자치 영역인 신탁에 법원이 관여할 뚜렷한 이유가 없고, 법원으로서는 신탁의 존재 여부조차 알기 어려워 실질적인 감독권을 행사할 수도 없기 때문에 불필요한 규정이라는 견해도 있으나,

② 「신탁법」 전체에 걸쳐 법원이 후견적 지위에서 직권으로 권한을 행사할 수 있도록 규정하고 있으며, 상사신탁 외의 일반 민사신탁에서는 법원의 감독권이 필요한 경우도 발생할 수 있으므로 선언적 의미에서라도 법원의 감독권한 규정을 존치시키기로 한다.

제10장 삭제 *(2014. 3. 18.)*

제106조 ~ 제113조
삭제〈2014. 3. 18.〉

제11장 유한책임신탁

제1절 유한책임신탁의 설정

제114조(유한책임신탁의 설정)

① 신탁행위로 수탁자가 신탁재산에 속하는 채무에 대하여 신탁재산만으로 책임지는 신탁(이하 "유한책임신탁"이라 한다)을 설정할 수 있다. 이 경우 제126조에 따라 유한책임신탁의 등기를 하여야 그 효력이 발생한다.

② 유한책임신탁을 설정하려는 경우에는 신탁행위로 다음 각 호의 사항을 정하여야 한다.

    1. 유한책임신탁의 목적

    2. 유한책임신탁의 명칭

    3. 위탁자 및 수탁자의 성명 또는 명칭 및 주소

    4. 유한책임신탁의 신탁사무를 처리하는 주된 사무소(이하 "신탁사무 처리지"라 한다)

    5. 신탁재산의 관리 또는 처분 등의 방법

    6. 그 밖에 필요한 사항으로서 대통령령으로 정하는 사항

I. 유한책임신탁 제도의 도입

1. 유한책임신탁의 의의

① 신탁제도는 재산에 대하여 법인격이 인정되지 않기 때문에 수탁자의 법인격을 차용하는 제도로, 수익자의 이익을 보호하고 수탁자를 신뢰하여 거래한 제3자의 신뢰를 보호하기 위해서 수탁자의 책임을 강화할 필요가 있는바, 일반 신탁에서 수탁자가 신탁사무 처리를 위하여 행하는 대외적 거래에서 채무가 발생한 경우, 수탁자는 신탁재산을 책임재산으로 하여 변제책임을 부담할 뿐만 아니라 제3자에 대하여 자신의 고유재산으로도 변제책임을 부담하는 것이 원칙이다(무한책임 원칙).

② 따라서 신탁사무의 처리상 발생한 채권을 가지고 있는 채권자는 수탁자의 일반 채권자와는 달리 신탁재산에 대하여도 강제집행을 할 수 있고, 그 이행책임은 신탁재산 한도로 제한되는 것이 아니라, 수탁자의 고유재산에도 미치게 된다.

③ 이와 달리 '유한책임신탁'이란 수탁자가 해당 신탁에 관하여 발생한 신탁채무에

대하여 수탁자의 지위에서 신탁재산만으로 변제책임을 부담할 뿐, 개인의 고유재산으로는 변제책임을 부담하지 않는 신탁을 의미한다.

2. 도입 필요성

가. 도입에 대한 반대론

① 수탁자의 책임을 유한책임으로 하는 경우 신탁채권자의 이익을 해할 수 있고, ② 기존에는 거래상대방이 수탁자의 신용을 고려하여 거래가 이루어 진 경우도 있었음을 고려해 볼 때 유한책임신탁 제도에서는 그러한 수탁자의 신용을 더 이상 이용할 수 없게 되어 오히려 신탁제도가 외면당할 우려가 있으며, ③ 유한책임신탁 제도를 이용하지 않고 개별 약정에 의한 책임재산한정특약을 이용함으로써 사실상 이 제도가 유명무실한 것이 될 수 있다는 점에서 반대 견해가 있다.

나. 도입 이유

1) 수탁자 책임 제한의 필요

① 수탁자에게 무한책임을 인정하는 전통적 신탁과 달리 최근 신탁에 있어서는 수탁자의 신용보다는 신탁 자산의 가치가 더 중요한 경우가 있고, 수탁자가 신탁재산의 운용과 관련하여 과거에 비해 거액의 대외적 책임을 부담하는 경우가 증가하여 수탁자가 신탁의 인수를 꺼리게 되는 요인이 되는 등 수탁자의 개인적 무한책임을 한정할 필요성이 있다.

② 또한 사업을 운영하는 데에는 위험이 상존하므로 원본인 신탁재산의 손실뿐만 아니라 신탁재산을 초과하는 손실이 발생할 수도 있음을 고려할 때, 통상의 민사신탁이 아닌 상사신탁이 이른바 '사업형 신탁'의 형태로 향후 활성화되기 위해서는 수탁자의 고유재산이 신탁재산과 함께 책임재산이 되는 구조보다는 책임재산의 범위를 신탁재산만으로 제한하는 유한책임신탁의 형태를 도입할 필요성이 있다.

2) 책임재산한정특약의 한계

① 현재 실무에서는 법률상 근거는 없지만, 수탁자와 제3자 사이의 특약에 의하여 수탁자가 신탁사무 수행으로 인한 개인적 책임에서 벗어나기 위하여 그 책임을 신탁재산으로 한정하는 '책임재산한정특약'이 체결되는 예가 많았고 이러한 특약은 신탁법의 해석상 허용된다고 보았다.

② 그러나 유한책임신탁 제도가 도입되면 수탁자가 신탁사무처리를 위하여 행한 거래에 대하여 일일이 거래 상대방과 개별적으로 별도의 책임재산한정특약을 체결하지 않더라도 거래안전과 신속을 위하여 일률적으로 수탁자의 책임이 제한되어 거래 상대방의 보호와 거래안전에 유리하다.

3) 신탁채권자의 보호 강화

① 수탁자가 신탁재산을 이용하여 자기의 이익을 도모하는 것이 아니고 신탁재산에 대한 고유의 이해를 갖고 있지도 않은 점, 수탁자의 일반채권자가 수탁자 명의로 되어 있는 신탁재산에 대해 강제집행을 할 수 없는 것과 형평상 신탁채권자가 수탁자의 고유재산에 대해 강제집행을 할 수 없다고 하더라도 신탁채권자의 이익을 과도하게 해하는 것은 아니며, 당사자 간의 특약과는 달리 유한책임신탁 제도는 별도의 채권자보호절차, 수익자에 대한 배당 등에 관한 규제 등이 있으므로 채권자 보호에 더 유리하다.

② 한편 수탁자가 신탁채권자에 대해 고유재산으로 무한책임을 지는 일반 신탁의 경우에도 수탁자는 최종적으로는 신탁재산과 수익자에 대해 구상할 수 있으므로 수익자 보호 측면에서는 큰 차이가 없다.

3. 유한책임신탁 제도 도입의 입법 방향

① 구법상 투자신탁의 경우는 유한책임신탁과 관련한 명문의 규정이 있으나, 그 이외의 신탁, 예컨대 부동산신탁이나 퇴직연금신탁 등의 경우에는 관련 규정이 없다.

② 구체적인 입법의 방향에 관하여는 미국 표준신탁법전의 경우와 같이 수탁자 지위를 현명함으로써 계약에 대하여 수탁자가 개인적인 책임을 벗어나게 되는 것으로 입법하는 방안보다는 거래안전 및 거래 상대방 보호를 위하여 유한책임신탁인지 여부가 등기제도를 통해 외부로 드러날 수 있도록 함으로써 거래 당사자가 적어도 등기부를 열람하여 책임재산의 범위를 미리 확인할 수 있도록 하는 일본 개정 신탁법과 같이 입법하는 방안을 채택하고, 나아가 수탁자로 하여금 책임이 한정된다는 점을 거래 상대방에게 명시할 의무를 부과하는 방안이 바람직하다.

4. "유한책임신탁"이라는 용어의 사용

① 일본은 개정 신탁법에서 같은 취지의 신탁을 "한정책임신탁"이라고 부르고 있다.

② 수탁사무 처리로 인해 발생한 채무에 대한 책임재산이 수탁자의 고유재산으로 무한히 확장되지 않는다는 의미에서 "유한책임신탁"이라는 용어를 사용하기로 한다.

II. 유한책임신탁의 효력발생요건(제1항)

1. 유한책임신탁등기의 성립요건화

① 제1항에서는 일반 신탁과 달리 유한책임신탁은 등기하여야 비로소 그 효력이 발생하는 것으로 규정한다.

② 일반 신탁과 달리 유한책임신탁은 등기가 대항요건이 아니라 효력발생요건으로 규정된 것이 타당한지 여부가 논의되나, 유한책임신탁은 우리나라에 처음 도입되는 것이므로 제3자 보호를 위해 유한책임신탁에서는 그 등기를 효력발생요건으로 한다.

③ 즉 유한책임신탁의 경우에는 책임재산이 신탁재산만으로 제한되므로 채권자 보호를 위하여 일정한 조치들이 필요하고 채권자들의 예견가능성을 확보할 만한 조치가 갖추어 진 것을 전제로 하여 유한책임신탁으로서 효력이 발생하도록 하는 것이 타당함. 따라서 거래상대방인 채권자가 책임재산이 신탁재산으로 한정된다는 점을 충분히 예견한 상태에서 거래에 임할 수 있도록 하기 위하여 제3자가 유한책임신탁이라는 사실을 객관적으로 확인할 수 있도록 반드시 등기라는 공시제도를 이용하여 해당 내용을 공시하여야만 유한책임신탁의 효력이 발생되도록 한다.

④ 또한 유한책임신탁의 설정시기를 획일적으로 판단하도록 하고, 대외적으로 공시가 가능한 방법으로 신탁을 설정하도록 하며, 회사의 설립에 준하여 국가로 하여금 그 법정요건을 구비되었는지 여부를 심사할 기회를 부여하기 위해서도 성립요건으로 정할 필요가 있다.

2. 등기의 방법

① 제1항의 "신탁행위"라 함은 계약, 유언 그 밖의 서면(전자적 기록에 의한 경우도 포함)에 의한 의사표시에 의한 경우를 모두 포함한다.

② 또한 반드시 신탁 설정 시의 신탁행위에 한정되지 않으므로 신탁행위의 변경에 의하여 원래는 유한책임신탁이 아니었으나 사후적으로 유한책임신탁으로 변경하는 것도 허용된다.

III. 유한책임신탁의 요건 사항 (제2항)

① 유한책임신탁이 되기 위해서는 신탁행위로 제2항에 규정된 내용을 필수적으로 정하여야 한다.

- 이 중 제1호부터 제4호까지의 내용은 유한책임신탁이 효력을 발생하기 위한 필수적 등기사항이다(제126조 제1항 참조).

② 각 요건의 내용

- 제1호의 "목적"은 어느 정도로 구체적인 것이어야 하나, 다소 개괄적인 내용이더라도 신탁 설정 시에 일정한 목적을 정하였다고 인정할 수 있는 정도면 충분하다.
- 제2호의 "명칭"은 특정한 신탁임을 제3자가 알 수 있을 정도로 구체적이어야 하는데 이와 관련하여서는 제115조에서 별도의 규정을 둔다.
- 제5호의 "관리 또는 처분 등의 방법"은 수탁자의 권한 범위와 향후 신탁재산이 어떻게 운용될 것인지를 알 수 있는 정도로는 특정되어야 할 것이다.
- 제6호에 해당하는 것으로는 "신탁사무년도"를 고려할 수 있으며, 이는 회사의 회계연도에 대응하는 개념이 될 것이다.

③ 제6호에서 "대통령령으로 정하는 사항"이란 신탁의 사업연도를 말한다.

> **제115조(유한책임신탁의 명칭)**
>
> ① 유한책임신탁의 명칭에는 "유한책임신탁"이라는 문자를 사용하여야 한다.
>
> ② 유한책임신탁이 아닌 신탁은 명칭에 유한책임신탁 및 그 밖에 이와 유사한 문자를 사용하지 못한다.
>
> ③ 누구든지 부정한 목적으로 다른 유한책임신탁으로 오인(誤認)할 수 있는 명칭을 사용하지 못한다.
>
> ④ 제3항을 위반하여 명칭을 사용하는 자가 있는 경우 그로 인하여 이익이 침해되거나 침해될 우려가 있는 유한책임신탁의 수탁자는 그 명칭 사용의 정지 또는 예방을 청구할 수 있다.

1. 제1항

책임재산이 신탁재산으로 한정되므로 거래안전을 위하여 신탁의 명칭에 유한책임신탁임을 반드시 표시하도록 의무화하여 신탁과 거래하는 제3자가 유한책임신탁과 거래함을 알 수 있도록 한다.

2. 제2항

① 유한책임신탁이 아니면서 유한책임신탁처럼 오인되도록 하는 경우를 의미하는 것으로, 유한책임신탁으로 오인될 수 있는 문자의 사용을 금지하여 실체에 관하여 일반인이 오인하는 일이 없도록 한다.

② 통상 유한책임신탁의 경우 신탁의 규모와 수탁자의 재산관리능력 및 변제능력에 대한 기대감이 형성되는바, 그 기대감과 신뢰를 이용하여 선의의 피해자에게 재산상 손해를 입히는 것을 방지하기 위한 취지로, 「상법」 제20조와 동일한 취지이다.

③ 반드시 동일한 문구가 아니더라도 전체 취지상 책임이 제한되는 의미로 해석될 여지가 있는 명칭을 사용한 경우뿐 아니라 이를 상호로 사용하는 것도 이 규정의 적용대상에 포함된다.

3. 제3항

① 「상법」 제23조 제1항의 주체를 오인시킬 상호의 사용금지의 경우에 준하여, 유한책임신탁의 경우도 부정한 목적으로 타인이 쌓은 신용과 사회적 지명도를 악

용하여 마치 다른 유한책임신탁으로 오인하도록 하여 거래상의 손실을 줄 수 있는 사례를 방지하기 위함이다.

② 제2항과 달리 '부정한 목적'이라는 주관적 요건이 필요하다.

4. 제4항

제3항의 부정한 사용에 대하여 피해를 입은 유한책임신탁의 수탁자로 하여금 그 침해의 정지 및 예방을 구할 수 있도록 구제수단을 마련한다.

> **제116조(명시·교부 의무)**
> ① 수탁자는 거래상대방에게 유한책임신탁이라는 뜻을 명시하고 그 내용을 서면으로 교부하여야 한다.
> ② 수탁자가 제1항을 위반한 경우 거래상대방은 그 법률행위를 한 날부터 3개월 내에 이를 취소할 수 있다.

1. 명시·교부의무 (제1항)

① 수탁자는 유한책임신탁임을 상대방에게 명시하여야 할 의무가 있다.

② 일본 개정 신탁법의 경우 명시의 방법에는 제한이 없기 때문에 서면에 의하지 않는 방법으로도 명시의무 이행이 가능하나, 채권자보호를 강화하고 향후 분쟁에 대비한 증거자료로 삼기 위해 서면교부의무까지 부과한다.

2. 명시 등 의무위반의 효과 (제2항)

가. 규정의 취지 - 취소권 부여

① 수탁자가 명시와 서명교부의무를 위반한 경우 거래상대방은 법률행위를 한 날로부터 1개월 내에 취소권을 행사할 수 있다.

② 이에 대해 거래상대방의 주관적 사정을 기준으로 하여 거래상대방이 유한책임신탁이 아닌 것으로 알고 거래를 하였다가 유한책임신탁임을 알게 된 날로부터 취소권의 소멸기간이 개시되어야 한다는 의견이 있을 수 있으나, 유한책임신탁이 등기로 공시되는 점에 비추어 거래관계의 조속한 확정을 위하여 법률행위를 한 날로부터 기간이 개시되도록 한다.

나. 취소권 인정 배경

① 명시의무 또는 교부의무를 이행하지 아니한 경우 그 위반의 효과를 어떻게 볼 것인지가 문제되었는데, 이는 유한책임신탁등기의 효력과도 밀접한 관련이 있다.

② 즉, 유한책임신탁 등기의 효력에 관하여 상업등기의 효력에 준하여 일단 유한책임신탁은 등기함으로써 효력이 발생하고, 일단 효력이 발생한 이후에 변경등기사항에 대하여는 등기한 후에는 선의의 제3자에 대하여도 유한책임신탁임을 대항할 수 있도록 하고 있다(제114조, 제127조 참조).

③ 일본의 개정 신탁법과 달리 우리 「상법」 제638조의3에 따른 보험계약상 보험자

의 명시의무 위반의 경우를 참조하여 그 거래상대방으로 하여금 당해 거래를 취소할 수 있도록 취소권을 부여하는 방안을 채택한다.

④ 일본의 개정 신탁법 제219조에 의하면 수탁자가 한정책임신탁임을 상대방에게 명시하지 아니하면 수탁자가 당해 거래 상대방에 대하여 한정책임신탁임을 대항할 수 없다고만 규정하고 있어, 여기서 "대항할 수 없다"의 의미에 대하여 일본 내에서 많은 논란이 있다.

⑤ 즉, 일본의 한정책임신탁도 등기함으로써 그 효력이 발생하는데, 한정책임신탁의 수탁자로서 하는 거래임을 명시하지 아니하고 제3자와 거래한 경우 그 제3자에 대하여는 한정책임신탁임을 대항할 수 없다고 규정한 것은 한정책임신탁의 등기의 창설적 효력에 정면으로 배치되는 모순이 발생하는 문제가 있다.

> **제117조(회계서류 작성의무)**
>
> ① 유한책임신탁의 경우 수탁자는 다음 각 호의 서류를 작성하여야 한다.
>
>   1. 대차대조표
>   2. 손익계산서
>   3. 이익잉여금처분계산서나 결손금처리계산서
>   4. 그 밖에 대통령령으로 정하는 회계서류
>
> ② 다음 각 호의 요건을 모두 갖춘 유한책임신탁은 「주식회사 등의 외부감사에 관한 법률」의 예에 따라 감사를 받아야 한다. 〈개정 2017. 10. 31.〉
>
>   1. 수익증권발행신탁일 것
>   2. 직전 사업연도 말의 신탁재산의 자산총액 또는 부채규모가 대통령령으로 정하는 기준 이상일 것

1. 회계서류 작성의무 (제1항)》

① 유한책임신탁의 경우는 책임재산이 신탁재산으로 한정되므로 신탁 재산의 가치를 정확히 평가하는 것이 중요하므로 회계서류의 작성의무를 특히 강화하여 부과함. 따라서 이 규정은 일반 신탁의 회계서류 작성에 관한 제39조의 특칙이다.

② 구체적인 회계서류의 범위는 「상법」 제447조에서 정한 서류를 참조하여 대차대조표, 손익계산서, 이익잉여금처분계산서나 결손금처리 계산서 등으로 정하고, 그 밖에 대통령령으로 정하는 회계서류에 대한 작성의무를 부과한다.

③ 회계처리기준에 관하여는 금융감독위원회가 증권선물위원회의 심의를 거쳐 정하여 고시한 회계처리기준(「자본시장과 금융투자업에 관한 법률」 제114조 참조)을 고려할 수 있다.

④ 제4호에서 "대통령령으로 정하는 회계서류"란 다음 각 호의 서류를 말한다.

   1. 자본변동표
   2. 신탁의 재산목록과 그 부속 명세서
   3. 법 제78조제1항에 따라 수익증권을 발행하는 경우에는 수익증권기준가격 계산서

2. 회계감사 수감 의무 (제2항)

① 수익증권발행신탁임과 동시에 유한책임신탁인 경우에는 그 규모가 일정 수준 이

상일 것이므로 신탁회계에 대하여 독립된 감사인으로부터 회계감사를 받도록 의무화하다.

② 유한책임신탁의 회계감사는 「주식회사의 외부감사에 관한 법률」에서 정한 회계감사의 예에 따라야 한다.

③ 따라서 회계감사인은 선관주의의무를 부담하며, 감사인의 선임이나 회계의 절차 및 방법 등에 대하여는 모두 「주식회사의 외부감사에 관한 법률」에 따라 회계감사를 받아야 한다.

④ 제2호에서 "대통령령으로 정하는 기준 이상"이란 다음 각 호의 어느 하나에 해당하는 경우를 말한다.

  1. 자산총액이 100억원 이상인 경우
  2. 부채총액이 70억원 이상이고 자산총액이 70억원 이상인 경우

> **제118조(수탁자의 제3자에 대한 책임)**
>
> ① 유한책임신탁의 수탁자가 다음 각 호의 어느 하나에 해당하는 행위를 한 경우 그 수탁자는 유한책임신탁임에도 불구하고 제3자에게 그로 인하여 입은 손해를 배상할 책임이 있다. 다만, 제3호 및 제4호의 경우 수탁자가 주의를 게을리하지 아니하였음을 증명하였을 때에는 그러하지 아니하다.
> 1. 고의 또는 중대한 과실로 그 임무를 게을리한 경우
> 2. 고의 또는 과실로 위법행위를 한 경우
> 3. 대차대조표 등 회계서류에 기재 또는 기록하여야 할 중요한 사항에 관한 사실과 다른 기재 또는 기록을 한 경우
> 4. 사실과 다른 등기 또는 공고를 한 경우
> ② 제1항에 따라 제3자에게 손해를 배상할 책임이 있는 수탁자가 여럿인 경우 연대하여 그 책임을 진다.

1. 제3자에 대한 법정책임 (제1항)

① 이 조항에 의한 책임은 유한책임신탁의 채권자보호를 위하여 특별히 정한 법정책임으로서 제2항의 불법행위책임과 경합하는 것이다.

② 이 때의 고의 또는 중과실은 제3자에 대한 가해행위와 관련된 것이 아니라 신탁행위에서 정한 의무 위반, 선관주의의무 위반, 충실의무 위반 등의 경우와 같이 신탁사무 처리에 있어서 수탁자가 그 임무를 해태한 것에 대한 고의 또는 중과실을 의미한다.

2. 제3자에 대한 불법행위책임 (제2항)

① 신탁사무의 "처리 과정"에서 발생하였으나, 그 책임을 수탁자의 고유재산으로도 부담하여야 할 일반 불법행위로 인한 손해배상책임(소위 '거래행위적 불법행위')은 수탁자의 고의 또는 과실을 주관적 요건으로 요구한다.

② 반면 이른바 토양오염책임이나 공작물 등의 소유자책임 등 수탁자의 고의 또는 과실이 개입되지 아니한 이른바 무과실 법정책임(소위 '사실행위적 불법행위')의 경우는 달리 수탁자의 고의 또는 과실이 없는 한 수탁자의 고유재산으로 책임을 부담하지 않고, 신탁재산만으로 책임을 지므로 이 조항에 포함되지 아니한다.

③ 미국 표준신탁법전 Section 1010.(b)에서는 유한책임신탁의 경우 수탁자의 귀책 사유를 요건으로 하여 이러한 특수불법행위책임을 인정하고 있다.

④ 제1항의 경우는 사무 처리를 제대로 하지 않은 데에 대한 고의, 과실있는 행위로 인한 책임이고, 제2항의 경우는 일반 불법행위에 대한 수탁자의 책임이므로 양자는 개념상 구별되고, 제1항의 임무해태행위가 항상 위법행위가 되는 것은 아니므로 제1항과 적용 범위를 달리한다.

3. 허위 기재, 허위 등기 등으로 인한 법정책임 (제3항)

① 유한책임신탁에 있어서는 회계서류의 기재 내용이나 등기 또는 공고사항은 거래 상대방인 제3자뿐만 아니라 거래안전의 관점에서 매우 중요한 사항들이므로 이러한 회계서류 등에 허위 기재하거나 허위 등기, 허위 공고를 하게 되면 거래안전을 해할 우려가 있다.

② 따라서 회계서류 등에 대한 허위 기재(또는 기록), 허위 등기, 허위 공고의 경우에도 수탁자는 제3자에 대하여 법정손해배상책임을 부담하도록 한다.

4. 수인의 수탁자 간의 연대책임 (제4항)

제1항부터 제3항에 정한 바에 따라 책임을 부담할 수탁자가 여럿 있는 경우 이들은 연대책임을 부담하며 이 연대채무는 성질상 부담부분이 있을 수 없기 때문에 부진정연대책임으로 보아야 한다.

> **제119조(고유재산에 대한 강제집행 등의 금지)**
>
> ① 유한책임신탁의 경우 신탁채권에 기하여 수탁자의 고유재산에 대하여 강제집행등이나 국세 등 체납처분을 할 수 없다. 다만, 제118조에 따른 수탁자의 손해배상채무에 대하여는 그러하지 아니하다.
>
> ② 수탁자는 제1항을 위반한 강제집행등에 대하여 이의를 제기할 수 있다. 이 경우 「민사집행법」 제48조를 준용한다.
>
> ③ 수탁자는 제1항을 위반한 국세 등 체납처분에 대하여 이의를 제기할 수 있다. 이 경우 국세 등 체납처분에 대한 불복절차를 준용한다.

1. 유한책임신탁에서 강제집행 (제1항)

① 유한책임신탁에서 신탁재산이 책임재산으로 한정되는바, 그 당연한 귀결로 신탁채권자는 신탁채권을 가지고 수탁자의 고유재산에 대해 강제집행이나 보전처분, 체납처분을 할 수 없으므로 이를 명문으로 규정한다.

② 다만, 신탁사무의 처리 과정에서 수탁자가 고의 또는 중과실로 인한 위법행위로 타인에게 손해를 입힌 경우 그 불법행위로 인한 손해배상책임은 수탁자가 고유재산으로 부담하여야 할 채무로서 수탁자가 고유재산으로 신탁재산과 중첩적으로 책임을 부담하는 것이므로 강제집행 등을 허용한다.

③ 또한 수탁자가 악의 또는 중과실에 의한 임무해태로 인하여 제3자에 대하여 법정책임을 부담하는 경우, 기타 허위기재나 허위 공고 등의 경우와 같이 제3자에 대한 책임을 부담하는 경우도 마찬가지로 그 책임의 범위가 신탁재산으로 한정된다고 볼 수 없으므로 제1항 단서로 이 점을 명확히 한다.

2. 제1항을 위반한 강제집행 등에 대한 이의 (제2항)

① 강제집행 등이 제1항에 위반한 경우 수탁자의 이의제기절차를 규정한다.

② 제22조 설명 부분 참조.

3. 제1항을 위반한 국세 등 체납처분에 대한 불복절차 (제3항)

① 제1항을 위반한 체납처분에 대한 수탁자의 이의제기절차를 규정한다.

② 제22조 설명 부분 참조.

> **제120조(수익자에 대한 급부의 제한)**
> ① 유한책임신탁의 수탁자는 수익자에게 신탁재산에서 급부가 가능한 한도를 초과하여 급부할 수 없다.
> ② 제1항에 따른 급부가 가능한 한도는 순자산액의 한도 내에서 대통령령으로 정하는 방법에 따라 산정한다.

① 일반 신탁의 경우에는 신탁 종료 전의 수익자에게 신탁재산으로부터 지급되는 재산에 대하여 특별한 제한이 없으나, 유한책임신탁의 경우 신탁재산이 신탁채권자에 대한 유일한 책임재산이므로 신탁재산만으로 지급되는 수익자에 대한 급부가 과도할 경우 신탁채권자를 해할 우려가 있다.

② 따라서 수익자에 대한 신탁재산의 지급은 채권자 보호를 위하여 그 급부가능 범위를 초과하여 지급할 수 없도록 하여 신탁채권자를 위한 책임재산을 보전하고자 한다.

③ 제1항을 적용할 때 유한책임신탁의 수익권이 그 유한책임신탁의 신탁재산에 속하게 된 경우에는 그 수익권은 해당 유한책임신탁의 순자산으로 계산하지 아니한다.

④ 수익자에 대한 급부는 신탁재산 자체를 분배하는 것뿐만 아니라, 신탁재산을 토대로 하여 발생한 수익권을 재매입하는 것도 포함한다.

⑤ 이 규정에 위반하여 급부가능 범위를 넘어 지급된 재산에 대하여는 제121조에 따라 수탁자 또는 수익자의 전보책임을 지며, 수탁자가 급부를 제공받은 수익자와 연대하여 전보책임을 부담한다.

⑥ 수익자에게 지급할 수 있는 급부가능범위는 순자산액의 한도 내에서 대통령령으로 정하는 방법에 의하여 산정되도록 한다.

⑦ 제2항에 따른 급부가 가능한 한도는 급부를 할 날이 속하는 사업연도의 직전 사업연도 말일의 순자산액에서 신탁행위로 정한 유보액과 급부를 할 날이 속하는 사업연도에 이미 급부한 신탁재산의 가액(價額)을 공제한 금액을 말한다.

⑧ 주식회사에 있어서 주주에게 이익배당을 할 때에도 총자산에서 부채를 공제한 잔액인 순자산액을 배당가능이익의 기초로 삼고 있는바, 이는 채권자를 위한 책임재산이 확보된 후에야 배당이 가능함을 뜻한다. 따라서 유한책임신탁의 경우에도 신탁재산의 총자산에서 부채를 공제한 잔액인 순자산액을 급부가능범위를 산정하는데 있어 기초로 삼아야 한다.

> **제121조(초과급부에 대한 전보책임)**
>
> ① 수탁자가 수익자에게 제120조제1항의 급부가 가능한 한도를 초과하여 급부한 경우 수탁자와 이를 받은 수익자는 연대하여 초과된 부분을 신탁재산에 전보할 책임이 있다. 다만, 수탁자가 주의를 게을리하지 아니하였음을 증명한 경우에는 그러하지 아니하다.
>
> ② 제1항의 초과부분을 전보한 수탁자는 선의의 수익자에게 구상권(求償權)을 행사할 수 없다.

1. 초과급부에 대한 전보책임 (제1항)

① 지급가능범위를 초과한 급부가 있는 경우 채권자는 수탁자 또는 수익자에 대하여 초과급부된 것을 신탁재산으로 반환하도록 청구할 수 있다.

② 수탁자와 수익자의 전보책임은 부진정연대채무의 관계에 있으나 각 수익자는 실제 수령한 급부를 한도로 부진정연대책임을 부담한다.

③ 전보책임의 범위와 관련해서, 수탁자가 급부가능범위를 초과하여 지급된 급부 중 일부를 반환한 경우에는 수익자는 전체 급부액 중 실제 수령한 급부액의 비율만큼 의무가 소멸하는 반면, 수익자가 일부를 반환한 경우에는 수탁자는 그 이행된 금액만큼 의무가 소멸된다고 보아야 한다.

④ 급부가능범위를 초과하여 지급된 급부 중 어느 범위를 반환하도록 할 것인가에 관하여는, 주주에 대한 위법배당과 관련한 논의를 참조할 수 있다.

⑤ 이와 관련하여 다음과 같은 3가지 입장이 있을 수 있다.

  I) 선의의 주주에게는 반환청구를 할 수 없다고 보는 견해

  ii) 우리 「민법」의 부당이득의 법리에 따라 이득자가 선의인 경우는 현존이익만 반환하면 된다고 보는 견해

  iii) 「상법」상 위법배당은 당연무효이므로 주주의 선, 악의를 불문하고 배당금액 전부를 반환하여야 한다고 보는 견해

⑥ 회사법에서는 국내의 많은 학자들이 위법배당은 당연무효이고 배당금액 전부를 반환하여야 한다고 해석하고 있다.

⑦ 그러나 논의한 결과 수익자가 어차피 받을 수 있는 급부까지도 전보하도록 하는 것은 번거롭고 불합리하므로 유한책임신탁에서는 급부가능범위를 초과하여 지급된 그 액수에 대하여만 반환하는 것으로 한다. 따라서 현물의 반환 여부보다는 초과금액에 해당하는 금전적 전보의무가 문제되는 것이다.

⑧ 한편 수익자가 전보하게 되는 상대방은 형식상 수탁자이나, 이것은 당연히 신탁 재산에 귀속되는 것이다. 다만, 수탁자의 선관의무, 충실의무와의 관계에 비추어 수탁자가 그 직무를 행함에 있어서 주의를 다하였음을 입증한 경우에는 그 책임을 면할 수 있도록 한다.

2. 선의의 수익자에 대한 구상금지 (제2항)

① 수탁자와 수익자의 전부책임은 부진정연대채무이므로 제1항에 따라 전보의무를 이행한 수탁자는 다시 수익자를 상대로 변제자의 법정대위 법리에 따라 구상권을 취득하게 되지만, 수익자가 지급받을 당시 선의인 경우에도 이를 허용하는 것은 수익자에게 가혹하므로, 수탁자의 구상권을 선의의 수익자에 대하여는 허용하지 않는다.

② 따라서 선의의 수익자인 경우 채권자에 대한 책임은 부담하나, 수탁자와의 관계에서는 책임을 부담하지 않는다고 해석하여야 한다.

> **제122조(합병의 효과에 대한 특칙)**
> 유한책임신탁에 속하는 채무에 대하여는 합병 후에도 합병 후 신탁의 신탁재산만으로 책임을 진다.

유한책임신탁에 속하는 채무가 유한책임신탁이 합병되었다는 이유로 신탁재산 외에 수탁자의 고유재산까지 책임재산으로 하는 채무로 변경되는 것은 부당하므로 유한책임신탁에 속하는 채무는 합병 후에도 합병된 신탁의 신탁재산만으로 책임을 지도록 한다.

> **제123조(분할의 효과에 대한 특칙)**
>
> 유한책임신탁에 속하는 채무에 대하여 분할 후의 신설신탁 또는 분할합병신탁에 이전하는 것으로 정한 경우 그 채무에 대하여는 분할 후의 신설신탁 또는 분할합병신탁의 신탁재산만으로 책임을 진다.

① 유한책임신탁에 속하는 채무가 유한책임신탁이 분할되었다는 이유로 신탁재산 외에 수탁자의 고유재산까지 책임재산으로 하는 채무로 변경되는 것은 부당하므로 유한책임신탁에 속하는 채무는 분할 후에도 분할된 신탁의 신탁재산만으로 책임을 지도록 한다.

② 이 규정의 취지는 유한책임신탁이 분할된다고 하더라도 유한책임신탁이 속한 채무에 대하여는 유한책임이라는 성질이 변하지 않는다는 취지이다.

③ 「상법」의 회사분할 시 분할 또는 분할합병으로 인하여 설립되는 회사 또는 존속하는 회사가 분할 또는 분할합병 전의 회사 채무에 관하여 연대하여 변제할 책임이 있다는 점과 균형상, 분할된 신탁과 분할 후의 신설신탁 또는 분할합병신탁은 연대하여 변제할 책임이 있다고 보아야 한다.

제2절 유한책임신탁의 등기

> **제124조(관할 등기소)**
> ① 유한책임신탁의 등기에 관한 사무는 신탁사무처리지를 관할하는 지방법원, 그 지원 또는 등기소를 관할 등기소로 한다.
> ② 등기소는 유한책임신탁등기부를 편성하여 관리한다.

1. 관할등기소 (제1항)

유한책임신탁의 등기는 그 사무처리지를 관할하는 지방법원, 지원 또는 등기소를 관할 등기소로 한다.

2. 등기부 편성 (제2항)

① 유한책임신탁의 등기부를 등기소에서 편성하도록 한다.

② 이로써 유한책임신탁은 그 신탁별로 등기부를 편성하게 된다.

> 제125조(등기의 신청)
> ① 등기는 법령에 다른 규정이 있는 경우를 제외하고는 수탁자의 신청 또는 관공서의 촉탁이 없으면 하지 못한다.
> ② 제17조제1항 및 제18조제1항에 따라 신탁재산관리인이 선임되면 법령에 다른 규정이 있는 경우를 제외하고는 신탁재산관리인이 등기를 신청하여야 한다.

1. 제1항

법령에 달리 정함이 없는 한 유한책임신탁의 등기는 수탁자가 신청하도록 하고, 관공서의 촉탁이 있는 경우에도 등기가 가능하도록 한다.

2. 제2항

수탁자를 대신하는 신탁재산관리인이 선임된 경우에는 선임된 업무범위 내에서 신탁재산관리인이 수탁자의 권한을 행사하므로 그 신탁재산관리인이 등기를 신청하여야 한다.

제126조(유한책임신탁등기)

① 유한책임신탁등기는 다음 각 호의 사항을 등기하여야 한다.

   1. 유한책임신탁의 목적

   2. 유한책임신탁의 명칭

   3. 수탁자의 성명 또는 명칭 및 주소

   4. 신탁재산관리인이 있는 경우 신탁재산관리인의 성명 또는 명칭 및 주소

   5. 신탁사무처리지

   6. 그 밖에 대통령령으로 정하는 사항

② 제1항의 등기는 유한책임신탁을 설정한 때부터 2주 내에 하여야 한다.

③ 유한책임신탁의 등기를 신청하기 위한 서면(전자문서를 포함한다. 이하 "신청서"라 한다)에는 다음 각 호의 서면을 첨부하여야 한다. 〈개정 2014. 5. 20.〉

   1. 유한책임신탁을 설정한 신탁행위를 증명하는 서면

   2. 수탁자가 법인인 경우에는 그 법인의 「상업등기법」 제15조에 따른 등기사항증명서

   3. 제117조제2항에 따라 외부의 감사인을 두어야 하는 경우에는 그 선임 및 취임승낙을 증명하는 서면

   4. 제3호의 감사인이 법인인 경우에는 그 법인의 「상업등기법」 제15조에 따른 등기사항증명서

1. 유한책임신탁의 등기사항 (제1항)

① 당사자 사이의 합의와 재산 인도로 쉽게 설정할 수 있는 일반 신탁과 달리 유한책임신탁은 등기를 성립요건으로 하고 있으므로 등기의무를 부과한다.

② 유한책임신탁의 등기사항은 유한책임신탁의 설정 시 정하여야 할 사항과 같으나, 위탁자 및 수익자의 이름 등 빈번하게 변동될 수 있는 사항에 대하여는 등기의무를 부과하지 아니한다.

③ 회계감사인을 두는 경우 그러한 취지 및 회계감사인의 명칭 등을 대통령령으로 정하는 것을 고려해 볼 수 있다.

④ 제6호에서 "대통령령으로 정하는 사항"이란 신탁행위로 정한 종료 사유가 있는 경우 그 종료 사유를 말한다.

2. 등기 시기 (제2항)

유한책임신탁의 등기는 회사의 설립등기에 준하여 설정 후 2주 내에 하여야 한다.

3. 등기 시 첨부서면 (제3항)

① 등기 신청 시 등기사항을 증명하기 위한 서면을 첨부하도록 한다.

② 유한책임신탁을 설정한다는 사실을 증명할 서면과 수탁자가 법인인 경우 「상업등기법」에 의한 등기사항증명서가 이에 해당한다.

③ 수익증권발행의 유한책임신탁 중 일정 규모 이상의 경우는 채권자 보호를 위하여 반드시 공인회계사 자격을 가진 외부감사인을 두도록 정하고 있으므로 그러한 외부감사인이 필요한 유한책임신탁인 경우는 그에 관한 선임 및 취임승낙서 등을 첨부하여야 한다.

> **제127조(유한책임신탁의 변경등기)**
> ① 제126조제1항 각 호의 사항(제5호는 제외한다)에 변경이 있는 경우에는 2주 내에 변경등기를 하여야 한다.
> ② 신탁사무처리지에 변경이 있는 경우에는 2주 내에 종전 신탁사무처리지에서는 변경등기를 하고 새로운 신탁사무처리지에서는 제126조제1항 각 호의 사항을 등기하여야 한다. 다만, 같은 등기소의 관할구역 내에서 신탁사무처리지를 변경한 경우에는 신탁사무처리지의 변경등기만 하면 된다.
> ③ 제126조제1항 각 호의 사항의 변경은 제1항 또는 제2항에 따라 등기하지 아니하면 선의의 제3자에게 대항하지 못한다. 등기한 후라도 제3자가 정당한 사유로 이를 알지 못한 경우에도 또한 같다.
> ④ 제1항 또는 제2항에 따라 변경등기를 신청할 때에는 신청서에 해당 등기사항의 변경을 증명하는 서면을 첨부하여야 한다.

1. 변경등기의 의무 (제1항)

등기된 사항에 변경이 있는 경우 2주 내에 변경사항을 등기하도록 한다.

2. 사무처리지의 변경등기 (제2항)

사무처리지가 변경된 경우, 동일한 등기소 관할구역 내에서의 변경이 있는 경우는 변경등기로 족하나, 그 관할구역이 다른 경우에는 종전 사무처리지에서는 변경등기를 하고, 새로운 사무처리지에서 다시 제1항의 등기를 하도록 한다.

3. 변경등기의 대항력 (제3항)

① 창설적 등기를 제외한 나머지 사항 즉, 변경등기사항에 대하여는, 상업등기의 대항력에 준하여 등기한 후가 아니면 선의의 제3자에 대항하지 못하도록 한다.
② 이는 등기 전에는 선의의 제3자에게 대항할 수 없다는 소극적 공시의 측면과 등기 후에는 선의의 제3자에게 대항할 수 있다는 적극적 공시의 측면이 있다.
③ 등기 전에는 외관주의에 따라 거래안전을 위하여 제3자를 보호하고 등기 후에는 제3자의 악의를 의제하여 유한책임신탁 제도의 취지를 확보하고자 한 것이다.
④ 상업등기와 마찬가지로 등기한 후라도 제3자가 정당한 사유 없이 이를 알지 못

한 경우에는 그 제3자에게 대항할 수 없도록 한다.

4. 변경등기의 첨부서면 (제4항)

유한책임신탁의 변경등기신청서에는 그 등기사항의 변경을 증명하는 서면을 첨부하여야 한다.

> **제128조(유한책임신탁의 종료등기)**
>
> ① 유한책임신탁이 종료되거나 제114조제1항의 취지를 폐지하는 변경이 있는 경우에는 2주 내에 종료등기를 하여야 한다.
> ② 제1항에 따라 유한책임신탁의 종료등기를 신청할 때에는 신청서에 종료 사유의 발생을 증명하는 서면을 첨부하여야 한다.

1. 유한책임신탁 종료의 등기 (제1항)

신탁이 기간 만료, 목적 소멸 등의 사유로 종료되거나 기타 유한책임신탁에 관하여 신탁행위로 정한 유한책임에 관한 내용을 폐지하기로 신탁이 변경된 경우에 있어서는 신탁의 종료등기를 2주 내에 하여야 한다.

2. 종료등기의 첨부서면 (제2항)

유한책임신탁의 종료등기 신청서에는 그 사유의 발생을 증명하는 서면을 요구한다.

제129조(유한책임신탁의 합병등기 또는 분할등기)
유한책임신탁이 합병하거나 분할한 후에도 유한책임신탁을 유지하는 경우 그 등기에 관하여는 제126조부터 제128조까지의 규정을 준용한다.

① 유한책임신탁의 합병과 분할 시 적용될 등기절차에 관해서는 유한책임신탁의 설정등기, 변경등기, 종료등기에 관한 규정을 준용한다.
② 즉, 합병 또는 분할되기 전의 신탁에 대해서는 종료등기나 변경등기가 이루어져야 하며, 합병 또는 분할로 신설된 신탁에 대해서는 설정등기가 이루어져야 한다.

> **제130조(부실의 등기)**
> 수탁자는 고의나 과실로 유한책임신탁의 등기가 사실과 다르게 된 경우 그 등기와 다른 사실로 선의의 제3자에게 대항하지 못한다.

유한책임신탁의 등기는 상업등기에 준하여 등기되는 것으로, 상업등기에 공신력이 인정되지 않음으로 인하여 등기된 사실이 사실과 부합하지 않는 경우 이를 신뢰한 제3자를 보호하기 위하여 「상법」 제39조의 규정을 참조하여 등기효력에 관한 규정을 둔다.

> **제131조(등기절차 및 사무)**
> 이 장에 규정된 등기의 등기절차 및 사무에 관하여는 이 법 및 다른 법령에서 규정한 것을 제외하고 「상업등기법」의 예에 따른다.

① 유한책임신탁은 회사와 유사한 기능을 갖고 있으므로, 유한책임신탁의 등기는 상업등기의 예에 준하여 처리함이 적절하다.

② 유한책임신탁의 등기에 관해 「신탁법」에서 정하지 않은 등기절차, 사무에 관한 사항은 상업등기법의 적용을 받도록 한다.

③ 이에 따라 등기관, 등기부편성, 등기절차 등은 모두 「상업등기법」의 예에 따르며, 특히 상호의 등기, 주식회사의 등기에 관한 사항도 「신탁법」에 규정된 내용과 저촉되지 않는 한 필요한 범위에서 적용된다.

제3절 유한책임신탁의 청산

> **제132조(유한책임신탁의 청산)**
> ① 유한책임신탁이 종료한 경우에는 신탁을 청산하여야 한다. 다만, 제98조제2호 및 제3호의 사유로 종료한 경우에는 그러하지 아니하다.
> ② 제1항에 따른 청산이 완료될 때까지 유한책임신탁은 청산의 목적범위 내에서 존속하는 것으로 본다.

Ⅰ. 청산의 개시원인 (제1항)

1. 청산절차의 의무화

유한책임신탁의 경우 수탁자는 신탁채무에 대하여 신탁재산으로 변제할 책임만 부담할 뿐 고유재산으로 변제할 개인적 무한책임은 부담하지 않으므로, 신탁이 종료한 때에 신탁채권자 등 이해관계인을 보호하고 관련된 법률관계를 명확히 하기 위하여 「상법」상 회사에 준하는 청산절차를 거치도록 의무화한다.

2. 청산의 개시원인

① 제98조부터 제100조까지의 규정에 따라 당연 종료사유의 발생, 위탁자와 수익자 간의 합의, 법원의 종료명령 등의 사유로 유한책임신탁이 종료한 경우에 반드시 청산절차를 거쳐야 한다.

② 다만, 합병(제98조 제2호)의 경우 합병되는 신탁의 모든 권리·의무가 합병신탁에 포괄승계되므로 별도의 청산절차는 필요하지 않고, 파산(제98조 제3호)의 경우 「채무자 회생 및 파산에 관한 법률」에 따라 파산절차를 진행하므로 별도의 청산절차는 필요하지 않은바, 청산사유에서 제외한다.

3. 청산절차 규정의 법적 성격

청산에 관한 규정은 제3자의 이해관계에 중대한 영향을 미치는 것으로 강행규정에 해당한다.

Ⅱ. 청산 중의 신탁(제2항)

1. 규정의 취지

신탁이 종료하는 경우 수탁자에게는 신탁의 목적 수행을 위한 관리, 처분 등을 중지하고 신탁재산을 수익자나 귀속권리자에게 조기에 인도할 의무가 발생하고 그의 직무 내용에 변화가 생기지만, 관련된 법률관계를 처리할 수 있도록 수탁자 또는 수익자의 권리의무 등에 관한 신탁행위의 정함은 종전과 같이 효력을 가지게 하는 것이 타당하다고 판단되므로, 신탁이 그 종료 후에도 청산이 완료하기까지는 여전히 존속하는 것으로 규정한다.

2. 청산 중 신탁의 법적 성격

이 규정에 따라 청산 중인 신탁은 '기존 신탁의 연창으로 보아야 한다.

3. 청산 중 신탁의 존속기간

청산수탁자는 신탁재산에 속하는 채무를 변제하고 잔여재산을 인도한 후 최종계산을 보고할 때까지 청산수탁자로서의 의무를 부담하여야 하므로, 청산 중 신탁의 존속기간에 대하여 "청산이완료할 때까지"로 명시한다.

제133조(청산수탁자)

① 유한책임신탁이 종료된 경우에는 신탁행위로 달리 정한 바가 없으면 종료 당시의 수탁자 또는 신탁재산관리인이 청산인(이하 "청산수탁자"라 한다)이 된다. 다만, 제3조제3항에 따라 유한책임신탁이 종료된 경우에는 법원이 수익자, 신탁채권자 또는 검사의 청구에 의하거나 직권으로 해당 신탁의 청산을 위하여 청산수탁자를 선임하여야 한다.

② 제1항 단서에 따라 청산수탁자가 선임된 경우 전수탁자의 임무는 종료한다.

③ 제1항 단서에 따라 선임된 청산수탁자에 대한 보수에 관하여는 제21조제4항을 준용한다.

④ 청산수탁자는 다음 각 호의 직무를 수행한다.

  1. 현존사무의 종결

  2. 신탁재산에 속한 채권의 추심 및 신탁채권에 대한 변제

  3. 수익채권(잔여재산의 급부를 내용으로 한 것은 제외한다)에 대한 변제

  4. 잔여재산의 급부

  5. 재산의 환가처분(換價處分)

⑤ 청산수탁자는 제4항제2호 및 제3호의 채무를 변제하지 아니하면 제4항제4호의 직무를 수행할 수 없다.

⑥ 청산수탁자는 제4항 각 호의 직무를 수행하기 위하여 필요한 모든 행위를 할 수 있다. 다만, 신탁행위로 달리 정한 경우에는 그에 따른다.

⑦ 청산수탁자는 청산수탁자가 된 때부터 2주 내에 청산수탁자의 성명 또는 명칭 및 주소를 등기하여야 한다.

I. 청산수탁자의 결정 (제1항)

① 청산수탁자란 청산 중인 신탁의 수탁자로서, 청산 중 신탁의 법적 성격을 기존 신탁의 연장으로 보기 때문에 원칙적으로 기존 신탁의 수탁자 또는 수탁자를 대신하는 신탁재산관리인이 청산수탁자가 된다.

② 다만 신탁행위로 특정인을 청산수탁자로 미리 지정하는 등 달리 정한 경우에는 예외가 인정된다.

③ 수탁자가 없고 신탁행위로 청산수탁자를 정하지 않은 경우에 이해관계인이 청구하면 법원이 청산수탁자를 선임할 수 있도록 규정하자는 견해가 있었으나, 수탁자가 없는 경우를 대비하여 신탁재산관리인제도를 강화하여 실제 업무의 공백이 발생하는 경우를 상정하기 어려우므로, 법원에 의한 청산수탁자 선임규정은 두

지 않는 대신에 신탁 종료 시 신탁재산관리인이 있는 경우에 신탁재산관리인이 청산수탁자가 되도록 규정한다.

II. 청산수탁자의 직무와 권한 (제2항부터 제4항까지)

1. 규정의 취지

① 청산 중 신탁은 청산의 목적범위 내에서만 존재하는 것이므로 청산수탁자의 직무와 권한도 일반 수탁자와 차이가 있을 수밖에 없는바, 상법상 '청산인'의 직무 권한에 관한 규정(제254조)에 준하여 청산수탁자의 직무와 권한을 규정한다.

② 청산수탁자의 직무는 제2항에 규정된 청산사무에 한정되어야 하므로 신탁행위로도 달리 정할 수 없고, 특히 제3항에 따른 직무의 순서는 청산의 성격상 반드시 지켜져야 한다.

2. 청산수탁자의 직무 (제2항 및 제3항)

가. 현존사무의 종결 (제2항 저11호)

현존사무의 종결이란 신탁의 종료 당시에 아직 종료하지 않은 신탁사무를 완료하는 것으로, 필요한 경우 새로운 법률행위를 할 수도 있으며, 신탁과 관련된 소송의 수행도 포함된다.

나. 신탁재산에 속한 채권의 회수 및 신탁채무의 변제 (제2항 제2호)

① 회수란 '채권의 추심'으로 신탁재산에 속한 채권에 관하여 채무자로부터 채무의 이행을 받는 것을 의미하고, 채무자가 누구인지 상관없으나, 변제기가 도래할 것은 필요하다.

② 신탁채무의 변제란 제3자가 신탁재산에 관하여 취득한 신탁채권에 대하여 채무를 이행하는 것으로, 채권자가 누구인지 상관없고, 변제기에 이르지 않은 채무에 대하여도 변제할 수 있다(제134조 제1항).

다. 수익채권에 대한 채무의 변제 (제2항 제3호)

① 신탁이 종료한 때까지 미지급된 수익채권이 있는 경우 청산수탁자는 해당 수익자에게 수익권의 내용에 따라 급부하여야 한다.

② 다만, 신탁채권이 수익채권에 우선하므로(제62조), 청산수탁자는 제2항 제2호에 따라 신탁채권에 대한 변제를 완료한 후에 수익채권의 급부를 하여야 한다.

라. 잔여재산의 급부 (제2항 제4호 , 제3항)

　① 청산수탁자가 신탁재산으로 채무를 전부 변제한 후에도 잔여재산이 남은 경우 그 잔여재산을 개정안 제1이조에 따른 귀속권자에게 급부하는 것을 의미한다.

　② 다만, 청산절차는 신탁재산에서 신탁채무와 수익채권에 대한 채무를 변제하고 그 잔여재산을 수익자, 귀속권리자 등에게 급부하는 절차로, 위 채무들을 변제하지 않으면 수익자, 귀속권리자 등의 잔여재산 귀속에 대한 권리의 정확한 내용을 확정할 수 없으므로, 청산수탁자는 제2항 제2호 및 제3호의 채무를 변제한 후에 잔여재산의 급부를 할 수 있다(제3항).

마. 재산의 환가처분 (제2항 제5호)

　청산수탁자는 채무의 변제 등 청산의 목적에 적합하도록 신탁재산을 금전으로 바꾸는 처분행위를 할 수 있으며, 처분의 방법에는 제한이 없다.

3. 청산수탁자의 권한 (제4항)

　① 청산수탁자는 제2항 각 호에 규정된 청산사무를 수행하기 위하여 필요한 재판상 또는 재판 외의 모든 행위를 할 권한이 인정되는바, 재산의 관리만을 목적으로 하는 관리신탁의 경우에도 청산절차에서는 채무의 변제를 위하여 신탁재산을 처분할 수 있다.

　② 다만, 신탁행위로 청산수탁자의 권한을 제한할 수 있다(제4항 단서).

III. 청산수탁자의 등기 (제5항)

　청산수탁자는 일체의 청산사무를 처리하는 자로서 청산수탁자의 성명, 명칭 및 주소를 대외적으로 공시하는 것은 이해관계인의 보호를 위하여 매우 중요하므로, 청산수탁자는 청산수탁자가 된 때부터 2주 내에 반드시 등기를 하여야 한다.

> **제134조(채권자의 보호)**
> ① 청산수탁자는 취임한 후 지체 없이 신탁채권자에게 일정한 기간 내에 그 채권을 신고할 것과 그 기간 내에 신고하지 아니하면 청산에서 제외된다는 뜻을 일반일간신문에 공고하는 방법(수탁자가 법인인 경우에는 그 법인의 공고방법을 말한다)으로 최고하여야 한다. 이 경우 그 기간은 2개월 이상이어야 한다.
> ② 청산수탁자는 그가 알고 있는 채권자에게는 개별적으로 그 채권의 신고를 최고하여야 하며, 그 채권자가 신고하지 아니한 경우에도 청산에서 제외하지 못한다.

■ 채권신고의 최고

1. 채권신고의 공고 (제1항)

가. 공고내용

청산수탁자는 제133조 제1항에 따라 청산수탁자가 된 때 지체 없이 신탁채권자에게 ⅰ) 신탁채권을 2개월 이상의 일정한 기간 내에 신고할 것과 ⅱ) 위 기간 내 신고하지 않으면 청산에서 제외된다는 것을 공고로써 최고하여야 한다.

나. 공고방법

원칙적으로 「신문 등의 자유와 기능 보장에 관한 법률」 제2조 제1호 가목에 따른 일반일간신문 중 전국을 보급지역으로 하는 신문에 공고하여야 하나, 청산수탁자가 법인인 경우 청산수탁자가 정관 등으로 정한 공고방법에 따라야 한다.

다. 신고할 채권

① 금전채권이든 그 밖의 채권이든 종류는 상관없다.

② 이 규정과 유사한 「상법」 제535조 제1항의 신고대상인 채권에 대하여 판례는 소유권이전등기청구권은 해당하지 않는다고 판시하였으나, 이 규정의 채권에 포함되는지 여부는 학설·판례의 해석에 맡긴다.

2. 채권신고의 개별최고 (제2항)

가. 개별최고 (제2항 전단)

① 청산수탁자는 알고 있는 채권자에 대하여는 공고 이외에 개별적으로 최고를 하여야 하고, 최고의 내용은 공고할 내용과 동일하다.

② 여기서 채권자의 의미는 '청산 중 신탁의 장부, 서류 그 밖의 근거에 의하여 그

성명과 주소가 수탁자에게 알려져 있는 자'를 의미하며, 신탁은 수탁자의 인격을 차용한 법률관계이므로 기존 신탁의 수탁자였던 청산수탁자는 대부분의 채권자를 알고 있을 것이다.

나. 청산절차에서 제외 배제 (제2항 후단)

개별최고의 대상인 채권자는 채권의 신고를 하지 않더라도 청산절차에서 제외되지 않는다.

> **제135조(채권신고기간 내의 변제)**
> ① 청산수탁자는 제134조제1항의 신고기간 내에는 신탁채권자에게 변제하지 못한다. 다만, 변제의 지연으로 인한 손해배상의 책임을 면하지 못한다.
> ② 청산수탁자는 제1항에도 불구하고 소액의 채권, 담보가 있는 신탁채권, 그 밖에 변제로 인하여 다른 채권자를 해칠 우려가 없는 채권의 경우 법원의 허가를 받아 변제할 수 있다.
> ③ 제2항에 따른 허가신청을 각하하는 재판에는 반드시 이유를 붙여야 한다.
> ④ 변제를 허가하는 재판에 대하여는 불복할 수 없다.

1. 신고기간 내의 변제금지와 손해배상 (제1항)

가. 신고기간 내의 변제금지 (제1항 본문)

① 신고기간이 만료된 후 모든 채권자들에게 공평한 변제를 하기 위하여 제134조제1항의 신고기간 내에는 원칙적으로 임의변제할 수 없다.

② 채권신고를 한 신탁채권자뿐만 아니라 청산수탁자가 개별적으로 알고 있는 채권자에 대해서도 마찬가지이다.

나. 지연손해배상 (제1항 단서)

신고기간 내에 변제기가 도래한 채권자의 이익을 보호하기 위하여 청산수탁자는 신탁재산으로 배상하여야 할 지연손해배상책임을 부담한다.

2. 소액채권 등의 예외 (제2항부터 제4항까지)

가. 예외적 변제 허용 (제2항)

① 신고기간 내라고 하더라도 소액채권, 담보부 채권 등 변제로 인하여 다른 채권자의 이익을 해칠 우려가 없는 채권의 경우, 청산수탁자는 법원의 허가를 받아 변제할 수 있다.

② 담보부 채권은 우선변제적 효력이 있기 때문에 인정된 것으로 그 범위는 유치권, 질권, 저당권, 가등기담보권 등 물적 담보가 붙은 것에 한정된다.

나. 허가결정 (제3항 및 제4항)

법원은 변제허가결정을 할 때 반드시 결정이유를 붙여야 하고, 허가결정에 대하여 다른 채권자 등은 불복할 수 없다.

> **제136조(청산절차에서 채무의 변제)**
> ① 청산수탁자는 변제기에 이르지 아니한 신탁채권에 대하여도 변제할 수 있다.
> ② 제1항에 따라 신탁채권에 대한 변제를 하는 경우 이자 없는 채권에 대하여는 변제기에 이르기까지의 법정이자를 가산하여 그 채권액이 될 금액을 변제하여야 한다.
> ③ 이자 있는 채권으로서 그 이율이 법정이율에 이르지 못하는 경우에는 제2항을 준용한다.
> ④ 제1항의 경우 조건부채권, 존속기간이 불확정한 채권, 그 밖에 가액이 불확정한 채권에 대하여는 법원이 선임한 감정인의 평가에 따라 변제하여야 한다.

1. 변제기 전 신탁채무의 변제 (제1항)

① 신탁채무가 변제기에 이르지 아니한 경우에도 청산수탁자는 청산사무의편의를 위하여 필요한 때에 변제기 전의 신탁채무를 변제할 수 있다.

② 신탁채권자가 기한의 이익을 가지는 경우에는 채권자의 이익을 해하는것이지만 청산사무의 신속한 종결을 위하여 부득이하게 법률로써 변제를 허용하는 것이다.

2. 변제기 전의 채권의 평가 (제2항 및 제3항)

가. 무이자 채권 (제2항)

① 이자가 없는 무이자 채권인 경우 청산수탁자는 변제기에 이르기까지의 법정이자를 가산하여 그 채권액에 달할 금액을 변제하여야 한다.

② 이는 채권액에서 변제 시부터 변제기까지의 법정이자(중간이자)를 공제하는 것을 의미하며, 그 변제액은 '호프만식 계산법'에 따라 산출한다.

나. 법정이율 미만인 약정이율의 이자부 채권 (제3항)

① 약정이율이 법정이율에 달하지 못하는 이자부 채권의 경우 제2항과 같이 변제 시부터 변제기까지 법정이율로 계산한 중간이자를 원본액에서 공제하면 된다.

② 약정이율이 법정이율 이상인 경우 명문규정이 없으나, 동일한 내용의 「상법」 규정에 대해 그 원본액에 변제 시까지의 약정이자를 가산하여 변제하면 되고, 채권자의 이익을 해하는 경우에는 손해를 배상해야 한다는 해석론이 있다.

3. 가액이 불확정한 채권 (제4항)

조건부 채권, 존속기간의 불확정한 채권 등 가액이 아직 정해지지 않은 채권에 대하여는 법원이 선임한 감정인의 평가에 따라 변제하여야 하며, 이 때 감정인 선임비용은 신탁재산으로 부담하여야 한다(「비송사건절차법」 제124조 유추적용).

> **제137조(제외된 채권자에 대한 변제)**
> 청산 중인 유한책임신탁의 신탁채권자가 제134조제1항의 신고기간 내에 그 채권을 신고하지 아니한 경우에는 그 채권은 청산에서 제외된다. 이 경우 청산에서 제외된 채권자는 분배되지 아니한 잔여재산에 대하여만 변제를 청구할 수 있다.

① 신고기간 내에 채권신고를 하지 않았고 청산수탁자가 개별적으로 알지 못하는 신탁채권자의 경우, 청산절차에서 변제를 받을 수 없고, 청산절차 후 남은 신탁의 잔여재산에 대하여만 변제를 청구할 수 있다.

② 분배되지 않은 잔여재산이 전혀 없거나 제외된 신탁채권의 전액을 변제하기에 부족한 때에는 신탁채권자는 전부 또는 일부를 변제받을 수 없게 된다.

> **제138조(청산 중의 파산신청)**
> 청산 중인 유한책임신탁의 신탁재산이 그 채무를 모두 변제하기에 부족한 것이 분명하게 된 경우 청산수탁자는 즉시 신탁재산에 대하여 파산신청을 하여야 한다.

1. 청산수탁자의 파산신청의무

① 청산수탁자는 청산 중 신탁의 소극재산이 적극재산을 초과하여 파산원인이 있는 경우 즉시 신탁재산에 대한 파산신청을 하여야 할 의무를 부담한다.

② 파산신청의무를 게을리한 때에는 과태료를 부과받고(제146조 제1항 제28호), 청산수탁자가 귀책사유로 파산신청을 지체한 경우에는 손해배상책임을 부담한다.

2. 파산원인

청산 중인 유한책임신탁의 신탁재산이 그 채무를 완제하기에 부족한 것이 분명한 때, 즉 채무초과상태인 경우에 유한책임신탁의 파산을 신청하여야 한다.

3. 유한책임신탁의 파산절차

유한책임신탁의 파산절차에 관하여 「채무자 회생 및 파산에 관한 법률」에 관한 특칙을 「신탁법」에 규정하는 방안에 대해서도 논의하였으나, 도산 관련 절차는 「채무자 회생 및 파산에 관한 법률」에 일률적으로 규정하는 것이 타당하고, 신탁에 관한 일반법인 신탁법에 파산 절차까지 규정하는 것은 법체계상 부적절하므로 유한책임신탁의 파산절차에 대해서는 「채무자 회생 및 파산에 관한 법률」에 별도로 규정을 마련하기로 한다.

> **제139조(청산종결의 등기)**
>
> 유한책임신탁의 청산이 종결된 경우 청산수탁자는 제103조에 따라 최종의 계산을 하여 수익자 및 귀속권리자의 승인을 받아야 하며, 승인을 받은 때부터 2주 내에 종결의 등기를 하여야 한다.

1. 청산종결의 등기

유한책임신탁의 청산이 종결되면, 청산수탁자는 제103조에 따라 최종의 계산을 한 후 수익자 등의 승인을 받아야 하며, 승인을 받은 때부터 2주 이내에 청산종결의 등기를 하여야 할 의무가 있고, 등기의무를 해태한 경우 과태료를 부과받게 된다(제146조 제1항 제26호).

2. "청산이 종결한 때"에 의미

청산이 종결한 때란 청산수탁자가 그의 직무인 현존사무의 종결, 신탁재산에 속하는 채권의 추심, 신탁채무의 변제 그리고 잔여재산의 인도 등을 완료한 것을 의미한다.

3. 청산종결등기의 효력

유한책임신탁이 청산종결의 등기에 의하여 즉시 소멸하는 것이 아니라 정산의 목적범위 내에서 여전히 존속하고, 사실상 종결하는 때 비로소 소멸되는바, 청산종결등기에 창설적 효력은 없다.

제12장 벌칙

제140조(신탁사채권자집회의 대표자 등의 특별배임죄)

신탁사채권자집회의 대표자 또는 그 결의를 집행하는 사람이 그 임무에 위배한 행위로써 재산상의 이익을 취하거나 제3자로 하여금 이를 취득하게 하여 신탁사채권자에게 손해를 가한 경우에는 7년 이하의 징역 또는 2천만원 이하의 벌금에 처한다.

제141조(특별배임죄의 미수)

제140조의 미수범은 처벌한다.

제142조(부실문서행사죄)

① 수익증권을 발행하는 자가 수익증권을 발행하거나 신탁사채의 모집의 위탁을 받은 자가 신탁사채를 모집할 때 중요한 사항에 관하여 부실한 기재가 있는 수익증권 또는 사채청약서, 수익증권 또는 신탁사채의 모집에 관한 광고, 그 밖의 문서를 행사한 경우에는 5년 이하의 징역 또는 1천500만원 이하의 벌금에 처한다.

② 수익증권 또는 신탁사채를 매출하는 자가 그 매출에 관한 문서로서 중요한 사항에 관하여 부실한 기재가 있는 것을 행사한 경우에도 제1항과 같다.

제143조(권리행사방해 등에 관한 증뢰·수뢰죄)

① 신탁사채권자집회에서의 발언 또는 의결권의 행사에 관하여 부정한 청탁을 받고 재산상의 이익을 수수(收受), 요구 또는 약속한 사람은 1년 이하의 징역 또는 1천만원 이하의 벌금에 처한다. 〈개정 2014. 1. 7.〉

② 제1항의 이익을 약속, 공여 또는 공여의 의사를 표시한 사람도 제1항과 같다.

제144조(징역과 벌금의 병과)

제140조부터 제143조까지의 징역과 벌금은 병과할 수 있다.

제145조(몰수·추징)

제143조제1항의 경우 범인이 수수한 이익은 몰수한다. 그 전부 또는 일부를 몰수하기 불가능한 경우에는 그 가액을 추징한다.

제146조(과태료)

① 다음 각 호의 어느 하나에 해당하는 자 또는 그 대표자에게는 500만원 이하의 과태료를 부과한다.

1. 제12조제2항·제3항 및 제13조제2항을 위반하여 수익자에게 임무종료 사실을 통지하지 아니한 수탁자, 수탁자의 상속인, 법정대리인 또는 청산인

2. 제12조제3항을 위반하여 파산관재인에게 신탁재산에 관한 사항을 통지하지 아니한 수탁자

3. 제12조제4항을 위반하여 수익자에게 신탁재산의 보관 및 신탁사무인계에 관한 사실을 통지하지 아니한 수탁자의 상속인, 법정대리인 또는 청산인

4. 제14조제3항을 위반하여 수익자에게 사임한 사실을 통지하지 아니한 수탁자

5. 제16조제4항을 위반하여 수익자에게 해임된 사실을 통지하지 아니한 수탁자

6. 제17조제3항 및 제18조제3항을 위반하여 수익자에게 선임된 사실을 통지하지 아니한 신탁재산관리인

7. 제34조제2항 단서를 위반하여 수익자에게 법원의 허가를 신청한 사실을 통지하지 아니한 수탁자

8. 제39조에 따른 장부, 재산목록, 그 밖의 서류의 작성·보존 및 비치 의무를 게을리한 수탁자

9. 이 법을 위반하여 정당한 사유 없이 장부 등 서류, 수익자명부, 신탁사채권자집회 의사록 또는 재무제표 등의 열람·복사를 거부한 수탁자, 수익자명부관리인 또는 신탁사채를 발행한 자

10. 제40조제1항에 따른 설명요구를 정당한 사유 없이 거부한 수탁자

11. 제78조제2항을 위반하여 정당한 사유 없이 수익증권 발행을 지체한 수탁자

12. 제78조제5항 또는 제87조제2항을 위반하여 수익증권 또는 채권에 적어야 할 사항을 적지 아니하거나 부실한 기재를 한 수탁자

13. 이 법에 따른 수익자명부 또는 신탁사채권자집회 의사록을 작성하지 아니하거나 이를 갖추어 두지 아니한 수익증권발행신탁의 수탁자, 수익자명부관리인 또는 신탁사채를 발행한 자

14. 제79조제5항을 위반하여 수익자명부를 갖추어 두지 아니한 수탁자

15. 제80조제2항을 위반하여 수익자에게 신고를 받은 사실을 통지하지 아니한 수탁자

16. 제81조제2항에 따른 수익자명부에 기명수익증권으로 표시된 수익권을 취득한 자의 성명 또는 명칭과 주소의 기재를 거부한 수탁자

17. 제87조제2항을 위반하여 사채청약서를 작성하지 아니하거나 이에 적어야 할 사항을 적지 아니하거나 또는 부실한 기재를 한 수탁자

18. 수익자명부·신탁사채원부 또는 그 복본, 이 법에 따라 작성하여야 하는 신탁사채권자집
    회 의사록, 재산목록, 대차대조표, 손익계산서, 이익잉여금처분계산서, 결손금처리계산서,
    그 밖의 회계서류에 적어야 할 사항을 적지 아니하거나 또는 부실한 기재를 한 수탁자
19. 제87조제4항에서 준용하는 「상법」 제396조제1항을 위반하여 신탁사채원부를 갖
    추어 두지 아니한 수탁자
20. 제87조제4항에서 준용하는 「상법」 제478조제1항을 위반하여 사채전액의 납입이
    완료하지 아니한 채 사채를 발행한 수탁자 또는 사채모집의 위탁을 받은 회사
21. 제87조제4항에서 준용하는 「상법」 제484조제2항을 위반하여 사채의 변제를 받
    고 지체 없이 그 뜻을 공고하지 아니한 사채모집의 위탁을 받은 회사
22. 제87조제4항에서 준용하는 「상법」 제499조를 위반하여 사채권자집회의 결의에 대
    하여 인가 또는 불인가의 결정이 있다는 사실을 지체 없이 공고하지 아니한 수탁자
23. 사채권자집회에 부실한 보고를 하거나 사실을 은폐한 수탁자 또는 사채모집의 위
    탁을 받은 회사
24. 제92조제1항을 위반하여 합병에 대한 이의를 제출할 수 있다는 사실을 공고하지
    아니한 수탁자
25. 제92조 또는 제96조를 위반하여 신탁을 합병하거나 분할하거나 분할합병한 경우 수탁자
26. 이 법에 따른 유한책임신탁의 설정, 변경, 종결 또는 청산의 등기를 게을리한 수탁자
27. 제133조제5항을 위반하여(제104조에 따라 준용되는 경우를 포함한다) 잔여재산
    을 급부한 청산수탁자
28. 제138조를 위반하여 파산신청을 게을리한 청산수탁자
② 제115조제1항을 위반하여 유한책임신탁의 명칭 중에 "유한책임신탁"이라는 문자를
   사용하지 아니한 자에게는 300만원 이하의 과태료를 부과한다.
③ 다음 각 호의 어느 하나에 해당하는 자에게는 100만원 이하의 과태료를 부과한다.
  1. 제115조제2항을 위반하여 유한책임신탁 및 그 밖에 이와 유사한 명칭을 사용한 자
  2. 제115조제3항을 위반하여 다른 유한책임신탁으로 오인할 수 있는 명칭을 사용한 자
④ 제1항부터 제3항까지의 규정에 따른 과태료(제1항제26호에 따른 과태료는 제외한
   다)는 대통령령으로 정하는 바에 따라 법무부장관이 부과·징수한다.

제147조(외부의 감사인 등의 의무위반행위)

제117조제2항에 따라 외부의 감사인을 선임한 경우 감사인 등의 의무위반행위에 대한
벌칙 및 과태료에 관하여는 「주식회사 등의 외부감사에 관한 법률」을 준용한다. 이 경우
"회사"는 "신탁"으로 본다. 〈개정 2017. 10. 31.〉

1. 형벌 부과

① 신탁의 법률관계는 기본적으로 사적자치에 맡겨야 할 영역이고, 형법 등 기존 처벌규정으로도 처벌이 가능한 경우 별도의 가중된 형벌 구성요건을 규정할 필요성이 크지 아니하므로 원칙적으로 형벌 부과규정을 두지 아니한다.

② 다만, 신탁사채권자집회의 대표자 등의 특별배임죄와 신탁사채권자집회에서의 권리행사방해 행위에 대해서는 신탁사채 발행에 관하여 준용되는 상법과 균형을 맞추기 위해 별도의 처벌규정을 둔다.

③ 형법 규정으로 처벌이 불가능한 수익증권의 중요한 사항에 대한 부실기재 후 행사행위에 대해서도 별도의 처벌규정을 둔다(다만, 「자본시장과 금융투자업에 관한 법률」에는 유사행위에 대한 처벌규정이 따로 없음).

④ 수익자집회에서의 발언 또는 의결권행사에 관하여 부정한 청탁을 받고 재산상의 이익을 수수한 경우 등에 대해서도 처벌규정을 둘 것인지가 문제되나, 수익자집회에는 주주총회와 같은 정도의 단체성이 인정되지 아니하고, 형법으로도 처벌 가능하므로 신탁사채권자집회와 달리 따로 처벌규정을 두지 아니한다.

2. 과태료 부과

① 관련 당사자의 이해관계에 밀접한 영향을 미칠 수 있는 절차 규정 등을 위반한 행위에 대해서는 의무규정의 실효성을 확보하기 위하여 과태료를 부과한다.

② 기본적인 과태료 관련 규정의 체계는 「상법」의 입법례를 따른다. 다만, 수익권취득사실의 통지(제56조 제2항), 수익자변경으로 인해 수익권을 상실한 자에 대한 통지(제58조 제4항), 기준일 공고(제84조 제3항) 등 의무규정 자체가 임의규정으로 규정되어 있는 경우에는 당사자가 해당 의무규정과 다른 내용을 정할 수 있어 벌칙 등을 부과하기에 적절하지 아니하므로 과태료 부과대상에서 제외한다.

③ 수익자가 예외적으로 법원의 허가를 얻어 수익자집회를 소집하면서 수탁자에게 관련 사실을 통지하지 아니한 경우에 대해서는, 통지의무가 인정된다고 하더라도 수익자에게 선관주의의무를 인정하기 어렵고 법원의 허가가 개입된 점에 비추어 과태료를 부과하지 아니한다.

④ 법무부장관은 과태료의 금액을 정하는 경우 해당 위반행위의 동기와 그 결과, 위반기간 및 위반 정도 등을 고려하여야 한다.

3. 벌칙 조항의 준용

① 제117조 제2항은 일정한 규모의 유한책임신탁은「주식회사의 외부감사에 관한 법률」에 따라 외부의 감사인을 선임하여 회계감사를 받도록 정하고 있다.

② 이에 따라 선임된 감사인은「주식회사의 외부감사에 관한 법률」의 규정에 따라 감사를 하게 되므로 같은 법률상의 의무를 그대로 부담하게 된다.

③ 따라서, 유한책임신탁을 감사하는 외부 감사인의 의무위반행위에 대해서도「주식회사의 외부감사에 관한 법률」에 준하여 벌칙 및 과태료를 부과할 필요가 있다.

④ 「주식회사의 외부감사에 관한 법률」에 규정된 벌칙 및 과태료 규정을 그대로 신탁법에 옮기는 방안도 있으나, 이는 입법기술상 번거로우므로 신탁법에서는 외부 감사인의 의무위반행위에 대한 벌칙 및 과태료 규정에 관하여는「주식회사의 외부감사에 관한 법률」및 그 시행령을 준용하는 것으로 한다. 이 때「주식회사의 외부감사에 관한 법률」의 "회사"는 "신탁"으로 대체하여 적용된다.

※ 법무부 신탁법 해설에 나타난 참고문헌

· 김주수•김상용, 친족•상속법 제8판 보정, 법문사, 2007.
· 명순구•오영걸 역, 현대미국신탁법, 세창출판사, 2005.
· 이재욱•이상호, 신탁법 해설, 한국사법행정학회, 2000.
· 이중기, 신탁법, 삼우사, 2007.
· 이철송, 회사법강의 제12판, 박영사, 2005.
· 임채웅, 신탁법연구, 박영사, 2009.
· 장형룡, 신탁법개론, 육법사, 1991.
· 지원림, 민법강의 제7판, 홍문사, 2009.
· 최동식, 신탁법, 법문사, 2006.
· 최수정, 일본 신신탁법, 진원사, 2007.
· 홍유석, 신탁법, 법문사, 1999.
· 홍유석•이명수, 신탁의 이론과 실무, 경진사, 1998.
· 김창수 외 6인, 부동산신탁 실무, 한국부동산신탁업협회, 2007.

편 저

◨ 대한법률콘텐츠연구회 ◨

· 법률용어사전
· 산재판례 100선
· 판례 소법전
· 산업재해 이렇게 해결하라
· 민사소송 준비서면 작성방법
· 형사사건 탄원서 작성 방법
· 새로운 고소장 작성방법 고소하는 방법
· 공탁법 실무총람

해설과 판례로 본
주석 신탁법

정가 60,000원

2024年 1月 05日 2판 인쇄
2024年 1월 10日 2판 발행

편   저 : 대한법률콘텐츠연구회
발 행 인 : 김 현 호
발 행 처 : 법률미디어
공 급 처 : 법문 북스

08278
서울 구로구 경인로 54길4
TEL : 2636-2911-2, FAX : 2636-3012
등록 : 1979년 8월 27일 제5-22호
Home : www.lawb.co.kr

❙ ISBN 978-89-5755-280-3 (13360)